U0653241

"十三五"江苏省高等学校重点教材

教材编号 2019-1-121

大学生
创新创业指导

主　编	乔学斌	屠宏斐		
副主编	苏文娟	祖　强	郑　鹏	
编　委	刘佳章	刘云龙	蔡　亮	陈维民
	谢　波	程立辉	高锦飚	燕　珂
	郁　祥	诸葛健	蒋　燕	徐清情
	耿晨光	陆家康	宋光辉	杜　巍

扫码加入读者圈
轻松解决重难点

南京大学出版社

图书在版编目(CIP)数据

大学生创新创业指导 / 乔学斌,屠宏斐主编. —— 南
京:南京大学出版社,2022.9(2022.12 重印)
ISBN 978 - 7 - 305 - 25727 - 8

Ⅰ. ①大… Ⅱ. ①乔… ②屠… Ⅲ. ①大学生—创业
Ⅳ. ①G647.38

中国版本图书馆 CIP 数据核字(2022)第 081046 号

出版发行　南京大学出版社
社　　址　南京市汉口路 22 号　　　邮　编　210093
出 版 人　金鑫荣
书　　名　**大学生创新创业指导**
主　　编　乔学斌　屠宏斐
责任编辑　孙　辉　　　　　　编辑热线　025 - 83596997
照　　排　南京南琳图文制作有限公司
印　　刷　丹阳兴华印务有限公司
开　　本　787×1092　1/16　印张 17.75　字数 410 千
版　　次　2022 年 9 月第 1 版　2022 年 12 月第 3 次印刷
ISBN 978 - 7 - 305 - 25727 - 8
定　　价　48.00 元

网址:http://www.njupco.com
官方微博:http://weibo.com/njupco
微信服务号:njuyuexue
销售咨询热线:(025) 83594756

➥ 扫码可免费获取
本书教学资源

前 言

创新是民族进步的灵魂，是引领发展的第一动力。党的十九大报告指出，要激发和保护企业家精神，鼓励更多社会主体投身创新创业。创新创业精神、知识与能力应成为当代大学生在每一个岗位、每一个人生阶段都必须具备的基本素养。越来越多的大学生通过自主创业、岗位创新投身创新创业活动，谋求人生出彩的机会。

创新创业教育是新时代高校承担的新使命。加强大学生创新创业指导工作，培养大学生创新创业素养，使其为未来的职业生涯及人生发展奠定坚实的基础，具有重要的理论意义和实践价值。

随着"健康中国"战略实施发展，大健康产业迎来了前所未有的发展机遇，医学院校的大学生更加迫切地需要适合自身专业特点的创新创业指导。南京中医药大学紧密结合"大众创业、万众创新"时代背景和要求，以立德树人为根本，着重突出创新创业特色，编写形成具有医药院校文化和行业特点、适应医药院校人才培养需要的创新创业指导教材。

本书从创新创业教育的实际需要出发，理论联系实际，在保持理论体系清晰、完整、逻辑性强的同时，反映创新创业教育发展的成熟内容。根据"理论够用，重在实践"的原则，力图做到内容规范，精练准确，教学实用。同时，选用最新的、具有医药专业特色的创新创业典型案例，突出案例的思想性、科学性、先进性、启发性、适用性，既体现出对医药院校大学生创新创业前景的科学研判，又对学生树立正确的世界观、人生观、价值观、就业观起到引领作用。在面向大学生创业园区、政府人社部门调研的基础上补充了最新的创新创业政策，以及与中医药事业、健康产业发展的相关内容，充分体现教材内容的时代性和行业特色。

本书主要面向医药院校的大学生，同样也适合所有对创新创业感兴趣的青年人阅读，全书共分为九章，在内容编排上，注重系统性、全面性和实用性。

教材编者都是在医药院校中长期从事大学生创新创业指导工作的专家和教师。其中,刘云龙、刘佳章老师编写了第一章,屠宏斐、蔡亮老师编写了第二章,屠宏斐、陈维民老师编写了第三章,谢波、程立辉老师编写了第四章,祖强、高锦飚老师编写了第五章,燕珂、郁祥、苏文娟、诸葛健老师编写了第六章,蒋燕、徐清情老师编写了第七章,耿晨光、陆家康老师编写了第八章,苏文娟、刘云龙、郑鹏、宋光辉老师编写了第九章。杜巍老师编写了附录。

本书在编写过程中借鉴、参考了国内外大量创新创业教育和管理研究方面的文献资料和理论成果,得到了众多专家的关心和指导。南京大学出版社给予大力支持和帮助,在此一并致以诚挚的谢意。

真心希望阅读本书的每一位读者能有所收获,也恳请各位同行专家、教师、同学们提出宝贵意见,以资不断完善。

全体编委

2022 年 1 月

目　录

第一章　创新创业教育概述 ································· 1

第一节　创新、创业的含义及其关系 ······················· 2

第二节　创新创业新时代 ······························· 7

第三节　中医药发展与创新创业 ························· 14

第二章　创新创业思维 ······························· 23

第一节　创新的特征 ······························· 24

第二节　创新思维 ································· 26

第三节　创新的基本方法和实施途径 ····················· 31

第四节　创业思维 ································· 43

第三章　创业者与创业精神 ··························· 56

第一节　创业者 ································· 57

第二节　创业精神 ································· 64

第三节　创业团队 ································· 70

第四章　创业机会识别与评估 ························· 82

第一节　创业机会的类型与来源 ······················· 83

第二节　创业机会的识别 ····························· 90

第三节　创业机会的评估 ····························· 94

第五章　创业资源与创业融资 ························· 101

第一节　创业资源概述 ····························· 102

第二节　创业资源开发 ····························· 111

第三节　创业融资概述 ····························· 117

第四节　创业融资决策 ··· 122

第六章　创业计划的制订与实施 ····································· 130

　　第一节　商业模式的设计 ··· 131

　　第二节　创业计划书的撰写 ······································· 142

　　第三节　创业项目的路演 ··· 155

　　第四节　企业的创办 ··· 163

第七章　初创企业的管理 ··· 177

　　第一节　初创企业内部管理 ······································· 178

　　第二节　互联网+时代的宣传营销 ································· 202

　　第三节　创业企业外部竞争与合作 ································· 214

第八章　创业风险的识别与防范 ····································· 231

　　第一节　创业风险的含义及类别 ··································· 232

　　第二节　创业风险的因素分析 ····································· 238

　　第三节　创业风险的防范 ··· 243

第九章　医学生创新创业前景与展望 ································· 248

　　第一节　大健康产业发展的机遇与挑战 ····························· 249

　　第二节　大健康产业重点发展领域 ································· 254

　　第三节　医学生创新创业实践 ····································· 261

　　第四节　医学生创业典型案例 ····································· 265

附　录 ··· 274

　　创新创业政策法规 ··· 274

主要参考文献 ··· 275

第一章　创新创业教育概述

学习目标

通过本章学习,学生了解目前创新创业基本概念、意义和两者间的联系,初步了解我国新时代各行业特别是健康行业和中医药行业在创新创业背景下的机遇和挑战。

案例导入

为抵制帝国主义的武力威胁,20世纪50年代中期,以毛泽东同志为核心的第一代党中央领导集体,根据当时的国际形势,为了保卫国家安全、维护世界和平,高瞻远瞩,果断地做出了独立自主研制"两弹一星"的战略决策。大批优秀的科技工作者,包括许多在国外已经取得杰出成就的科学家,以身许国,怀着对新中国的满腔热爱,响应党和国家的召唤,义无反顾地投身到这一神圣而伟大的事业中来。他们和参与"两弹一星"研制工作的广大干部、工人、解放军指战员一起,在当时国家经济、技术基础薄弱和工作条件十分艰苦的情况下,自力更生,发奋图强,依靠自己的力量,用较少的投入和较短的时间,突破了核弹、导弹和人造卫星等尖端技术,取得了举世瞩目的辉煌成就。

先辈们艰苦奋斗、无私奉献、勇于创新。正是有了这样的精神,他们不怕狂风飞沙,不惧严寒酷暑,没有条件,创造条件;没有仪器,自己制造;缺少资料,刻苦钻研。就是这样,他们以惊人的毅力和速度从无到有、从小到大,在科研岗位上创造出"两弹一星"的惊人伟业。

创新是一个民族进步的灵魂,是国家兴旺发达的不竭动力。一个没有创新能力的民族,难以屹立于世界先进民族之林。习近平总书记强调:"创新是社会进步的灵魂,创业是推动经济社会发展、改善民生的重要途径。青年学生富有想象力和创造力,是创新创业的有生力量。""双创"由"众"而积厚成势,因"创"而破茧成蝶。

创新创业已成为21世纪青年大学生的一种价值导向、一种生活方式,"大众创业、万众创新"已成为我国经济高速增长过程中迈向高质量发展的一种时代气息。

第一节 创新、创业的含义及其关系

一、创新

(一)创新的由来

在我国,"创""新"二字自古有之。"创"一字取自"刅",表示"首创""创造"之意。《战国策·秦三》"大夫种为越王垦草刅邑,辟地殖谷",其中"刅邑"即为创立都邑的意思,后与"创伤"中的"创"概念逐渐合并。通过"新"字表达创新、革新的概念自先秦时期已经出现。早在 3000 多年前商汤就在沐浴之盘上刻"日新"铭文,警示自己要永不满足、"日日新之,又日新之,不可略有间断也又日新"①。《论语·为政》中提及:温故而知新,可以为师矣。创新作为一个词语最早出现在南北朝。《魏书》中李彪上表曰:革弊创新者,先皇之志也;孝慈道洽者,先皇之衷也。唐李延寿撰写的《南史·后妃传上》中记载:据《春秋》,仲子非鲁惠公元嫡,尚得考别宫。今贵妃盖天秩之崇班,理应创新。可见,在南北朝时期,创新一词已被广泛使用。隋唐时期,"创新"一词出现频数增加,且多与"改旧"相连,有发展改进之意,指代对象不仅为既有体制的变革,而且应用于设施和文化方面的更新。直至明清时期,"创新"的概念基本确定,并沿用至今。

在国外,创新(innovation)一词首见于拉丁语,具有三层含义:一是更新,对原有事务进行替换;二是创造,发明全新事务;三是改变,对原有事务进行发展和改造。

现代意义的创新,是以新思维、新发明和新描述为特征的一种概念化的过程,是人类特有的认识能力和实践能力,是人类主观能动性的高级表现形式。

(二)创新的概念

创新,是指以现有的思维模式提出有别于常规或常人思路的见解为导向,利用现有的知识和物质,在特定环境中,本着理想化需要或为满足社会需求,而改进或创造新的事物、方法、元素、路径、环境,并能获得一定有益效果的行为。②

什么是创新?简单地说,就是利用已存在的自然资源或社会要素创造新的矛盾共同体的人类行为,或者可以认为是对旧的一切所进行的替代、覆盖。

1. 创新概念的管理学解释

1985 年,被誉为"现代管理学之父"的彼得·德鲁克(Peter F. Drucker)发展了创新理论。他提出,任何使现有资源的财富创造潜力发生改变的行为,都可以称之为创新。

德鲁克主张,创新不仅是创造,而且并非一定是技术上的,一项创新的考验并不在于

---

① 朱熹. 四书章句集注[M]. 北京:中华书局,1983.
② 岳晓东. 大学生创新能力培养之我见[J]. 高等教育研究,2004 (1):84.

它的新奇性、科学内涵或小聪明,而在于推出市场后的成功程度,也就是能否为大众创造出新的价值。

从企业管理的角度上看,组织创新作为技术创新的平台,推动技术创新成为企业发展的根基,因此,技术创新能力的提升是企业核心竞争力提升的关键。技术创新的管理学解释还强调了"过程"与"产出"(将设想做到市场),是指从新思想产生到研究、发展、试制、生产制造直至首次商业化的全过程,是发明、发展和商业化的聚合。在这一复杂过程中,任何一个环节的短缺,都不能形成最终的市场价值,任何一个环节的低效连接,都会导致创新的滞后。

2. 创新概念的经济学解释

经济学上,创新概念的起源为美籍经济学家熊彼特在 1912 年出版的《经济发展概论》。熊彼特在其著作中提出:创新是指把一种新的生产要素和生产条件的"新结合"引入生产体系。它包括五种情况:引入一种新产品,引入一种新的生产方法,开辟一个新的市场,获得原材料或半成品的一种新的供应来源,新的组织形式。熊彼特的创新概念包含的范围很广,如涉及技术性变化的创新及非技术性变化的组织创新。

3. 领域

创新涵盖众多领域,包括政治、军事、经济、社会、文化、科技等各个领域的创新。因此,创新可以分为科技创新、文化创新、艺术创新、商业创新,等等。

创新突出体现在三大领域:学科领域——表现为知识创新,行业领域——表现为技术创新,职业领域——表现为制度创新。

➢科技创新

科技创新是社会生产力发展的源泉。科技创新指科学技术领域的创新,涵盖两个方面:自然科学知识的新发现、技术工艺的创新。在现代社会,大学、科学工程研究等研究机构是基础科学技术创新的基本主体,而企业是应用工程技术、工艺技术创新的基本主体。

➢企业创新

企业创新是现代经济中创新的基本构成部分。企业往往由生产、采购、营销、服务、技术研发、财务、人力资源管理等职能部门组成,因而企业的创新涵盖这些职能部门,企业创新包括产品创新、生产工艺创新、市场营销创新、企业文化创新、企业管理创新等。何道谊在《技术创新、商业创新、企业创新与全方面创新》一文中将企业创新分为企业战略创新、模式创新、流程创新、标准创新、观念创新、风气创新、结构创新、制度创新等十个方面的创新。

➢文艺创新

传统文艺非常讲究创新,评论家王进玉表示,几乎每个重要的历史节点都有重要的文艺创造出现,譬如"造字六法"的产生,以及篆隶楷行草不同书体的演变;再譬如山水画中不同皴法的形成,以及不同流派的确立等,都是创新的具体体现。

二、创业

(一)创业的概念及延伸

《现代汉语词典》对"创业"的解释是：创办事业，而"事业"是指人所从事的，具有一定目标、规模和系统，并对社会发展有影响的经济活动。《辞海》对"创业"的解释是：创立基业。"基业"是指事业的基础。由此可见，创办事业是创业的本质。

创业有狭义和广义之分。

狭义上所讲的"创业"，源于 entrepreneur（企业家、创业者）一词，即创办企业，创造价值。广义的创业是指人类的创举活动，或指带有开拓、创新、有积极意义的社会活动。这种活动可以是营利的，也可以是非营利的。只要是人们以前没有做过的，对社会产生积极影响的事业，都可以说成创业。美国的荣斯戴特曾提出："创业是一个创造增长的财富的动态过程。"杰弗里·蒂蒙斯也指出："创业是一种思考推理和行为的方式。"创业导致价值的产生、增加、实现和更新，不只是为所有者，也为所有的参与者和利益相关者。从更广义的角度来看，一个人根据自己的性格、兴趣、知识与能力等选择自己的角色、职业和工作岗位，在这一岗位上创造性地发挥自己的特长和才干，实现个人价值并为社会带来财富的活动，也属于创业，因而"创业"也有岗位创业的含义。根据创业定义的不同，国内学者一般将创业分为自主创业和岗位创业（也称为内部创业）。自主创业是指劳动者主要依靠自己的资本、资源、信息、技术、经验以及其他因素自己创办实业，解决就业问题。岗位创业是指在企业生产经营活动中，广大职工立足于本岗位，通过模仿、引进、独创、改进等方式，在生产、管理、服务等方面形成的，具有新颖性、独创性和效益性等的制度、措施、方法、工艺、技术等。两种创业方式既有相似，也有所不同。

自主创业一般指自己除去别的职业然后全身心地投入到自己的创业项目中，岗位创业即岗位创新主要是指在自己现有的岗位上做出一番具有创新性的事业。

(二)创业者

创业者是指那些把现实新的生产方法组合作为自己的职责，并实际履行生产手段新组合的人，创业者应具有以下特点：

第一，创业者应当富有创造性和远见性。相对于传统意义上的管理者，创业者习惯打破常规，他们常常会创造性地变更其行为模式并总是将实现生产要素的新组合作为自己的职责。

第二，创业者不同于技术上的发明者或创造者。技术专家是从事发明创造的人，而创业者则是将技术发明运用于现实的经济生活中，从而创造新的价值。

第三，创业者善于发现并及时利用各种新的机遇。他们善于在不确定性中及时发现和抓住机会。他们对于未来社会经济发展的趋势具有一种"敏锐的嗅觉与洞察力"，并能吸引其他的跟随者进入和引领这种变革的趋势。

第四，创业者具有丰富的专业知识、超强的克服困难的意志力。除此以外，创业者仅有专业技能还不能保证他们的成功,由于"创新"往往伴随着高风险,因此创业者在进行"创新"时常常会遇到一系列困难,诸如新环境的挑战,心理的、个人的障碍和社会的障碍等,这就要求创业者具有坚韧的意志力,以克服创新过程中所遇到的各种困难,最终实现创新。

三、创新与创业的关系

创新是以新思维、新发明和新描述为特征的一种概念化过程。创业是人类社会生活中一项最能体现人的主体性的社会实践活动。

虽然创业与创新是两个不同的概念,但两个概念之间却存在着本质上的契合、内涵上的相互包容和实践过程中的互动发展。第一次提出了创新概念的著名经济学家熊彼特认为:创新是生产要素和生产条件的一种从未有过的新组合,这种新组合能够使原来的成本曲线不断更新,由此会产生超额利润或潜在的超额利润。创新活动的这些本质,体现着它与创业活动性质上的一致性和关联性。

(一)创新是创业的基础,创业推动着创新

一方面,科学技术、思想观念的创新促进人们物质生产和生活方式的变革,引发新的生产、生活方式,进而为整个社会不断提供新的消费需求,这是创业活动之源源不断的根本原因;另一方面,创业在本质上是人们的一种创新性实践活动。无论是何种性质、何种类型的创业活动,它们都有一个共同的特征,那就是创业是主体的一种能动性的、开创性的实践活动,是一种高度的自主行为。在创业实践的过程中,主体的主观能动性将会得到充分的发挥和张扬,正是这种主观能动性充分体现了创业的创新性特征。

(二)创新是创业的本质与源泉

约瑟夫·熊彼特曾提出,创业包括创新和未曾尝试过的技术。创业者只有在创业的过程中具有持续不断的创新思维和创新意识,才可能产生新的富有创意的想法和方案,才可能不断寻求新模式、新思路,最终获得创业成功。

(三)创新的价值在于创业

从一定程度上讲,创新的价值就在于将潜在的知识、技术和市场机会转变为现实生产力,实现社会财富增长,造福人类社会。而实现这种转化的根本途径就是创业。创业者可能不是创新者或是发明家,但必须具有能发现潜在商机的能力和勇于冒险的精神。创新者也并不一定是创业者或是企业家,但是,创新的成果是经由创业者推向市场的,使潜在的价值市场化,创新成果也才能转化为现实生产力,这也从侧面体现了创新与创业的相互关联性。

四、高校创新创业教育

1991年，东京创业创新教育国际会议从广义上把"创业创新教育"界定为：培养最具有开创性个性的人，包括首创精神、冒险精神、创业能力、独立工作能力以及技术、社交和管理技能的培养。2012年8月1日，教育部办公厅下达关于印发《普通本科学校创业教育教学基本要求（试行）》的通知。文件指出：在普通高等学校开展创业教育，是服务国家加快转变经济发展方式、建设创新型国家和人力资源强国的战略举措，是深化高等教育教学改革、提高人才培养质量、促进大学生全面发展的重要途径，是落实以创业带动就业、促进高校毕业生充分就业的重要措施。

作为经济社会"知识中心"的主力军，大学在知识扩散和创新变革中扮演着非常重要的角色。面对时代的更迭和社会的快速发展，大学逐渐从传统的专注于教学和高深学问研究的象牙塔中解放出来，与社会紧密联系在一起，不仅要在提高人才培养质量、提升科学研究水平、增强社会服务能力等方面重点着力，更要积极地投身于双创教育中去，应用和扩散已生成的知识成为确保大学履行其新时期的新使命，并在当今社会环境中保持繁荣的关键所在。作为国家创新体系的重要组成部分，高校实施双创教育，为贯彻落实党中央提出的"提高自主创新能力，建设创新型国家""以创业带动就业""加快转变经济增长方式"战略提供有力的人才和智力支持。通过建立创新文化、激励政策以及采用新的组织模式让大学积极参与到双创活动中，双创教育所具有的重大战略意义和教育价值，已经被我国高校广泛关注和普遍认同，也已经成为世界各国大学在创新驱动发展战略中的共性举措。

五、大学生创新创业的意义

（一）响应时代号召

宏观方面来说，国家发展离不开新型人才，创新型人才正以前所未有的时代需求承载着推进国家自主创新，在激烈的国际竞争中占据主动，实现中华民族伟大复兴的历史使命。大学生有着较高层次的理论基础，同时具备获取更高层面知识体系的条件，因此，成为创新型人才成为当代大学生的使命，也是社会的号召。

（二）符合人群特点

大学生往往对未来充满希望，他们有着年轻的血液、充满激情，以及"初生牛犊不怕虎"的精神，而这些都是一个创业者应该具备的素质。当代大学生具有创新精神，有对传统观念和传统行业挑战的信心和欲望，而这种创新精神也往往造就了大学生创业的动力源泉，成为成功创业的精神基础。

（三）实现个人价值

创新创业有利于大学生提升自身能力，实现自身价值。大学毕业生通过自主创业，可以把自己的兴趣与创业项目紧密结合,做自己最感兴趣、最愿意做和自己认为最值得做的事情,将自身学识与激情最有效地结合。在当今的社会舞台中大显身手,最大限度地发挥自己的才能,并获得合理的报酬。

案 例

黄恺,福建福清人,2008 年毕业于中国传媒大学动画学院游戏设计专业。他于 2006 年 10 月首次在淘宝网上卖三国杀,于 2008 年 1 月正式发行。同年 2 月 28 日,《福布斯》中文版首度推出"中美 30 位 30 岁以下创业者"名单,他以《三国杀》游戏创始人身份名列中国榜。

与许多"80 后"男生一样,谈起小时候玩过的游戏,黄恺如数家珍。但与同龄人不同的是,黄恺从小就不满足于遵循游戏的既有规则,而是对游戏进行改造,想方设法地在游戏中展现自己的想法,使其更具可玩性。小学四五年级时,他便自己手工绘制角色小纸牌,让周围的同学一起参与到游戏中。读大一时,黄恺接触了在国外已经有五六十年发展历史的桌游,加上当时国内非常流行"杀人游戏",他就有了自己的想法:设计一款"不插电"的游戏,让人面对面交流,而不是像电子游戏一样紧握鼠标、盯着屏幕。至于怎样"灵光一现",有了用三国人物作为游戏人物的念头,黄恺说,自己都很难说清楚,因为灵感总是很难琢磨的。不过,他从小就喜欢三国故事,熟读《三国演义》《三国志》等,他明白三国故事肯定是游戏的好题材。还在读大二的黄恺花了一个晚上的时间,借用一款名叫"三国无双"的日本游戏的图片,用电脑重新制作,并根据三国人物的性格,制订了游戏的规则。第二天他拿到打印店打印出来,这就是"三国杀"卡牌最初的"胚子"。在以后的 3 年多时间里,从重新设计图画到修订游戏规则,这套卡牌被不停地改版。

2008 年 1 月,即将毕业的黄恺和朋友杜彬一起成立了全国首家桌游公司游卡桌游,并担任首席设计师。这家创立时只有 3 个人 5 万元的公司,在三年后发展到了上百人数千万元的规模。《三国杀》游戏目前已形成网络、桌游、真人体验等多维度参与的互通游戏,至今仍然在全国风靡。

第二节 创新创业新时代

根据实现工业化和现代化的不同方式,世界上的国家可分为三类:资源型国家,主要依靠自身丰富的自然资源增加国民财富;依附型国家,主要依附于发达国家的资本、市场和技术;创新型国家,主要依靠科技创新形成日益强大的竞争优势。作为创新型国家,应具备以下四个特征:① 创新投入高,国家的研发投入即 R&D(研究与开发)支出占 GDP 的比例一般在 2% 以上;② 科技进步贡献率达 70% 以上;③ 自主创新能力强,国家的对外技术依存度指标通常在 30% 以下;④ 创新产出高,是否拥有高效的国家创新体系是区分创新型国家与非创新型国家的主要标志。人们往往用相关创新投入和产出的指标从一个侧面来衡量国家的创新程度,一般来说,创新型国家的创新综合指数明显高于其他国家。近半个多世纪以来,一些发达国家已经逐步成为创新型国家。为了在竞争中赢得主动,依靠科技创新提升国家的综合国力和核心竞争力,建立国家创新体系,走创新型国家之路,已成为世界许多国家政府的共同选择。

一、创新创业大环境

(一)创新创业的时代背景

1988年9月5日,邓小平在会见捷克斯洛伐克总统胡萨克时,提出了"科学技术是第一生产力"的重要论断。同年9月12日,他在听取中央有关领导同志工作汇报时指出:要注意教育和科学技术。对科学技术的重要性要充分认识。2006年1月9日,胡锦涛在全国科技大会上宣布中国未来15年科技发展的目标:2020年建成创新型国家,使科技发展成为经济社会发展的有力支撑。中国科技创新的基本指标是:到2020年,经济增长的科技进步贡献率要从39%提高到60%以上,全社会的研发投入占GDP比重从1.35%提高到2.5%。

2014年9月,李克强总理在天津举办的夏季达沃斯论坛上首次提出"大众创业、万众创新"倡议,并在2015年全国"两会"的政府工作报告中再次强化,我国不断推进"大众创业、万众创新",既有中国理念,又有中国行动,更有中国成果。2016年5月国务院办公厅印发《关于建设大众创业万众创新示范基地的实施意见》(以下简称《意见》),系统部署双创示范基地建设工作。《意见》指出,为在更大范围、更高层次、更深程度上推进大众创业万众创新,加快发展新经济、培育发展新动能、打造发展新引擎,按照政府引导、市场主导、问题导向、创新模式的原则,加快建设一批高水平的双创示范基地,扶持一批双创支撑平台,突破一批阻碍双创发展的政策障碍,形成一批可复制可推广的双创模式和典型经验。《意见》强调,要支持双创示范基地探索创新、先行先试,在拓宽市场主体发展空间、强化知识产权保护、加速科技成果转化、加大财税支持力度、促进创业创新人才流动、加强协同创新和开放共享等方面加大改革力度,激发体制活力和内生动力,营造良好的创业创新生态和政策环境。

伴随着一浪高过一浪的创业高潮,中国自20世纪80年代改革开放以来取得了前所未有的巨大成就,综合国力稳步提高。大批中小企业不断创立与发展,成为影响中国经济建设发展速度的关键因素。因此,关注并重视创新创业,对于在中国构建一个创新创业型社会,对于中国未来几十年甚至几百年经济社会的持续稳定发展将产生重大而深远的影响。

(二)双创新时代

随着科技进步和社会公众认知的增强,信息通信技术的发展和知识网络的形成突破了知识传播传统上的物理瓶颈,人类可以利用知识网络更快捷和方便地共享和传播知识和信息,知识网络的环境最大限度地消除了信息不对称性,使人为构建的知识壁垒和信息壁垒在如今的知识网络下越来越难以为继,创新开始进入 2.0 时代。

"互联网+"开启信息经济(含互联网经济)全面发展的新时代;"互联网+创新(首选创新 2.0 模式)+传统行业"重构新业态。在这个定式中,由欧盟首创的、基于知识社会的创新 2.0 是工业社会创新 1.0 跨时代的升级版,它期望以"信息时代/知识社会"为背景,在当今全球处于工业社会的这个绝对真实的世界中,这样的背景是不存在也找不到的,但信息技术的发展使我们可以在现实世界物理空间之外营造一个影射"信息时代/知识社会"的虚拟现实的"场景",即构建以互联网为载体、储存新一代知识资源、汇集深度信息技术,集其大成于一身的虚拟化网络空间,可作为创新 2.0 的背景;虚拟网络空间将以其无限时空、无限资源、划时代颠覆性超前技术的特性,突破现实物理空间的有限时空、有限资源、工业技术、传统业态的束缚,催生工业管理改革和呼唤创新 2.0 机制出台,即借助虚空(Cyber)之力重构或创新实空(Physical)中的业态;并利用虚拟现实影射技术,真正将人领进现实的工业系统之中,在改造管理流程和创新业态时体现以人为本、体验为先的理念,创新 2.0 还将秉持自由、开放、共享、协同、连接的理念。建立在虚拟网络空间之上的创新 2.0 是先进、强大、易用的创新引擎。创新 2.0 推动了科技创新主体由"产学研"向"政产学研用",再向"政用产学研"协同发展的转变。

中国互联网的筹建者陆首群教授认为,创新 2.0 的操作步骤为:① 虚空与实空对接,将虚空中新一代创新基因注入实空,促其中传统业态嬗变重构;② 以虚空中的数据、知识或信息资源取代实空中的人力、自然资源,使业态赖以生存、运作的资源由原来的私有排他性、日常损耗性、运作低效性和使用有限性变成开放共享性、永续可用性、运作高效性、使用无限性,为重构新业态创造条件;③ 选择虚空中云(云计算)、物(物联网)、社(社交平台)、移(移动互联)、大(大数据)、智(人工智能)等深度网信技术(作为工具或手段)作用于实空中的传统业态,在经历碰撞(有时是激烈碰撞)、交互、融合(有时融合并不平和)过程后,促使该业态升级换代;④ 创新 2.0 是科学、技术和管理/体制的综合创新模式,以虚空中超前的创新思维(包括互联网思维)指导、催生实空中新业态的管理创新,以期保障科技创新成果。创客(Maker)是致力于把各种创意变为现实的人,是时下在双创(创新创业)活动中最具创造力的草根群体,目前在中国正在掀起一场万众创新、大众创业波澜壮阔的创客潮。所以强大的创新引擎是基于网络空间的创新 2.0(即基于知识社会的创新 2.0)而非互联网;而且只有创新引擎(创新 2.0)才是助"互联网+"重构新业态的核心。

创新 2.0 时代的"大众创业、万众创新",本质上是知识社会条件下创新民主化的展现。随着新一代信息技术所带来的知识获取、知识交互的便易性,众创空间的主体也由原来的企业、科学家变为普通大众。作为开放众创空间参与主体的普通大众,他们既是需求者也是创新者,他们既是追求卓越的技术创新者,也是具有创新潜力解决社会问题的草根创新者,是拥有社会情怀的社会创新者。

(三)创新创业对中国经济社会发展的意义与作用

1. 大力推动经济发展

以创新形式创业能够促进产业结构、经济结构和社会结构的调整,有力推动社会经济发展。创业是经济增长的一个积极的促进因素。经济增长必然引起一系列产业结构、经济结构乃至社会结构的变化，而一系列的产业结构、经济结构乃至社会结构的变化又可以推动经济的增长。当前中国经济结构调整的重点是发展高新技术产业和对传统产业进行升级改造，大量成功的创业企业必然会为社会经济注入新鲜血液，有利于促进整个社会生产力的发展。创业成功有利于社会资源的合理配置，从而推动经济结构的战略性调整。创业企业要能够生存并获得持续发展，必须具备很强的竞争力，从行业内的发展来看，创业企业的成功将会影响行业现有的经营格局，加剧行业竞争状态，形成优胜劣汰的局面。竞争的结果有利于资源向经营良好、效率更高的企业流动，从而促进社会资源的合理配置，产生较高的社会效益，推动社会主义市场经济的快速发展。

创业成功有利于促进创新知识向现实生产力的转化。一个国家知识密集型企业所占比重的大小，往往反映出这个国家科技实力与综合国力的强弱。知识密集型企业能够为社会带来相对较高的附加值，创造更多的社会财富。在当今中国，更多的创业企业正逐渐由具有较高知识水平的创建者创办，知识与管理已经成为重要的资本并参与企业的分配。因此，创业成功有利于知识向资本的转化，有利于资本与知识、技术的融合，资本借助知识又能发挥更强大的作用，这将有力地促进经济发展、财富增长与结构调整，提高国家整体竞争能力。

2. 推进产业结构调整

在经济全球化的发展趋势下，我国经济结构还存在一些问题，主要表现在产业结构不合理、地区发展不协调、城镇化水平低。在产业结构方面，面对目前我国农业基础薄弱、工业素质不高、第三产业发展严重滞后的局面，我国产业结构调整的方针是：巩固和加强第一产业的基础地位，加速和提高第二产业，大力发展第三产业。这些目标的实现都需要大力推进创业活动方可完成。第三产业的特点是投资少、见效快，十分适合青年创业。一般来说，创办一个企业，必须要有地点、人员、设备和资金，即所谓的人、财、物。就地点而言，第三产业不需要占太多的场地，而且对场地的选择要求也不太苛刻。就人员而言，不要求过高的专业知识和技术。就物而言，第三产业投资不大，资金较少。因此，第三产业创业成功的概率比较大。

在大力发展第三产业方针的指导下，第三产业蓬勃发展。为适应社会发展和产业结构调整的需要，就需要更多的人创办第三产业，为我国改革发展注入新的活力。由此可见，迅速发展的社会不仅需要人们创业，呼唤人们创业，而且它也为创业者创造了前所未有的机遇和条件。

3. 有效带动就业

胡锦涛同志在党的十七大报告提出：实施扩大就业的发展战略，促进以创业带动就业。这是基于中国国情，将过剩的劳动力资源转变为创造财富的人力资本，是我国转变经济增长方式的必然选择。同时也表明，从解决就业问题出发，鼓励和推动创业已经成为中国长期重要的政策取向。促进创业带动就业，就是政府通过政策支持和服务保障，营造良好的创业环境，调动劳动者创业积极性和主动性，通过自找项目、自筹资金、自主经营、自负盈亏、自主创办生产和服务项目或企业，在实现自身就业同时，带动更多劳动者就业。

据权威部门统计,每创业成功1人并稳定经营1年以上,平均带动5人就业。促进以创业带动就业,有利于激发劳动者创业精神,激活人力资源市场,实现就业倍增效应,是市场就业的主要措施,是就业工作中最活跃、最有效的战略。

4. 双创教育为构建创新型国家培养大批创新创业型人才

蓬勃旺盛的社会创业活动引发并促进了上层建筑领域创新创业教育的深入开展。推进高等学校创新创业教育和促进大学生自主创业工作,是贯彻落实党的十七大提出的自主创新能力,建设创新型国家和以创业带动就业的发展战略,以及最近中央提出的要加快转变经济发展方式,适应经济社会发展和国家发展战略的一项重大举措。

知识促进经济的发展,是以高素质的创新创业型人才为基础的。目前我国的自主创新能力还不够强,关键是自主创新人才不足,这反映了我国教育、特别是高等教育还不能适应建设创新型国家的要求,需要我们用新的目标、新的视野、新的理念、新的举措来办好高等教育,培养出更多更优秀的具有创新精神、创业能力的人才。

积极推进大学生创新创业教育和自主创业,是高等教育改革发展的必然要求。高等教育承担着培养高级专门人才、发展科学技术化、促进现代化建设的重大任务。创新创业教育的核心是培养大学生创新精神和创业能力,引导高等学校不断更新教育观念、改革人才培养模式、改革教育内容和教学方法,将人才培养、科学研究、社会服务紧密地联合起来,实现从注重知识向更加重视能力和素质的转变,提高人才培养的质量。创新创业教育的最终目的是培养大批社会急需的创业创新型人才,并非要求受教育者都去创建自己的企业,而是通过传授创业知识,培养创新精神、创业素质,培养和提高大学生的社会生存能力、竞争能力和可持续发展能力,成为社会所需要的高素质创新创业型人才。这是创新型国家提高国家竞争力的最为重要的人才基础。

二、"互联网＋"、大数据、云计算和人工智能

(一)"互联网＋"

"互联网＋"是指在创新2.0(信息时代、知识社会的创新形态)推动下由互联网发展的新业态,也是在知识社会创新2.0推动下由互联网形态演进、催生的经济社会发展新形态。

"互联网＋"简单地说就是"互联网＋传统行业",随着科学技术的发展,利用信息和互联网平台,使得互联网与传统行业进行融合,利用互联网具备的优势特点,创造新的发展机会。"互联网＋"通过其自身的优势,对传统行业进行优化升级转型,使得传统行业能够适应当下的新发展,从而最终推动社会不断地向前发展。

"互联网＋"是互联网思维的进一步实践成果,推动经济形态不断地发生演变,从而带动社会经济实体的生命力,为改革、创新、发展提供广阔的网络平台。通俗地说,"互联网＋"就是"互联网＋各个传统行业",但这并不是简单的两者相加,而是利用信息通信技术以及互联网平台,让互联网与传统行业进行深度融合,创造新的发展生态。它代表一种新的社会形态,即充分发挥互联网在社会资源配置中的优化和集成作用,将互联网的创新

成果深度融合于经济、社会各域之中，提升全社会的创新力和生产力，形成更广泛的以互联网为基础设施和实现工具的经济发展新形态。

(二) 大数据

大数据（Big Data），是指无法在一定时间范围内用常规软件工具进行捕捉、管理和处理的数据集合，是需要新处理模式才能具有更强的决策力、洞察发现力和流程优化能力的海量、高增长率和多样化的信息资产。

对于"大数据"，研究机构 Gartner 给出了这样的定义："大数据"是需要新处理模式才能具有更强的决策力、洞察发现力和流程优化能力来适应海量、高增长率和多样化的信息资产。

麦肯锡全球研究所给出的定义是：一种规模大到在获取、存储、管理、分析方面大大超出了传统数据库软件工具能力范围的数据集合，具有海量的数据规模、快速的数据流转、多样的数据类型和价值密度低四大特征。

大数据技术的战略意义不在于掌握庞大的数据信息，而在于对这些含有意义的数据进行专业化处理。换言之，如果把大数据比作一种产业，那么这种产业实现盈利的关键，在于提高对数据的"加工能力"，通过"加工"实现数据的"增值"。

大数据并非大量数据的简单叠加，而是海量高维度数据的相关性分析，如果仅仅是数量巨大，那么解决的办法就比较单一，用户可以通过购买更多的存储设备，提高存储设备的效率等解决此类问题。大数据之"大"在于算法和速度，而非对于数量的描述。一般来说，大数据具有三个特点：数据应包含结构化的和非结构化的数据；聚合在一起供分析的数据量非常庞大；数据处理的速度很快。大数据的具体价值体现在以下三个方面：

（1）对大量消费者提供产品或服务的企业可以利用大数据进行精准营销；

（2）做小而美模式的中小微企业可以利用大数据做服务转型；

（3）面临互联网压力之下必须转型的传统企业需要与时俱进充分利用大数据的价值。

总之，大数据的发展本身开辟出了一个新的价值空间，但是大数据本身并不是目的，大数据的应用才是最终的目的。

(三) 云计算

云计算（Cloud Computing）是分布式计算的一种，指的是通过网络"云"将巨大的数据计算处理程序分解成无数个小程序，然后，通过多部服务器组成的系统进行处理和分析这些小程序得到结果并返回给用户。云计算早期，简单地说，就是简单的分布式计算，解决任务分发，并进行计算结果的合并。因而，云计算又称为网格计算。通过这项技术，可以在很短的时间内（几秒钟）完成对数以万计的数据的处理，从而达到强大的网络服务。从广义上说，云计算是与信息技术、软件、互联网相关的一种服务，这种计算资源共享池叫作"云"，云计算把许多计算资源集合起来，通过软件实现自动化管理，只需要很少的人参与，就能让资源被快速提供。也就是说，计算能力作为一种商品，可以在互联网上流通，就像水、电、煤气一样，可以方便地取用，且价格较为低廉。云计算不是一种全新的网络技术，而是一种全新的网络应用概念,云计算的核心概念就是以互联网为中心,在网站上提供快速且安全的云计算服务与数据存储,让每一个使用互联网的人都可以使用网络上的庞大计算资源与数据中心。云计算具有很强的扩展性和需要性,可以为用户提供一种全新的体验,云计算的核心是可以将很多的计算机资源协调在一起,因此,使用户通过网络就可以获取到无限的资源,同时获取的资源不受时间和空间的限制。

从技术上看,大数据与云计算的关系就像一枚硬币的正反面一样密不可分。大数据必然无法用单台的计算机进行处理,必须采用分布式架构。它的特色在于对海量数据进行分布式数据挖掘。但它必须依托云计算的分布式处理、分布式数据库和云存储、虚拟化技术。

(四) 人工智能

人工智能(Artificial Intelligence),英文缩写为 AI。它是研究、开发用于模拟、延伸和扩展人的智能的理论、方法、技术及应用系统的一门新的技术科学。人工智能作为计算机科学的一个分支,它企图了解智能的实质,并生产出一种新的能以人类智能相似的方式做出反应的智能机器,该领域的研究包括机器人、语言识别、图像识别、自然语言处理和专家系统等。人工智能从诞生以来,理论和技术日益成熟,应用领域也不断扩大,可以设想,未来人工智能带来的科技产品,将会是人类智慧的"容器"。人工智能不是人的智能,但能像人那样思考、也可能超过人的智能。

一般来说,"机器学习"的数学基础是"统计学",随着大数据技术的发展,大数据、云计算和人工技能技术相互融合、互相促进,一方面人工智能需要大量的数据作为训练和验证机器的基础,另一方面大数据也能呈现出人工智能的结果。总的来说,大数据是人工智能发展的基础,而人工智能是大数据的最终表现形式。在过程中,云计算技术的发展使得大量数据的采集、处理、运算变得高效、通畅。几种技术协同发展,创新以往社会形态,使得进互联网+传统行业变得可行,从而提升社会整体进步。

📖 案 例

2016 年 2 月 25 日,国家发展改革委、工业和信息化部、中央网信办发函批复,同意贵州省建设国家大数据(贵州)综合试验区,这也是首个国家级大数据综合试验区。此举旨在贯彻落实《国务院关于印发促进大数据发展行动纲要的通知》(国发〔2015〕50 号),加快实施国家大数据战略,促进区域性大数据基础设施的整合和数据资源的汇聚应用,发挥示范带动作用。

批复提出,坚持创新发展、协调发展、绿色发展、开放发展、共享发展理念,国家大数据(贵州)综合试验区将通过 3~5 年时间探索,有效打破数据资源壁垒、强化基础设施统筹,打造一批大数据先进产品,培育一批大数据骨干企业,建设一批大数据众创空间,培养一批大数据产业人才,有效推动相关制度创新和技术创新,发掘数据资源价值,提升政府治理能力,推动经济转型升级。

国家大数据（贵州）综合试验区将围绕数据资源管理与共享开放、数据中心整合、数据资源应用、数据要素流通、大数据产业集聚、大数据国际合作、大数据制度创新等七大主要任务开展系统性试验，通过不断总结可借鉴、可复制、可推广的实践经验，最终形成试验区的辐射带动和示范引领效应。

按照批复要求，大数据综合试验区要在控制好试点风险以及保障国家安全、网络安全、数据安全和个人隐私保护的基础上，进行大胆探索、创新发展。通过加强组织领导，完善机制，落实责任，合理配置资源，有力有序有效推进创建工作落实。同时，强化对试验区建设实施进度的跟踪分析和监督检查，加强对应用成效的量化评估，定期和及时总结经验、协调解决问题、推广应用成果。

目前，我国已经建成北京、贵州、乌兰察布三大中心和北京、上海、广州、沈阳、南京、武汉、成都、西安 8 个城市的核心节点。

信息化是当今世界经济和社会发展的大趋势，对提高国家综合竞争力至关重要，在政府导向和市场驱动的双重作用下，我国大数据中心发展迅猛，市场规模一直保持高速增长。大数据中心采取"数据集中、应用分布"的方式，可以有效地提高信息资源的利用率，建设大数据中心顺应了时代发展的潮流，是未来发展的一大趋势。

第三节　中医药发展与创新创业

中医药孕育于上古时代，漫长的新石器时期、原始的农耕文化催生着中华大地医学的产生。中医药奠基与形成于春秋战国至秦汉时期，中世纪中医药得到了稳定发展。明清时期中国封建社会走向成熟并渐趋停止，中医药的发展也随着时代的发展此起彼伏。新中国成立后，在党和政府的正确领导下，中医事业重新焕发了生机。尤其党的十八大以来，以习近平同志为核心的党中央坚持中西医并重，把中医药摆在了国家发展战略层面的重要位置，中医药振兴发展迎来天时、地利、人和的大好时机。远从神农尝百草、扁鹊创"望闻问切"四诊合参、张仲景立辨证论治理论体系、华佗创制"麻沸散"、皇甫谧撰经络针灸理论、孙思邈倡倡"大医精诚"、李时珍辑《本草纲目》、叶天士建瘟疫防治体系；近到当代，大师辈出、流派纷呈，让我们理解中医药的发展史是一部自强不息、敢为人先的创新创业史！在中医药发展过程中，涌现出来的一批批古圣先贤，他们的创业故事更是让后人敬仰和思慕。中医药的发展史更是一部矢志不渝、奋力拼搏的中医药创新创业人才的成长史！

大学教育的成功与否，关键在于它能不能给学生提供一种精神资源，这种资源能够帮助学生应付各种环境和挑战，并在这一过程中发展学生的人格和才智，而不被环境所奴役。在这奏唱创新创业强音的时代，高校大学生创新创业精神的培养显得尤为重要，要想创新创业精神常青，必须形成创新创业文化。有文化，精神就不会倒，精神还会在文化中充盈着新的力量。在中医药院校，传统中医药文化天地一体、天人合一、天地人和、和而不同的思想基础，整体观、系统论、辨证论治的指导原则，以人为本、大医精诚的核心价值，古圣先贤的工匠精神、师承模式的潜移默化，深深地影响着每一届中医药学子的认知方式和价值取向；中医药老字号历经百年沉淀的创业品质为中医药院校创新创业型人才培养提供重要的精神资源和无形资产。培育中医药院校创新创业文化能够把传统文化内涵渗透到时代学子的创新创业学习实践中，能够把时代学子创新创业的感性愿望提升到理性探索层面，有效提高他们的开拓能力和创新能力，跟上时代的节拍。

一、中医药工匠精神的传承

中医药工匠精神的传承是一个潜移默化、循序渐进的过程，是需要亲身体会的，现代中医药院校教育都是集体授课，学生见到老师的机会屈指可数，跟师学习的机会少之又少，对工匠精神的感悟一直处于低水平，始终把自己放在"医生"这个职业上，却很少想过从事这个职业需要的精神。而古时的很多名医大家，都是在师傅的悉心栽培下，耳濡目染学习得更加全面、深刻，直接接触病患的机会也更多，这是现今身处象牙塔中的学生们所无法比拟的。

（一）切实增强中医药发展的使命感

工匠精神是中医之魄，用匠心叩开博大精深的中医之门，中医药这个宝库才能重放光彩。中医药院校学子要以高度使命感，积极主动担负起中医药发展的神圣使命。使命感是人内在的永恒核心动力。一个人使命感越是强烈，那么他的人生希望也就越强烈；他的工作激情与生活热情越强烈，他的人生责任感也越强烈。有强烈使命感的人，是一种自觉的人，是一种奋斗的人，是一种百折不挠的人，是一种任劳任怨的人，是一种坚强不屈的人。如芝加哥街头的一个大雨天，有一辆丰田车的雨刮器坏了，停在路边，司机焦头烂额，突然过来一位老师傅拿出工具帮他修理，他好奇地问："您是谁呀？"老师傅说："我是丰田公司的退休员工，现看到我们公司的产品坏了，我有责任把它修好。"这正是使命感所驱使。

（二）工匠的传承精髓与中医的师承辉映

工匠的传承精髓是"一切手工技艺，皆由口传心授"，也就是说，工匠们在传授手艺的同时，也传递了耐心、专注、坚持的精神，这是一切手工匠人所必须具备的特质。这种特质的培养，与中医的师承教育非常类似，这种"口传心授"的师承体系是现代的大工业的组织制度与操作流程无法承载的。目前的中医教育还是以工厂流水线式的培养为主，这样教育出来的医学生是难以达到精品标准的，如何成为精品呢？就需要毕业之后跟师深造，我们的国医大师和名老中医无一不是通过师承教育逐步由民医成为名医的。这种师承教育的精髓就是工匠精神中的传承精髓！

（三）用工匠精神传承中医药传统工艺

中医药行业的发展离不开传承，传承中医药的传统工艺是不可忽视的重要前提。中草药质量的下滑也已成为中医药发展中的一个致命问题，而导致其质量下滑的原因则在于中草药栽培、采摘、炮制甚至买卖这一系列流程中的相关从业人员缺乏行业最基本的工匠精神，尤其是负责药材切片、炮制、抓取，以及各种膏丸散丹制作的药工手艺的失传。

（四）工匠精神是一种精神文明建设

在西方，有一种非利唯艺的纯粹精神。在柏拉图看来，工匠制作产品的目的不是为了获得某种物质性报酬，而是为了追求作品自身的完美。但是"挣钱之术"不同于技艺，就像鞋匠做鞋子的目的应该是把鞋子做好，而不是卖鞋子挣钱。工匠精神产生的原因，来自工匠本身对产品精益求精、尽善尽美的要求。随着科学技术水平的飞速发展，经济全球化给各个行业都带来了机遇与挑战，先进的诊疗技术和越来越引人注目的经济利益都在冲击着脆弱的传统精神传承，这种积淀千年的价值导向很难被现代中医传承者们接受，导致了中医药行业的现状。所以，我们应倡导现代中医药要注重精神文明建设。

（五）中医药走向世界必须重拾工匠精神

中医药如今已传播到世界 180 多个国家与地区，受到越来越多的关注和认可，不少国家已明确了中医药特别是针灸的合法地位。随着"一带一路"建设的推进，中医药迎来了进一步走向世界的战略机遇期。中医药走向世界必须重拾工匠精神！因为从中医药底蕴来说，我们与国外没有差距，甚至有优势，但是从中药产品的角度来说，我们跟美日韩等国家的差距还是较大的，最主要的差距不仅存在于制作工艺和创新研发，更在于我们缺少的工匠精神！

二、中医药老字号创业文化

古代的中国，老百姓和官员等看病，均依赖于中医诊所、药铺等中医服务机构，以及走街串巷的"郎中"。中医药老字号，是其中规模最大、技术最优的中医服务机构，具有诊疗疾病、研制药物、销售药物三大社会功能。以同仁堂、胡庆余堂、陈李济、九芝堂、鹤年堂等为代表的一批批中医药老字号历经岁月蹉跎，百折不挠，艰苦创业，逐渐形成了"医、药、商"三位一体的创新创业格局，创造了中医药文化生命力的奇迹。中医药老字号创业文化的内涵结构可以从精神、制度、行为和物质四个维度加以理解。

（一）精神文化——厚德载商

精神文化是观念形态和文化心理，是造就中医药老字号基业长青的核心文化。如同仁堂"同修仁德，济世养生"的企业精神，"修合无人见，存心有天知"的自律意识，"以义为上，义利共生"的经营哲学，"炮制虽繁，必不敢省人工；品味虽贵，必不敢减物力"的质量观等文化；胡庆余堂"戒欺"文化；陈李济"同心济世"文化；九芝堂"药者当付全力，医者当问良心"文化。

（二）制度文化——依序遵行

制度文化是观念形态的转化，是链接中医药老字号创业文化硬软外壳的桥梁。如同仁堂设立了一条严格的"族规"—分店不称同仁堂,仅可在店名前冠以"乐家老铺"四个字;"采办务真""修制务精"和"真不二价"是支撑胡庆余堂"戒欺"文化的铁定规则;陈李济最早实行"职业经理人"和"董事会"制度,商号从一开始就采取了资本合作,实行"两姓合股经营,两族轮流选任司理"。

(三) 行为文化——德行合一

行为文化是一种处在浅层的活动,构成中医药老字号创业文化的软外壳,如中医药老字号坚持分赴各省及关外选用产地、季节、货色真实的地道药材。制作工艺精益求精,针对不同药物,注重药性,不惜工本,专制制药工具,如金铲银锅。当顾客对药品微露不满时,立即收回原药或投入香炉以焚之,并准定在一二天内赶制好药调换。坚持为贫困病人、赶考考生无偿送药。

(四) 物质文化——寓意释义

物质文化属于表层,最为具体实在,构成中医药老字号创业文化的硬外壳,如字号、富有特色的店铺设计、牌匾楹联、独特的产品、技艺、店员的绝活、字号故事等。尤其,同仁堂特设"下洼子门"方便患者;胡庆余堂自设养鹿园;鹤年堂在每一品种的包装内都放有"图说内票",票上印有药名、产地、气味、主治何病和药的图形,更能体现出中医药老字号独特的物质文化。

三、中医智慧在创业实践中的应用

狭义的定义中医是有关人的生命健康和疾病防治方面的科学。实际上中医治病的道理(所谓的医道)是与自然之道相一致的。自然之道和生命之道是相通的。将创业管理与中医治病之道相结合的前提就是:把公司当作一个和生命一样的演化发展过程。有了这个前提,中医理论对人的病的描述就可以用来对公司进行描述,并将治病的措施应用于创业的管理当中。

(一) 创业问题的诊断和解决

中医治病之道的关键是疾病的诊断和施治,与之对应的管理之道的关键便是对管理问题的判断和解决管理问题采取的相应措施。

1. 诊断

对于判断公司运行过程中的问题也是越早越好,这样才可以使得管理成本最小。因此在判断公司运行过程中的问题时必须使用整体的观念争取在问题的初期发现,建立一些可靠的并且有前瞻性的评价指标。目前公司出现的问题往往是以一个很直观的标准来衡量,比如销售业绩下滑。但是当公司的问题真正地反映到销售上时,这时候问题已经存在了很久了。在发现销售业绩下滑后再采取措施管理,这样的管理成本会非常大。要早发现公司管理中的问题就必须有一套有预见性的诊断理论。这套诊断理论是基于对公司和公司问题本质的认识建立的。

2. 解决策略和措施

在公司战略制定方面,中医理论里值得借鉴的地方是:解读状况的方法"运意",以及组方。"运意"是结合阴阳五行、五运六气,以及诸多的辩证方法等。组方一方面要给公司自己开方,一方面也要给公司的竞争对手开方。公司战略一是要求思考公司如何适应行业、社会、经济环境;二是要求思考公司如何引导行业、社会、经济环境。公司战略有一个很关键的指标——可操作性。战略制定者本人的视野很重要,但最重要的还是方法。战略制定非常适合借鉴八纲辩证、五运六气的方法。

在创业管理中管理的策略和措施,可以对中医理论深入了解后全面地应用。比如策略的性质是与问题的性质相反还是相同,即管理之道中的正治和反治。很多时候管理过程中有些问题是公司发展中必须经历的,这时候如果抑制这种问题的发生必然会在长远看来影响公司的发展。最简单的例子就是:IT 公司面对产品更新换代的问题时,也许一时提高原有产品营销力度会提高业绩。如果在原有产品业绩下滑时,推出新的替代产品加速原有产品的市场退出,虽然一时业绩不佳但有后续发展能力。一种是抵抗原有产品业绩下滑的趋势,一种是加速其市场退出速度。这正是正治与反治的两种截然不同的方法。

在管理措施的组合搭配方面可借鉴中医方药的"君、臣、佐、使"配合原则。这种"君、臣、佐、使"的搭配并不仅限于人员团队方面的应用,也包括公司运营过程中项目的搭配,还有日常工作内容的搭配组合。举一个简单团队组合的例子:"君"位是一个核心,在项目中起主要的作用。"臣"位是辅助"君"来实现项目的。"佐"位则是抑制"君"负效应或弥补"君"的不足,使得"君"可以达到最佳的工作状态。"使"便是联络沟通各个成员之间的关系的。

在管理措施的侧重方面,可借鉴中医药物归经理论,其本质就是药对人体局部作用的偏好。也可以说同一种药不同的部位经络对其敏感程度的差异。正是因为药物归经给中医治疗疾病提供了很大的发挥空间。同样一个管理措施在企业的不同部门会产生很大的效果差异。这种现象和中医里的药物归经原理相似。这为管理措施提供很多组合搭配创造可能。对于一个管理者来讲,掌握管理措施的各部门之间的敏感度差异是尤为重要的,是实现"分而治之"的关键。

(二)其他中医常用思维方式的应用

(1)整体观念。创业者一要有市场观念。在市场经济下,创业者只有通过市场调研和预测才能了解消费者需求,只有通过市场销售活动才能使产品的使用价值转化为价值,进而实现创业企业经济效益。二要有竞争观念。市场经济是一种竞争性经济,只有竞争能力强的企业才能在市场角逐中取得成功,得到发展。三要有信息观念。企业经营成功是正确的经营决策执行的结果,而决策的正确性取决于信息的数量和质量。四要有信誉观念。信誉是企业最重要的"无形财产",因为企业信誉能转化为企业的产品信誉。五要有效益观念。在市场经济下,创业企业是自负盈亏的经济实体,赢利是衡量企业经营成果的一个主要指标。

(2)上工治未病——风险预防与控制意识。创业者要认真分析自己创业过程中可能会遇到哪些风险,这些风险中哪些是可以控制的,哪些是不可控制的,哪些是需要极力避免的,哪些是致命的或不可管理的。一旦这些风险出现,应该如何应对和化解。

(3)司外揣内,就是学习探索本质的能力,透过现象看本质。如在选择项目的时候,要透过项目表面去挖掘深层次的市场顾虑问题。

(4)揆度奇恒——创业过程中要善于观察一般的规律和特殊的变化,知常达变才能及时发现问题。

(5)辨证施治,要求对于创业过程中所表现的"证"辨别清楚,予以适当的"治疗",突出了具体问题具体分析。

(6)治病求本——就是要求善于解决根本问题。其他还有"四诊合参""取象比类""痛则不通,通则不痛"等诸多中医学思维方式,对大学生创业思维训练给有益启示。

四、中医药文化蕴育创新创业文化精髓

传统中医药文化所蕴育的创新创业文化精髓,赋予了中医药院校创新创业文化鲜明的特征和丰富的内涵;基于传承和发展中医药创新创业文化视角,从创业精神文化、制度文化、行为文化和物质文化四个层次探索创业文化的传承路径,形成中医药文化与创新创业文化共生、共促的中医药创新创业文化模式;为中医药学子设定"创业遗传代码",造就不断适应时代需要的中医药人才。

(一)递承中医药创新创业文化精髓

古圣先贤的工匠精神、辨证论治的思维方式、中医师承模式、中医药老字号厚德载商、依序遵行、德行合一和寓意释义的创新创业文化,与患者建立了深厚的情感联结,能够充分满足患者生理的、心理的和精神的需求,为中医药发展和患者需求创造和实现了价值。置身于中医药文化之中的中医药学子,油然而生一种人文文化气息,更能认识和理解古圣先贤的工匠精神、辨证论治的思维方式、中医师承模式、中医药老字号创业文化精髓,借此激发创新创业激情与智慧,提高自身创业警觉性,善于发现和抓住机会,勇于实践,争接地气,最终形成一条有利于校园创新创业文化培育的良性循环通路。

(二)培育中医药院校创新创业文化

1. 培育中医药院校创新创业精神文化

精神文化是观念形态和文化心理,是创新创业文化的核心。中医药院校创新创业精神文化的培育,在递承中医药老字号创业文化精髓的基础上,还应凸显以下三点:

(1)树立中医药学子文化创新创业理念。中医药文化底蕴深厚,古圣先贤的工匠精神、辨证论治的思维方式、中医师承模式、中医药老字号创业文化弥足珍贵,中医药院校学子文化创新创业有着独特的行业优势。所谓文化创新创业是指基于中医药文化,发展中医药产业。缘由有三:一是文化创新创业是中国未来经济发展的重要推动力量,中医药文化蕴藏着生生不息的,取之不尽的资源;二是随着健康观念和医学模式的深刻变革,"大健康"产业面临着前所未有的机遇,未来将成为中国最重要的支柱产业之一,中医药文

化产业将获益；三是随着中国国际地位的提高，中医药作为中国文化的遗传因子必将加速在世界各国的传播进程。

（2）营造鼓励创新、宽容失败、崇尚合作的文化氛围。纵观历史，中医药创新创业不完全依靠一定规模的大医院，通过设立门诊、诊所或连锁店即可造福人类。一个名中医的成长主要依靠悟性、高人指点、临床经验；而一个名西医的成长主要依赖名导师、大平台、国际视野。所以，小诊所里可以培养出很厉害的中医。中医药创新创业具有投资微小、见效快、可批量复制或拓展的特点，适合中医药院校毕业生创业。加强中医药院校"鼓励创新、宽容失败、崇尚合作"的创新创业文化氛围营造，给创新创业学子以更大的自由度和空间，创新创业教育才能因人而异，辩证施教；同时，把创新创业学子置于创新创业信息流中，以提高遇到创业机会的概率，才能孕育出更多的中医药界创新创业精英和创业项目，才能推动中医药事业健康有序发展。

（3）弘扬中医药学子时代创新创业精神。创新创业文化是内生于市场经济的一种特殊文化。创新创业文化的载体或表现路径其实就是围绕创新创业的整个商业价值链上的一系列活动，以及支持这些活动发生的理念、价值观和信息等。培育创新创业文化具体地说，是培育以创新创业精神为核心价值取向的创新创业文化，并渗透进创新创业文化的制度、行为、物质层面。创新创业精神把职业要求内化为信念、道德和心理的力量，使创新创业者在任何环境下都能保持旺盛的斗志、乐观的情绪、坚定的信念、顽强的意志，在任何环境下都能自觉遵守法律法规、市场规则、公序良俗。

2. 培育中医药院校创新创业制度文化

培育创新创业文化必须固化于制，一要构建创新创业文化培育的内部机制。学校高度重视，认真引导并组织落实，部门学院形成共识，通力合作，细化职责，健全制度，厚其内涵，实现第一课堂、第二课堂和第三课堂的有机结合，形成创新创业文化培育一体化指导服务体系。二要构建创新创业文化培育的外部机制。进一步加强政府导向与扶持机制建设，完善社会参与机制，建立筹资机制和人才资本蓄养机制。目前，重点要系统研究校内、校外创新创业实践平台、基地、创业园、科技园、众创空间等规范化建设及有效运行实践工作机制，要建立社会企业参与机制，使更多中医学子积极参与基地建设、项目培育、人才培养以及成果转化。

3. 培育中医药院校创新创业行为文化

培育创新创业文化必须外化于行。创新创业行为文化作为创新创业文化"动态"的部分，要以提升中医药院校师生的生命质量为切入口，以中医创新创业文化理念来改变其行为方式，最终实现其生命状态的改善，尤其学生的精神状态、文明举止、行为习惯等的改善。基于此，创新创业典型的生成是一个最直接的显性指标，创新创业典型是创业文化的特定产品，创新创业文化是创新创业典型的特有的生存方式和生命状态，创新创业典型的生成是实现创新创业文化自觉的前提和基础。

4. 培育中医药院校创新创业物质文化

中医药院校创新创业物质文化是中医药在长期发展过程中，在深入推进创新创业教育过程中，积累下来的外界的、显形的物化文化，是创新创业精神文化的物质基础。其内涵十分广泛,主要包括创新创业课程、创新创业指导师资队伍、创新创业典型案例、创业一条街、创业模拟实训平台、创业园、科技园、众创空间以及创新创业网、创新创业社团、创新创业教育成果等。这些创新创业教育的物质基础承载的那种无声的立体的多维的文化,隐含和记载着创新创业精神,为师生提供宝贵的物质需求和精神养料。

本章小结

1. 创新、创业的概念由来已久。在社会不断发展进步的背景下,创新、创业被赋予了更多的含义,两者的关联性不断加强,开始进入有机融合阶段。

2. 基于创新基础上的创业活动,既不同于单纯的创新,也不同于单纯的创业。在创新创业这一概念中,创新是创业的基础和前提,创业是创新的体现和延伸,两者既有联系又互相促进。

3. 随着社会进入创新2.0时代,互联网+创新+传统行业重构新业态,各项新技术被广泛应用,传统行业在新时代展现出新的生命力。中医药作为传统行业,具有其独有的技术特点和文化魅力,在创新2.0时代,要充分发掘内涵,守正笃实,与时代相结合,以行业发展之新创中医药未来之业。

思考题

1. 结合所学专业,思考在创新2.0时代的创新创业方向。

2. 在创新创业素质培养中,如何学习践行中医药老字号创业文化和古圣先贤的工匠精神?

延伸阅读

创新创业教育的时代意义

创新创业教育已成为全面提高高等教育质量的内在要求和应有之义。具体地说,创新创业教育是新一轮科技革命和产业变革的时代要求,是高等教育向纵深发展的时代体现,是市场经济赋予素质教育的新内涵。其中的"创",我们首要要看到它的教育价值,在教育领域、在大学"创"是手段、是工具,是人才培养的一个重要的方式。创新创业教育既包含着创新教育,又包含着创业教育的科学内涵,其核心是创新教育。同学们要明白未来社会的所有事情,都要从创新的角度思考,要积极形成创新心态。

创新创业教育重在培养学生的产业化视野,尤其在技术跃迁带来的产品与模式不断升级的时代,要满足主流用户核心需求,就要不断"物化"出新的产品与服务,产生新共鸣。但并不是说一定要把一切都转化成产业,而是每一门学科及其理论就应该紧密结合其对应的社会经济生活某一领域(或某一行业产业)最前沿的真实状况,包括该领域的最新产品、最新技术、最新工艺、最新设备、最新服务等等,为专业提供最新成果和最新知识,不仅重视研究成果的"技术价值",还要重视研究成果的"市场价值",最终应当以实现服务大众甚至形成产业普惠大众为目的,这一目的是学科得以创新的内在动力。创新创业是非线性的,教学的核心工作是"剥洋葱式"引导前进,培养剥的能力,感受过程的刺痛感,积累经验和方法,从而达到认识洋葱的结构。国家鼓励双创教育是鼓励大学生以最真实的方式去尝试一份职责,学会如何以最小的代价失败。在成长道路上,这样失败的经历会像"预防针"一样时刻提醒自己如何避免以后更大的损失,并能够站在一个更高的维度去思考问题。针对各行各业涌现出的"痛点",不能习惯用做新事的方式回避那些需要改革的深层次的痼疾,做新事、开新篇,试图提供一个"症状解",其实这是相对容易的,难的是提供一个"系统解"去解决痼疾。同时,高校创新创业教育也发挥着对社会的精神培育和价值引领作用,更有利于全体学生及其家庭甚至全社会实现美好生活。

中医历史实践智慧

中医药孕育于上古时代,漫长的新石器时期、原始的农耕文化催生着中华大地医学的产生。中医药奠基形成于春秋战国至秦汉时期,中世纪中医药得到了稳定发展。明清时期中国封建社会走向成熟并渐趋停止,中医药的发展也随着时代的发展此起彼伏。新中国成立后,在党和政府的正确领导下,中医事业重新焕发了生机。远从《黄帝内经》《神农本草经》《伤寒论》《雷公炮制论》《普济本事方》《本草纲目》;近到《中国医学大辞典》《中药大辞典》,更能让我们理解中医药的发展史是一部自强不息、敢为人先的创业史!在中医药发展过程中,涌现出来的一批批古圣先贤,他们的创业故事更是让后人敬仰和思慕。中医药的发展史更是一部矢志不渝、奋力拼搏的中医药创业人才的成长史!

中医整体观、阴阳五行、相生相克、五运六气、正治反治、君臣佐使等医病思维方式,"重经典、跟名师、勤临证"的中医师承模式,"厚德载商、依序遵行、德行合一、寓意释义"的中医药老字号创业文化以及古圣先贤的工匠精神,传颂着千年中医的生命精华。当把中医的理论提升到医道的层次,医道所应用的对象自然就扩大到所有具有生命属性的事物。创业过程同样可视为与生命一样的一个演化发展过程。有了这个前提,中医历史实践智慧就可以自然应用于创新创业教育与创业企业管理当中。中医药院校创新创业教育的"根基"和"灵魂"自然来源于中医历史实践智慧,智慧文化是中医药所特有的。中医药凭借强大的实践基础与智慧,运用古方与今药,辨证施治,依生命的需求而不断完善、创新和发展。

第二章 创新创业思维

学习目标

　　通过本章学习,学生应该了解创新的基本内涵以及特征。根据创新的缘由启发大学生的创新意识,科学掌握创新创业思维及其基本方法,结合自身专业特点,运用科学思考方式激发创新精神,在学习专业知识的同时,提升创新能力,从而为创新型人才增强就业能力。

案例导入

　　梅奥诊所(Mayo Clinic)位于美国明尼苏达州一个偏远小城罗切斯特,19世纪由梅奥先生——一位乡村医生建立,是第一家成立综合医疗集团服务模式的诊所。1950年,梅奥诊所的 Edward C. Kendall 和 Philip S. Bench 发现皮质酮并将其成功应用于临床,因此获得了1950年诺贝尔医学和生理学奖。自此,梅奥诊所在人类医学史上创造了无数个第一,并坚持创新医学教育和医学研究。历经百余年的发展,梅奥诊所已经成为世界一流的综合医院,并扩展成了梅奥医学中心——全美规模最大、设备最先进的非营利性综合性医疗体系。2014年7月,《美国新闻与世界报道》杂志发布2014—2015全美最佳医院排名,在全部16个专科的排名中,梅奥诊所15个专科进入了前十,8个专科夺得第一,打败了之前位列第一多年的约翰斯·霍普金斯医院而荣登综合实力排名的榜首。品牌的成就不仅是因为"患者至上"的医疗宗旨和非营利型管理经营方式,更因其领先的创新研究。随着对医疗创新要求的不断增高,2009年梅奥医学中心正式成立"创新中心"(Center for Innovation),旨在将临床经验转化成切实可行的方法应用于医疗保健。时值中国的国际化进程,需要我们用国际视野开阔自己、完善自己,梅奥的创新中心能给我们许多启示。

　　(资料来源:崔云裳,宋雨潇.梅奥诊所创新中心启示[J].中国研究型医院.2015年6期.)

　　创新是一个民族进步的灵魂,是国家兴旺发达的不竭动力。"大众创业,万众创新"在我国已经深入人心,针对大学生积极开展创新创业教育,将大学毕业生培养成为国家创新驱动发展的生力军,是摆在高等教育面前的首要任务。创新的团队一是要有科学发现,二是科学仪器,三是科学的方法,其中科学方法的核心就是创新方法,创新方法的前提是创新思维。建设创新型国家,核心是要增强自主创新能力。自主创新,思维必须先行。

　　实践证明,运用创新创业思维,能够帮助我们突破思维定式、从不同角度分析问题,进行理性的逻辑思维,揭示问题的本质,确定问题的进一步探索方向;能根据技术进化规律,预测未来发展趋势,最终抓住机会来彻底解决创新问题,能切实提高大学生的创新思维和创业能力。

第一节　创新的特征

创新的本质其实就是突破,突破旧的思维定式、旧的常规戒律。创新活动的核心就是"新",它可以是产品的结构、性能和外部特征的变革,也可以是造型设计、内容的表现形式或手段的创造,抑或是内容的丰富和完善,流程和商业模式的重新再造,企业战略转型的方式,甚至是社会责任的转变等。

一、创新的特征

创新从内涵来看,具有鲜明的特征。

(一) 新颖性

创新就根本来说是为了解决前人没有能够解决的某个问题或者部分问题,不单单是简单的模仿和重复过程。是在继承中有新的突破;在一定程度上不是体现在量的变化,而是质的变化。所以,创新的成果必然是新颖的,其中必须有过去所没有的新因素或成分。新颖性是创新成果最鲜明、最根本的特征。创新的新颖性包含了三个层次:一是绝对的新颖性;二是局部的新颖性;三是主观的新颖性,这里的主观指的是对于创造者个人来说是前所未有的。

(二) 价值性

从创新带来的社会效应看,创新成果都具有普遍的社会价值,其中很多还有着重大的历史意义,如牛顿发现的万有引力理论,爱因斯坦创立的相对论、蒸汽机、青蒿素的产生都是创新成果巨大社会价值的体现。价值性与新颖性也是密切相关的,绝对的新颖性的价值层次最高,局部的新颖性次之,主观的新颖性更次之。

(三) 前瞻性

前瞻性是创新的一个必然的特征。因为创新所要解决的问题都是目前人没有解决的,所以创新始终是面向未来的。大多创新活动是为了满足人们目前还未得以满足的某种需求而进行的经济性探索,是面对未来社会的设计、研究和规划,是一种研究未来、探索未来、改变未来的实践活动。

(四) 风险性

创新的任何一种形式在实际生活中都具有一定的风险,根据创新的程度和范围,风险的大小和形式也是不一样的,从经济学的范畴上,创新是离不开市场环境的,市场又是在不断变化的,因而创新就会面临着各种各样因市场变化而带来的各种风险甚至是危险。再者,因为创新具有前瞻性,人们需要通过分析已知和未知的一些条件来进行创新活动,在这个过程中,人们不能完全准确地预测未来,也不能毫无差错地对未来的环境或者事物的发展趋势进行把握,这必然会带来一定的风险。最后,创新的结果对于企业来说是达到预期的经济收益,提高企业在市场中的竞争力,如果创新失败,企业投入的创新成本将无法收回,可能也影响企业原先在市场中的地位,降低原有的市场竞争力,所以创新是一种高收入和高风险并存的经济活动。

二、创造与创新

(一) 创造的含义

"创造"一词是对创造活动的综合概括,在《现代汉语词典》里,"创造"被解释为"想出新方法、建立新理论、做出新的成绩或东西"。可以说,创造是人们应用已知信息,产生某种新颖而独特的、具有社会价值或个人价值的产品过程,是"破旧立新",打破世界上已有的,创立世界上尚未有的精神和物质的活动。作为创造的成果,这种产品可以是新概念、新理论,也可以指新技术、新工艺、新产品。其特征是新颖、独特、具有一定的社会价值和个人价值。

(二) 创造与创新的区别

从一般意义上讲,创造强调的是新颖性和独特性,而创新强调的则是创造的某种具体实现。创造与创新在概念上的差别体现在以下几个方面:

(1) 创造比较强调过程,创新比较强调结果。例如,可以说"他创造了一种新方法,这种方法具有创新价值"。

(2) 在程度上,创造强调"首创""第一""从无到有""破旧立新",主要指自身的新颖性,不一定有比较对象;创新是建立在已经创造出的既有概念、想法、做法等基础之上,其着眼点在于"由旧到新",强调与原有事物的比较。因此,在某种程度上,可以将创新看作是创造的目的和结果。例如,远程监控技术的出现是一种创造,而将它用于医疗领域就是创新。

(3) 在思维过程上,创造应是独到的,其思维始终站在新异的尖端;创新则是在已经创造出既有概念、想法和做法等的基础上,将别人的原始想法组织起来,应用到自己的思维活动中去。

(4) 在范畴上,创造一般指的多是知识、概念、理论、艺术等方面,创新一般指的多是技术、方法、产品等。

(5) 在目的上,创造注重的是科学性和探索性,创新更注重经济性和社会性。

三、创新与创意

（一）创意的含义

创意起源于人类的创造力、技能和才华，来源于社会又指导着社会发展。类人猿首先想到了造石器，然后才动手把石器造出来，而石器造出来，类人猿就变成了人。人类是在创意、创新中诞生的，也要在创意、创新中发展。创新是人类特有的认识能力和实践能力。创意其实就是创造意识和创新意识的简称，它是对现实存在事物的理解以及认知所衍生出的一种新的抽象思维和行为潜能。

（二）创意与创新的区别

创意的主要特征是突发性、形象性、自由性和不成熟性。所谓的不成熟是说创意是灵感闪现和创新方案形成之前的那个意念。创意得益于灵感，它是由灵感诱发形成的观念形态的想法和念头，比灵感要完整和完善。

在思维方式上，创意以形象思维为主，以表象为思维要素；而创新是在形象思维的基础上，把一系列表象概念化，通过逻辑思维，把感性色彩浓厚的创意上升为理性思维居多。

在稳定性方面，创意的过程往往是突发性、突变性和突破性的综合；而创新是概念化、逻辑化的创造方案，具有相对稳定性。

创意"有如昙花一现的幻影，有如纯洁之美的精灵"，而创新的思维赋予其"有形的翅膀"，使得每个人都可以创造出奇迹。简而言之，创意是具有新颖性和创新性的想法，而且能够通过创新创造出更大的效益。因此我们说创意是创新的基础，没有创意，就没有创新，更谈不上创业。

第二节　创新思维

创新思维是指以新颖独创的方法解决问题的思维过程，以求突破常规思维的界限，以超常规甚至反常规的方法、视角去思考问题，提出与众不同的解决方案，从而产生新颖的、独到的、有意义的思维成果。创新思维的本质在于将创新意识的感性愿望提升到理性的探索上，实现创新活动由感性认识到理性思考的飞跃。

创新思维的运用目的，就是让我们具有"新的眼光"，克服思维定式，打破技术系统旧有的阻碍模式。一些看似很困难的问题，如果我们投以"新的眼光"，站到更高的位置，采用不同的角度来看待，就会得出新奇的答案。

创新思维是指对事物间的联系进行前所未有的思考，从而创造出新事物的思维方法，是一切具有崭新内容的思维形式的总和。爱因斯坦曾说："人是靠大脑解决一切问题的，人类脑中的创新思维活动是人的创新实践活动的基础和前提。没有思维的创新就没有行动的创新。"一切需要创新的活动都离不开创新思维。因此，提升创新能力除了要提高创新意识,夯实知识储备外,还要积极破除思维障碍,进行创新思维训练。

一、全脑思维

全脑思维是一种创造性思维方式。它可以任意改变思维方式,从多角度、多视野去生发和联想;它无所顾忌,也无正确、错误之分;它不必循规蹈矩、按部就班,更没有固定的模式,它具有新颖、独到、变通、灵活的特点。全脑思维的精髓就是不墨守成规,敢于标新立异,它不受现代知识和方法的束缚,能多方法、多角度、多层次地提出问题、分析问题和解决问题。

人的大脑分左脑和右脑,左脑是我们正常人所经常使用的,我们称为意识脑。右脑是客观存在的,但在主观上不具备主动使用的,我们称为本能脑,潜意识脑。意识脑,它是负责逻辑、分析、表格制作、文字表达、线性思维、数字、分类排序等活动。潜意识脑,负责想象、音乐、空间感(设计、舞蹈等)。

美国著名心理学家、曾任美国心理学会会长的吉尔福特(J. P. Guilford),首先提出了全脑思维的概念。他在对创造力进行深入分析的基础上,提出了"智力三维结构"模型。吉尔福特认为,人类智力应由三个维度的多种因素组成:第一维是智力的内容,包括图形、符号、语义和行为等四种;第二维是智力的操作,包括认知、记忆、发散思维、聚合性思维和评价等五种;第三维是智力的产物,包括单元、类别、关系、系统、转化和蕴涵等六种。由四种内容、五种操作和六种产物一共可以组合成 $4 \times 5 \times 6 = 120$ 种独立的智力因素。吉尔福特认为,人的创造性是通过全脑思维而表露于外显行为上的。例如,学生在做数学习题时,一题多解就是发散思维的一种具体表现。古今中外,大凡有成就者,都表现出思路开阔、思如泉涌,全脑思维能让你迅速地从一类对象转变到另一类内容相隔很远的对象去思考和学习。

二、系统思维

系统思维就是人们运用系统观点,把对象的互相联系的各个方面及其结构和功能进行系统认识的一种思维方法。整体性原则是系统思维方式的核心。

易经是最古老的系统思维方法,建立了最早的模型与演绎方法,周易是中医学的整体观与器官机能整合的理论基础,在古代希腊则有非加和性整体概念,但西医以分解和还原论方法占主导地位,现代西方心身医学的"社会—心理—生物"综合医学模式兴起,开启了中西医学又一轮对话,并导致了系统医学与系统生物科学在世纪之交的发展。

系统思维方式的客观依据,是物质存在的普遍方式和属性,思维的系统性与客体的系统性是一致的。现代思维方式特别是系统思维方式,主要以整体性、结构性、立体性、动态性、综合性等特点见长。

三、发散思维与收敛思维

(一) 发散思维

发散思维是由美国心理学家 J. P. 吉尔福特提出的,是对同一问题从不同层次、不同角度、不同方向进行探索,从而提供新结构、新点子、新思路或新发现的思维过程。发散思维具有流畅性、灵活性和独特性的特点。

流畅性是思想的自由发挥,指在尽可能短的时间内生成并表达出尽可能多的思维观念以及较快地适应、消化新的思想观念,是发散思维量的指标。例如,在思考"取暖"有哪些方法时,可以从取暖方法的各个方向发散,有太阳、烤火、开空调(电暖气、电热毯)、剧烈运动、多穿衣等,这些都是同一方向上数量的扩大,方向较为单一。

灵活性是指克服人们头脑中僵化的思维框架,按照某一新的方向来思索问题的特点。常常借助横向类比、跨域转化、触类旁通等方法,使发散思维沿着不同的方面和方向扩散,以呈现多样性和多面性。

独特性表现为发散的"新异""奇特"和"独到",即从前所未有的新角度认识事物,提出超乎寻常的新想法,使人们获得创造性成果。

发散思维的具体形式包括用途发散、功能发散、结构发散和因果发散等。

采用发散思维,可以尽可能多地提出解决问题的办法,最后再收敛,通过论证各种方案的可行性,最终得出理想方案。

(二) 收敛思维

收敛思维是将各种信息从不同的角度和层面聚集在一起,尽可能利用已有的知识和经验,将各种信息重新进行组织、整合,实现从开放的自由状态向封闭的点进行思考,从不同的角度和层面,把众多的信息和解题的可能性逐步引导到条理化的逻辑序列中,以产生新的想法,寻求相同目标和结果的思维方法,形成一个合理的方案。

在收敛思维的过程中,要想准确地发现最佳的方法或方案,必须综合考察各种发散思维成果,并对其进行归纳、分析比较。收敛式综合并不是简单的排列组合,而是具有创新性的整合,即以目标为核心,对原有的知识从内容到结构上有目的地进行评价、选择和重组。

发散思维所产生的设想或方案,通常多数都是不成熟或者不切实际的。因此,必须借助收敛思维对发散思维的结果进行筛选,得出最终合理可行的方案或结果。

四、横向思维与纵向思维

横向思维是截取历史的某一横断面,研究同一事物在不同环境中的发展状况,并通过与周围事物的相互联系和相互比较,找出该事物在不同环境中的异同。纵向思维是从事物自身的过去、现在和未来的分析对比中发现事物在不同时期的特点及前后联系而把握事物本质的思维过程。

横向思维与纵向思维的综合应用能够对事物有更全面的了解和判断,是重要的创造性思维技巧之一。

(一) 横向思维

横向思维是由爱德华·德·波诺于 1967 年在其《水平思维的运用》中提出的。横向思维从多个角度入手,改变解决问题的常规思路,拓宽解决问题的视野,从而使难题得到解决,在创造活动中发挥着巨大作用。

在横向思维的过程中,首先把时间概念上的范围确定下来,然后在这个范围内研究各方面的相互关系,使横向比较和研究具有更强的针对性。横向思维对事物进行横向比较,即把研究的客体放到事物的相互联系中去考察,可以充分考虑事物各方面的相互关系,从而揭示出不易觉察的问题。

横向思维突破问题的结构范围,是一种开放性思维,思维过程中将事物置于很多的事物、关系中进行比较,从其他领域的事物获得启示从而得到最终的结果。

(二) 纵向思维

纵向思维被广泛应用于科学和实践之中。事物发展的过程性是纵向思维得以形成的客观基础,任何一个事物都要经历一个萌芽、成长、壮大、发展、衰老和死亡的过程,并且在这个发展过程中可捕捉到事物发展的规律性,纵向思维就是对事物发展过程的反映。纵向思维按照由过去到现在,由现在到将来的时间先后顺序来考察事物。

纵向思维对未来的推断具有预测性,纵向思维的预测结果可能符合事物发展的趋势。在现实社会中,通过对事物现有规律的分析预测未知的情况相当普遍,纵向思维方法在气象预测、地质灾害预测等领域广泛应用,对于指导人们的行为、决策和规划起着较大作用。

五、正向思维与逆向思维

正向思维是按常规思路,以时间发展的自然过程、事物的常见特征、一般趋势为标准的思维方式,是一种从已知到未知来揭示事物本质的思维方法。与正向思维相反,逆向思维在思考问题时,为了实现创造过程中设定的目标,跳出常规,改变思考对象的空间排列顺序,从反方向寻找解决办法。正向思维与逆向思维相互补充、相互转化。

(一) 正向思维

这是人们最常用到的思维方式。正向思维法是在对事物的过去、现在充分分析的基础上,推知事物的未知部分,提出解决方案。

正向思维具有如下特点:在时间维度上是与时间的方向一致的,随着时间的推进进行,符合事物的自然发展过程和人类认识的过程;认识具有统计规律的现象,能够发现和认识符合正态分布规律的新事物及其本质;面对生产生活中的常规问题时,正向思维具有较高的处理效率,能取得很好的效果。

（二）逆向思维

逆向思维法利用了事物的可逆性，从反方向进行推断，寻找常规的岔道，并沿着岔道继续思考，运用逻辑推理去寻找新的方法和方案。

逆向性思维在各种领域、活动中都有适用性。不论哪种方式，只要从一个方面想到与之对立的另一方面，都是逆向思维。

六、求同思维与求异思维

求同思维是指在创造活动中，把两个或两个以上的事物根据实际的需要联系在一起进行"求同"思考，寻求它们的结合点，然后从这些结合点中产生新创意的思维活动。

求异思维法是指对某一现象或问题进行多起点、多方向、多角度、多原则、多层次、多结果的分析和思考，捕捉事物内部的矛盾，揭示表象下的事物本质，从而选择富有创造性的观点、看法或思想的一种思维方法。

（一）求同思维

求同思维包括归纳法和演绎法。从已知的事实或者已知的命题出发，通过沿着单一的方向一步步推导来获得满意的答案，以获得客观事物共同本质和规律的基本方法是归纳法，把归纳出的共同本质和规律进行推广的方法是演绎法。这些过程中，肯定性的推断是正面求同，否定性的推断是反面求同。

求同思维是沿着单一的思维方向，追求秩序和思维缜密性，能够以严谨的逻辑性环环相扣，以实事求是的态度，从客观实际出发，来揭示事物内部存在的规律和联系，并且要通过大量的实验或实践来对结论进行验证和检验。与能力求同思维进行的是异申求同，只要能在事物间找出它们的结合点，基本就能产生意想不到的结果。组合后的事物所产生的功能和效益并不等于原先几种事物的简单相加，而是整个事物出现了新的性质和功能。

（二）求异思维

在遇到重大难题时，采用求异思维，常常能突破思维定式，打破传统规则，寻找到与原来不同的方法和途径。求异思维在经济、军事、创造发明、生产生活等领域广泛应用。求异思维的客观依据是任何事物都有的特殊本质和规律，即特殊矛盾表现出的差异性。要进行求异思维，必须积极思考和调动长期积累的社会感受，给人们带来新颖的、独创的、具有社会价值的思维成果。

七、设计思维

设计思维是一种以人为本的解决复杂问题的创新方法，它利用设计者的理解和方法，将技术可行性、商业策略与用户需求相匹配，从而转化为客户价值和市场机会。

在当代设计和工程技术当中，以及商业活动和管理学等方面，设计思维已成为流行词汇的一部分,它还可以更广泛地应用于描述某种独特的"在行动中进行创意思考"的方式,在 21 世纪的教育及培训领域中有着越来越大的影响。

设计思维的体验学习,是通过理解设计师们处理问题的角度,了解设计师们为解决问题所用的构思方法和过程,来让个人乃至整个组织更好地连接和激发创新的构思过程,从而达到更高的创新水平,以期在当今竞争激烈的全球经济环境中建立独特优势。

第三节　创新的基本方法和实施途径

根据大学校园教育以及大学生知识结构的特点,大学生在学习科学文化知识的同时掌握一些基本的创新方法可以帮助其更好地指导实践,将知识学以致用。

一、创新的基本方法

在第二节中,我们已经提到了创新思维的七种形式,我们都可以在具体的操作中一一尝试,另外在结合各种创新思维方法运用的同时,还可以增加一些其他的思维技法综合运用,使创新性加强。

(一) 强制联想法

强制联想法又称焦点法,由美国学者 C. S. Hvard 提出,指的是运用强制性连接方式以产生创造性构想的方法。强制联想法执行方式是先选择欲改善的焦点事物,多方罗列与焦点无关的事物,然后强行列举事物与焦点对象结合,最后选择最佳方案。

强制联想法是与自由联想相对而言的,是对事物有限制的联想。这限制包括同义、反义、部分和整体等等规则。一般的创造活动,都鼓励自由联想,这样可以引起联想的连锁反应,容易产生大量的创造性设想。但是,具体要解决某一问题,有目的地去发展某种产品,可采用强制联想,让人们集中全部经历,在一定的控制范围内去进行联想,也能有所发明和创造。在创造活动中,这类创造发明的例子也是屡见不鲜的。例如,悬挂式多功能组合书架就是采用"书柜"和"壁挂"的强制联想设计成功的。壁挂是装饰手段较丰富的室内装饰物。书柜与壁挂的强制联想,把书柜按照形式美的规律做成像壁挂那么美观的形式,挂在墙上。

(二) 因果分析法

当我们面对一个技术问题的时候,牵涉的因素往往很多。这时,分析的关键是理顺问题产生的原因,并充分挖掘技术系统内外部资源,以找到最有效解决问题的方案。

常见的因果分析方法有"五个为什么"分析法、故障树分析法、鱼骨图分析法、因果矩阵分析法、失效模式与后果分析法等。

要解决问题必须找到问题的根本原因,而不是问题本身;根本原因隐藏在问题的背后。举例来说,你可能会发现一个问题的源头即问题发生在哪里;但是,造成问题的根本原因是什么呢？答案必须靠更深入的挖掘，并询问问题何以发生才能得到。先问第一个"为什么"，获得答案后，再问为何会发生，依此类推，问五次"为什么"。就是把每次错误视为学习的机会，不断反思和持续改善，精益求精，通过识别因果关系链来进行诊断。

二、创新的实施途径

（一）整体思考法

整体思考法是由德·彼诺（Edward de Bono）开发的一个全面思考问题的模型，它提供了"横向思考"的工具，避免把时间浪费在相互争执上。这种方法将思维方式分为 6 类，而每次思考时思考者只能用一种方式思考，这样可有效避免思维混杂，为在需要一种确定类型的思维时提供形式上的方便。同时，可将一般争辩型思维向制图型思维转化，从而形象地展示出思考的路线，这有利于思维的展开和整理。

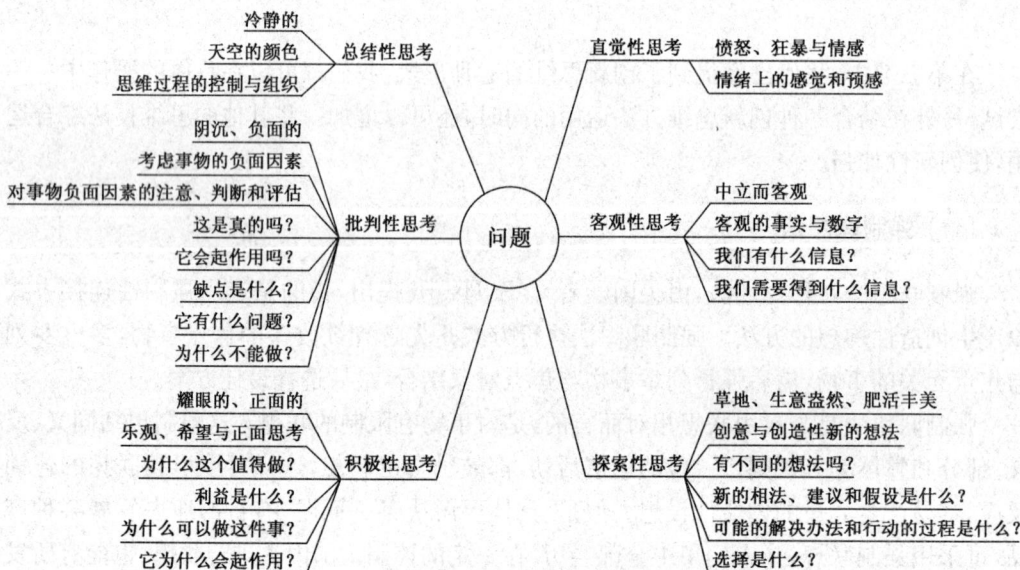

图 2-1　整体思考法下的不同思维角度

（1）客观性思考。当进行客观思考时，思考者要撇开所有建议与辩论，而仅对事实、数字和信息进行思考。通过提以下问题和回答罗列出已有信息和需求信息：已得到什么信息？缺少什么信息？想得到什么信息？怎样得到这些信息？

（2）探索性思考。尽可能多地提出各类新奇建议，创造出新观念、新选择。探索性思考在创造性思维中是极其重要且最有价值的思考方式，其中所包含的价值通过其他思考方式加工处理后，可逐步变成切实可行的方案。

（3）积极性思考。以一种积极的态度和看法思考事物的优点，基于逻辑寻找事物发展的可能性。例如：它为什么有利？它为什么能做？为什么它是一件要努力做好的事情？其中包含了什么潜在价值？有时一些概念所包含的优势一开始并不是十分明显，需要刻意地去寻找。

（4）批判性思考。思考时，要在事实基础上对问题提出质疑、判断、检验，甚至逻辑否定，并批判性地找到方案不可行的原因。例如，它起作用吗？它安全吗？它同事实相吻合吗？这事能做吗？批判性思考可以纠正事物中存在的错误和问题本身，是非常有价值的思考。

（5）总结性思考。思考过程中对思考方案的及时总结，对下一步进行安排。在进行总结性思考时，思考者要控制思维的进程，时刻保持冷静，以决定下一个思考步骤所使用的思考模式，或者评价所运用的思维并及时对思考结果进行总结。

（6）直觉性思考。思考者在进行直觉思考时，要表达出对项目、方法的感觉、预感或其他情绪，但并不要求给出原因。例如，觉得项目有没有前景？使用这种方法能不能达到目的？直觉与感情可能是思考者在某一领域多年的经验，是在潜意识中进行的综合判断。尽管有时候没办法将直觉背后的原因说清楚，但它在思考过程中可能非常有用。在直觉性思考之后通常还应用一些其他的思考方法对其结果加以验证。

（7）整体思考法。其一般性思考顺序是：客观性思考→探索性思考→积极性思考→批判性思考→探索性思考→总结性思考→批判性思考→直觉性思考。在实际运用时，应针对不同的问题性质，结合思考方式自身的思维特点来安排其顺序。

（二）金鱼法

在创新过程中，有时候产生的想法看起来并不可行甚至不现实，但是，此种想法的实现却绝对令人称奇。如何才能克服对"虚幻"想法的自然排斥心理呢？金鱼法可帮助我们解决此问题。

金鱼法的基础是将一个异想天开的想法分为两个部分：现实部分及非现实（幻想）部分。接着，把非现实部分再分为两部分：现实部分及非现实部分，继续划分，直到余下的非现实部分变得微不足道，而想法看起来却愈加可行为止。

金鱼算法的具体做法是：

第一步 将不现实的想法分为两个部分：现实部分与非现实部分。精确界定什么样的想法是现实的，什么样的想法是不现实的。

第二步 解释为什么非现实部分是不可行的。尽力对此进行严密而准确的解释，否则最后可能又得到一个不可行的想法。

第三步 找出在哪些条件下想法的非现实部分可变为现实的。

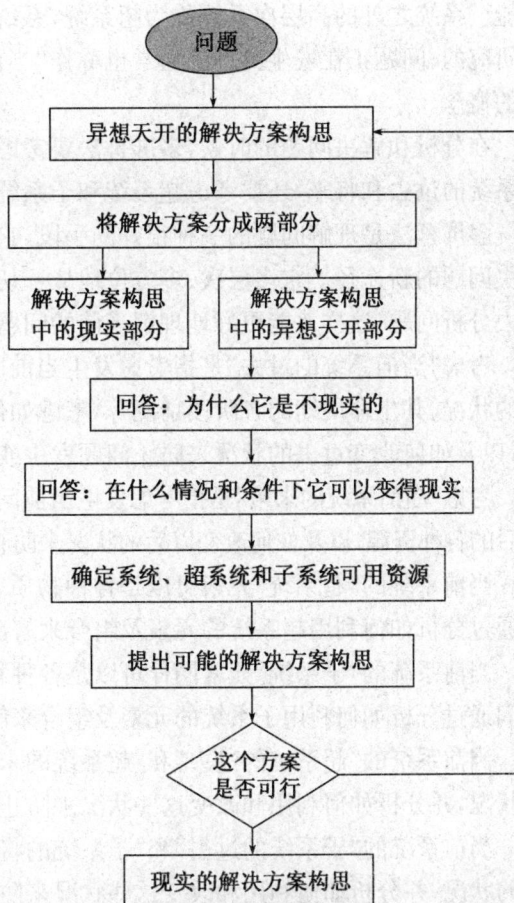

图 2-2 金鱼法流程

第四步　检查系统、超系统或子系统中的资源能否提供此类条件。

第五步　如果能,则可定义相关想法,即应怎样对情境加以改变,才能实现想法的看起来不可行的部分。将这一新想法与初始想法的可行部分组合为可行的解决方案构想。

第六步　如果无法通过可行途径,利用现有资源为看起来不现实的部分提供实现条件,则可将这一"看起来不现实的部分"再次分解为现实部分与非现实部分。然后,重复步骤第一步～第五步,直到得出可行的解决方案构想。

金鱼法是一个反复迭代的分解过程,其本质是将幻想的、不现实的问题求解构想变为可行的解决方案。

(三) 多屏幕法

多屏幕法(又称九屏幕法)是典型的 TRIZ"系统思维"方法,即对情境进行整体考虑。不仅考虑目前的情境和探讨的问题,而且还有它们在层次和时间上的位置和角色。多屏幕法具有可操作性、实用性强的特点,可以更好地帮助使用者质疑和超越常规,克服思维定式,为解决实践中的疑难问题提供清晰的思维路径。

根据系统论的观点,系统由多个子系统组成,并通过子系统间的相互作用实现一定的功能。系统之外的高层次系统称为超系统,系统之内的低层次系统称为子系统。我们所要研究的、问题正在发生的系统通常也称作"当前系统"(简称系统)。当前系统是一个相对的概念。

在分析和解决问题的时候,多屏幕法要考虑当前系统及其超系统和子系统;要考虑当前系统的过去和将来,还要考虑超系统和子系统的过去和将来。

多屏幕法是理解问题的一种很好的手段,它可以帮助我们重新定义任务或矛盾,找出解决问题的新途径。它多层次、多方位地从一切与当前问题所在系统(如汽车)相关的系统去分析问题,这样才能更好地理解当前的问题及找到解决方案。

考虑"当前系统的过去"是指考虑发生当前问题之前该系统的状况,包括系统之前运行的状况、其生命周期的各阶段情况等,考虑如何利用过去的各种资源来防止此问题的发生,以及如何改变过去的状况来防止问题发生或减少当前问题的有害作用。

考虑"当前系统的未来"是指考虑发生当前问题之后该系统可能的状况,考虑如何利用以后的各种资源,以及如何改变以后的状况来防止问题发生或减少当前问题的有害作用。

当前系统的"超系统"元素可以是各种物质、技术系统、自然因素、人与能量流等。人们通过分析如何利用超系统的元素及组合来解决当前系统存在的问题。

当前系统的"子系统"元素同样可以是各种物质、技术系统、自然因素、人与能量流等。人们通过分析如何利用子系统的元素及组合来解决当前系统存在的问题。

当前系统的"超系统的过去"和"超系统的未来"是指分析发生问题之前和之后超系统的状况,并分析如何利用和改变这些状况来防止或减弱问题的有害作用。

当前系统的"子系统的过去"和"子系统的将来"是指分析所发生问题之前和之后子系统的状况,并分析如何利用和改变这些状况来防止或减弱问题的有害作用。

进行这些分析后,再来寻找这个问题的解决方案,我们就会发现一系列完全不同的观点:新的任务定义取代了原有任务定义,产生了一个或若干个考虑问题的新视角,发现了系统内没有被注意到的资源等。

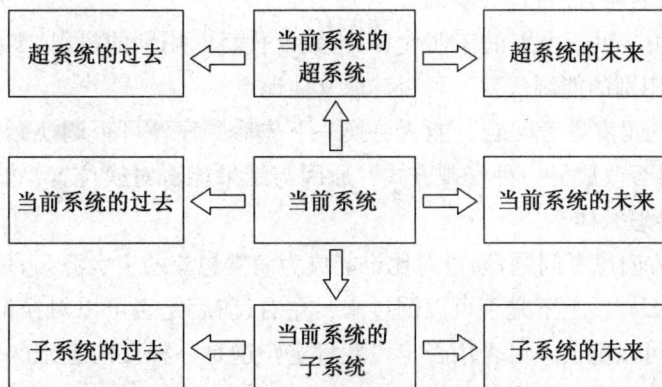

图 2-3　系统思维的多屏幕法

多屏幕思维方式是一种分析问题的手段,它体现了如何更好地理解问题的一种思维方式,也确定了解决问题的某个新途径。另外,各个屏幕显示的信息并不一定都能引出解决问题的新方法。如果实在找不出好的办法,可以暂时先空着它。但不管怎么说,每个屏幕对于问题的总体把握肯定是有所帮助的。练习多屏幕思维方式,可以锻炼人们的创造力,也可以提高人们在系统水平上解决任何问题的能力。

(四)奥斯本检核表法

所谓的检核表法:是根据需要研究的对象之特点列出有关问题,形成检核表。然后一个一个地来核对讨论。从而发掘出解决问题的大量设想。它引导人们根据检核项目的一条条思路来求解问题,以求比较周密的思考。

奥斯本的检核表法是针对某种特定要求制订的检核表,主要用于新产品的研制开发。奥斯本检核表法是指以该技法的发明者奥斯本命名,亚历克斯·奥斯本是美国创新技法和创新过程之父。奥斯本检核表法引导主体在创造过程中对照 9 个方面的问题进行思考,以便启迪思路、开拓思维想象的空间、促进人们产生新设想、新方案的方法,主要面对 9 个大问题:有无其他用途、能否借用、能否改变、能否扩大、能否缩小、能否代用、能否重新调整、能否颠倒、能否组合。

(1)现有的东西(如发明、材料、方法等)有无其他用途? 保持原状不变能否扩大用途? 稍加改变,有无别的用途?

(2)能否从别处得到启发? 能否借用别处的经验或发明? 外界有无相似的想法,能否借鉴? 过去有无类似的东西,有什么东西可供模仿? 谁的东西可供模仿? 现有的发明能否引入其他的创造性设想之中?

(3)现有的东西是否可以做某些改变? 改变一下会怎么样? 可否改变一下形状、颜色、音响、味道? 是否可改变一下意义、型号、模具、运动形式? 改变之后,效果又将如何?

(4)放大、扩大。现有的东西能否扩大使用范围? 能不能增加一些东西? 能否添加部件,拉长时间,增加长度,提高强度,延长使用寿命,提高价值,加快转速?

（5）缩小、省略。缩小一些怎么样？现在的东西能否缩小体积，减轻重量，降低高度，压缩、变薄？能否省略，能否进一步细分？

（6）能否代用。可否由别的东西代替，由别人代替？用别的材料、零件代替，用别的方法、工艺代替，用别的能源代替？可否选取其他地点？

（7）从调换的角度思考问题。能否更换一下先后顺序？可否调换元件、部件？是否可用其他型号，可否改成另一种安排方式？原因与结果能否对换位置？能否变换一下日程？更换一下，会怎么样？

（8）从相反方向思考问题，通过对比也能成为萌发想象的宝贵源泉，可以启发人的思路。倒过来会怎么样？上下是否可以倒过来？左右、前后是否可以对换位置？里外可否倒换？正反是否可以倒换？可否用否定代替肯定？这是一种反向思维的方法，它在创造活动中是一种颇为常见和有用的思维方法。

（9）从综合的角度分析问题。组合起来怎么样？能否装配成一个系统？能否把目的进行组合？能否将各种想法进行综合？能否把各种部件进行组合？等等。

利用奥斯本检核表法，可以产生大量的原始思路和原始创意，它对人们的发散思维，有很大的启发作用。它是一种产生创意的方法。在众多的创造技法中，这种方法是一种效果比较理想的技法。人们运用这种方法，产生了很多杰出的创意，以及大量的发明创造。奥斯本检核表法的优点很突出，它使思考问题的角度具体化了。它也有缺点，就是它是改进型的创意产生方法，你必须先选定一个有待改进的对象，然后在此基础上设法加以改进。它不是原创型的，但有时候，也能够产生原创型的创意。比如，把一个产品的原理引入另一个领域，就可能产生原创型的创意。

（五）鱼骨图分析法

鱼骨图是由日本管理大师石川馨先生创建的，故又名石川图，这是一种发现问题"根本原因"的方法，也可以称之为"因果图"。鱼骨图分析法把问题以及原因，采用类似鱼骨的图样串联起来，鱼头是问题点，鱼骨则是原因，而鱼骨又可分为大鱼骨、小鱼骨、细鱼骨，小鱼骨是大鱼骨的支骨，细鱼骨又是小鱼骨的支骨，必要时，还可以再细分下去。大鱼骨是大方向，小鱼骨是大方向的子因，而细鱼骨则是子因的子因。鱼骨图分析法与头脑风暴法结合是比较有效的寻找问题原因的方法之一。

根据不同类型，可以有不同的鱼骨图模板（见图2-4）

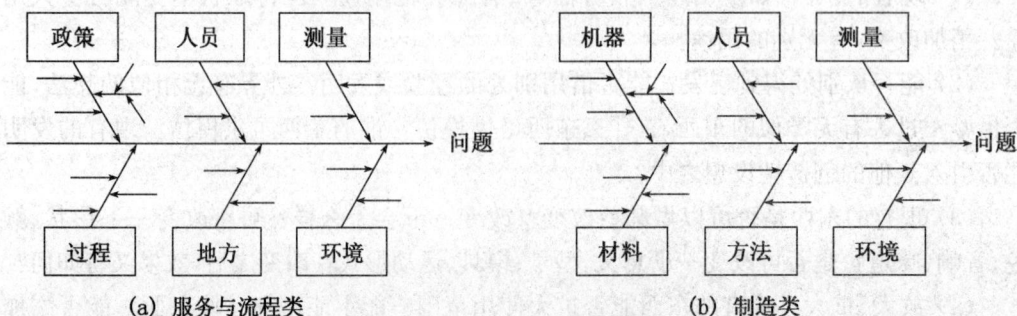

（a）服务与流程类　　　　　　　　（b）制造类

图2-4　两种类型的鱼骨图模型

对于列举出来的所有可能的原因,还要进一步评价这些原因发生的可能性,用 V(非常可能)、S(有些可能)和 N(不太可能)3 种类型来标志。

对标有 V 和 S 的原因,评价其解决的可能性,用 V(非常容易解决)、S(比较容易解决)和 N(不太容易解决)3 种类型来标志。

对标有 VY、VS、SV、S 的原因,进一步评价其实施纠正措施的难易度,用 V(非常容易验证)、S(比较容易验证)和 N(不太容易验证)3 种类型来标志。

通过评价,将 VVV、VVS 等原因在鱼骨图中标识出来。图 2-5 是为"X 研究所项目管理水平低下"问题所绘制的鱼骨分析图,其中将比较容易解决的方面直接在图中标识出来。

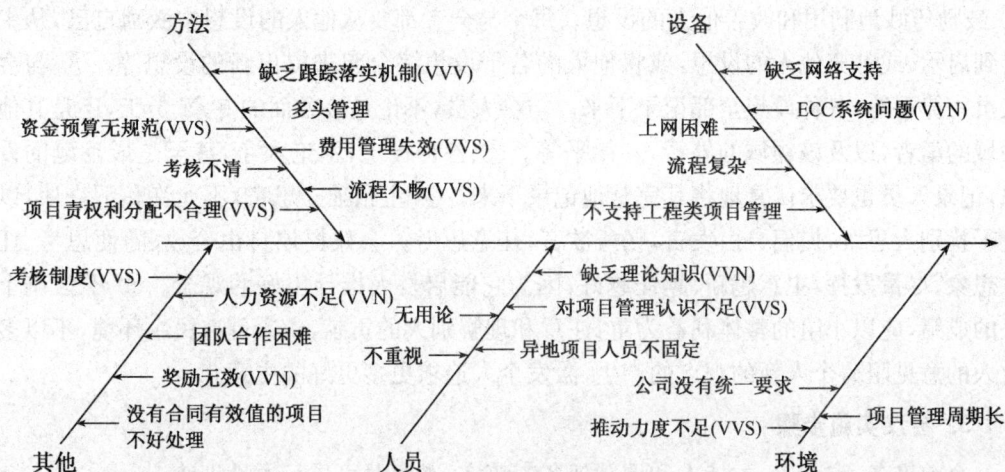

图 2-5 完整鱼骨图样式

(六)头脑风暴法

头脑风暴法(Brain Storming),是指由美国 BBDO 广告公司的奥斯本首创,该方法主要由价值工程工作小组人员在正常融洽和不受任何限制的气氛中以会议形式进行讨论、座谈,打破常规,积极思考,畅所欲言,充分发表看法。

该方法的核心是高度充分的自由联想。这种方法一般是举行一种特殊的小型会议,与会者以毫无顾忌地提出各种想法,彼此激励,相互启发,引起联想,导致创意设想的连锁反应,产生众多的创意。其原理类似于"集思广益"。

头脑风暴法的具体要求

1. 组织形式

小组人数一般为 10~15 人(课堂教学也可以班为单位),最好由不同专业或不同岗位者组成;时间一般为 20~60 分钟;设主持人一名,主持人只主持会议,对设想不做评论。设记录员 1~2 人,要求认真将与会者每一设想不论好坏都完整地记录下来。

2. 会议组织要求

会议类型:设想开发型:这是为获取大量的设想、为课题寻找多种解题思路而召开的会议,因此,要求参与者要善于想象,语言表达能力要强。设想论证型:这是为将众多的设想归纳转换成实用型方案召开的会议。要求与会者善于归纳、善于分析判断。

会前准备工作:会议要明确主题。会议主题提前通报给与会人员,让与会者有一定准备;选好主持人。主持人要熟悉并掌握该技法的要点和操作要素,摸清主题现状和发展趋势;参与者要有一定的训练基础,懂得该会议提倡的原则和方法;会前可进行柔化训练,即对缺乏创新锻炼者进行打破常规思考,转变思维角度的训练活动,以减少思维惯性,从单调的紧张工作环境中解放出来,以饱满的创造热情投入激励设想活动。

会议原则:为使与会者畅所欲言,互相启发和激励,达到较高效率,必须严格遵守下列原则:① 禁止批评和评论,也不要自谦。对别人提出的任何想法都不能批判、不得阻拦。② 鼓励巧妙地利用和改善他人的设想。每个与会者都要从他人的设想中激励自己,从中得到启示,或补充他人的设想,或将他人的若干设想综合起来提出新的设想等。③ 与会人员一律平等,各种设想全部记录下来。与会人员,不论是该方面的专家、员工,还是其他领域的学者,以及该领域的外行,一律平等。④ 各种设想,不论大小,甚至是最荒诞的设想,记录人员也要求认真地将其完整地记录下来。⑤ 主张独立思考,不允许私下交谈,以免干扰别人思维;提倡自由发言,畅所欲言,任意思考。会议提倡自由奔放、随便思考、任意想象、尽量发挥,主意越新、越怪越好,因为它能启发人推导出好的观念。⑥ 不强调个人的成绩,应以小组的整体利益为重,注意和理解别人的贡献,人人创造民主环境,不以多数人的意见阻碍个人新的观点的产生,激发个人追求更多更好的主意。

3. 会议实施步骤

会前准备:参与人、主持人和课题任务三落实,必要时可进行柔性训练。

设想开发:由主持人公布会议主题并介绍与主题相关的参考情况;突破思维惯性,大胆进行联想;主持人控制好时间,力争在有限的时间内获得尽可能多的创意性设想。

设想的分类与整理:一般分为实用型和幻想型两类。前者是指如今的技术工艺可以实现的设想,后者指如今的技术工艺还不能完成的设想。

完善实用型设想:对实用型设想,再用脑力激荡法去进行论证、二次开发,进一步扩大设想的实现范围。

幻想型设想再开发:对幻想型设想,再用脑力激荡法进行开发,通过进一步开发,就有可能将创意的萌芽转化为成熟的实用型设想。这是脑力激荡法的一个关键步骤,也是该方法质量高低的明显标志。

4. 头脑风暴法原则

庭外判决原则(延迟评判原则):对各种意见、方案的评判必须放到最后阶段,此前不能对别人的意见提出批评和评价。认真对待任何一种设想,而不管其是否适当和可行。

自由畅想原则:欢迎各抒己见,自由鸣放,创造一种自由、活跃的气氛,激发参加者提出各种荒诞的想法,使与会者思想放松,这是智力激励法的关键。

以量求质原则:追求数量。意见越多,产生好意见的可能性越大,这是获得高质量创造性设想的条件。

综合改善原则:探索取长补短和改进办法。除提出自己的意见外,鼓励参加者对他人已经提出的设想进行补充、改进和综合,强调相互启发、相互补充和相互完善,这是智力激励法能否成功的标准。

突出求异创新,这是智力激励法的宗旨。

5. 专家小组选择

头脑风暴法中专家小组的选择非常重要,为便于提供一个良好的创造性思维环境,应该确定专家会议的最佳人数和会议进行的时间。经验证明,专家小组规模以 10~15 人为宜,会议时间一般以 20~60 分钟效果最佳。专家的人选应严格限制,便于参加者把注意力集中于所涉及的问题;

具体应按照下述三个原则选取:

(1) 如果参加者相互认识,要从同一职位(职称或级别)的人员中选取。领导人员不应参加,否则可能对参加者造成某种压力。

(2) 如果参加者互不认识,可从不同职位(职称或级别)的人员中选取。这时不应宣布参加人员职称,不论成员的职称或级别的高低,都应同等对待。

(3) 参加者的专业应力求与所论及的决策问题相一致,这并不是专家组成员的必要条件。但是,专家中最好包括一些学识渊博,对所论及问题有较深理解的其他领域的专家。

头脑风暴法专家小组应由下列人员组成:

方法论学者——专家会议的主持者;

设想产生者——专业领域的专家;

分析者——专业领域的高级专家;

演绎者——具有较高逻辑思维能力的专家。

头脑风暴法的所有参加者,都应具备较高的联想思维能力。在进行"头脑风暴"(即思维共振)时,应尽可能提供一个有助于把注意力高度集中所讨论问题的环境。有时某个人提出的设想,可能正是其他准备发言的人已经思维过的设想。其中一些最有价值的设想,往往是在已提出设想的基础之上,经过"思维共振"的"头脑风暴",迅速发展起来的设想,以及对两个或多个设想的综合设想。因此,头脑风暴法产生的结果,应当认为是专家成员集体创造的成果,是专家组这个宏观智能结构互相感染的总体效应。

6. 会议主持人

头脑风暴法的主持工作,最好由对决策问题的背景比较了解并熟悉头脑风暴法的处理程序和处理方法的人担任。头脑风暴主持者的发言应能激起参加者的思维"灵感",促使参加者感到急需回答会议提出的问题。通常在"头脑风暴"开始时,主持者需要采取询问的做法,因为主持者很难在会议开始 5~10 分钟内创造一个自由交换意见的气氛,并激起参加者踊跃发言。主持者的主动活动也只局限于会议开始之时,一旦参加者被鼓励起来以后,新的设想就会源源不断地涌现出来。这时,主持者只需根据"头脑风暴"的原则进行适当引导即可。应当指出,发言量越大,意见越多种多样,所论问题越广越深,出现有价值设想的概率就越大。

7. 头脑风暴法流程

(1) 对所有提出的设想编制名称一览表;

（2）用通用术语说明每一设想的要点；

（3）找出重复的和互为补充的设想，并在此基础上形成综合设想；

（4）提出对设想进行评价的准则；

（5）分组编制设想一览表。

在决策过程中，对上述直接头脑风暴法提出的系统化的方案和设想，还经常采用质疑头脑风暴法进行质疑和完善。

8. 头脑风暴法的五个阶段

（1）**热身阶段**。这个阶段的目的是创造一种自由、宽松、祥和的氛围，使大家得以放松，进入一种无拘无束的状态。主持人宣布开会后，先说明会议的规则，然后随便谈点有趣的话题或问题，让大家的思维处于轻松和活跃的境界。如果所提问题与会议主题有着某种联系，人们便会轻松自如地导入会议议题，效果自然更好。

（2）**明确问题**。主持人扼要地介绍有待解决的问题。介绍时须简洁、明确，不可过分周全，否则，过多的信息会限制人的思维，干扰思维创新的想象力。

（3）**重新表述问题**。经过一段讨论后，大家对问题已经有了较深程度的理解。这时，为了使大家对问题的表述能够具有新角度、新思维，主持人或速记员要记录大家的发言，并对发言记录进行整理。通过对记录的整理和归纳，找出富有创意的见解，以及具有启发性的表述，供下一步畅谈时参考。

（4）**畅谈阶段**。畅谈是头脑风暴法的创意阶段。为了使大家能够畅所欲言，需要制订的规则是：第一，不要私下交谈，以免分散注意力。第二，不妨碍他人发言，不去评论他人发言，每人只谈自己的想法。第三，发表见解时要简单明了，一次发言只谈一种见解。主持人首先要向大家宣布这些规则，随后引导大家自由发言，自由想象，自由发挥，使彼此相互启发，相互补充，真正做到知无不言，言无不尽，畅所欲言，然后将会议发言记录进行整理。

（5）**筛选阶段**。会议结束后的一两天内，主持人应向与会者了解大家会后的新想法和新思路，以此补充会议记录。然后将大家的想法整理成若干方案，再根据 CI 设计的一般标准，诸如可识别性、创新性、可实施性等标准进行筛选。经过多次反复比较和优中择优，最后确定 1～3 个最佳方案。这些最佳方案往往是多种创意的优势组合，是大家的集体智慧综合作用的结果。

头脑风暴法的正确运用，可以有效地发挥集体的智慧，这就比一个人的设想更富有创意。

（七）特尔斐法

特尔斐法（Delphi Technique）因出自古希腊特尔斐地区的预言家而得名，它最早是古希腊特尔斐地区的预言家预测未来时经常使用的方法。60 年代中期以来，特尔斐法的应用范围迅速扩大，在未来学以外的其他领域特别是评价领域得到了广泛的运用，为在解决各种形式的复杂问题，如某一指标的重要性程度时促进信息交流并取得一致意见发挥了重要作用。现代教育评价中的特尔斐法实际上是一种在编制教育评价方案时为了取得对某一指标或某些指标重要性程度的一致认识而进行的专家意见征询法，它以分发问题表的形式,征求、汇集并统计一些资深人员对某一项指标重要性程度的意见或判断,以便在这一问题的分析上使大家取得一致的意见。

应用特尔斐法分配权重值的步骤是:

第一步 设计意见征询表

设计意见征询表时,需要特别注意两个问题:其一,表中所列的重要性等级如上表中所列"很重要""重要""一般""不重要"等必须有明确定义,即需要明确说明在何种情况下才能算得上很重要,在何种情况下才算是重要等,以免由于对这些词语的误解造成误判,从而影响意见征询的科学性;其二,为了使专家容易将上面的重要性等级换算成权重值,事先应对这些重要性等级赋值。

第二步 选择专家并请他们填写问卷表格

选择参加咨询的专家并要求他们不署名地根据要求将对某一指标或某些指标重要性程度的看法写在问卷表格中。选择专家时应注意专家既要有权威性又要有代表性,即所选择的专家应是对所要咨询的问题有深入了解和研究的人士,所持的观点具有权威性;同时所选择的专家来源应涉及和要咨询问题有关的各个方面,即所选择的专家应是各个方面如行政管理人员、科研人员、实际工作者等的代表。请专家填写意见征询表时应注意以书面或口头的形式(最好以书面的形式)提醒他们完全按规范和要求填写,不应随着展开或以其他不被允许的方式回答咨询。

第三步 整理和反馈专家意见

所有专家将意见征询表格填好交回后,组织者要整理专家们的意见,求出某一项指标或某些指标的权重值平均数,同时求出每一专家给出的权重值与权重值平均数的偏差,然后将求出的权重值平均数反馈给各位专家,接着开始第二轮意见征询,以便确定专家们对这个权重值平均数同意和不同意的程度。

第四步 不断整理和反馈专家意见

再一次将权重值平均数反馈给各位专家并给出某些专家不同意这个平均数的理由,让各位专家在得知少数人不同意这个平均数的理由后再一次作出反应。重复进行上述整理和反馈专家意见的步骤,直至再重复下去观点集中程度或认识统一程度不能增加多少时停止。这样重复几次以后,各位专家对某一指标或某些指标的权重值的看法就会趋向一致,组织者也就可以由此得到比较可靠的权重值分配结果。

特尔斐法作为编制教育评价方案时经常使用的一种专家意见征询法,它与一般性的意见征询不同,它具有以下几个方面的典型特点:参加意见征询的人士对所咨询问题的回答具有权威性;参加意见征询的人士对所咨询问题的回答具有独立性;参加意见征询的人士能够逐步取得价值认识和判断的一致;意见征询是一个有组织、有控制的过程。

三、养成有助于创新的好习惯

(一) 在学习中善于发现问题

创新总是从发现问题开始的。大多数的经济活动都是为了满足人们的某种特定的需求而开展的,同样的,没有了需求,创新就失去了动力。只有当人们的需求难以得到满足时,才会促动创新,创新活动才能被激发。因此,为了创新,首先就是要善于发现问题,创新也总是偏爱那些善于在生活中发现问题的人。同样我们也可以通过以下四个途径发现问题:

(1) 从事物的特殊规律中发现问题。人们解决问题的方式往往是根据事物发展的一般规律触发,往往忽视了规律的特殊性。当一种或者几种特殊规律发展到一定程度时,就会出现例外。而对这种例外进行的非规律性的发现和研究,往往引发人们的创新活动。

(2) 改变事物存在的环境条件。每一个事物都存在于特定的环境条件中,每一项活动或者工作都是在特定的环境条件下进行的。当然,在人们的生活中,客观条件本身也在日夜变换。这里讲的是主动变换环境,是指在客观条件还未发生改变或者大变的情况下,人们主动思考,某些环境变化将会导致什么样的结果。主动改变环境,会引发许多新的思考,有效带动人们的创新活动。

(3) 变化思考角度而发现新问题。通过一般规律中的特点条件进行其他条件的假设,对规律进行重新检验和认证,寻求一般规律中的特殊性,从而发现新的问题进行探究。

(4) 改变事物间的关系而发现新问题。事物间都是普遍联系的。每一种联系就构成了事物间的关系。事物间的必然联系也会影响着事物的性质,我们可以通过改变事物间的关系的变化去发现新的问题。

(二) 善于运用发散性和多样性思维考虑问题

当遇到问题时,不固定在某一点或一个方面思考问题,不局限于已有的知识和积累。为了解决某个问题提出多种方案,通过不断的检验和验证进行多角度分析。发散思维(Divergent Thinking)的主要表现为思维视野广阔,思维呈现出多维发散状,如"一题多解""一事多写""一物多用"等。不少心理学家认为,发散思维是创造性思维的最主要的特点,是测定创造力的主要标志之一。与多样化思维相反的是单一性的思维,就是只会围绕一个固定的点思考问题,不会去开辟新的思考点;只会一条路走到底,不撞南墙不回头。创新需要多样性思维而排斥单一性思维。

(三) 善于找寻事物之间的联结

事物之间从来都不是完全独立彼此割裂的,寻求它们之间的联结点是人们重新认识事物的重要途径。整个世界是普遍联系的,一切都经过中介而连成一体,都通过过渡而互相联系。每一个事物都处在与其他事物的一定关系和联系中。寻求事物之间新的联结就是激发创新活动的一般方法。寻求联结从不同维度出发可以采用二维联结、三维联结和多维联结的方式开展。联结的方法在一定程度上不承认有什么绝对毫无联系的事物或概念,关键在于人们能不能发现把事物相互联结起来的中介环节或纽带。

(四) 对事物间的对立和互补性进行思考

恩格斯曾说过"作用不完全互相补偿的两极绝不是两极"。事物间的对立面既对立又统一,相辅相成。人们在思考问题时不断自觉思考和运用事物间相辅相成关系,十分有利于人们实现创新。在实际的操作中,我们可以将原先事物间的关系进行换位"倒过来想"。在一般情况下,人们遇到或认识了对立两极种的一极,此时,不妨去有意认识一下对立两极中的另一极,新的问题和情况可能就出现了。当然,人们也可以在对立的两极中既不持一极,也不持另一极,出现一种非此又非彼的中间状态,在融合中得到新的启发和解决问题的新方法。

(五)善于运用系统性思维考虑问题

在创新的过程中进行系统化思考,主要表现在利用系统的环境因素的改变而实现创新;通过调整系统的结构而实现创新;通过变换系统的组成要素实现创新。

第四节　创业思维

创新与创业虽然有不同的概念,但是两个范畴之间却存在着本质上的联系,内涵上的相互包容和实践过程中的互动发展。

在第一章节中我们已经了解创新是创业的基础,而创业推动着创新。在总体上,科学技术、思想观念的创新,在促进人们物质生产和生活方式的变革,引发新的生产、生活方式,进而为整个社会不断地提供新的消费需求,这是创业活动之所以源源不断的根本动因;另一方面,创业在本质上是人们的一种创新性实践活动。无论是何种性质、类型的创业活动,它们都有一个共同的特征,那就是创业是主体的一种能动的、开创性的实践活动,是一种高度的自主行为,在创业实践的过程中,主体的主观能动性将会得到充分的发挥和张扬,正是这种主体能动性充分体现了创业的创新性特征;同时创新的价值在于创业。

创业思维与创新也是密不可分的关系,创新思维的培养是创业思维的基础,创业思维是建立在创新思维基础之上的再发掘再运用;创新思维是创业思维的原动力,也是创新思维最有力的实施过程与实践。

一、创业思维的来源

所谓创业思维,是指如何利用不确定的环境,创造商机的思考方式。效果逻辑和精益创业衍生出的一种行动导向的方法,体现了实用主义的哲学思想,对于创业者具有重要指导作用。包括:利用手头资源快速行动;根据可承受损失而不是预期收益采取行动;小步快走,多次尝试;在行动中不断吸引更多的人加入进来;把行动中的意外事件看成好事;把激情当成行动的动力等具体表现形式。创业思维的来源主要以下几个方面:

(一)精益思想与创业逻辑

借鉴精益生产的思想,精益创业的核心思想就是:以最低的成本制作最简可行产品(MVP,Minimum Viable Product),从每次实验的结果中学习,快速迭代,在资源耗尽之前从迷雾中找到通往成功的道路。

第一步　确定待验证的假设。

第二步　制作 MVP。

第三步　确定衡量指标，检验假设。

第四步　坚持或者转型。

精益创业所引申出的创业逻辑如下：

（1）创业者必须承认在创业初期只有一系列未经检验的假设，也就是一些不错的"猜测"。一定要总结其假设，而不是花几个月来做计划和研究，并写出一份完备的商业计划书。

（2）创业者必须积极走出办公室测试他们的假设，即所谓的客户开发。要邀请潜在的使用者、购买者和合作伙伴提供反馈，这些反馈应涉及各个方面的假设，包括产品功能、定价、分销渠道以及可行的客户获取战略。

（3）创业者要采取敏捷开发的方式。

（二）生存型创业与机会型创业

（1）创业动机不同，生存型创业者的创业动机是没有其他合适的工作所以创业；机会型创业的动机是发现有吸引力的机会所以创业。

（2）发现商机市场不同，生存型创业是在现有市场中捕抓机会；机会型创业是发现了新需要与新市场。

（3）进入市场不同，生存型创业是进入现有的小市场；机会型创业是面向大市场。

（4）出发点不同，生存型创业是根据自己拥有的资源选择机会；机会型创业是对开辟大市场有把握。

（三）效果逻辑

萨阿斯·萨阿斯娃斯（saras Sarasvathy）教授，其导师是诺贝尔经济学奖得主赫伯特·西蒙。萨阿斯娃斯是创业认知研究领域的杰出学者，他选取了销售额从 2 亿到 65 亿美元不等的一些企业，针对它们的 27 位创始人开展了实验研究，主要研究发现如下：

（1）成功创业者从手段驱动而不是目标导向的行动起步；

（2）成功创业者在评估机会时，考虑的是"可承受损失"，而不是预期收益；

（3）成功创业者会设法利用意外而不是回避意外；

（4）成功创业者会召集一些愿意加入自己的人。

效果逻辑理论由此诞生，相对应的是因果逻辑理论。效果逻辑也称非预测逻辑，极度依靠利益相关人并且是手段导向的。

二、创业思维实施方法

创业思维实施具体方法表现为以下几个方面：

（一）专业领域与创新创业融合

梳理创新创业与专业领域的融合点，对于在校大学生而言，就是在专业课程学习的过程中培养创新意识和创业精神，使创新创业与专业学习同向同行。如药学专业视角培养学生勇于研发新药和探索药物作用新机制、新靶点的创新创业精神，鼓励学生向"质疑、联系、创新"的求异方向发展，努力拓展非逻辑性思维。

在校学习的大学生低年级多参观专业领域的先进企业实体，使学生对专业领域发展形成感性认知。如通过对医药企业文化及发展前景的了解，增强学生专业学习兴趣；通过对医药企业生产、销售等各环节专业技术人才需求情况的了解，明确学习方向；通过对医药企业新药研发岗位技术要求的了解，激发学生学习动力。高年级学生进行学术报告或创业专题讲座，了解学科各分支学科前沿研究进展及专业创业项目培育现状，了解相关领域的最新研究，培养科研创新思维及创业意识。

（二）跨界融合

2014年1月22日，国务院常务会议部署推进文化创意和设计服务与相关产业融合发展，3月14日国发〔2014〕10号文件《国务院关于推进文化创意和设计服务与相关产业融合发展的若干意见》出台。2014年8月18日，习近平总书记主持召开中央全面深化改革领导小组第四次会议，审议通过了《关于推动传统媒体和新兴媒体融合发展的指导意见》，并于2015年4月9日正式印发。可以说，"跨界融合"是我国文化产业当前以及下一步发展的重要关键词和风向标。因此，如果说2013年初大部制改革，新闻出版与广电合并，为产业内的跨界融合奠定了体制基础，那么随着以互联网经济为纽带的新模式的逐步建立，以及配套制度体系的不断完善，不论是产业内还是产业外融合，都将在未来几年呈现蓬勃发展的势头。

"多元发展"与"跨界融合"，二者既有相似之点，又有不同之意。"多元发展"侧重于多领域的业务扩张，强调的是业务类型的多样化和业务范围的广度，原有行业或产业与新进入行业或产业的相关度不一定强，有可能密切相关，也有可能毫无关联。而"跨界融合"中，侧重于模糊或打破行业和产业原本固化的界限，围绕目标客户群体，寻求合作双方资源、优势以及利益需求的共通点，实现资源、优势的效用最大化和利润的最大化，强调的是协同效应和相互作用，不仅要"跨"，更要"融"。在融合中改变产业结构，影响产业布局，推动产业升级，甚至内生出新的需求、新的业务和新的市场格局。

目前互联网+时代的特质就是跨界融合，"＋"本身就是一种跨界，就是变革，就是开放，是一种融合。在"互联网＋X"的跨界融合中，"＋"要求双方而不是单方的亲和力，可以看作各自的融合性、连接性、契合性、开放性、生态性。互联网给其他产业带来的冲击是必然的，而且是不可逆的。

应该说，我们所处的时代和面临的环境发生了很大的变化，而这种变化背后的驱动要素与跨界相关度非常大。过去传统工业的结构化模式，在互联网、移动互联网乃至大数据技术下，正在被颠覆。但是，这种颠覆本身带来的产业之间的融合以及新兴产业的出现和蓬勃兴起，都是跨界的土壤。跨界思维是一种"普适智慧"，不是只有创新时才需要跨界，也不是需要跨界了才去做跨界的准备。跨界首先必须跨界思维观念之"界",跨界应该是一种行为方式。

（三）应用场景

应用场景,指一个应用(通常指产品)被使用时,用户"最可能的"所处场景。场景包括时间、空间、设备支持、社交及用户情绪等多个方面。

场景分析就是细化场景,找出描述场景因子,然后进一步判断哪些因子会影响用户需求和可用性。产品的应用场景可以大致分为:用户,任务,环境三个方面:

（1）用户还可以细分为:用户年龄,性别,对产品的熟悉程度,学习能力,智力,记忆力,语言……

（2）任务可以细分为:目的,任务频率,完成任务的时间,灵活度,所需要的知识……

（3）环境可以分为:社会环境(比如私隐,道德),物理环境(比如使用产品的姿势,室外温度,阳光),技术环境(设备,网速)。

对于创新型人才而言,追求创新,敢于创新,乐于创新是创新创业的第一步。所有创新的理念和想法最终都要通过创新创业活动体现出来,这一过程中,创新创业思维起到了决定性的作用。活跃的思维和丰富的想象力能够使人脱离固定的思维方式,从不同的角度去思考问题、解决问题,出色的实践能力能在实践活动中表现出较强的动手能力、操作能力、熟练地运用专业知识能力、表达能力和交往能力。

（四）互联网思维运用

所谓"互联网思维"是相对于工业化思维而言的,它是一种商业民主化的思维,是一种用户至上的思维。互联网思维下的产品和服务是一个有机的生命体。

什么是"互联网+"? 国务院(关于积极推进"互联网+"行动的指导意见)(国发〔2015〕40号,以下简称"40号文")指出:"互联网+"是把互联网的创新成果与经济社会各领域深度融合,推动为基础设施和创新要素的经济社会发展新形态,技术进步、效率提升和组织变革,提升实体经济创新力和生产力,形成更广泛的以互联网理解"互联网+"的4个要点是:

其一,要走出"互联网+"工具论的狭隘视野,把互联网+当作更具生态性的要素来看待,它就是我们的生存环境、我们的生活、我们的生命不可分割的存在。

其二,每个人都有一个"互联网+",它和你的时间、空间、生活、事业、行业、关系以及你的现实世界与虚拟世界纠缠在一起。每个人都可以对"互联网+"做出自己的定义,进行解读。

其三,尽管"互联网+"具有动态性,但它的特质用最简洁的方式来表述,只有8个字——"跨界融合,连接一切"。如果说"连接一切"更加代表了互联网+和这个时代的未来,那么,"跨界融合"则是"互联网+"现在真真切切要发生的事情。

其四,切忌孤立地看待、解读"互联网+"。互联网+是生态要素,它具有很强的协同性、全局性、系统性。我们综合地去看待创新驱动发展、大众创业万众创新、中国制造2025、智慧民生,会发现它们是无法分割和片面理解的,而串起这些珍珠的线就是"互联网+"。

未来,互联网+对于产业、经济和整个社会都会有非常长远深刻的影响,而且一定会汇成一股越来越强大的力量,推动一个新时代的来临。

我们应该从不同层次来看待、理解和整体把握互联网+,以便更透彻地考察"互联网+",这包括以下 5 个层次:

第一个层次:互+联+网。互联网是什么?是连接,形成交互,并纳入网络或虚拟网络。信息通信技术(ICT)改变了距离、时间、空间,虚拟与现实都成为一种存在,每一个个体都被自觉不自觉地划分到不同的社群、网络。换句话说,互联网产业的企业、从业者也有一个连接、联盟、生态圈的问题。例如在通用电气(GE)的倡导下,AT&T、思科(Cisco)、通用电气、IBM、英特尔(Intel)等世界级大公司就在美国波士顿宣布成立工业互联网联盟(IIC),以期打破技术壁垒,促进物理世界和数字世界的融合。

第二个层次:互联网+移动互联网+云计算+大数据+安全云库+知联网+万联网+产业互联网(如工业互联网、能源互联网)。不管什么名头,连接是目标,互联互通是根本。如果单纯去讲某一方面的网络,和连接本身就是对立的,更谈不上连接一切。同时,万物互联,不论何种网络,一定不要变成孤岛。

第三个层次:互联网+人。移动终端是人的智能化器官,让用户的触觉、听觉、视觉等都持续在线,无处不达。"互联网+人"是互联网+的起点和归宿,是互联网+文化的决定因素,也是互联网+可以向更多要素、更多方向、更深层次延展的驱动力之所在。

第四个层次:互联网+其他行业。其他行业不能简单地归类为传统行业,互联网产业也需要自我革命,持续迭代,新兴行业要拥抱互联网,而创新创业更离不开互联网。现在进展最快的有"互联网+零售"产生的电子商务、"互联网+金融"出现的互联网金融等。

第五个层次:互联网+∞,∞代表无穷,这就是连接一切的阶段。人与人、人与物、人与服务、人与场景、物与物,这些连接随时随处发生;不同的地域、时空、行业、机构乃至意念、行为都在连接。同时,后面也可能有各种各样的排列组合,这里面蕴含了形如"互联网+X+Y"这样的基本模式,比如"互联网+汽车后市场服务",往往会进一步产生"+保险""+代驾""+救援""+拼车"等服务,这才能真正体现跨界与融合,才有可能产生细分领域的创新。

其实,即便对于"+"本身也需要有更结构化的体察和更超脱的定义,在不同的场景,其内涵与方式都是不一样的。一般来说。它代表了连接,至于连接的基础、协议、方式、持续等可能要视情况而有很大的差异。"+"本身就是一种跨界,就是变革,就是开放,是一种融合。敢于跨界了,创新的基础才会更坚实;融合协同了,群体智能才会实现,从研发到产业化的路径才会更垂直。融合本身也指代身份的融合,客户消费转化为投资,伙伴参与创新等等,不一而足。融合就会提高开放度,就会增强适应性,就不会排斥、排异;互联网如果能够融合到每个行业里,无论对于传统行业还是互联网,应该都是一件好事。例如,B2B(企业对企业)模式可以进入企业的一些关键结点,促进整合协同,提高效能,可以交叉营销。这个创意就是互联网改变商业的一个方面。像腾讯做连接器,开放了平台,可以让很多的人、物、服务、机构嵌入连接器,带来连接的价值,影响了我们智慧生活的方式、与世界对话的方式。在"互联网+X"的跨界融合中,"+"要求双方而不是单方的亲和力,可以看作各自的融合性、连接性、契合性、开放性、生态性。互联网给其他产业带来冲击是必然的，而且是不可逆的。应该说，今天我们所处的时代和面临的环境发生了很大的变化，而这种变化背后的驱动要素与跨界相关度非常大。过去传统工业的结构化模式，在互联网、移动互联网乃至大数据技术的冲击下，正在被颠覆。但是，这种颠覆本身带来的是产业之间的融合以及新兴产业的出现和蓬勃兴起，这些都是跨界的土壤。跨界思维是一种"普适智慧"，不是只有创新时才需要跨界，也不是需要跨界了才去做跨界的准备。跨界首先必须跨越思维观念之"界"，跨界应该成为一种行为方式。

（五）大数据运用

所谓大数据，狭义上可以定义为用现有的一般技术难以管理的大量数据的集合。对大量数据进行分析，并从中获得有用观点，这种做法在一部分研究机构和大企业中早已经存在了。现在的大数据和过去相比，主要有三点区别：第一，随着社交媒体和传感器网络等的发展，在我们身边正产生出大量且多样的数据；第二，随着硬件和软件技术的发展，数据的存储、处理成本大幅下降；第三，随着云计算的兴起，大数据的存储、处理环境已经没有必要自行搭建。由于技术成本大幅下跌以及在医学方面的广阔前景，个人基因排序DNA分机了一门新兴产业。例如，从2007年起，硅谷的新兴科技公司23andme就开始测序人类基因，价格仅为几百美元。这可以揭示出人类遗传密码中一些会导致其对某些抗力差的特征，如乳腺癌和心脏病。23andme希望能通过整合顾客的DNA和健康了解到用其他方式不能获取的新信息。公司对某人的一小部分DNA进行排序，几十个特定的基因缺陷。这只是该人整个基因密码的样本，还有几十亿个基因碱排序。最后，23andme只能回答其标注过的基因组表现出来的问题。发现新标注时，该人的DNA必须重新排序，更准确地说，是相关的部分必须重新排列。只研究样本而不是整体，有利有弊：能更快更容易地发现问题，但不能回答事先未考虑到的问题。

苹果公司的传奇总裁史蒂夫·乔布斯在与癌症斗争的过程中采用了不同的方式，成为世界上第一个对自身所有DNA和肿瘤DNA进行排序的人。为此，他支付了高达几十万美元的费用，这是23andme报价的几百倍之多。所以，他得到了包括整个基因密码的数据文档。

对于一个普通的癌症患者，医生只能期望他的DNA排列同试验中使用的样本足够相似。但是，史蒂夫·乔布斯的医生们能够基于乔布斯的特定基因组成，按所需效果用药。如果癌症病变导致药物失效，医生可以及时更换另一种药。乔布斯曾经开玩笑地说："我要么是第一个通过这种方式战胜癌症的人，要么就是最后一个因为这种方式死于癌症的人。"虽然他的愿望都没有实现，但是这种获得所有数据而不仅是样本的方法还是将他的生命延长了好几年。

大数据时代的第二个转变，是我们乐于接受数据的纷繁复杂，而不再一味追求其精确性。对"小数据"而言，最基本、最重要的要求就是减少错误，保证质量。因为收集的信息比较少，所以必须确保记录下来的数据尽量精确。无论是确定天体的位置还是观测显微镜下物体的大小，为了使结果更加准确，很多科学家都致力于优化测量的工具，发展了可以准确收集、记录和管理数据的方法。在采样的时候，对精确度的要求就更高、更苛刻了。因为收集信息的有限意味着细微的错误会被放大，甚至有可能影响整个结果的准确性。

然而,在不断涌现的新情况里,允许不精确的出现已经成为一个亮点。因为放松了容错的标准,人们掌握的数据也多了起来,还可以利用这些数据做更多新的事情。这样就不是大量数据优于少量数据那么简单了,而是大量数据创造了更好的结果。

同时,我们需要与各种各样的混乱做斗争。混乱,简单地说就是随着数据的增加,错误率也会相应增加,所以,如果桥梁的压力数据量增加 1 000 倍的话,其中的部分读数就可能是错误的,而且随着读数量的增加,错误率可能也会继续增加。在整合来源不同的各类信息的时候,因为它们通常不完全一致,所以也会加大混乱程度。混乱还可以指格式的不一致性,因为要达到格式一致,就需要在进行数据处理之前仔细地清洗数据,而这在大数据背景下很难做到。

当然,在萃取或处理数据的时候,混乱也会发生。因为在进行数据转化的时候,我们是在把它变成另外的事物。比如,葡萄是温带植物,温度是葡萄生长发育的重要因素,假设你要测量一个葡萄园的温度,但是整个葡萄园只有一个温度测量仪,那你就必须确保这个测量仪是精确的而且能够一直工作,反过来,如果每 100 棵葡萄树就有一个测量仪,有些测试的数据可能会是错误的,可能会更加混乱,但众多的读数合起来就可以提供更多的额外价值。

通常传统的统计学家都很难容忍错误数据的存在,在收集样本的时候,他们会用一整套的策略来减少错误发生的概率。在结果公布之前,他们也会测试样本是否存在潜在的系统性偏差。这些策略包括根据协议或通过受过专门训练的专家来采集样本。但是,即使只是少量的数据,这些规避错误的策略实施起来还是耗费巨大。尤其是当收集所有数据的时候,在大规模的基础上保持数据收集标准的一致性不太现实。

如今已经进入信息时代。我们掌握的数据库越来越全面,它包括了与这些现象相关的大量甚至全部数据。我们不再需要那么担心某个数据点对整套分析的不利影响。我们要做的就是要接受这些纷繁的数据并从中受益,而不是以高昂的代价消除所有的不确定性。例如,在美国华盛顿州布莱恩市的英国石油公司(BP)切里波因特炼油厂里,无线感应器遍布于整个工厂,形成无形的网络,能够产生大量实时数据。在这里,酷热的恶劣环境和电气设备的存在有时会对感应器读数有所影响,形成错误的数据。但是数据生成的数量之多可以弥补这些小错误。随时监测管道的承压使得 BP 能够了解到,有些种类的原油比其他种类更具有腐蚀性。以前,这都是无法发现也无法防止的。

有时候,当我们掌握了大量新型数据时,精确性就不那么重要了,我们同样可以掌握事情的发展趋势。除了一开始会与我们的直觉相矛盾之外,接受数据的不精确和不完美,我们反而能够更好地进行预测,也能够更好地理解这个世界。同时需要注意的是,错误性不是大数据本身固有的特性,而是一个急需处理的现实问题,并且有可能长期存在的。

(六) 打破思维定式

在长期的思维活动中,每个人都形成了自己惯用的思维模式,当面临某个事物或现实问题时,便会不假思索地把它们纳入已经习惯的思想框架进行思考和处理,即思维定式。思维定式(Thinking Set),也称"惯性思维",是指由先前的活动而造成的一种对活动的特殊的心理准备状态;或活动的倾向性。在环境不变的条件下,定势使人能够应用已掌握的方法迅速解决问题;而在情境发生变化时,它则会妨碍人采用新的方法。

思维定式有益于日常对普通问题的思考和处理,但不利于创造性思维,它阻碍新思想、新观点、新技术和新现象的产生。因此,在创造性思维过程中需要突破思维定式。思维定式多种多样,不同的人有不同的思维定式。常见的思维定式有从众型、书本型、经验型和权威型。

从众型思维定式:从众型思维定式指没有或不敢坚持自己的主见,总是顺从多数人意志的一种广泛存在的心理现象。例如,当我们走到十字路口,看到红灯已经亮了,本应该停下来,但看到大家都在往前冲,自己也会随着人群往前冲。

我们来看一则幽默:一位石油大亨到天堂去参加会议,一进会议室发现已经座无虚席,没有地方落座,于是他灵机一动,喊了一声:"地狱里发现石油了!"这一喊不要紧,天堂里的石油大亨们纷纷向地狱跑去,很快,天堂里就只剩下那位后来的了。这时,这位大亨心想,大家都跑了过去,莫非地狱里真的发现石油了?于是,他也急匆匆地向地狱跑去。上面这则幽默说的是"羊群效应"。"羊群效应"是管理学上一些企业的市场行为的一种常见现象。例如,一个羊群(集体)是一个很散乱的组织,平时大家在一起盲目地左冲右撞。如果一头羊发现了一片肥沃的绿草地,并在那里吃到了新鲜的青草,后来的羊群就会一哄而上,争抢那里的青草,全然不顾旁边虎视眈眈的狼,或者看不到不远处还有更好的青草。

图 2-6 羊群效应

羊群效应比较多地出现在一个竞争非常激烈的行业中,而且这个行业有一个领先者(领头羊)吸引了主要的注意力,整个羊群就会不断模仿这个领头羊的一举一动,领头羊到哪里去吃草,其他的羊也去哪里觅食。羊群效应是降低研发和市场调研成本的一种策略,现在被广泛地应用在各个行业上,也叫作"复制原则"。当一个公司通过调研和开发向市场投入一种产品,会被对手轻易地复制,这样对手就免去了前期的研发成本,复制是加剧竞争的来源之一。

可见,类似于羊群效应的从众型思维定式更多带来的是盲目上马的项目和没有经过充分的市场调研而导致的模糊前景,甚至会分散一个公司的精力。破除从众型思维定式,需要在思维过程中不盲目跟随,具备心理抗压能力;在科学研究和发明过程中,要有独立的思维意识。

书本型思维定式:书本知识对人类所起的积极作用是显而易见的。现有的科学技术和文学艺术是人类两千多年来认识世界、改造世界的经验总结,其中的大部分都是通过书本传承下来的,因此,书本知识是人类的宝贵财富。我们需要掌握书本知识的精神实质,不能当作教条死记硬背,否则将形成书本型思维定式,把书本知识夸大化、绝对化是片面甚至有害的。

当社会不断发展,而书本知识未得到及时和有效的更新时,导致书本知识相对于客观事实存在着一定程度的滞后性。如果一味地认为书本知识都是正确的或严格按照书本知识指导实践,将严重束缚、禁锢创造性思维的发挥。

经验型思维定式:经验是人类在实践中获得的主观体验和感受,是通过感官对个别事物的表面现象、外部联系的认识,是理性认识的基础,在人类的认识与实践中发挥着重要作用。但经验并未充分反映出事物发展的本质和规律。

经验型思维定式是指人们处理问题时按照以往的经验去做的一种思维习惯,照搬经验,忽略了经验的相对性和片面性,制约了创造性思维的发挥。经验型思维有助于人们在除经验型思维定式,提高思维灵活变通的能力。

处理常规事物时少走弯路,提高办事效率,我们要把经验与经验型思维定式区分开来,破除经验型思维定式,提高思维灵活变通的能力。

权威型思维定式:在思维领域,不少人习惯引证权威的观点,甚至以权威作为判定事物是非的唯一标准,这种思维习惯或程式就是权威型思维。权威型思维定式的形成来源于多个方面:一方面是由于不当的教育方式造成的。权威型思维定式是思维惰性的表现,是对权威的迷信、盲目崇拜与夸大,属于权威的在婴儿、青少年教育时期,家长和老师把固化的知识、泛化的权威观念采用灌输式教育方兹的习惯;另一方面在社会中广泛存在个人崇拜现象,一些人采用各种手段建立或强化自式传授下来,缺少对教育对象的有效启发,使教育对象形成了盲目接受知识、盲目崇拜权威的习惯,并且在社会中广泛存在个人崇拜现象,一些人采用各种手段建立或强化自己的权威,不断加强权威型思维定式。

三、大学生创业思维培养与创业教育的意义

在"大众创业,万众创新"的形势下积极开展大学生创业教育、培养创业思维,主要具有以下积极意义:

(1)有利于发展知识经济,拓宽大学专业学习的现实意义。当今世界范围内的经济竞争,一方面表现为科学技术的竞争,另一方面表现为人才的竞争。培养大学生的创业意识、创新能力,有利于推动科技创新、文化创新,大力营造创新的社会环境,促进高新技术产业的发展,带动国民经济快速增长,辐射、拉动其他产业。

(2)有利于顺利实现高等教育大众化。随着高等教育的发展,大学生就业出现了前所未有的困难,大学生就业难成为近年突出问题。因此,以创业教育作支持,培养大学生创业思维养成,有利于创新型人才培养,促进大学生充分就业,不仅利于经济发展,也有利

于高等教育大众化顺利实施。

（3）有利于大学素质教育、创新教育深入和具体化。创业需要综合素质，特别需要具有创新精神和创业能力的高素质人才，因此，创业思维及创业教育是建立在素质教育基础上的新型人才培养模式。它为素质教育明确了新的发展方向。我国现阶段开展创业教育的目标是：为适应世界教育发展和改革的趋势，结合我国国情，培养具有创新能力和创新思维的新一代复合型经济与管理人才。

（4）有利于大学生生涯规划，成人成才。创新创业是职业生涯设计中贯穿于职业定位过程的主线，其主要内容是引导学生在了解社会、了解自己的基础上学会选择，能在自己的职业生涯设计中处理好个人志愿与社会需要、个人特征与职业特征的匹配问题。通过创新创业教育，促使大学生自觉地完善、提高自身素质，挖掘潜能，主动适应社会及其职业的发展变化，努力使自己得到全面发展，凭借自己的实力在人生设计中实现预定目标。

（5）有利于学习型社会的形成，养成终身学习的习惯。在基础教育阶段，实施创业教育的主要着眼点是培养全体受教育者的就业意识、创业精神和社会责任感，努力提供使受教育者终身受益的教育培训。

本章小结

1. 创新教育是当下大学教书育人内涵的延伸，创新源于经济学范畴，在当今社会又有了更广泛的认识，对于中医药传统知识的学习和掌握，中医药在现代社会的传承与创新发展有实际意义。创新教育要掌握创新的相关理论、了解创新的内涵，运用一些科学的创新思维和方法提升大学生创新创业观念及能力。

2. "创新是一个民族的灵魂，是一个国家兴旺发达的不竭动力，创新的关键在人才，人才的培养靠教育。"大学生创新创业教育不是一朝一夕就能取得显著成效的，需要有一个过程。既要宏观层面在遵循创新人才成长规律的前提下，不断优化社会创新氛围，进而培养当代大学生的创新创业精神，也要大学生根据自身素质，不断提升自身创新意识，训练创新创业思维及技法，并充分各种创新资源开展创新实践，最终成长为符合经济的发展与社会的进步亟须的创新型人才。

3. 创业思维的起源在本章中主要体现在精益思想与创业逻辑、生存型创业与机会型创业、效果逻辑，其实施方法在创新思维的基础上进一步聚焦，将创新思维中的技法运用其中也是创业思维发展的动力。在大学生学习专业知识的同时能结合职业发展规划培养创业思维，将创新实施方法学以致用，成为社会所需人才。

思考题

1. 什么是创新？创新的特征是什么？

2. 创新思维的基本方法有哪些？

3. 就所学专业，运用创新创业思维和方法开展一次专业领域与创新创业融合的创业计划。

梅奥创新中心

梅奥诊所的创新中心不仅仅是传统意义上的一个医学科研中心,更是汇集设计思维、电子网络科技,商业营销模式、哲学等多学科汇集的医学研发中心。其核心是设计思维,并强调设身处地体验客户需求,同时将多学科融合其中,解决他们的需求。

1. 设计思维(Design Thinking)引入医学领域

设计思维这个词随着人性化设计的兴起出现在20世纪的80年代。1992年,Richard Buchanan发表标题为"设计思维中的难题"的文章中,表达了更为宽泛的设计思维理念,即设计思维在处理人们在设计中的棘手问题方面已经具有了越来越高的影响力。今天,对思维设计的理解和认知,已经引起了相当多的学术界和商业界的关注。

设计思维是一个创意与设计的方法论。为各种议题寻求创新解决方案,并创造更多的可能性。虽然它最初的理论是来源于机械工程,但设计思维是不限定于设计领域的一种思维方式。而且它不只是"产品""服务"的设计,而且还是流程、经营模式、组织运作、工作环境、小区营造、教育等等的设计。任何行业,任何公司的任何领域都可采用,而且可以产生许多有意义与建设性产品或服务的创新设计模式。

梅奥的医学创新中心就创造性地把这个概念——设计思维带入医疗卫生领域。将设计原则,包括同理心、创造性、系统思维和以人为本的理念,与科学的方法融合,用以发现在医疗环境中人们的切实需求并用简单快速的方式解决。

该中心应用设计方法包括民族志和观测技术、可视化、原型设计、草图、讲故事、头脑风暴,还允许中心人员思考超越他常规做的工作,并作为创意和可能性的转化者。

这些设计思维、设计原则和方法被应用于医疗领域是医学历史上没出现过的。而且,梅奥创新中心还将设计研究能力作为专门项目实施,并提供给相应服务,包括设计研究和战略、服务和体验设计、产品设计、设计思维教育和环境教育与改善。

同时,中心以"大处着眼、小处着手、迅速行动"("Think big. Start small. Move fest.™")为思维途径。员工可以大胆设想探索新方式方法,包括利用网络视频技术等电子科技,并从单学科小规模实验开始,逐步扩展到两个,甚至多个学科或更大规模临床研究,将诊所内外人员创新想法汇集到一起,一同寻找发现机会和解决问题的途径,以加快诊所创新研究。

最简单的一个例子,在2010—2011年该创新中心项目中,有一项是儿童抽血椅(Pediatric Phlebotomy Chair)项目。研究者首先观察得到了儿童抽血时的哭泣不安甚至晕厥现象(观测技术),接着以儿童角度思考如何解决此类问题(同理心),然后加入电子科技设计出儿童抽血椅的雏形(原型设计),并不断研发各种椅子测试其功能和效果(测试)。这个看似简单的成果,却无处不体现着研究人员的创新思维和设计思维。

2. 多人群、多学科、多机构、国际合作中心

创新中心汇集了群众、患者、医疗工作者和全球合作伙伴,包括来自各个研究机构的

分析师、研究人员、工程师和设计师。它也是一个多机构合作团队，内部的机构包括梅奥所有院所、领导层和跨学科多学科项目，外部合作机构包括美国的一些医疗中心（阿拉斯加当地医疗中心 Alaska Native Medical Center、阿森松保健系统 Ascension Health 等）、全球网络及科技公司（百思买集团 Best Buy. 思科公司 Cisco、IBM、Microsoft 等）、美国的大学（普渡大学 Purdue University、明尼苏达大学 University of Minnesotas 耶鲁大学 Yale University 等）。

3. 特别空间设置

（1）创新思考和工作需要特别的空间。考虑到这一点，创新中心在梅奥诊所内部建立了一些特别的区域以便于患者、供应商和项目参与者地充分沟通。

（2）提供给员工一个专门从事创新工作的区域，有效利用诊所资源。该区域设计时候就没有墙，每个办公室都是透明玻璃间隔，办公桌都能重新组合，以便多学科、多项目之间的研究讨论交流，增加透明度，以期碰撞出新火花。

（3）健康老龄化和独立生活实验室［Healthy Aging and Independent Living（HAIL）Lab］是由梅奥创新中心和梅奥诊所的"Robert and Arlene Kogod 老年中心"联合创办的一个新的生活实验室。该实验室拥有大面积的生活区域、护士站和四个公寓，支持原居安老（aging in place），即让住在里面的老年人健康独立地在家中生活。研究院同时应用新型的服务模式和科技，与社区居民、社区组织联合完成实验。例如，创新中心其中一个项目"Exergaming"，就是由 HAIL 实验室实施一项干预研究。研究人员让这里的 65 岁以上独立生活的健康老年人参与体感游戏（一种通过肢体动作变化来进行操作的电子游戏）作为锻炼，以增加他们的幸福感，包括生理上、认知上和社会情感，并通过观察老年人参与体感游戏的过程和对游戏后的心理问卷调查，以研究这阶段老年人的行为特征、视频游戏如何影响激励老年人和研究揭露有可能存在的一些看不见的障碍。

HAIL 实验室的最终目的是以科学的方法让老年人健康、独立地生活下去。

（4）多学科设计诊所也是生活实验室的一种，而且是个多功能的区域，医疗服务人员直接和患者在一起进行护理模式原型试验，能对研究假设进行最直接的观察、测试，并对试验原型进行快速的改进，以创造最佳的护理体验。

4. 远程医疗系统的应用项目

创新中心是一个多学科汇集中心，其项目中属于远程医疗项目的占一半，这也是未来医疗发展的方向，且这些项目大部分由 Connect-Design-Enable(CoDE)基金资助。

e 咨询 e Consults 系统是一套远程网络医疗咨询系统。e Consults 分为同步和非同步的，同步 e Consults 基于医生和特殊病人间的远程可视对话，而非同步的 e Consults 用于多学科会诊。创新中心早在 2009 年已经成功开展了网络咨询（e Consults）项目，用于初级医疗保健和多学科实践。调查显示，该系统的应用是医生和患者面对面咨询时间的 $1/3 \sim 1/2$，并且节省了向专科医生输送的时间。而且创新中心通过 e Consults 系统实现诊所内部合作，以保证项目的有效实施。

中风远程医疗项目，Stroke Telemedicine(telestroke)。梅奥诊所在亚利桑那州的中风远程医疗计划已经成熟开展。通过远程视频会议与急性中风患者连接，评估其状况并提出用药建议。这可以使病人在家完成治疗或不需转院治疗，及时地减少了中风后残疾率和死亡率。同时,这套系统也提供中风咨询。

痴呆行为电子管理系统,Electronic Dementia Behavior Management,也是基于网络电子技术,对痴呆患者家庭提供专业医疗咨询,降低了此类患者住院率和医疗护理花费,缓解当前医院内床位及护理人数不足的难题。

(资料来源:崔云裳,宋雨潇. 梅奥诊所创新中心启示[J]. 中国研究型医院. 2015 年 6 期.)

第三章 创业者与创业精神

学习目标

　　通过本章学习,学生应该了解创业者的概念及类型,使学生形成对创业者的理性认识,了解创业者应该具备的素质与能力要求。同时,通过案例和讲授使学生认识到创业精神和创业团队对创业的重要性,了解创业团队的概念与构成要素,掌握创业团队组建的原则与程序,理解创业团队的管理方式。

案例导入

刘永好和他的希望集团致富经

　　1951 年,刘永好出生于四川新津县,他小时候家里非常贫穷,以至于他在 20 岁之前都没穿过鞋子。1982 年,正当绝大多数人还抱着"铁饭碗"吃得有滋有味时,已过而立之年的刘永好毅然辞去令人美慕的政府部门公职。刘氏兄弟四人一起卖废铁、手表、自行车、黑白电视,凑足了 1 000 元钱,准备下海自谋职业。当时,他选择的行当是别人不看好的农产品生产领域,他们从种植业、养殖业起步,创办"育新良种场"——开始了向土地要财富的道路。刘氏兄弟大学毕业后都分配在国家单位工作,有着令人美慕的舒适工作环境和稳定收入。在接下来的 7 年时间里,他们筹办起一家小良种场,专门孵化小鸡和鹌鹑,公司几经风险,艰难维持,刘氏兄弟做出这样的抉择是很有胆量的。

　　1988 年,刘永好出差到广州,偶遇广东农民排着长队购买泰国正大集团生产的饲料,令他惊奇不已。他查看了饲料,索要了说明书,与排队客户摆起"龙门阵"。回到成都后,他向几位兄长介绍生产猪饲料的前途。刘永好说:"四川是全国养猪大省,养猪是四川农村经济的重要来源。泰国正大集团的猪饲料动摇了我国落后的喂养结构,应该把目光放到更广大的市场上,去搞猪饲料,搞高科技全价饲料系列。"

　　于是刘氏兄弟经过认真研究,决定放弃养鹌鹑而转产饲料,并作了详细的战略部署。刘氏兄弟将资金全部投入这个项目,并聘请 30 余名动物营养学专家重点攻关。1989 年 4 月,公司自行研发的"希望牌"乳猪全价颗粒饲料问世,一下子打破了正大集团洋饲料垄断中国高档饲料市场的局面。1993 年希望集团成立,刘永好为总裁、法定代表人。希望集团的诞生给刘氏兄弟的事业发展带来了无限生机。

　　当时希望集团写的大字标语遍布广袤的城乡大地:"希望养猪富,希望来帮助。"刘氏兄弟喊出这样的口号不是没有道理的。那时候，刘氏兄弟已经经营了4年多饲料行业，尝遍了创业的辛苦，积累了丰富的经验。

邓小平南方谈话后，希望集团走出四川，先后在上海、江西、安徽、云南、内蒙古等二十几个省、市、自治区开展与国有企业、集体企业、外资企业的广泛合作，迅速开拓了全国市场。1997年，成都的房地产业刚刚完成了第一轮开发的积累，开始对已有的产品进行检点与反省，并准备进入由卖方市场向买方市场转变的"微利"时代，刘永好又一次抓住机会进入房地产业。

"在最高潮，大家认为最好的时候，我们反而没有做，当然，没有挣钱也没有被套住，我们抓住谷底攀升的时机，我们还要随着曲线上升。"当别人纷纷感到房地产这碗饭越来越难吃的时候，刘永好却意识到机会的存在。经过两年的时间认证，刘永好在房地产业取得了实质性成果：1998年，新希望集团成立了自己的房地产公司，在成都买下418亩地，进行规模房地产开发。但对于精熟于饲料业的刘永好来说，房地产开发毕竟是个全新的领域。刘永好坦称："房地产是我不熟悉的，作为一个战略投资者，我需要了解熟悉房地产市场，逐步弄懂它。所以现在，我把本来用于打高尔夫的时间用来把握房地产市场，这是个挑战。"他把自己的时间一分为三，1/3用来处理新希望集团内部的关键性问题，1/3跟一流人才打交道并建立各方关系，1/3用来学习和研究发展问题。而这本身也是他出国访问时学习和吸收到的国外企业家的经验。

刘永好有个随身带笔和本子的习惯，不管找人谈话或接受采访，只要对方说得有道理，他便记下来。正是这种勤奋与孜孜不倦的追求使新希望集团的房地产开发再一次取得了成功，锦官新城一问世，首期开盘三天之内就销售了1.4亿元，创造了成都房地产的奇迹。

2000年，美国《福布斯》杂志评选出刘永好及其兄弟名列中国大陆50名富豪第2位。这位曾赤脚走路的创业者，终于用他的勤奋和努力踩出了一条成功之路。

（资料来源：施永川.大学生创业基础.北京：高等教育出版社，2020：41－42.）

刘永好之所以创业成功，是因为他拥有一个创业者所需要的素质和能力。那么成功的创业者需要什么样的素质和能力呢？从刘永好身上，体现出创业者的哪些特质和创业精神？

第一节　创业者

一、创业者的概念

创业者（entrepreneur）一词来源于法语，一般具有两个基本的含义：一是指企业家，即在现有企业中负责经营和决策的领导人；二是指创始人，通常理解为即将创办新企业或者刚刚创办新企业的领导人。

创业者的概念经历了一个不断演变的过程,法国经济学家坎蒂隆于1755年首次将"创业者"的概念引入经济学的领域。1880年,法国经济学家萨伊首次给出了创业者的定义,他将创业者描述为将劳动、资本、土地这三项生产要素结合起来进行生产的第四项要素,是把经济资源从生产率较低、产量较少的领域转移到生产率较高、产量较大的领域的人。1921年,经济学家奈特则赋予了创业者不确定性决策者的角色,认为创业者要承担由于创业的不确定性所带来的风险。著名经济学家熊彼特认为创业者应该是创新者,具有发现和引入更好的能赚钱的产品、服务和过程的能力。管理大师德鲁克将创业者定义为赋予资源以生产财富的人,创业者善于创造或发现机会,并创办起有高度发展潜力的企业,其思想和行为与众不同。随着创业学术研究的深入和经济的发展,创业者的内涵也逐渐丰富。

一般来说,国内外有关创业者的概念可分为狭义和广义两种。

(一) 狭义的创业者

狭义的创业者是指企业的创办者或指参与创业活动的核心人员,即组织、管理一个公司或企业并承担风险的人。

狭义的创业者不等同于企业家,因为大多数创业者并不具备企业家的眼界、格局和个人品格。从创业者转变为企业家,需要一个逐渐成长和完善的过程。狭义的创业者也是指参与创业活动的核心人员,不仅仅限于企业的法人代表或领导者、组织者。因为当今时代的创业活动中,高新技术企业、合伙制企业所占的比例越来越大,这些企业的技术含量也越来越高,离开了核心技术专家和主要合伙人,很多创业活动根本无法开展,所以核心技术专家与合伙人亦应被视为创业者。

一般情况下,在创业过程中,狭义的创业者会比广义的创业者承担更多的风险,也会获得更多的收益。创业者认为自己的创业行动可以创造出有价值的新事物。这种新事物的价值,不仅对创业者自身,而且对实际受惠对象也是有价值的。因此,我们从创业者所承担的责任、义务角度,将狭义的创业者的基本条件概括为:愿意承担创业过程中的所有不确定性和风险,并有激情和勇气克服创业中的各种困难,持之以恒地为实现自己的创业目标努力奋斗。当然,在科学技术飞速发展、产品和技术老化周期日益缩短、社会分工日益精细化的今天,创业者应当熟悉自己所从事的创业领域,更要具有较强的创新意识、创新精神和创新能力。

(二) 广义的创业者

对于广义的创业者概念,一般主要有两种界定方式,一种是将创业者界定为参与创业活动的全部人员。在这种情况下,创业活动的发起者、领导者与创业活动的跟随者,都被视为创业者。另一种则将创业者界定为主动寻求变化,对变化做出反应,并将变化视为机会的人。这种界定方式将传统的创业概念的外延扩大为所有主动寻求变化并对变化做出反应的活动。在这种界定方式下,企业创办者、企业内创业者、个体劳动者、自由职业者、项目合作者等以各种身份从事创新性活动的人,都可以称为创业者。

大多数情况下,我们说的创业者是广义的创业者,而且这个概念的外延包含了参与创业活动的全部人员,以及以各种身份从事具有创新性活动的所有人员。从这个概念的外延可以看出,它整合了上述两种广义的创业者概念,具有极大的包容性。在此概念下,高校学生都可以成为创业者。

综合以上观点,我们认为:创业者是指某个人发现某种信息、资源、机会或掌握某种技术,利用或借用相应的平台或载体,将其发现的信息、资源、机会或掌握的技术,以一定的方式转化、创造成更多的财富、价值,并实现某种追求或目标的过程的人。

二、创业者的分类

分类是对事物进行特殊性分析与共同性归纳的结果,是人类认识客观事物的一种基本方法。创业者具有不同的个性特征,根据不同的分类标准,创业者可以被划分为不同的类型。

(一) 根据创业目的分类

根据创业者的创业目的,创业者可分为生存型、变现型、主动型三种创业者类型。

1. 生存型创业者

生存型创业者是指由于没有其他就业选择或对就业选择不满意而从事创业活动的创业者。这类创业者大多为下岗工人、失去土地或由于种种原因不愿困守乡村的农民,以及刚毕业找不到工作的大学生。这些创业者主要是受生活所迫创业资源缺乏,因此他们只能从事低成本、低门槛、低风险、低利润的创业。

2. 变现型创业者

变现型创业者是指过去在党政机关掌握一定权力,或者在国有企业、民营企业当经理人期间积累了大量的市场关系,并在适当的时机自己开办企业,从而将过去的权力和市场关系等无形资源变现为有形财富的创业者。从经济发展的趋势看,变现型创业者会在一定程度上破坏公平透明的市场经济环境。

3. 主动型创业者

主动型创业者是指由创业者主导和组织的商业冒险活动或创业活动的创业者。这类创业者不仅需要有开创新事业的激情和冒险精神,而且还需要具备解决和处理创业活动中各种挑战和问题的知识和能力。主动型创业者也可以分为两种类型,一种是盲动型创业者,另一种是冷静型创业者。盲动型创业者对创业具有极高的热情,充满自信,并对创业成功抱有较高的期待,在创业准备阶段往往体现出赌徒心态,将创业看作一次冒险活动。冷静型创业者能够更加理智地评估创业成功或失败的概率,谋定而动,乘势而进,经过充分准备后投入到创业实践中。

(二) 根据创业内容分类

根据创业者的创业内容,一般可分为生产型、管理型、市场型、科技型和金融型五种创业者类型。

1. 生产型创业者

生产型创业者是指通过创办企业推出产品的创业者，以生产技术为主体，常常直接从事商业化技术或者产品开发。主要特点是创业者一般都具有企业的生产技术或产品开发背景，生产的产品通常科技含量较高。

2. 管理型创业者

管理型创业者是指那些综合能力较强的创业者，他们对企业管理、运作、市场、财务等非常熟悉。主要特点是创业者能够发挥自己的专长，能够通过各种有效的企业管理手段带领企业前进。

3. 市场型创业者

市场型创业者通常是指那些缺乏企业的技术专业背景和技术经验，或者只有非技术组织的职业经验，但却善于识别技术机会且有创业点子，又有一定资金支持的创业个体。主要特点是创业者重视市场，善于把握市场变化中的机会。在我国计划经济向市场经济转型的过程中，曾涌现出大批的市场型创业者。例如，MBA 学生，他们具有管理知识和管理实践经验，如果捕捉到了某个创业机会，自主创业，就属于市场型创业者。

4. 科技型创业者

科技型创业者多与高校和科研机构相关联，他们具有非常强的科研知识背景，通常重视基础科研开发，掌握某种技术，有把科研成果转化为生产力的强烈欲望，一般在高校、科研机构或非商业化的实验室担任或曾担任过学术职位。主要特点是创业者依托高科技创办企业。例如，高校里的部分科研型教授，他们以自己的科研成果为核心，筹集资金，创办企业，就属于典型的科技型创业者。现在的许多知名科技企业的前身就是原来高校的校办企业或科研机构创办的院（所）办企业，如清华同方、联想集团等。

5. 金融型创业者

金融型创业者实际上是风险投资者，他们向企业提供的不仅仅是资金，更重要的是专业特长和管理经验。他们参与企业的经营方针和规划的制定、资本运营以及人力资源管理。

（三）根据影响力分类

根据创业者对市场和个人的影响力，创业者可分为复制型、模范型、安定型和冒险型四种类型。

1. 复制型创业者

复制型创业者是指创业者复制原有公司的经营模式，创新的成分较低。新企业中属于复制型的创业者比率虽然高，但此类型创业者往往创新贡献低，缺乏创业精神的内涵，不是社会经济的主要动力。

2. 模仿型创业者

模仿型创业者是指创业者看到他人创业成功后，采取模仿和学习的方式而进行创业活动的创业者。模仿型创业者主要特点是投资少、见效快、进入市场快等，对于市场而言，这类创业者无法带来新价值的创造,创新的成分也很低,但与复制型创业者相比,其创业过程还是具有较大的冒险成分。创业者如果具有适合的创业人格特征,经过系统的创业管理培训,掌握正确的市场进入时机,还是有很大机会获得成功的。

3. 安定型创业者

安定型创业者一般从事的创业活动都是自己比较熟悉的义务,虽然为市场创造了新的价值,但对创业者本身来说并没有遭遇太大的改变。安定型创业者强调的是创业精神的实现,也有创新的活动,但不是新组织的创造。

4. 冒险型创业者

冒险型创业者开展的创业活动难度很高且风险较大,失败率也很高,但成功所获得的回报也很大。这种类型的创业者如果想要获得成功,则必须要在创业者的能力、创业时机、创业精神发挥程度、战略、创业过程管理等方面,都有很好的搭配。冒险型创业者主要特点是创业不确定性高,创业者本身的转变大,对新企业的产品创新而言,也会面临较高的市场不确定风险。

三、创业者的素质和能力

创业者的素质和能力是创业者在创业过程中表现出来的特质,是一些先天因素和后天学习积累的综合产物。蒂蒙斯认为,在创业过程中,机会的模糊性、市场的不确定性、资本市场的风险性以及外在环境的变迁等因素,经常影响到创业活动,使得创业过程充满风险。因此,创业必须依靠创业者的良好素质和能力才使得创业活动能够顺利进行。

(一) 创业者具备的基本素质

素质通常指某人在先天生理基础上,受后天环境教育影响,通过个体自身的认识和社会实践,养成的比较稳定的身心发展的基本品质。而创业者素质是指创业者在创业过程中所表现出来的自身独特的品质和特殊个性特征,并随着创业活动的深入而不断提高和逐步完善。美国管理学家拜格雷夫(曾任教于美国百森学院)曾将优秀创业者的基本禀赋归纳为 10 个"D",即理想、果断、实干、决心、奉献、热爱、周详、命运、效益和分享。我国丁栋虹教授则将创业者素质归纳为"迎战风险"模型,即 resources(充分的资源,包括人力和财力,以及充足的经验、学历、流动资金、时间、精神和毅力等)、ideas(可行的创意和想法)、skills(适当的基本技能,不是行业中的一般技能,而是通常性的企业管理技能)、knowledge(有关行业的知识,不是只陶醉于自己的理想中)、intelligence(才智,创业者不一定要有高智商,但要能够善于把握时机去做出明确的决定)、network(关系网络,创业者需要有人帮助和支持,不断扩大朋友网络和处理人际关系带来不少方便)和 goal(确定的目标)。这七个要素英文单词的第一个字母连起来是 RISKING,即"冒风险",恰好体现出创业是一项承担风险的活动的本质。虽然这些表述不同,但都是从大量创业者的经历和实践中提炼出的特征,对创业者提升自己的素质和能力具有一定的参考价值。目前对于创业者素质的具体内容,学界仍是众说纷纭,尚未有一个实质性的结论。但我们认为,创业者的基本素质一般包括身体素质、心理素质和知识素质等几个方面。

1. 身体素质

身体是完成一切工作和任务的基础,只有拥有良好的身体素质,才能顺利完成各项工作和任务。创业是一个艰苦而复杂的过程,其中的许多任务都需要创业者亲自完成,他们要不断地思考改进经营或运营情况,还要承受巨大的风险和压力,如果没有健康的身体、充沛的体力、旺盛的精力和敏捷的思维,就难以承受创业的重任。因此,如果要创业,就必须有一个健康的身体,良好的身体素质是成功创业的重要前提。创业者要在日常生活中加强身体锻炼,养成强健的体魄。

2. 心理素质

一个人的心理素质是在长期的社会生活过程中形成的,是思想、行为、知识、经历在人身上的综合表现,是一种较为稳定的心理特征。创业者的心理素质对创业活动具有非常重要的影响。创业者一般要具有以下心理素质:成就需要、创业精神、竞争意识、责任心等。

(1)成就需要。创业是一种意识,更是一种人生的挑战。这就要创业者充分挖掘自身的潜力,要具备自我实现、追求成功的创业意识,对创业产生强烈的欲望。创业者希望创业成功,主要不是为了获得社会承认或声望,而是为了达到个人内在自我实现的满足。事实上,只有自我实现意识强烈的人,才会不惜代价也会出来闯一番事业。强烈的创业意识和成就需要,可以帮助创业者克服创业道路上的各种艰难险阻。

(2)创业精神。创业精神一般包含创新精神、工匠精神、冒险精神、合作精神、社会责任等价值内涵,具有主观能动性、创造性思维、操作性、实践性等主要特点,并具有超越历史的先进性和鲜明的时代特征。创业精神既是一种意识形态,也是一种精神力量,更是创业的动力。创业精神是创业者区别于其他人的本质特征。

(3)竞争意识。竞争是市场经济最重要的特征之一,是企业得以生存和发展的基础,也是立足社会不可或缺的一种精神。人生充满竞争,没有竞争就没有发展,没有竞争就没有进步,竞争本身也是一种提升。随着我国社会主义市场经济的深入发展,从低级向高级发展,从国内竞争发展到国际竞争,竞争越来越激烈。因此,创业者必须具有强烈的竞争意识,敢于竞争,善于竞争,才能取得成功。

(4)责任心。责任心是指一个人对不得不做的事或是一个人必须承担的事所表现出的态度。责任心和使命感是驱动创业者一往直前的力量之源。创业活动是社会性活动,是各种利益相关者协同运作的系统,每个创业者在创业过程中会遇到各种困难和问题,这就需要创业者对自己、对家庭、对员工、对投资人、对顾客及对社会有高度的责任心和使命感,才可能赢得人们的信任与支持,才会在创业过程中不断战胜困难和解决问题,最终获得成功。

3. 知识素质

创业者的知识素养对创业起着举足轻重的作用,创业者通常具有一专多能的知识结构。在市场竞争日益激烈的今天,只靠热情、经验或者只有单一的专业知识,很难取得创业的成功。知识是素质和能力的载体,创业所需的知识是一个体系,包括专业知识、管理知识、科学技术知识、人文社科知识等。

(1)专业知识。专业知识主要涉及与创业活动密切相关的具有较强专业性的知识。创业者的专业知识对于创业者取得目标及成功创业具有直接作用,为创业者的创业实践活动提供基本的条件和手段,并在一定条件下影响创业活动的效率。创业绝非易事,而是开创一番新事业,这就要求创业者只有具备了深厚的专业知识,才能正确分析创业形势,认清事物的本质,把握其发展规律,在本行业创业或相近行业创业的可能性才会更大。

(2)管理知识。管理既是科学,也是艺术。管理知识是现代创业者必须具备的知识。在日益激烈复杂的市场竞争中,创业者如果没有丰富的管理知识,就难以正常实施自己的创业计划,也没有办法管理好自己的创业团队或企业。因此,创业者在创业实践中创造性应用管理知识,就能更好地武装自己,指导经营活动,管理创业团队。

(3)科学技术知识。科学技术是第一生产力,当今世界科学技术日新月异,谁掌握了明日的技术,谁就在竞争中占据优势。创业者了解和掌握了创业相应的科技知识,通过对科技知识的应用,可以扩大自己的科技事业,指导企业发展方向,提升企业技术水平,促进产品升级换代。因此,创业者应力求在自己从事的业务领域中成为专家,又要有比专家更广博的知识面。

(4)人文社科知识。任何组织都是社会的细胞,在社会的大环境中生存和发展,与社会有着千丝万缕的联系。创业者如果没有渊博的知识,就不能适应时代新潮流的变化,不能用新知识和新理念武装自己,就不可能成为成功的创业者。创业者应不断丰富自己的人文社科知识,加强学习哲学、政治、文化、道德、法律和历史方面的知识,特别是要学习财务、税收、金融等相关商业知识及与创业相关的法律知识、法律制度,以确保做出正确的决策,并有效地加以实施。

(二)创业者具备的关键能力

对于创业活动而言,能力比知识和素质更重要,因为知识和素质都是潜在的,它们只有转化为能力,才能在创业实践中真正发挥作用。创业能力是一种特殊的能力,它往往影响创业活动的效率和创业的成功与否。创业者所需要的能力虽然有很多种,但关键的能力主要包括创新创造能力、专业技术能力、领导决策能力、经营管理能力、沟通协调能力等。

1. 创新创造能力

创新能力是民族进步的灵魂、经济竞争的核心。创新是企业生存与发展的命脉,是企业进步的不竭动力,是企业竞争力的重要源泉。创业实际上是一个充满创新的事业,创新是知识经济的主旋律,是企业化解外界风险和取得竞争优势的有效途径。创新创造能力是一种综合能力,是产生新思想以及发现和创造新事物的能力,与人们的知识、技能、经验、心态等有着密切的关系,它取决于创新意识、智力、创造性思维和创造性想象等。整个创业过程都需要创业者的创新能力,创业机会的发现和创意的形成需要进行创造性思维。同样,资源的整合和商业模式的设计更是创业者创新创造能力的集中体现。所以,创业者必须具备创新创造能力,敢于开拓进取、不断创新,在激烈的市场竞争中,开发新产品,创造新方法,不断开创新局面。

2. 专业技术能力

专业技术能力是创业者掌握和运用专业知识进行专业生产的能力。专业技术能力形成具有很强的实践性。许多专业知识和技巧要在实践中摸索,逐步提高、发展和完善。创业者既要重视从书本、创业成功者、专业技术培训中提高专业技术能力,更要注重创业过程中知识积累的专业技术方面的经验和职业技能的训练。只有这样,创业者才会不断地提升专业技术能力。

3. 领导决策能力

领导决策能力是一个人综合能力的体现。领导决策能力在创业过程中发挥着巨大的作用,一个创业者首先要成为一个领导决策者,他要具有感召力和决策力,统揽全局,组织协调。在复杂困难的情况下,他能比其他人更快、更准确地看到问题并及时妥善地处理问题。从某种意义上说,一个企业或创业活动成功与否,取决于核心创业者的领导决策能力,创业者的领导决策能力能帮助创业者在创业过程中遇到纷繁复杂的问题或是难以解脱的困境时,做出正确的决断。

4. 经营管理能力

经营管理能力是指创业者对人员、资金以及新企业的内、外部运营的能力。它涉及人员的选择、使用、组合和优化,也涉及资金聚集、核算、分配、使用和流动等。经营管理能力是一种较高层次的综合能力,是运筹性能力,它包括团队组建与管理能力、市场定位与开拓能力、企业文化设计与培育、应付突发事件能力等。经营管理也是生产力,它不仅会影响创业活动的效率,甚至会影响创业的成败。因此,经营管理能力是创业者应该具备的一种非常重要的能力。

5. 沟通协调能力

沟通协调能力是创业者能够妥善地处理与公众(政府部门、新闻媒体、客户等)之间的联系,以及能够协调下属各部门成员之间关系的能力。在社会分工日益细化的今天,创业者依靠个人的单打独斗很难获得成功,必须具备良好的沟通协调能力。创业者应该做到妥当地处理与外界的关系,尤其要争取政府部门、工商以及税务部门的支持与理解,同时要善于团结一切可以团结的人,团结一切可以团结的力量,求同存异,共同协调发展。如果企业与外界的接触越多,企业的规模越大,就对创业者沟通协调能力的要求越高。沟通协调能力实际上是一种社会实践能力,需要创业者在实践活动中不断学习和积累,要敢于同不熟悉的人和事打交道,要养成观察和思考的习惯,也要处理好各种关系。

第二节　创业精神

创业精神是新时代创业实践的不竭动力,是创业成功的关键因素,也是社会进步的强大精神支柱。因此,在"大众创业、万众创新"的新时代背景下,创业精神对于个人、组织和社会变得愈发重要。

一、创业精神的概念与内涵

创业精神的概念最早出现于18世纪,其含义一直在不断变化。在英文表达中,创业者的创业和企业家精神是同一个词汇:entrepreneurship,但企业家精神所包含的内容并不能完全概括创业精神的全部。一般来说,创业精神有广义和狭义之分。狭义上,创业精神是指创办一个新企业或推动一个企业转型发展;广义上,创业精神意味着一种普遍的、带有开创性的思想和行动的统一,适用于所有组织的所有阶段。

(一) 创业精神的发展

学界关于创业精神的研究由来已久,涉及的学科范围比较广泛,包括哲学、心理学、行为学等众多学科门类。国内外的相关学者对"创业精神"一词进行了广泛的研究并对其归纳总结,但尚未形成统一的认识和概念的理解。熊彼特最早提出创业精神这一概念。他认为:"创业精神是一股'创造性的破坏'力量,创业者采用的'新组合'使旧产业遭到淘汰,原有的经营方式被新的、更好的方式所摧毁。"斯蒂文森认为,创业精神指的是一种追求机会的行为,这些机会不存在于目前资源应用的范围,但未来又有可能创造资源应用的新价值。罗伯茨则认为,创业精神即是促成新事业形成发展和成长的原动力。国内学者李家华教授认为,创业者精神是创业者在实践体验基础上凝练形成的主观认同和文化价值。学者刘娟从社会学的角度出发,将创业精神定义为"创业者和企业家组织、整合、配置和运用经济资源实现新价值的过程"。学者谷力群认为大学生创业精神应包括创业意向、创业心理品质、创业规范意识和创业理想四个部分。学者王辉则认为,大学生创业精神主要表现为"冒险精神、创新精神、市场机遇的敏锐性、勇于实践、团队合作精神、成就渴望"六个维度。2012年教育部办公厅印发《普通本科学校创业教育教学基本要求(试行)》的通知,通知中指出,通过创业教育教学,培养学生善于思考、敏于发现、敢于人先的创新意识,挑战自我、承受挫折、坚持不懈的意志品质,遵纪守法、诚实守信、善于合作的职业操守,以及创造价值、服务国家、服务人民的社会责任感的创业精神。

综合以上各种说法,我们认为:创业精神是指创业者在创业过程中所具备的开创性的思想、观念、个性、意志、作风和品质等重要行为特征的高度凝练,是创业者区别于其他人的本质特征。创业精神的基本内涵可以从哲学、心理学、行为学三个层面进行理解。哲学层面的创业思想和创业观念,是人们对于创业的理性认识;心理学层面的创业意志和创业个性,是人们创业的心理基础;行为学层面的创业作风和创业品质,是人们创业的行为模式和行动倾向。

(二) 创业精神的内涵

一是创新精神。创新是一切创业活动的根源,创新精神是创业精神的核心精神。创业精神就是把创新理念转换为创新实践的思维意识,既是一种思维方式,也是一种实践行为,其实质是创新。著名管理学家德鲁克认为,创业者不仅仅单纯指在经济活动中从事创新活动的人,无论他是做什么的,无论他是工人、农民、政府高官或者仅仅是学生,只要他在创新,那么我们都可以称之为创业者。由此可见,创新是创业精神的灵魂。

二是工匠精神。随着时代的变迁,工匠精神的时代内涵也发生了重大变化,概括起来包括爱岗敬业的职业精神、追求极致的职业态度以及开拓创新的职业能力。因此,工匠精神与创业精神的培育是相契合的,而创新创业是实实在在的创造性活动,它需要工匠精神为之增添动力、增加活力。工匠精神的本色就是敬业精神,而创业精神的本色就是坚持不懈。对于创业者而言,首先是一个从业者,如果创业者没有一种对事业执着追求的敬业精神就无法迎接创业的风险与挑战。如乔布斯对苹果产品的精益求精和不懈追求,最终成就了苹果卓越的品质。华为几十年对品质的追求,使得今天的华为已成为行业中的世界第一品牌。

三是冒险精神。创业者在创业的过程中必然会遇到挑战和承担风险,没有甘冒风险和敢当风险的魄力,就不能成为创业者。只有敢想敢干、敢冒风险、敢担责任,才能果断地抓住机会有所作为。创业者的冒险是他们在艰苦的创业过程中,具有敢于承担风险的胆识,依靠十足的毅力不断修正前进的方向,在未知的领域中寻找可能的机会。因此,创业精神的内涵中必然包含了冒险精神。

四是合作精神。合作精神要求顾全大局、尊重别人、为人诚信、待人宽容、团结协作。一个没有合作精神的人成就不了大的事业,一个没有合作精神的组织或企业无法获得大的发展。所以说,团结一心和齐心协力是创业成功的关键一环,一个成功的创业企业必定有一支团结合作的创业团队,而团队成员之间必定有良好的合作精神和合作意识。

五是社会责任。创业精神中也包含创业者必须承担社会责任且具有一种甘于奉献的精神。创业者在创业过程中,尤其是核心创业者,发挥着整个创业活动的决策、执行的主要作用,每一次决定、每一次行动都会对创业活动产生不同的影响。创业者都应抱着"取之社会、回报社会"的心态,在创业活动中获得企业利润、促进企业成长和发展的同时,应当具有高度的责任心、责任感和使命感,履行更多的社会义务和社会责任。

(三) 创业精神的特点

创业精神是一种能动、持续、创新、生长的生命力,创业精神的主要特点:一是主观能动性和创造性。创业者在创新精神的驱动下,发挥自觉主观能动性和创造性,促使创业观念蓝图的产生。然后创业者通过对创业观念蓝图的设计和规划,进而将其落实为具体而有形的创业形象蓝图。最后,创业者在创业形象蓝图的基础上,经过综合考虑和筹划,将创业形象蓝图转化为创业实践蓝图,整个过程都需要创业者积极发挥主观能动性和创造性,有目的有计划地完成创业项目的设计和规划。二是思维操作性和实践性。创业者在创新理念和创新精神的指引下,自觉能动地开展一系列思维操作,将创业的理念和设想转化为创业观念和创业实践蓝图,再结合实际发展状况,进而落实创业实践蓝图,创造出具有社会价值的实践成果,实现预期的创业目标。

创业精神是一种意识形态,也是一种精神力量,更是创业的动力。没有创业精神就不会有创业意向和创业行为,因此,创业精神对创业至关重要。

📖 **案 例**

从贫困生到创业先行者

白发平是南京中医药大学药学院 2002 级中药药理学 1 班学生、江苏中药材网负责人。白发平在校 5 年一直担任班长,在学好专业课程的基础上,他率先达到了"学以致用"的高度。2006 年 10 月,他与学校药学院绿野药业公司达成共同从事药材开发和销售的合作意向,2007 年 3 月又与上海医药公司达成供销协议,创建了江苏中药材网,在易趣、淘宝上开了自己的中药材店铺,网上网下同步销售,实现了年销售额 18 万余元的规模。由于表现出色、创业成果明显,在南京中医药大学第一届三创之星的评比中获得了"创业之星"的称号,被团省委、教育厅、省学联评为"江苏省十佳青年学生"称号。

在接受扬子晚报的记者采访时,白发平同学感叹道:"无论你出生多么贫寒,上天总会给你一技之长,只要你善于发现,善于利用身边的资源,你就会自立自强,实现自己的理想。"白发平同学就是凭借自己敢想敢拼、锲而不舍的创业精神为自己争取到了人生第一个成功,也为广大在校的大学生们树立了一面信心的旗帜。

(案例来源:刘东,朱续章.大学生创新与创业教程[M].长春:吉林大学出版社,2016:54.)

二、创业精神的作用

(一)创业精神是个人实现全面发展的有效途径

马克思的"人的全面发展理论"详细论述了个人在社会生活中要不断实现"人的需要的全面发展、人的活动及其能力的全面发展、人的社会关系的全面发展、人的个性的全面发展"。而实现全面发展的重要条件便是教育与生产的结合及对精神产品生产的重视。首先,创业活动的进行是实现个人需求多样性的途径。著名心理学家马斯洛的"需求层次理论"告诉我们,人类需要温饱、安全、关爱与归属,但也有自我实现的需要。在创业精神的激励下,创业者在创业过程中不断成长成功后,往往就会有更高层次自我实现的需要,可以用自己的财富来造福他人、造福社会。其次,通过创业,既能实现简单的个人和家庭的物质需求,还能实现个人潜能的完全释放,通过自己感兴趣的事情实现自己的崇高理想和人生价值。同时,创业活动的开展是在各种社会关系和群体中进行的,有赖于个人和团队,不但能提高个人自身的身体素质、心理素质和综合能力,而且能够有意识地发展人与人、人与物的多层次、多角度的社会关系,而社会关系的全面发展将对个人需要的实现以及能力的全面发展提供重要条件。

(二)创业精神是推动社会经济持续发展的重要因素

创业是一个国家经济活力的象征,一个国家的经济越繁荣,它的创业活动就越频繁。

而创业精神则对一个国家和地区的经济发展，都具有非常大的推动作用。根据对世界经济发展历史的考证，世界上经济发达的国家大都是创业精神的典范。有的国家在现代化追赶时期，其创业精神表现强劲，有的国家存在持久而强劲的创业精神，这主要得益于国家政策创新释放了人们的创业精神或整个社会创业文化的影响。大多数经济学家都认为，创业精神是刺激经济增长和创造就业机会的必要因素，培育和倡导创业精神，营造有利于创业的环境和氛围，是解决就业问题的有效举措。据统计，2021 年我国普通高校毕业生人数已达 900 万左右，还有大量农村剩余劳动力需要转移，大量的企业下岗人员、机关分流人员和退役军人需要安置。在这种情况下，弘扬创业精神，鼓励和扶持创业者创业，可以有效地解决部分就业问题。同时，创业精神还能催生大批创业者和新企业，造就快速发展的新行业。当前，我国经济朝着更高质量、更有效率、更加公平、更可持续的方向稳步发展，因此，特别需要创业精神，特别期望创业者和企业家承担起应尽的社会责任，促进社会经济持续发展。

（三）创业精神是促进科技成果产生和转发的重要动力

历史经验告诉我们，科技造就的新产业和新产品，是历次重大危机后世界经济走出困境、实现复苏的根本。据统计，20 世纪，60％的发明创造来自独立的发明者和小企业，复印机、胰岛素、青霉素、直升机、彩电、圆珠笔等许多新产品，都是由小企业创造的。这些科技产品极大地改变了人们的生活。未来国家竞争中，科技是主战场，科技成果产业化是创新发展的重要力量。科学技术是第一生产力，创新是引领发展的第一动力，但要发挥出这一生产力，既要促进科技成果的产生，更要促进科技成果快速、顺利地转化为现实的生产力。而倡导创业精神，鼓励更多有创业意愿的科技人员去创业，是实现上述两个促进的根本措施。而科技成果转化的直接途径就是科技人员自己创办企业。企业作为社会财富的直接创造者，是将价值链要素链接在一起的最有效的组织方式，是科技成果转化的最终实现者。从某种意义上讲，企业的竞争力代表了国家的经济实力和竞争力。适应和引领我国经济发展新常态，促进经济社会高质量发展，弘扬创业精神，激发创新创业活力，促进科技成果转化，强化科技同经济结合、科技成果与现实生产力对接，依靠科技创新转换发展动力，从而有利于增强科技进步对经济发展的贡献度。

三、创业精神的培育

创业精神作为创业者的灵魂和核心要素，其实质是一种创新和把握机会的能力。创业精神是一种通用的行动能力，不仅适用于个人，也适用于组织，甚至是国家和民族。因此，创业精神具有重要的培育价值。

（一）大力弘扬创业文化

创业精神不是与生俱来的，正如鲁迅先生所说，要培植大树，得先培育适合大树生长的土壤。建设创新型国家，培育创业精神，必须在全社会加强创业文化建设，尤其是大学校园要大力营造浓厚的创新创业文化氛围，为创新创业型人才成长创造良好的社会环境。

培育创业精神，弘扬创业文化，一是要真正破除官本位思想，打破学而优则仕、商而优则仕的传统观念。通过创业教育和创业培训引导优秀的机关干部、公职人员走出官场，走向市场，成为大众创业的倡导者和先行者，积极营造重商创业的社会文化氛围；二是要积极冲破计划经济意识和小农意识的束缚。只有摒弃等、靠、要的陋习，摆脱懒散守旧、墨守成规的落后思想，发扬创业精神，敢于白手起家，甘冒风险，合作拼搏，积极进取，才能形成竞争合作、开拓创新的创业文化。三是要让"大众创业、万众创新"成为中国特色社会主义新时代的社会新风尚，充分激发亿万群众的智慧和创造力，让创新创业成为时代潮流，汇聚起经济社会发展的强大新动能。

（二）营造创业制度环境

创业精神产生于特定的经济、政治和社会环境之中，一个好的创业环境，对创业精神的培育至关重要。诺贝尔经济学家获得者罗伯特·蒙代尔认为，企业家精神的培养不仅需要提高企业家的领导力、创造力、冒险精神等内在素质，外部的成长环境同样非常重要。创业者或企业家所处的环境对于塑造创业精神非常重要，国家应该为创业者和企业家提供良好的创业制度、政策制度，各级政府要积极改进和完善一切阻挠"大众创业、万众创新"的体制机制，加强创业相关的政治、经济、法律等激励政策的制定及配套完善的企业服务体系建设，出台有利于创业的相关激励措施，在土地、资金、基础设施建设等方面给予积极支持。要在全社会大力宣传敬业、勤业和创业的意识，鼓励企业创新创业，容忍失败，使创业者的个性以最完全、充分、自由地发挥，让一切创造社会财富的源泉充分流动，真正在全社会形成关注就业、支持创业的良好环境，让人们把创业作为一种事业而非谋生的手段，让创业者在创业过程中实现人生价值。

（三）全面实施创业教育

美国百森商学院和英国伦敦商学院联合发起的全球创业观察项目（Globe Entreneurship Monitor，简称 GEM）在相关报告中建议，早期的创业意识能够在年轻人心中扎根，使他们有强烈的责任感，有利于企业家精神的培育。学校的创业教育是培育创业精神的重要途径，因此有必要发挥其主导作用。我国创业教育的落后曾一度严重制约着创业精神的培育和发展。随着教育部《普通本科学校创业教育教学基本要求（试行）》等创新创业文件的颁布实施，"大众创业、万众创新"热潮的到来，创业教育得到了快速的发展。当前，我国已转向高质量发展阶段，在全面建设社会主义现代化国家新征程中，创业教育将在"创新引领创业、创业带动就业"战略中发挥更大的作用。高校实施创业教育，要把创业教育融入人才培养体系，贯穿人才培养全过程，建立创业教育保障体系，完善创业教育课程体系建设。同时，要把创业精神培养向前延伸到中学、小学甚至是幼儿园教育中。另外，在全社会开展多层次多渠道的创业知识培训，促进社会成员普遍具有良好的创业意识和创业精神。

（四）持续强化创业实践

唯物辩证法认为，实践是认识的来源、动力、目的及检验认识正确与否的唯一标准，实践对认识具有决定作用。创业者的成长经历、工作经历、行业经历及管理实践对创业精神的形成有着十分重要的影响。例如,创业者的创新精神可能与他受过的教育所引发出来的求知欲有很大关系;企业家的冒险精神则可能是在他坎坷不平、艰难曲折的成长道路中逐渐形成的。由此可见,创业者受过的教育、他们的成长过程和工作实践等,直接影响创业精神的形成和发展。要持续强化创业实践,大力构建创业实践平台,加快发展众创空间、科技企业孵化器、大学科技园、小企业创业基地、大学生创业孵化基地建设等创业服务平台,加快建立技术转移网络,加强电子商务基础建设,构建多层次的创业投、融资服务体系,鼓励和激励创业者,尤其是大学生积极参加创业模拟和社会实践活动,让大学生在创业实践中磨炼自己,形成正确的创业认知,孕育创业精神。同时,把学到的知识和技能,充分运用到创业实践活动中去,以个人的聪明和才智创造社会的物质财富和精神财富。

第三节　创业团队

一、创业团队及其构成要素

(一) 创业团队的概念

著名组织行为学教授罗宾斯认为:所谓团队,指的是由两个或者两个以上相互作用、相互依赖的个体,为了特定目标而按照一定规则结合在一起的组织。团队理念一经提出便很快成为企业推崇的工作形式,在企业发展过程中发挥着日益重要的作用。

创业团队是一种特殊团队。对于创业团队的定义,从不同的视角有不同的理解。卡姆、舒曼从所有权角度分析,认为"创业团队是指两个或两个以上人员共同参与企业创立的过程并投入相同比例的资金"。这个定义要求创业团队的成员必须在创立的企业中拥有相等的股份,并且这些人在公司管理过程中处于相同地位,他们之间只存在合作关系。有的学者则强调创业团队的技能互补,将创业团队界定为由少数技能互补的个体组成,这些个体认同一个共同目标,遵循要求他们承担责任的程序。该定义认为,少数技能互补的个体组成的创业团队能够保证互相交流的障碍较少,在创业过程中比较容易达成一致,也比较容易形成凝聚力、忠诚感和信赖感。综合以上观点,我们将创业团队定义为在创业过程中,由技能互补、共担创业风险、共享创业收益、愿意为共同的创业目标而奋斗的人组成的工作团队。创业团队按其成员构成的不同,也可以分为狭义的创业团队和广义的创业团队。狭义的创业团队是指有着共同的奋斗目标,共同承担责任与风险,并共同分享创业收益的新企业的合伙人团队。合伙人团队是由创业初期就投资并参与创业的多个个体组成的,是创业团队的核心部分。广义的创业团队不仅包括狭义的创业团队,还包括与创业过程相关的各种利益相关者,如风险投资商、供应商、专家顾问等,他们在新创企业成长过程中的某个阶段中起着重要的作用,同时也为社会提供了一定的新增价值。

（二）创业团队的构成要素

创业团队需要具备五个重要的团队组成要素——目标（purpose）、人（people）、定位（place）、权限（power）、计划（plan），这些要素对应的英语词汇首字母均为 P，因此被称为创业团队的 5P 模型。

1. 目标

明确的目标是创业团队成立的基础，创业团队应该有一个既定的共同目标，为团队成员导航，是创业团队奋斗的方向。如果没有目标，创业团队就没有存在的价值，创业项目也不可能取得成功。在创业团队中，目标应分为长期与短期，长期目标以企业的愿景与战略的形式体现，短期目标则是长期目标的分解。

2. 人

人是构成创业团队最核心的力量，在一个创业团队所需的所有资源中，人力资源是最活跃、最重要的资源。创业的目标是由人员来实现的，通过人员的不同分工来共同完成创业团队的目标，所以人员的选择是创业团队中十分重要的一部分，创业者应充分考虑团队成员的性格、特长和能力，提高每个团队成员对团队的贡献度。

3. 定位

定位指的是创业团队中的具体成员在创业活动中扮演什么角色，也就是创业团队的角色分工问题。定位问题关系到团队每个成员是否对自身的优劣势有清醒的认识。定位一般包含两个层次：一是团队在企业中的定位，是指团队在企业中所扮演的角色以及团队内部的决策力和执行力；二是成员在团队中的定位，是指团队成员在团队中扮演的角色及团队内部决策的制定和执行。

4. 权限

创业团队的权限，指的是团队担负的职责和掌握的权力，也就是团队的工作范围和在某范围内决策的自主程度。创业团队当中的领导者的权力大小与其团队的发展阶段和创业企业所在行业相关。一般而言，在创业团队发展的初期阶段领导权比较集中，随着创业团队的不断成熟，领导者所拥有的权力会逐步下放，大多数高科技创业团队是实行比较民主的扁平化管理方式。

5. 计划

计划是创业团队未来的发展规划，也是目标和定位的具体体现。创业团队的计划涉及如何把权限和职责具体分配给团队成员，如何做出规划指导团队成员分别做哪些工作以及如何做等问题。计划有两层含义：一是目标的实现，需要一系列具体的行动方案，可以把计划理解为实现目标的具体工作程序；二是按计划进行可以保证创业团队的顺利进行，也只有在计划的操作下，创业团队才会逐步接近目标。

二、创业团队的组建

(一) 组建创业团队的原则

1. 互补原则

创业者之所以寻求团队合作,其主要目的就在于弥补创业目标与自身资源及能力间的差距。只有当创业团队成员之间在资源、知识、技能、经验和个性等方面实现互补时,才有可能通过优势互补、相互协作发挥出"1+1>2"的协同效应。在一个创业团队中,其成员的组成结构越合理,创业成功的可能性越大。相对而言,一个优秀的创业团队必须包括以下几种人:一是创新意识特别强的人,这个人能够决定创业企业未来的发展方向;二是策划能力非常强的人,这个人可以全面周到地分析整个企业面临的机遇和风险,考虑成本、投资、收益的来源及预期收益,甚至还包括企业管理规范章程、长远规划设计等;三是一个执行能力很强的人,这个人具体负责联系客户、接触终端消费者、开拓市场等。此外,创业团队成员中还需要具有财务、法律、审计等方面知识背景的人。

2. 精简高效原则

创业团队是一种特殊的团队,不同于一般团队,它的每一个成员都对新创企业的大政方针和重大事情的处理拥有表决权。在创业初期,资金往往较少,为了减少创业初期的运营成本、最大比例地获得成果,创业团队成员在保证企业高效运作的前提下应尽量精简。

3. 动态开放原则

创业过程充满了不确定性,创业团队中因为能力、理念等多种原因,可能会不断有人离开,也不断有人会加入,在此情况下要想保持创业团队始终不变是不现实的。因此,在组建创业团队时,应保持一定的动态性和开放性,把真正适合团队的人吸纳到创业团队中来。

(二) 组建创业团队的程序

创业团队的组建非常复杂,不同类型的创业项目所需的团队也不一样,创建步骤也不完全相同。概括来讲,大致的组建程序如下。

1. 明确创业目标

心理学家马斯洛指出:杰出团队的显著特征是具有共同的愿景与目标。凝聚人心的愿景与经营理念,是团队合作的基础,是团队运行的核心动力。目标在团队组建过程中具有特殊的价值,是一种有效的激励因素——共同的未来目标是创业团队克服困难、取得胜利的有效动力。创业团队的总目标就是要通过完成创业阶段的技术、市场、规划、组织、管理等各项工作实现企业从无到有、从起步到成熟发展。总目标确定以后,为了推动团队最终实现创业目标,需要再将总目标加以分解,设定若干实际可行的、阶段性的子目标。

2. 制订创业计划

创业团队的总目标和阶段性子目标确定之后,接下来就要研究如何实现这些目标,这就需要制订翔实而周密的创业计划。一份完整的创业计划包含核心团队的计划和人力资源计划。通过创业计划可以进一步明确创业团队的具体需求,如人员的构成、素质和能力要求、数量要求等。创业团队的组建需要契合创业计划的要求来匹配创业项目的运作。

3. 寻求创业合伙人

创业合伙人的选择是创业团队组建中最为关键的一步。合伙人一般是指公司股权的持有人,主要包括合伙人团队(创始人与联合创始人)、员工与外部顾问(期权池)与投资方。其中,合伙人是公司最大的贡献者与股权持有者。创业者应当结合实际情况,寻找能够与自己的价值观一致且事业方向认同又能优势互补的创业合伙人。同时,要考虑人员规模,创业团队的人数以能够完成创业活动为标准,适度的团队规模有利于保证团队的高效运作。

4. 团队的职权划分

创业团队成员间职权的划分是创业团队组建的重点。为了保证团队成员执行创业计划和顺利开展各项工作,就必须要预先在团队成员内部进行职权的划分。而创业团队的职权划分就是根据执行创业计划的需要,具体确定每个团队成员所要担负的职责以及相应所享有的权限。团队成员间职权的划分必须明确,既要避免职权的交叉重叠,又要避免无人承担而造成工作上的疏漏。此外,创业团队成员间职权的划分要根据创业过程中出现的新情况新问题,与时俱进地进行调整。

5. 构建创业团队制度体系

创业团队制度体系体现了创业团队对成员的控制和激励能力,主要包括团队的各种约束制度和各种激励制度。一是创业团队要通过各种约束制度(主要包括纪律、组织、财务、保密等制度)对团队成员的行为进行有效约束,保证团队的稳定秩序。二是创业团队要通过各种激励机制(主要包括利益分配方案、考核标准、奖惩机制、激励措施等)充分调动团队成员的积极性和创造性,最大限度地发挥团队成员的作用。此外,创业团队的制度体系应当以规范化的书面形式确立下来,以免带来不必要的混乱。

6. 团队的调整融合

创业过程是一个动态变化的过程,成功的创业团队并非创业之初就能建立起来,往往是企业创业一定时间之后随着企业的发展而逐渐形成的。随着创业计划的实施,团队组建时在人员匹配、制度设计、职权划分等方面的不合理之处会逐渐暴露出来,这时就需要对团队进行调整融合,这是一个动态持续的过程。在进行团队调整融合的过程中,特别要注意保证团队成员之间经常保持有效的沟通和协调,强化团队意识和团队精神,提升团队凝聚力。

三、创业团队的管理

(一) 创业团队的凝聚力建设

团队的凝聚力是指群体成员之间为实现共同目标而实施团结协作的程度,凝聚力表现在人们的个体动机行为对群体目标任务所具有的信赖性、依从性乃至服从性上。在创业的过程中，团队所有成员都认同整个团队是一股密切联系而又缺一不可的力量。团队的利益高于团队每一位成员的利益，如果团队成员能够为团队的利益而舍弃自己的小利时，团队的凝聚力就会很强。一个有凝聚力的团队可以拥有非常强大的动力，而如果团队成员之间的关系出现了问题，就会极大地削弱整个团队的战斗力。因此，在创业团队的管理过程中，加强团队凝聚力建设显得尤为重要。那么，如何让一个创业团队保持持久的凝聚力呢？一是要有一个魅力和能力出众的创业团队领导者，成为团队成员追随的对象，也是团队产生凝聚力的最佳黏合剂。创业团队的领导者扮演了指导者、促进者、交易者、生产者以及风险承担者的角色，成为整个创业团队的核心和灵魂人物。创业需要创业者和创业团队，创业团队的发展要靠团队领导者的带动，创业团队的领导者在激发团队热情和创造力、维系团队稳定等方面起着非常重要的作用。二是团队成员要加强合作。只有团队成员目标一致、相互配合、齐心协力和共同激励，团队才可能产生合力，才会取得最终的成功。三是要加强团队文化建设。团队在价值观和目标上的准确定位至关重要。良好的创业团队文化可以使团队成员明确理解创业团队的目标，认可和接受创业团队的共同价值，并在创业实践中维护和发展创业团队的价值观。如果创业团队形成了公平、积极、感染力强的团队文化，即使后期加入团队的成员，也会渐渐被团队文化感染而同化，有利于团队的管理。

（二）创业团队的冲突管理

创业团队是为了完成特定创业目标或理想而组成的集体。冲突是创业团队中经常出现的一种常态，创业团队成员无法逃避冲突的存在，而冲突的形态和规模是决定新创企业在未来发展情况的重要因素，因此，如何有效管理创业团队中出现的冲突，对新创企业的成长和发展起着至关重要的作用。创业团队的冲突主要有两种：认知冲突和情感冲突。认知冲突是指团队成员对创业目标、创业任务、决策过程、创业实施方案等方面的理念、观点和看法不一致引起的冲突。一般而言，认知冲突是对事不对人，一个有效的创业团队，在创业过程中存在分歧是一种正常现象，如通过团队成员之间持续而广泛的交流沟通将有助于改善团队决策质量和提高组织绩效并降低创业风险。情感冲突是创业团队成员由于个性差异、人际关系处理方式不同，以及工作中的摩擦而引起的不愉快情绪。情感冲突是一种个人导向，是对人不对事，是情感上的抵触，是一种情绪化的行为，主要表现为人与人之间感情接纳上存在的不统一，冲突双方的不相容，会极大地降低团队的有效性，降低工作的效率。在冲突管理中，关键看该冲突是认知冲突还是情感冲突。创业团队中的领导者或协调者在管理创业团队的冲突时，应采取积极措施，注意利用激励手段来鼓励正面冲突，杜绝、减少或化解情感冲突，尽力保持创业团队的良好合作。

（三）创业团队的沟通管理

沟通是有效管理创业团队的重要内容之一。没有沟通，创业团队就无法正常运转。一个优秀的团队必然是一个团队成员间充分沟通交流且不回避不同意见的团队。一般而言，沟通有三大好处：一是通过沟通可以保持信息畅通，实现信息共享；二是通过沟通可以化解矛盾,增强创业团队成员彼此间的信任;三是通过沟通可以有效解决认知冲突,提高创业团队决策的质量,促进决策方案的执行。因此,创业团队要建立成员之间通畅的沟通渠道,进行持续不断的沟通,在日常工作中、在遇到问题时、在解决问题的过程中都需要有效的沟通,尤其是企业运营和团队成员之间产生矛盾时更要强化沟通。沟通的时候要多考虑团队的远景目标和未来的远大理想,多考虑有利于企业和团队发展的事情。创业团队成员之间因为性格、个性、兴趣不合,导致团队出现问题,创业活动将难以正常开展,创业团队就可能解散。群体性的创业团队中很容易出现这种情况。群体性的创业团队,多是由人际关系来寻找共同创业的伙伴,例如朋友、同学、亲戚等一些私交很好的伙伴一起共同创业。或是有相似的理念和观点,例如具有相近技术研发背景的人,基于对某一技术的狂热而结合。在此情况下,团队成员在性格上的差异和处理问题的不同态度就容易被掩盖。有些团队从表面上看,好像大家都在努力工作,但真正全身心投入者只有一到两人,同时团队又缺乏真正的沟通,那么这样的创业团队实际上并未形成真正的团队,充其量只是几个人力量的加总而已。

(四) 创业团队的股权分配机制

股权分配是在工作之外,对创业利益分配方式的约定,也是维系创业团队凝聚力的基础。早期创业公司的股权分配设计主要牵扯到两个本质问题:一个是如何利用一个合理的股权结构保证创始人对公司的控制力,另一个是通过股权分配帮助公司获取更多资源,包括找到有实力的合伙人和投资人。股权分配最核心的原则是"契约精神",对所有的创始团队创业而言,股权一旦确定下来,也就意味着利益分配机制已基本制定好了。创业企业的股权结构不能太复杂,或者说不能在开始阶段赋予别人太多权力。因为后续的投资人特别是风险投资人,会关注公司的股权结构,如果股权结构太复杂,谈判就很难进行。对于创业者来说,从企业创立开始就需要制订相对完善的股东协议,明确各个创业者和原始投资人之间的关系。因此,股权分配规则在团队组建后应该尽早落地。

1. 股权的分配

一般情况下,参与公司持股的人主要包括合伙人(创始人与联合创始人)、员工与外部顾问、投资方。在创业早期进行股权结构设计时,要保证这样的股权结构设计能够方便后期融资、后期人才引进和激励。当有投资机构准备进入后,投资方一般会要求创始人团队在投资进入之前在公司的股权比例中预留出一部分股份作为期权池,为后进入公司的员工和公司的股权激励方案预留,以免后期稀释投资人的股份。这部分作为股权池预留的股份一般由创始人代持。而在投资进来之前,原始的创业股东在分配股权时,也可以先根据一定阶段内公司的融资计划,先预留出一部分股份放入股权池用于后续融资,另外预留一部分股份放入股权池用于持续吸引人才和进行员工激励。原始创业股东按照商定的比例分配剩下的股份,股权池的股份由创始人代持。一些创业公司在早期进行工商注册时会采取合伙人股份代持的方式,即由部分股东代持其他股东的股份进行工商注册,来减少初创期因核心团队离职而造成的频繁股份变更,等到团队稳定后再给。

2. 股权的绑定

创业公司股权真实的价值是所有合伙人与公司长期绑定。通过长期服务公司去赚取股份,也就是说,股权按照创始团队成员在公司工作的年数,逐步兑现。股权绑定一个很公平的方法,可以有效平衡合伙人之间出现股份分配不公平的情况。因为创业公司的价值是经过公司所有合伙人一起做出来的,当到了一个时间点某个成员停止为公司服务时,就不应该继续享受其他合伙人接下来创造的价值。股份绑定期一般是 4~5 年,许多创业公司都约定个人必须在公司做够起码 1 年才可持有股份(包括创始人),然后逐年兑现一定比例的股份。

3. 股权的退出

在创业公司的发展过程中总是会遇到核心人员的波动,特别是已经持有公司股权的合伙人退出团队,如何处理合伙人手里的股份,才能避免因合伙人股权问题影响公司正常运营,是一个必须重视的问题。一是要提前设定好股权退出机制,管理好合伙人预期。要约定好在什么阶段合伙人退出公司、要退回的股权和退回形式。创业公司的股权价值是所有合伙人持续长期地服务于公司赚取的,当合伙人退出公司后,其所持的股权应该按照一定的形式退出。一方面对于继续在公司里做事的其他合伙人更公平,另一方面也便于公司的持续稳定发展。二是股东中途退出,股权溢价回购。退出的合伙人的股权回购方式只能通过提前约定退出,退出时公司可以按照当时公司的估值对合伙人手里的股权进行回购,回购的价格可以按照当时公司估值的价格适当溢价。三是设定违约金条款。为了防止合伙人退出公司但却不同意公司回购股权,可以在股东协议中设定一定的违约金条款。

案 例

马化腾和他的 5 人创业团队合伙创业

16 年前的那个秋天,马化腾与他的同学张志东"合资"注册了深圳腾讯计算机系统有限公司。之后又吸纳了三位股东:曾李青、许晨晔、陈一丹。这 5 个创始人的 QQ 号,据说是 10001 到 10005。为避免彼此争权夺利,马化腾在创立腾讯之初就和四个伙伴清楚约定:各展所长、各管一摊。马化腾是 CEO(首席执行官),张志东是 CTO(首席技术官),曾李青是 COO(首席运营官),许晨晔是 CIO(首席信息官),陈一丹是 CAO(首席行政官)。之所以称腾讯的创业 5 兄弟"难得",是因为直到 2005 年的时候,这五人的创始团队还基本保持这样的合作阵型,不离不弃。直到腾讯做到如今的帝国局面,其中 4 个还在公司一线,只有 COO 曾李青挂着终身顾问的虚职而退休。都说一山不容二虎,特别是在企业迅速壮大的过程中,要保持创始人团队的稳定合作尤其不容易。在这个背后,工程师出身的马化腾从一开始对于合作框架的理性设计功不可没。从股份构成上来看。5 个人一共凑了 50 万元,其中马化腾出了 23.75 万元,占了 47.5% 的股份;张志东出了 10 万元,占 20% 的股份;曾李青出了 6.25 万元,占 12.5% 的股份;其他两人各出 5 万元,各占 10% 的股份。虽然主要资金都由马化腾所出,他却自愿把所占的股份降到一半以下,47.5%。"要他们的总和比我多一点点,不要形成一种垄断、独裁的局面。"而同时,他自己又一定要出主要的资金,占大股。"如果没有一个主心骨,股份大家平分,到时候也肯定会出问题,同样完蛋。"保持稳定的另一个关键因素,就在于搭档之间的"合理组合"。据《中国互联网》作者林军回忆说:"马化腾非常聪明,但非常固执,注重用户体验,愿意从普通用户的角度去看产品。张志东是脑袋非常灵活、对技术很沉迷的一个人。马化腾技术上也非常好,但是他的长处是能够把很多事情简单化,而张志东更多的是把事情做得完美。"许晨晔和马化腾、张志东同为深圳大学计算机系的同学,许晨晔是一个非常随和而有自己观点,但不轻易表达的人,是有名的"好好先生"。而陈一丹是马化腾在深圳中学的同学,后来也就读深圳大学,他十分严谨,同时又是一个非常张扬的人,他能在不同的状态下激起大家的激情。如果说,其他几位合作者都只是"搭档级人物"的话,只有曾李青是腾讯5个创始人中最好玩、最开放、最具激情和感召力的一个,与温和的马化腾、爱好技术的张志东相比,是另一个类型,其大开大合的性格,也比马化腾更具备攻击性,更像拿主意的人。不过或许正是这一点,也导致他最早脱离了团队,单独创业。后来,马化腾在接受多家媒体的联合采访时承认,他最开始也考虑过和张志东、曾李青三个人均分股份的方法,但最后还是采取了5人创业团队,根据分工占据不同股份的策略。即便是后来有人想加钱、占更大的股份,马化腾说不行,"根据我对你能力的判断,你不适合拿更多的股份"。因为在马化腾看来,未来的潜力要和应有的股份匹配,不匹配就要出问题。如果拿大股的不干事,干事的股份又少,矛盾就会发生。当然,经过几次稀释,最后他们上市所持有的股份比例只有当初的1/3,但即便是这样,他们每个人的身价都还是达到了数十亿元人民币,是一个皆大欢喜的结局。可以说,在中国的民营企业中,能够像马化腾这样,既包容又拉拢,选择性格不同、各有所长的人组成一个创业团队,并在成功开拓局面后还能依旧保持着长期默契合作,是很少见的。而马化腾成功之处,就在于其一开始就很好地设计了创业团队的责、权、利。能力越大,权力越大,收益也越大。

(资料来源:职场指南网,2017年6月1日,https://www.cnrencai.com/goldjob/story/735280.html)

本章小结

1. 本章从创业者的概念与分类、素质与能力,创业精神概念与内涵、作用及培育,创业团队的概念、组建以及管理等角度阐述创业者与创业精神。

2. 创业者是指某个人发现某种信息、资源、机会或掌握某种技术,利用或借用相应的平台或载体,将其发现的信息、资源、机会或掌握的技术,以一定的方式,转化、创造成更多的财富、价值,并实现某种追求或目标的过程的人。对于一个创业者而言,应具备身体、心理和知识等方面的基本素质。创业者应具备的关键能力一般包含创新创造能力、专业技术能力、领导决策能力、经营管理能力、沟通协调能力等方面。

3. 创业精神是指创业者在创业过程中所具备的开创性的思想、观念、个性、意志、作风和品质等重要行为特征的高度凝练，是创业者区别于其他人的本质特征。创业精神具有促进个人实现全面发展、推动社会经济持续发展、促进科技成果产生和转发等方面的重要作用。

4. 创业团队是指在创业过程中，由技能互补、共担创业风险、共享创业收益、愿意为共同的创业目标而奋斗的人组成的工作团队。

思考题

1. 创业者有哪些类型，各自的特点是什么？
2. 创业者应该具备的素质和能力是什么？
3. 如何培养大学生的创业精神？
4. 如何组建大学生创业团队？

延伸阅读

伟大创业者的7个特质

特质一：不屈不挠

创业是一场距离超长的马拉松赛，过程中充满了不确定性，只有排除艰难险阻才能取得最后的胜利。创业者不会因为比别人有更好的机会而赢得市场，也躲不过一些不可避免的错误。不屈不挠是创业最重要的品质。许多人创业都会遭遇到许多次失败，甚至每周都会遇到好几次。当失败发生时，就要重新开始。

特质二：激情

可能有些人会下意识地认为钱是成功创业者创业的动力。但实际上绝大多数创业者创业是出于他们对新产品、新服务的热情，或抓住了一些解决问题的机遇。他们这样做不仅可以让消费者买到物美价廉的产品，还能让人们过上更加舒适、安逸的生活。大多数创业者都有一种改变世界的信念。激情是支持创业的内在驱动力，它也是让创业者愿意不断付出的基础。

特质三：能承受不确定性

这种经典的特质如果用通俗的话来说，就是对风险的承受能力——能够承受不确定性带来的恐惧，并且能够承受潜在的失败。对恐惧的控制能力也是一项最重要的创业者特质。在恐惧中你可以选择放弃，也可以战胜它继续前行。

特质四：远见

有预测未知机遇的能力，同时也能预测他人不能预知的事情，这是创业者必备的特质之一。创业者的好奇心会帮助他们辨识出一些被忽略的市场机遇，这种好奇心会使其走在创新和一些新兴领域的前列。创业者能想象出另一个世界，把自己的远见有效地转化为一种切实可行的业务,随之就会吸引到投资人、客户和员工。创业者会碰到许多唱反调的人,为什么? 因为创业者看到的未来和他们不一样,在未来还没有呈现之前创业者就已经预见到了。

特质五:自信

自信也是创业者的关键特质。创业者必须坚信自己的产品是全世界需要的,发现市场机遇然后开拓新市场,在创业的过程中还要不断推翻现有的、普遍认可的东西。研究者将这种特质称为一种源自特殊使命的自信。有了这种信念,就算世界充满风险,创业者也可以做好充分的调查,有足够的信心完成任务,并把风险减到最小。

特质六:灵活性

实际上,创业的生存规则也像生命物种一样,都是建立在适应周围环境的基础上的。公司最终推出的产品或服务很可能不是你最初的计划。因此,灵活性会有助于创业者适应市场环境,应对大众多变的喜好。创业者必须心甘情愿地忠于自己,告诉自己"这是不可以的",必须围绕着市场的变化进行调整。

特质七:打破常规

创业者存在的意义之一即否定已有的传统智慧。实际上,简单来说,创业就是打破常规。据百森商学院的一项报告显示,只有13%的美国人最终可以进入到创业者的行列。做别人没有做过的事情,是创业者的一种天性,也是他们内在动力的源泉。

(资料来源:徐俊祥,徐焕然.创未来——大学生创业基础知能训练教程[M].北京:现代教育出版社,2017:19-20.)

华为创始人任正非

任正非,华为创始人、总裁,1944年10月出生于贵州省镇宁县,是中国最神秘低调的总裁。在他的带领下,华为挺进世界500强,2019年排名全球第61位,成为全球第一大电信设备供应商。令人难以置信的是,带领华为取得如此辉煌成就,任正非的个人持股却不到1%。2020年中国最具影响力的50名商界领袖排行榜中,75岁高龄的任正非排名第二。

任正非曾说过,他下海纯属出于无奈。从部队转业到深圳南油集团后,任正非的家庭和事业上都出了状况。他的夫人转业后进入南油集团领导层,而他所在的南油下属企业连续亏损,再加上父母与弟妹和他们同住产生的生活压力,最终导致家庭解体。

在解决生活压力和创出一番新天地的双重动力下,1988年任正非创办了华为,而启动资金只有区区的2万元,业务是销售通信设备。

任正非能在43岁的"高龄"勇敢创业,是源自他对通信设备的精通。他19岁考上重庆建筑工程学院(现并入重庆大学),尚未毕业"文革"就开始牵连,让他第二天早上立即回校。分别时,父亲脱下唯一的翻毛皮鞋给他,特别嘱咐:"记住,知识就是力量,别人不学,你要学,不要随大流。"

在父亲的叮嘱下,任正非排除干扰,苦修数学、哲学,并自学了三门外语,奠定了事业基础的计算机、数字技术、自动控制等技术,也是在这个时期开始入门的。后来,任正非入伍当通信兵,参与一项军事通讯系统工程时取得多项技术发明创造,两次填补国家空白。33岁时,他还因技术突出成就被选为军方代表,到北京参加全国科学大学。

山里走出的大学生

回望任正非的人生路，最初，他只是一个从农村走出来的大学生。

任正非出生在贵州安顺地区镇宁县一个山区小村庄，那里最著名的就是黄果树大瀑布。父亲在北京上过大学，母亲念过高中，都当老师。

任家有兄妹7人，任正非是老大。全家9口人全靠父母的微薄工资维持，吃饭实行分饭制，都有份，但都不多。任正非上高中时，常常饿得心发慌，却只能用米糠充饥。

任正非结婚时，拮据的家境仍未改变。创办华为后，任正非和父母、侄子住在一间十多平方米的小房里，在阳台上做饭。为了节约钱，母亲只敢买死鱼死虾，晚上出去买便宜的蔬菜与西瓜。

最初两年，公司主要是代销香港的一种HAX交换机，靠打价格差获利。代销是一种既无风险又能获利的方式，经过两年的摸爬滚打，公司财务有了好转。不过，任正非没有拿辛辛苦苦赚来的钱去改善生活，而是投到经营中，华为很快就进入了发展的轨道。

大方的小气鬼

任正非酷爱《毛泽东文选》，他重新注解了"枪杆子里面出政权"这句话：企业最重要的是将产品卖出去。

为了销售，华为不吝投入，甚至不计成本：在与爱立信血战的黑龙江，华为派出人数多过对手十余倍的技术人员，在每个县电信局展开"肉搏战"。哪里出问题，"华为人"立即赶到现场。为拿下一个项目，华为会花费七八个月的时间和与回报不符的投入……做法看似愚蠢，却能从跨国巨头中抢下客户。

2000年，华为参加香港电信展，邀请世界50多个国家的2 000多名电信官员、运营商和代理商参加。2 000多人往返一律头等舱或者商务舱，住在五星级宾馆，还拎走上千台笔记本电脑——为此，华为耗费2亿港元。这是华为第一次高调地在国际电信界展示自己的实力。事实证明，任正非的"出手阔绰"得到了高额回报，2000年，华为开始大举全球扩张，市场份额不断提升。

但任正非并非是挥金如土的人。1996年3月，为了和南斯拉夫洽谈合资项目，任正非率领一个十多人的团队入住贝尔格莱德的香格里拉。他们订了一间总统套房，每天房费约2 000美元。不过，房间并非任正非独享，而是大家一起打地铺休息。

任正非的大方，还体现在员工待遇上。2012年，华为赚了154亿元，却大手笔拿出125亿作为年终奖，15万华为员工人均年终奖可达8.33万元！

虎口夺食者

众所周知，任正非在华为内部提倡"狼性"文化。他认为狼是企业学习的榜样，"狼性"永远不会过时。"华为发展的历史，其实就是一部不断从虎口夺食的历史。他面对的是老虎，所以每时每刻不能懈怠。"一名华为内部员工说。

华为进军美国，就是一场经典的"虎口夺食"战。当年，华为的脚步一进入美国市场，在数据通信领域处于绝对领导地位的思科公司就开始阻击。2003年1月23日，思科正式起诉华为以及华为美国分公司，理由是后者对公司的产品进行了仿制，侵犯其知识产权。

面对思科的打压，任正非一边在美国聘请律师应诉，一边着手结盟思科在美国的死对头3COM公司。2003年3月，华为和当时已进入衰退期的3COM公司宣布成立合资公司"华为三康",3COM公司的CEO专程作证——华为没有侵犯思科的知识产权。

任正非在诉讼最关键时刻祭出的合纵连横奇招,瞬间令思科的围剿土崩瓦解。最终,双方达成和解,从此,华为在美国的扩张没有了拦路虎。

跨国巨头合作伙伴

毋庸置疑,任正非超乎常人的谋略和视野,是华为成功的最主要因素。华为与IBM的合作就彰显了这一点。

2007年初,任正非致信IBM公司CEO彭明盛,希望IBM公司派出财务人员,帮助华为实现财务管理模式的转型。当然,华为将支付巨额费用。

为什么要雇IBM?因为任正非注意到,虽然华为销售收入保持高速增长,净利润却逐年下降,他甚至不知道一个单子接下来是否会赚钱。尽管从2000年开始华为公司的财务部门已经参与成本核算,但是公司还是缺乏前瞻性的预算管理——中国绝大部分企业很难做到这点,但这却是跨国企业擅长的。

不久,华为公司正式启动了IFS(集成财务转型)项目。与此同时,IBM正式把华为公司升级为事业部客户——在其全球几十家事业部客户中,华为是唯一一家中国企业。单纯从这层意义上来说,任正非的眼光,超出其他国内企业。

IFS项目给华为培养了数千名合格的财务总监,他们把规范的财务流程植入到华为公司的运营流程,实现了收入与利润的平衡发展,这也是近几年华为虽然营收增长放缓,但利润的增长仍然不错的重要原因。

首创人人股份制

2011年12月,任正非在华为内部论坛发布了《一江春水向东流》这篇文章,揭开了一个华为崛起的重大秘密:人人股份制。

在华为的股份中,任正非只持有不到1%,其他股份都由员工持股会代表员工持有。如果你离职,你的股份该得多少,马上数票子给你。哪怕是几千万的现金,任正非眼睛也不眨一下。但是你离开公司,就不能再继续持有华为股份。华为股份只给那些现在还在为华为效力的人。这样一种体制的设计,是全球没有的。

任正非透露,设计这个制度受了父母不自私、节俭、忍耐与慈爱的影响。

任正非还创立了华为的CEO轮值制度,每人轮值半年。此举为避免公司成败系于一人,亦避免一朝天子一朝臣。

任正非总是流露出发人深省的危机意识,伴随着华为的高速成长,他开始为"发展太快、赚得太多"感到焦虑。2014年,华为销售收入同比增长20%,达到460亿美元,利润高达54亿美元。深谙"过冬理论"的任正非,决意把"多余的钱"花到前瞻性领域。2014年,华为卖出了7 500万部智能手机,仅次于苹果和三星,还铺设了全球46%的4G网络。任正非保守地抛出2015年的目标:"560亿美元以上的销售收入应该没有问题。"

当被问及华为"成功的秘密"时,任正非的答案是:华为没有秘密,任何人都可以学。任正非说,华为没什么背景,没什么依靠,也没有什么资源,唯有努力工作才可能获得机会。任正非说,华为只是一棵小草,在把自己脱胎换骨成小树苗的过程中,还需要向西方学习各种管理的东西。

(资料来源:陈文华,陈占葵.大学生创业思维与能力训练教程[M].北京:现代教育出版社,2018:58-61)

第四章 创业机会识别与评估

学习目标

通过本章的学习,学生需要认识、掌握创业机会的概念、来源和类型,熟悉创业机会识别的一般步骤与影响因素,掌握创业机会评价的方法。

案例导入

陈凯南是鞍山师范学院高等职业技术学院市场营销专业 2016 届的优秀毕业生。他在读书期间品学兼优,积极参加各种社会活动,锻炼和积累社会经验,为将来毕业后的创业积累能力和经验。他在学生会外联部工作的时候,一方面积极为学生会活动招募赞助,帮助学生会更好地开展活动;另一方面帮助商家进行促销策略的宣传,将市场营销的知识在实践中更好地应用,受到了商家的一致好评。

毕业后,陈凯南回到家乡河南焦作,决定开始创业。但是选择什么样的创业项目成为陈凯南反复思考的问题。到底去哪里寻找创业机会呢? 陈凯南看到自家附近的市场上饭店虽多,但是其中烧烤店不多,他就决定开个烧烤店。因为契合了消费者的需求,陈凯南的烧烤店一开始很顺利,迎来了很多消费者。可是很快,一批新的烧烤店也在市场上开业了,同时其他饭店也开始转型开设烧烤项目,有的聘请新疆厨师担当主厨,有的买来锦州烧烤的配方调料,他们的味道都比凯南烧烤店的好。很快,凯南烧烤店被迫停业了。

亏损了几万元的陈凯南决定再寻找其他创业机会。陈凯南发现有很多人抱怨携带公交卡比较麻烦,又容易丢失,如果能够在乘坐公交车的时候直接运用手机刷卡该有多好。于是,陈凯南开始招聘技术人员,研究手机刷公交卡的业务,并且与当地的公交公司进行商务洽谈,推销自己新的创业项目。可是,公交公司进行了测算,要给所有的公交车配备能用手机刷卡的新设备需要的财力太过巨大;而如果采用陈凯南提供的微信二维码扫描,又容易被司机替换成自己的二维码,财务预算过关了,但监控技术不过关;同时原有公交卡需要提前充值给公交公司带来的利息也是一笔很大的收入。陈凯南沮丧地回到了公司,解散了技术团队,陷入了深深的沉思:到底如何寻找到适合自己的创业机会呢?

在大众创业、万众创新的时代,人们常说创业机会是普遍存在的,但为什么创业者经常找不到合适的创业机会呢? 这是很多创业者面临创业时的一个首要疑惑。在本章我们就要学习创业机会的概念、来源和类型，这将有助于你把握创业成功的核心要素，更好发现创业机会，实现创业成功。

第一节　创业机会的类型与来源

创业机会是普遍存在的，但并不是每个机会都适合所有的人，并且很多创业机会是无法转化为成功的创业项目的。因此，了解创业机会的定义、类型以及来源，将有助于创业者把握创业成功的核心要素，更好发现创业机会，实现创业成功。

一、商业机会与创业机会

在了解创业机会前，我们需要先了解一下什么是"商业机会"。"商业机会"是一个经济概念，即存在于商业领域的"机会"，商业机会是以盈利为目的的商业行为，在一个正常的市场情况下，需要以交易的方式以实现盈利，商业主体能满足对方需求才能促使交易的达成。因此，商业机会是一种尚未完全满足的需求，一个潜在的市场就这样形成了，也就是客观上已经存在或即将形成，而暂时还没有被人们了解认识的市场。从经济学角度来看，市场上的供给和需求多数都不能"出清"，即供求不可能均衡，即当市场上某种需求没有被满足时，就意味着出现了商业机会。

而创业机会作为商业机会的一种特殊形式，是适合以创业的方式实现商业利益的商业机会。创业机会主要体现在开创新事业的可能性，这种可能性存在于对新产品、新原材料或新管理方法的探索和创造之中，是重新组合资源创造的新的"方法—目的"关系。

二、创业机会的类型

创业机会的类型可以根据不同的研究视角和划分标准进行分类，创业机会可以分为来源型创业机会、目的型创业机会。

（一）来源型创业机会

来源型创业机会是指创业机会来源于外部变化，如环境变化、顾客需求、创新变革、市场竞争等，外部环境的变化产生了各类创业机会的来源，来源型创业机会又可以细分为以下三种类型。一是问题型创业机会，即基于顾客现有需求、尚未解决的问题而产生的着眼于实际的创业机会。问题型创业机会多来自日常生活中和企业的实践过程中，例如在快递派送的过程中，常常面临客户不方便取件的情况，创业者由此创建了快递存放柜，企业由此创建了快递驿站。二是趋势型创业机会，即基于外部环境的动态变化，对顾客尚未有的需求进行预测，产生基于未来行为的创业机会，这种创业机会多有预见性和前瞻性，同时存在一定的风险性。趋势型机会一般出现在国家经济制度变革、政治或政策变革、国家人口数量或结构变化、文化习俗变革等多个方面。三是组合型创业机会，在结合以上两种类型的创业机会的基础上,基于环境变化、顾客需求、创新变革、市场竞争等多种因素,利用多项技术、服务或者产品组合,为顾客创造新的价值,进而形成的创业机会。

(二)目的型创业机会

根据心理学家米尔顿·罗克奇提出的"手段—目的"理论,个人价值可以影响个人的行为。目的型创业机会又可以分为三种类型。一是识别型创业机会,即创业者可直接通过"手段—目的"方法轻松辨识出的创业机会,该类型的创业机会需要市场中的"手段—目的"关系相当明显。二是发现型创业机会,即还需要创业者去发掘,较难辨识的创业机会,其前提条件是手段或目的任意一方的状况处于未知状态。三是创造型创业机会,即完全要靠创业者创造,几乎无法辨识的创业机会,其根本原因在于手段和目的皆处于不明朗的状态。

三、创业机会的来源

从创业机会的类型可以看出,创业机会无处不在,但需要创业者具有较高的机会辨识能力才能发现机会,创业机会的出现看似偶然,其实也有一定的必然性,因此,把握创业机会的出现途径,了解创业机会的主要来源是每一位创业者必须掌握的重要知识。当前,创业机会的主要来源可以分为以下几类:

(一)市场机会

市场环境的变化是创业机会的重要来源,从供需角度来看,当市场供给出现较大变化时,例如新技术的发明、新工艺的开发、新型能源的发现,都会直接影响到实际供给的成本和收益,从而诞生出一个全新的创业机会;另一方面,市场内部需求的变化也会产生创业机会,例如,寻求更加个性化产品的定制、产品的需求功能改变、新的需求出现,这些都可以为创业者提供大量的创业机会。对市场机会进行细分可以分成四种机会,一是现有市场机会和潜在市场机会,二是行业市场机会与边缘市场机会,三是目前市场机会与未来市场机会,四是全面市场机会与局部市场机会。

1. 现有市场机会和潜在市场机会

现有市场机会是指市场中明显尚未满足的市场需求,现有市场机会往往较容易识别,发现者多导致该种机会的竞争更加激烈,例如,新开发的小区周围的商铺。

潜在市场机会是指识别难度较大,不易被发现,需要一定能力才能发现的市场机会,这种机会的获利往往巨大。例如,K公司是国内一家以K金为主产品的品牌,是K金品牌的新生力量,市场主要分布在深圳周边以及非一线城市,但该地区已经集中了全国绝大多数的珠宝企业,产品和品牌同质化严重。K公司发现在多元化产品的销售过程中,仍有消费者需求无法满足的情况,因此,推出Y系列产品,发掘细分市场的需求,一经推出,市场迅速接受,销售量迅猛上升,盈利颇丰。

2. 行业市场机会与边缘市场机会

行业市场机会是指某一个行业内的市场机会,边缘市场机会是指存在于行业与行业间的交叉部位,一般较为隐蔽,难以识别。例如,在 1998 年 12 月中央经济工作会议上明确提出"将旅游业作为国民经济新的增长点",饭店业作为旅游业的基础行业获得了急速发展。某些饭店尝试开发设计"宾馆剧",某些饭店与房地产公司联合打造分时营销模式,将饭店与戏剧、饭店与房地产进行结合,而这就是一种边缘市场机会,能够有效促进行业的发展。边缘市场机会需要有丰富的想象力和大胆的开拓精神,但一旦开发,成功的概率也是较高的。

3. 目前市场机会与未来市场机会

目前市场机会是指目前市场上存在的未被完全满足的需求,未来市场机会是指目前需求不大,但经过详细的市场调查和预测后表明,未来将会有较大市场需求的市场机会。目前市场机会和未来市场机会,可以形象地比喻为"吃着碗里看着锅里",创业者如果在目前市场机会中无法发现机会,可以尝试对未来市场进行预测,未来市场机会一旦实现,创业者将获得巨大的回报。

4. 全面市场机会与局部市场机会

全面市场机会是大范围市场(如国际市场、全国市场)出现的未满足的需求;而局部市场机会则是在一个局部的市场(如某个省或某个特定地区)出现的未被满足的需求。全面市场机会反映环境变化的一种普遍趋势,局部市场机会代表了某一特定市场的特殊变化趋势。创业者在分析市场机会时,要注意不能将全面市场机会误认为特定环境中的局部市场机会;反之,也不能将某一地区的局部市场机会误认为是所有地区普遍的全面市场机会。

(二) 环境机会

环境机会分为宏观环境机会和地区环境机会。环境的变化必然引起市场的变化,环境的变化是机遇也是挑战,创业者善于发现并抓住机遇,可以充分利用环境机会,规避风险。环境机会的变化诱因多由于相关产业结构调整、消费结构升级、人们思想观念变化、国家政策转变、人口结构变化、全球经济趋势变化等诸多因素。

1. 宏观环境机会

创业者需要从大量的创业机会中寻找合适的机会,将目光和落脚点聚焦于具体的创业机会中,创业者首先应关注宏观环境中的机会,这是创业活动能否长久开展的重要前提。对创业机会识别的宏观环境分析主要有政治环境、经济环境、社会环境、科技环境、自然环境、法律环境等方面。

政治环境主要是指由政府参与的国家一系列政策、法规的颁布,具体来讲主要包括国家和地方的政治局势、政治事件以及各种法规政策等。政治环境既是影响创业者生存和发展的决定性因素和前提性条件,也是对创业者的具体经营活动进行行为规范的重要准则。因此,无论大小企业的创办与发展都必须重视政治环境,这是其发展的前提。创业者需要在创业前对政治环境进行分析,对引起政治辩论、影响国家发展、关系到国民和社会发展的行业要慎重考虑。创业者应该了解创业的相关政策,同时对政策进行判断,确定国家以往政策和现有政策对创业活动的影响,在必要情况下,可以向行业专家、投资顾问进行咨询，以此来确定政策的稳定性和变化趋势。在鼓励全民创业的基础上，国家出台或调整一些政策法规，这些政策法规的修正与新的政策法规的实施必然会产生创业机会。例如，在我国人口老龄化趋势下，人口结构发生变化，国家出台了许多鼓励老龄化背景下的创新创业的政策，这对老龄化产业而言是一个巨大的创业机会。

经济环境包括了宏观经济环境和微观经济环境。宏观经济环境是指国家经济发展水平以及国民收入情况等，判断宏观经济环境的指标主要有国内生产总值、工业生产总值以及就业率等指标，分析宏观经济环境有助于了解国家经济发展水平和快慢，分析创业活动与当前宏观经济的适应性。微观经济环境指创业者选择的创业所在地或所创业服务区域居民的消费水平、喜好和消费者就业情况等，微观经济环境因素直接着影响创业市场环境。

社会环境是指在自然环境基础上，通过人类长期有意识的社会劳动、加工和改造，创造了物质生产和分配体系、积累的社会物质文化而形成的人工环境体系，它包括在改造自然过程中形成的人与人之间的各种社会联系和联系方式。在创业活动中，社会环境主要指创业的服务对象所处的人文环境，这包含当地的教育、文化、民俗等各个方面的因素。创业者只有全面地了解社会文化环境，准确地判断社会人文环境，才能把握住消费者的需求，识别明确的目标市场。

科技环境是指企业所在地区或国家的科技发展程度、科技规划策略、新产品研发效力以及新技术发展动向等科技发展要素的综合情况。当地区有长足而丰富的科技成果时，会大大刺激企业的生产经营活动，创业者如果对创业对象的科技环境有所了解，并且能够清晰地掌握科技成果商品化速度和预期淘汰规律时，创业活动往往会取得事半功倍的效果。

自然环境是指企业创立时所需要的资源和环境条件，对于资源型创业公司，当地的自然环境资源是否充足，自然环境的保护政策是否有利于创业都是十分关键的创业因素，创业者需要合理地利用自然资源，保护自然生态的平衡，进行绿色创业，实现创业活动和自然环境的可持续发展。

法律环境是指国家或当地的法律政策对创业活动的制约，直接影响消费需求数量和结构变化。研究表明较好的法律制度和政策对创业活动具有正向促进作用，完备的法律环境可以带动发展创业投资市场，因此，创业者在进行创业活动前需要了解国家或当地基本的法律环境，在充分掌握法律意识的基础上，应用法律手段解决创业活动中出现的问题和争端。

通过以上六个层面的分析，我们可以看出宏观环境对创业者的创业活动具有重大和深远的影响，一方面创业活动需要遵循宏观环境的内在逻辑和规律，另一方面创业者可以从宏观环境中洞察各个行业的创业机会，在结合自身优势的基础上，选择合适的创业机会，实现优质创业活动。

2. 地区环境机会

地区环境机会指由于地区的政策、基础设施、自然环境、商业环境等因素对创业活动产生的创业机会。倘若地区的基础设施完善、有较好的商业运作机制、地区居民的创业教育和素养程度较高，那么创业活动也会有较好的开端，崭新的创业项目和理念也更易得到市场的接纳和实施。发掘地区环境机会也是创业机会的重要途径,例如,川西的甘孜、阿坝两州是红军长征经过的地区,阿坝州政府把握了这一特征,大力发展红色旅游,开发红色旅游资源,打造红军"雪山草地长征文化"之旅,既为地方经济的发展做出了巨大的贡献,也大力弘扬了红色旅游文化精神。

(三)行业机会

在关注了环境机会后,创业者应该关注创业领域的机会。当前,对创业领域机会进行分析最常用的模型是迈克尔·波特提出的波特五力分析模型,该模型的目的是评估现有行业的盈利能力、决定是否留在该行业进行创业、分析某个行业机会评估是否进入该行业。波特五力分析模型提出的"五力"分别为供应商的议价能力、购买者的议价能力、潜在竞争者进入的能力、替代品的替代能力、行业内竞争者现在的竞争能力。迈克尔·波特认为这五种力量的不同组合变化,最终影响行业利润潜力变化。

供应商的议价能力,市场中的盈利主要有供方和需求方两大方面,供方的议价能力是指供方主要通过其提高投入要素价格与降低单位价值质量的能力,来影响行业中现有企业的盈利能力与产品竞争力。供方力量的强弱主要取决于他们所提供给买主的是什么投入要素,当供方所提供的投入要素其价值构成了买主产品总成本的较大比例、对买主产品生产过程非常重要,或者严重影响买主产品的质量时,供方对于买主的潜在讨价还价力量就大大增强。对于创业者而言,如果想要在供方市场进行相关的创业活动,需要关注以下几点:一是创业的行业中有比较稳固的市场地位,不会存在可以控制市场竞争行为的企业存在,并且创业公司的产品面对的客户群相关较广,不会因为任意一个买主而导致创业活动无法继续进行,即每一单个买主都不可能成为供方的重要客户。二是创业公司所提供的商品具有差异性和特色性,以至于买主难以转换或转换成本太高,或者很难找到可与供方产品相竞争的替代品。三是创业公司可以实施全产业链化或企业间的联合,买方不能或难以自行进行供方产品的生产活动。

购买者的议价能力,购买者议价能力是指通过其压价与要求提供较高的产品或服务质量的能力,来影响行业中现有企业的盈利能力。创业者在进行创业活动时,应该明确其产品的供方市场主导能力,倘若供方市场对创业公司的产品定价有较大主导权时候,创业公司的产品也缺乏了一定的市场竞争能力。创业公司在对供方市场进行议价时,需要掌握以下几个点:一是创业公司产品所需要的资源,没有较多的购买者,创业公司是供方市场的主要购买者,占据了供方市场较大的销售量。二是供方市场不唯一,供方市场有较多的替代供应商,即供方市场由大量相对来说规模较小的企业来构成。三是创业公司的产品是一种标准化的产品,不由某个供方进行定制方能生产,可以向多个供方购买且对公司的经济压力较小。四是创业公司掌握了商品的销售主渠道,即供方不能逾越创业公司单独进行产品的销售。

潜在竞争者进入的能力,绝大多数的创业者在进行创业活动时或多或少会与行业中原有企业进行竞争,创业公司的出现会对行业内现有企业造成一定程度的影响,轻者导致行业中现有企业的盈利水平降低,重者甚至危及原有企业的生存。对于创业公司而言,在进入某个行业时候,需要考虑两个方面的重要因素:一是进入该行业的困难程度,二是进人该行业后现有企业对其的反应状况。创业公司进入新的行业的困难程度主要取决于规模经济、产品差异、资本需要、转换成本、销售渠道开拓、政府行为与政策、不受规模支配的成本劣势、自然资源、地理环境等方面,这其中有些困难是难以借助复制和仿造进行突破的,比如创业公司想要开发一种新型沟通软件,如果其是通过复制和仿造的方式,那么想要替代微信、QQ等主流沟通软件的难度将尤其巨大。现有企业对创业公司的反应状况主要通过降低产品价格、进行舆论攻击、进一步扩大市场影响力等方式,创业公司在创立初期就要对此有深刻的认识,一个创业公司是否会被现有企业打压,取决于创业者主观估计进入所能带来的潜在利益、所需花费的代价与所要承担的风险这三者的相对大小情况。

替代品的替代能力,创业公司的产品对于行业市场来说是一个新鲜产品,但终究会遇到其他企业的模仿和替代,假如创业公司的产品没有继续更新和替代,那么一定会被其他企业抢占市场份额并替代。创业者想要创业公司的可持续性,需要具备一定的防替代能力,即可以提高产品质量,或者通过降低成本来降低售价,或者使其产品具有特色。当替代品价格越低、质量越好、用户转换成本越低,创业公司所能产生的竞争压力就强。

行业内竞争者现在的竞争能力,大部分行业中的企业,相互之间的利益都是紧密联系在一起的,作为企业整体战略一部分的各企业竞争战略,其目标都在于使得自己的企业获得相对于竞争对手的优势。创业公司在进入一个新的行业时,必然会产生冲突与对抗现象,这些冲突与对抗就构成了与行业内现有企业之间的竞争。现有企业之间的竞争常常表现在价格、广告、产品介绍、售后服务等方面,其竞争强度与许多因素有关。一般来说,当行业进入障碍较小,势均力敌竞争对手较多,竞争参与者范围广泛、市场趋于成熟,产品需求增长缓慢、竞争者企图采用降价等手段促销、竞争者提供几乎相同的产品或服务、用户转换成本很低等情况出现时,这个行业的内部竞争更加激烈,创业者在选择创业领域时候,应尽力避免选择该领域进行创业。

创业者在进行创业活动时或多或少都要面对以上五种力量构成的危险,创业者需要选择合适的创业机会,采取尽可能地将自身的经营与竞争力量隔绝开来、努力从自身利益需要出发影响行业竞争规则、先占领有利的市场地位再发起进攻性竞争行动等手段来对付这五种竞争力量,以增强自己的市场地位与竞争实力。

除了市场机会、环境机会、行业机会,对于创业机会的来源也有很多其他分类,这其中管理大师德鲁克提出的七种创新机遇来源是创业者较为熟知的,分别是意外之事、不一致之处、流程需要、产业和市场结构变化、人口结构、观念改变、新知识。

意外之事,是指意料之外的成功或失败的外部事件,研究表明意外事件所产生的创业机会是最好的创业机会,其创业机遇风险小,创业过程难度小。但由于其意外的属性,多数人在面对意外成功或失败的事件多采用忽略,更有甚者将其归纳为偶然结果,不值得重视。但德鲁克认为意外的成功或失败表明了事物的潜在变化,预示着创业机会的存在。

不一致之处与意外之事类似,不一致之处是指事物的发展与原先计划的目标显示了不一样之处,对于不一致之处可以和意外之事同等看待,它们都预示着事物的发展,蕴含了事物的发展变化,一次偶尔的事件可能揭示了事物的真实面貌。隐藏的不一致下面可能是产业和市场的内部变化,如果可以把握这种不一致之处带来的变化,就能够发现创业机会的潜在价值,从而实现优质创业。

流程需要,流程需要与其他创新来源不同,它是一种以目标或任务为主题的创新,致力于完成某件事而完成的创新活动,通过对流程中不合理之处进行更新或替代完成效率的升级,例如,现代工业生产中的流水线的发明,替代了以往组合式装配,大大提升了工业的生产水平。在评估流程需要所产生的创新时,需要考虑一下几个条件:是否清楚地了解该需要,所需的知识是否能够获得,解决的办法与操作者的企盼是否一致。以上三个条件如果都能够满足的流程需要,一般来说都是不错的创业机会。

产业和市场结构会随着工业化水平的提升变化,一般的传统行业和市场结构看似较为稳定,但假如有新的技术或管理方式的发明,行业和市场结构很容易受到冲击,行业和市场结构的改变对于创业者而言是一个巨大的机会,这种创业机会可以来源于行业内部也可以是行业外部,创业者可以预测行业结构的变化趋势,分析某一行业是否有可能出现快速增长,行业内现有的经营者的战略是否合理,技术领域是否有新的进展等,以此来判断是否有新的创业机会。

人口结构,是指人口数量、人口规模、年龄结构、人口组合、就业情况、受教育状况以及收入情况的综合状态,一般而言人口结构的变化势必会带来新的商机,因此,人口结构来源的创业机会往往是最可靠的创业机会。以我国人口老龄化的趋势来看,针对老年人群的服务将会有更多需求,由此带来了养老产业、老年教育、老年用品等新的创业机遇。

观念改变,观念是指人们对事情的主观与客观认识的系统化的集合体。随着社会经济的发展,人们接收到各种渠道的信息,必然会导致人们的观念发生变化,如果创业者不能及时发现这种变化,可能会影响创业公司的发展和成功。例如随着人们越来越繁忙,读书的时间越来越少,碎片化学习观念在日益普及,如何在碎片化时间提升自己成为人们关注的重点,樊登阅读、得到阅读等听书软件应运而生,解决了人们学习的需求。值得注意的是,观念转变的创新应从小规模、低风险开始。往往从一个小的细分市场进入,提供一个"爆款"产品有利于对人们原有的观念形成强大的冲击,从而改变其消费习惯,快速赢得市场认可。

新知识,来源于新知识的创新往往是最难以实现,需要创业者自身有较为深厚的理论知识,德鲁克将此来源列到最后,是因为这种来源往往难以管理、无法预见,且成本较高。随着我国对创新创业的大力支持,新知识的创新关注程度愈来愈高,是各种创新来源中的首先强调者。从美国硅谷的高科技创业浪潮中就可以清楚地看到创新知识对于创业活动的推动作用。以创新知识为基础的革新不仅给企业带来了巨大的利润,同时也带来了响亮的名声,成为企业精神的巨大载体。需要强调的是,新知识的创新并非只是科技方面的创新,基于知识的社会创新也同样甚至更加重要。

第二节 创业机会的识别

在了解创业机会的来源后,我们需要对创业机会进行识别。正如前文所说,创业机会遍地都是,但是如何识别出创业机会并将这一机会持续开发,从而让其实现成为真正的企业是本节接下来要讲述的内容。

一、创业机会的识别过程

创业机会的识别过程是指创业者对有潜在预期价值的机会和创业者自身价值进行比较权衡,对创业机会的战略定位越来越明确的过程。有些学者认为创业机会是客观存在的,需要创业者去主动搜寻或意外发现机会,有些学者则认为创业机会的识别是主观的,是创造的过程而非寻找的过程。随着国内外研究的深入,对于创业过程的识别逐渐清晰。当前,对于创业机会的识别主要采用创业机会三阶段过程模型。2002 年,Lindsay 和 Craig 通过对多个研究对象进行比较,提出了经典三阶段创业机会识别过程模型,包括机会的搜寻、机会的识别和机会评价等三个阶段,该模型的提出增进了我们对创业识别过程的认识和理解,许多学者都是在此基础上进行扩展和完善。

(一)机会的搜寻

创业的开始过程就是一个寻找的过程,创业者根据自身优势和外在环境变化寻找适合自己的创业活动,一般而言创业机会的搜寻常常会在市场机会、技术机会、政策机会中先产生,在这一阶段,创业者会对整个经济系统中有可能的产生创意领域进行了解,如果创业者意识或发现了到某个可能是成为创业机会的机会,且具有潜在的商业价值,那么创业者就将进入机会识别的下一阶段。

在这个过程中,创业者往往首先根据创意来明确自己的创业目标。创业者如果认为他们的创业产品或服务存在于某一个创业市场,他们就会思考产品或服务以哪种形式进行展示,潜在的客户群体是什么样。经过这一过程,创业机会搜寻就转变为如果产品或服务出现,消费者对于该产品或服务持有何种评价以及如何看待,预测该产品或服务的销售途径在哪里。其次,创业者会从已有经验或数据中收集相关信息,这些信息可以来源于老师、朋友、长辈或一些网站、图书中。一般而言,如果想要了解某个行业的创业机会是否可行,可以先去相关的网站,即行业的圈子内进行了解,这种方式往往成本低、可靠性高。最后,在收集了基础信息的基本上,创业者需要通过问卷、调查、访谈、咨询等方式对行业内相关从业者或潜在客户群体进行调查,了解更加精确的信息。这种信息获取渠道往往需要较为繁复的资源,但资料真实性是最可靠的,可以更好地识别创业机会。

(二)机会的识别

这里所说的机会的识别是狭义上的识别,即针对前一步筛选的几个创业机会进行再一次的评估。在这一过程中需要创业者进行两件事，一是结合自身的情况、国内外的趋势、国家或地方的政策来初步的判断行业中是否有这种商业机会。二是考察对于特定的创新创业者和投资者来说，这一机会是否有价值，也就是个性化的机会识别阶段。如果在识别的过程中，相关行业的竞争分析较为容易获得，从反面来说这个行业的竞争性也相对较大，如果获得的信息越少，即该行业有可能尚不存在相关的产品或服务，有可能成为一个新的创业机会。当然，获得信息的多少与创业者的创业能力也有极大的关系，在收集完基础信息后，创业者需要进行一定的总结和提升，利用科学的方法对基本信息进行初步的判断，这一步对于创业者而言是至关重要的，创业者需要锻炼从混乱信息中提取出有用信息的能力。

（三）机会的评价

在经历前两个阶段后，往往能够选出 1~2 个创业机会，在这一基础上，需要比较正式的机会评价，需要考察行业内相关公司的各项财务指标，思考创新创业团队的构成等相关方法，决定是否正式组建企业，吸引投资，进行创业。

二、创业机会识别方法

创业者需要主动地寻找、捕捉和把握创业机会，这需要创业者掌握一定的方式和方法来实现。

（一）关注问题

许多创业者往往是从问题来发现创业机会，一个问题的出现其背后必然有市场规律的运行，善于发现身边出现的问题，并思考其解决方法，往往能发现一些创业机会。从市场经济角度出发，如果消费者的需求没有满足，满足消费者需求就是抓住创业机会的过程。

（二）关注变化

环境的变化将带来产业结构的调整、消费结构的升级、思想观念的转变、政府政策的变化、居民收入水平的提高。创业者如果能够透过这些变化，就会发现新的创业机会。在我国经济体制改革的过程中，有不少创业者在交通、电信、能源等产业中发掘创业机会。随着新能源汽车的发展，产生了新能源汽车维修、保养、服务等诸多创业机会。变化必然会创造机会，而这就需要创业者凭着自己敏锐的嗅觉去发现和创造机会。

（三）把握技术创新

从人类社会的发展进程中我们可以看出，一个新的技术创业往往会推动国家和社会的巨大发展，产生诸多新的机会和岗位。如果创业者想要进行技术的革新，从而产生新的创业机会，那么创业者需要努力地提高自己的知识水平，挖掘所在专业的新的技术方法。当前，大学生创业项目如火如荼，大学生者如果想要进行创业，可以关注相关项目和比赛，以此来实现自己的创业梦想。

(四)关注差异

随着人们生活水平的日益提升,人们需求极大地丰富,而市场往往来不及跟踪这种爆发式增长的需求,因此创业者可以不必非要从事高新技术的创业,关注市场中已有的产业市场,把握住消费者新出现的需求,那么在低技术领域也可以实现创业。而实现这一创业的关键点就在于创业者要克服从众心理和传统习惯思维的束缚,寻找市场空白点或市场缝隙,从行业或市场在矛盾发展中形成的空白地带把握机会。

三、创业机会识别的有利因素

阿里集团马云说"创业者首先要有一个梦想,这很重要,如果没有梦,为做而做,是做不好的"。创业机会识别需要创业者拥有先前产业特殊经验知识,具备有远见与洞察能力、信息获取与分析能力、环境变化及技术发展趋势预测能力、模仿与创新能力、社会关系建立与维护能力、行业或者创业领域知识与经验储备力等多维能力。当环境发生变化的时候,对于大部分的人是一件普通的事情,但对于某些人而言就是一个好的创业机会,能否及时地抓住创业机会,识别其背后的潜在商业价值,这中间有许多有利因素,通过对创业者的分析,经验、认知、人际关系网络、科学的问题分析方法这四个因素有助于识别出未被满足的利益市场,能够帮助创业者正好地把握和识别创业机会。

(一)经验

先前经验是决定个人认知能力、创业技能的重要因素之一,因为大多数创业者的创业能力都是基于先前经验而不断成长的。创业者运用产业特殊知识,特别是产业环境知识,可以发现相同产业或相关产业的创业机会。腾讯公司在 QQ 运营经验的基础上,基于智能手机的普及和移动互联网的发展,克服了中国移动提供的飞信服务的局限,在 2011 年 1 月 21 日推出了一个为智能手机提供即时通信服务的免费应用程序——微信,它支持跨通信运营商和跨操作系统平台,可以通过网络快速发送免费(需消耗少量网络流量)语音短信、视频、图片和文字,同时,也可以使用通过共享流媒体内容的资料和基于位置的社交插件"摇一摇""漂流瓶""朋友圈公众平台语音记事本"等服务插件,一举获得成功。对于大多数学生来说,在校期间获得直接经验的机会较少,由此就需要多读书,尤其是多读一些创业类读物和人物传记等书籍,通过多获得间接经验来弥补直接经验较少的不足,帮助我们更好地识别创业机会。

(二)认知

近年来越来越多的学者从创业认知理论出发,研究个体在机会识别方面存在差异性的原因,研究表明个体层次上的认知因素差别是区别创业者和非创业者的关键要素。机会识别可能是一项先天技能或一种认知过程,大多数创业者认为他们比别人更"警觉",正是这种警觉性可以引发创造性思维,发现比他人更多的创业机会。万达集团的王健林基于对大政方针、行业趋势、发展热点的把握，能够将企业发展和利润丰厚的地产行业挂钩，将地产发展和中国的城市化进程紧密相连，专注商业地产开发，带领万达将势力范围拓展到北京、上海、深圳等 45 个城市，在全国建立了超过 60 座万达广场，造就了中国最大的商业地产企业帝国。同样，对未来文化消费行业高速发展的预期，使得他在 2012 年 9 月完成了对美国第二大院线公司 AMC 娱乐公司的并购，让万达集团同时拥有全球院线排名第二的 AMC 公司和亚洲排名第一的万达院线，成为全球规模、收入最大的电影院线运营商。从房地产开发转向文化创意产业，又一个华丽转型，和王健林对于中国房地产市场的前景预测，对于文化产业的快速发展认知紧密相关和"企业经营的最高层次是经营文化"的理念吻合。一个拥有某个领域更多知识的人，倾向于比其他人对该领域的机会更警觉。因此，大学生应该在学好某一个学科知识的基础上，不断培养自己的创造性思维能力，可以发现更多创业机会。

（三）人际关系网络

研究发现，创业者的人际关系网络结构制约着创业者发现创业机会。创业者的人际关系网络包括政府、金融机构、高校、支持机构、商业合作伙伴、朋友、家庭、同事等，建立了大量社会与专家联系网络的人比那些拥有少量网络的人更容易得到创业机会。例如，2009 年年底，辞去央视公职的王利芬开始创业，2010 年 3 月，她所创办的优米网正式上线，到 2013 年 5 月，优米网拥有 100 万注册用户，15 万付费用户，优米网和王利芬的社交网站关注度超过 800 万人。之所以能取得如此突出的成绩，主要与优米网精准锁定高知、商务消费群，用户覆盖中国经济发达、创业活跃的地区有关，而实现上述目标的前提应该说和王利芬在央视 15 年的工作经历，以及工作过程中形成的广泛的社会关系网络不无相关，"在路上"系列视频能够顺利录制及在地方 120 多个电台播出同样和王利芬工作期间策划和主持的大量创业类节目，和参加节目嘉宾在互动过程中形成良好的私人关系有关，和其做记者期间以及主持人的工作经历有关。2014 年 7 月 16 日，新版优米网正式上线，降低了用户门槛。优米域名也正式更为"youmi"，方便好记的同时意蕴给优米网的每一位学习者带去价值。建立广泛的人际关系网络，大学生在校期间可以利用熟人介绍、参与社团、利用网络等途径拓展自己的人际关系以互惠互利、诚实守信、分享、保持等为原则，以换位思考、善于倾听等技巧扩充人脉，扩大自己的人际关系网，为未来的事业发展做准备。

（四）科学的问题分析方法

一个好的创业者是能够发现问题，并能找到好的解决方法的人。要找到好的解决方法，就需要有科学的问题分析方法。多数机会都可以通过科学系统的问题分析得以发现。V 印自助云打印的创始人通过分析日常打印工作中的瓶颈（高耗能、高污染、设备重复采购、利用率低等），研制出了能够带来颠覆性便捷的云印产品。用户在家里就可以通过网络传输实现资料、照片、文件等打印；还可以选择黑白或者彩色打印。如用户将拍摄的照片通过微信发送到 V 印云打印平台，就可以在 V 印云打印终端设备上把照片打印出来，非常简单、便捷，提供了打印行业的社会自助公共服务平台。平台在高校、社区、写字楼、政府、企事业单位、街道、酒店、咖啡馆等地的公共区域添置云打印终端，将那些使用率不高的打印机淘汰。据Ｖ印团队介绍，只要投放 200 万台左右的公共自助云打印设备，至少可以整合掉 4 000 万～6 000 万台打印复印设备，可每年直接减少 139 亿～212 亿度电的消耗，让打印成为节能的事情。目前，公共自助云打印的应用正在悄悄地改变用户打印的习惯和用户对打印机品牌的认识、认知度。

第三节　创业机会的评估

大多数创业者都能够有效识别出创业机会，但真正能将其发展成为创业公司，成功发展下去的创业者则少之又少，其实，很多创业者在机会识别后就盲目地展开了创业，缺少了创业机会的评估过程，而这一过程是开展创业活动必不可少的一部分，只有掌握创业机会评价的方法和技巧，才有助于将那些真正适合的创业机会挖掘出来。

一、创业机会评估的步骤

创业机会的评估步骤包括以下几个步骤：

一是确定评估目标。确定评估目标是创业机会评估的第一步，将直接影响到创业机会评估后续步骤的实现。创业机会评估的目标是识别有商业价值的创业机会，达到挖掘创业价值、规避创业风险、吸引风险投资的目的。

二是分析影响因素。影响创业机会的因素有很多，既有内部创业团队的因素，也有外部创业环境的因素；既有社会因素，也有经济因素；既有市场因素，也有社会网络因素等。从各种影响创业机会的因素中抽出关键性的因素，构建创业机会评估指标体系。

三是构建评估指标体系。创业机会评估指标体系是在对创业机会影响因素分析的基础上及结合创业者的实际情况构建的。

四是选用合适评估方法。评估方法是对评估指标的排序和量化。鉴于创业机会评估的特殊性，创业机会评估方法应在借鉴多个创业机会评估体系的基础上，选择定量与定性相结合的方法进行评估。

五是评估实施。创业机会评估的实施是评估的实际操作阶段，对定量指标和定性指标进行处理，引入需要的数据和相关专家的评定，并结合相关模型，最终得到评估结果。评估实施也是对创业机会进行选择和淘汰的过程，关键是相关数据的获取和模型的选择。

六是评估反馈。创业机会评估是一个动态的过程，其本质上是一个主观的、理论的分析过程。创业机会是否能真正成为一个成熟机会，是否可以在现实中开发，还需要进一步从实践中证明。依据创业活动实践，可以从风险规避和价值创造这两个方面对创业机会评估的结果做进一步修正。

二、创业机会评估维度

机会评估维度包括：第一，市场容量评估。即市场定位，市场定位是否明确、顾客需求分析是否清晰、顾客接触通道是否流畅、产品是否持续衍生等方面来判断创业机会可能创造的市场价值；其一，市场结构，包括进入障碍、供货商、顾客、经销商的谈判力量、替代性竞争产品的威胁，以及市场内部竞争的激烈程度；其二，市场规模，市场规模大小与成长速度，也是影响新企业成败的重要因素；其三，市场渗透力（市场机会实现的过程），创业者要在最佳时机进入相应市场；其四，市场占有率，一般而言，成为市场的领导者，最少需要拥有20％以上的市场占有率；其五，产品的成本优势，可以判断企业创造附加价值的幅度以及未来可能的获利空间。第二，市场效益评估，即税后净利。一般而言，具有吸引力的创业机会，至少需要能够创造15％以上的税后净利；盈亏平衡点，一般在两年以内达到，但如果三年还达不到，可以将前期投入视为一种投资，才能容忍较长的盈亏平衡时间；一是投资回报率，一般15％以下的投资回报率，是不值得考虑的创业机会；二是资金需求，资金需求量较低的创业机会，一般比较受投资者欢迎；三是毛利率优势，毛利率高的创业机会，相对风险较低，也比较容易取得损益平衡；四是价值主张，创业机会对于产业价值链所能创造的附加值，与采取的经营策略和经营模式密切相关；五是资本市场活力，是一项可以被用来评估创业机会的外部环境指标；六是退出壁垒，包括经济、技术、战略及路径依赖等方面的因素。退出壁垒与策略是评估创业机会的一项重要指标。企业鉴价与交易机制的完善程度，会一定程度影响新企业退出弹性。

三、创业机会评估的方法

创业机会评估是一个复杂的系统的判断过程，主要方法有定性评估与定量评估两类。

（一）定性评估

1. 史蒂文森法

哈佛商学院创业研究领域教父霍华德·史蒂文森对于创业机会提出了从五个方面来评估创业机会。一是机会的大小，存在的时间跨度以及成长性；二是潜在的利润是否可以用来弥补资本、时间和机会成本的投入，并获得令人满意的收益；三是机会是否开辟了额外的扩张、多样化或综合的商业机会选择；四是在可能的障碍面前，收益是否会持久；五是产品或服务是否真正满足了真实的需求。

2. 朗格内克法

朗格内克（Longenecker）等人提出了评估创业机会的基本标准是对产品有明确界定的市场需求，推出的时机是否恰当；创业机会所形成的投资项目是否能够有持久的竞争优势，以及一定程度的高回报；创业者和创业机会之间必须互相匹配；不存在致命的缺陷。

（二）定量评估

1. 标准打分矩阵法

对创业机会的重要影响因素用"标准打分矩阵法创业机会评估模型"逐一进行很好、好、一般三个等级的评分，然后逐一求出易操作性、成长的潜力、技术及专利状况、质量和易维护性、投资收益、资本增加的能力、市场接受性、市场容量的大小、制造的简单性、广告潜力及推广价值等评估因素在各个创业机会下的加权平均分。具体见表4-1。

表4-1　标准打分矩阵法

标准	专家评分			
	很好（3分）	好（2分）	一般（1分）	加权平均分
易操作性				
质量和易维护性				
市场接受性				
增加资本的能力				
投资回报				
专利权情况				
市场的大小				
制造的简单性				
广告潜力				
成长的潜力				

2. 普坦辛米特法

普坦辛米特法是一种让创业者填写针对不同因素的不同情况、预先设定好权值的选项式问卷的方法，即"普坦辛米特法创业机会评估模型"。对于生命周期中预期的成长阶段、预期的年销售额、对于税前投资回报水平的贡献、进入市场的容易程度、从创业到销售额高速增长的预期时间等评估因素进行加总核分，对于每个因素来说，不同选项的得分可以从-2分到+2分，分数越高的特定创业机会成功的潜力就越大，只有那些最后得分高于15分的创业机会才值得创业者进行下一步的策划，低于15分的都要应该被淘汰。具体见表4-2。

表4-2　普坦辛米特法

序号	选择因素
1	对于税前投资回报率的贡献
2	预期的年销售额
3	生命周期中预期的成长阶段
4	从创业到销售额高速增长的预期时间

（续表）

序号	选择因素
5	投资回收期
6	占有领先者地位的潜力
7	商业周期的影响
8	为产品制定高价的潜力
9	进入市场的容易程度
10	市场试验的时间范围
11	销售人员的要求

3. 巴蒂选择因素法

巴蒂选择因素法是指通过"巴蒂选择因素法创业机会评估模型"，对创业机会在现阶段是否只有创业者本人发现、产品初始生产成本是否是创业者可以承受的、创业机会市场初始开发成本能否承受、新企业的产品是否具有高利润回报的潜力、是否可以预期产品投放市场和达到盈亏平衡点的时间、创业机会潜在的市场是否巨大等 11 个选择因素对创业机会进行判断。具体见表 4 - 3。

表 4 - 3　巴蒂选择因素法

序号	选择因素
1	这个创业机会在现阶段是否只有你一个人发现了？
2	初始的产品生产成本是否可以承受？
3	初始的市场开发成本是否可以承受？
4	产品是否具有高利润回报的潜力？
5	是否可以预期产品投放市场和达到盈亏平衡点的时间？
6	潜在的市场是否巨大？
7	你的产品是否是一个高速成长的产品家族中的第一个成员？
8	你是否拥有一些现成的初始用户？
9	是否可以预期产品的开发成本和开发周期？
10	是否处于一个成长中的行业？
11	金融界是否能够理解你的产品和顾客对它的需求？

本章小结

本章着重介绍了创业机会的类型和来源。在对创业机会的识别中，不仅需要掌握科学知识，更需要勤加练习，不断地探索。创业机会的评估是评价创业机会的重要一步，在评价创业机会的时候除了用本章介绍的这些方法，还应积极向老师、专业咨询师寻求意见，通过多角度、大范围的评价后方能知道一个创业机会是否适合创业。

❓ 思 考 题

1. 创业机会可以从哪些领域中发现？你的哪些优势可以帮助你寻找创业机会？
2. 创业机会的识别经历过哪些阶段？
3. 创业机会的评估方法有哪几种？创业机会的评估方法各有何优劣之处？

⚡ 延伸阅读

案例一：葳蕤"金"柴胡 振兴有"良方"

山东中医药大学"荒野药生——中药材仿野生种植赋能乡村振兴"团队作为当前国内最大的仿野生柴胡种植服务商,8 年来潜心于中药材仿野生种植和柴胡新品种研发,为中药材提质增量注入新鲜血液,为乡村发展开辟出一条生态立乡、康养强乡、旅游富乡的振兴路……

如何以柴胡入手,选育优良新品种进行仿野生中药材种植并且助力乡村振兴是团队一直以来的科研方向。自 2014 年起,团队多方奔波,栽培药用植物 700 余种,收集柴胡种质 80 余种,经大量实验发现,荒山环境能够刺激柴胡有效成分增加,柴胡是荒山的适应性品质。历经 4 年,团队将采集的柴胡带入试验田,经过品种筛选、性状和有效成分对比,最终选育出 2 个品种,借助 ITS 序列检验等分子技术鉴定为北柴胡。新品种柴胡与现有品种相比,有效成分、产量、适应性和抗病虫害能力明显提高,品质更优,收益更好。

在专业老师指导下,团队攻坚拟生态技术,首次发现有益于柴胡根系生长的高山被孢霉菌,同时对伴生群落和土壤进行调查,仿照柴胡野生环境打造仿野生柴胡生态包,将柴胡成活率提高了 44%;在拟生态技术基础上,团队制定了 7 项种植标准,独创 4 项仿野生种植技术;在北峪村开展仿野生柴胡种植试点实验并迅速在锦绣川、神农药谷等地区得到推广复制。如何凭借柴胡种植实现经济效益与生态效益双赢,是团队一直以来思考的方向。团队多番实地考察,发现北峪村全村 95% 以上为山地,荒山弃置率高,村民收入低,集体经济薄弱,最终选择北峪村作为实验基地。团队进行仿野生柴胡种植 700 余亩,慢慢摸索出仿野生中药材种植的模式,从育苗到采收科学把控各个环节,并制定柴胡、黄芩、黄精等仿野生种植技术团体标准五个。截至到 2021 年 7 月,团队在北峪村累计采收柴胡 2.5 万公斤,累计带动近 400 人就业,带动经济收益近 3 000 万元,平均每户增收 4.1 万元。

2018 年,团队开始尝试将中药材仿野生种植与乡村振兴结合,通过中药材新品种研发和仿野生种植技术变荒山为金山,推动北峪村生态旅游和生态养殖等集体经济的发展。柴胡遍地栽,黄花漫山开,增收新渠道,生态好品牌。团队于 2021 年 6 月正式成立公司,与济南梅园铁皮石斛种植有限公司、东营凌峰农业科技发展有限公司和峡山区政府等签署了合作协议,项目累计推了仿野生中药材种植 4 万多亩,创造了近亿元经济效益,项目总计带动近 8 千人就业。

（资料来源：https://k.sina.com.cn/article_5328858693_13d9fee450200190rv.html）

案例二:"五人创"——打造中医减肥第一品牌

进入秋季,很多人都忙着"贴秋膘",但也有一些人,正为自己的一身肥膘苦恼不已。减肥,自始至终都是他们眼中的热词。市场上,减肥产品多种多样,各种推拿、针灸、按摩方法广被推举,但问题也来了,很多人被大力的鼓吹冲昏头脑,导致盲从或不知所措。

来自长春中医药大学的"五人创"凭借对中医药行业多年的深入研究,运用中医方法专注减肥,在开业的八个月时间里,已经先后为350位肥胖患者成功减肥,减肥有效率高达96.3%。如今,"五人创"已经成立了自己的公司——五人创健康管理服务有限公司,项目负责人张琼帅说:"未来,公司将结合线上、线下,并逐步涉足于儿童、青少年、老年人的健康管理领域,为更多的人提供有益健康的中医健康服务,他希望,最终将'五人创'打造成中医减肥的第一品牌。"

爱美,是人的天性;而追求健康,则是人的本能。据"五人创"项目指导老师刘晓娜介绍,目前中国的肥胖患者近6亿,而由此产生的经济效益高达4 000亿。如此庞大的市场,吸引着众多致力于减肥事业的人士加入。"国家目前大力扶持中医药产业,我们也希望通过我们的科研团队,将更多的健康减肥理念推广到需要的人群。"

目前,市面上减肥产品众多,其中不乏理念相似者。究竟"五人创"有何独到之处,能得到专家和市场的认可? 据了解,五人创的产品目前包括中药辟谷饮、中药热敷包等产品,并配合中医按摩、针灸、拔罐等传统疗法。表面来看,和市面上的减肥疗法差别不大,但实则暗藏玄机。对此,刘晓娜以辟谷饮为例解释说,"中药辟谷是中医养生的精髓,目前较流行的谷物辟谷与单纯辟谷虽也有调养减重的效果,但多数会减慢人体基础代谢率,辟谷一旦结束,体重就很容易反弹。而中药辟谷正好避免了这一情况,中药辟谷不仅可以改善人体体质、合理减重,还可增加基础代谢率,辟谷结束可改善易胖体质,使机体得到综合调理。"她认为,这是延续健康减肥理念的最突出特点,也是产品能得到评委及患者认可的关键。"五人创"将肥胖人群分为五类,对于每种体质的人制订不同的治疗方案,最大程度保证治疗不"顾此失彼",让每个患者都享受到只属于自己的定制减肥服务。

(资料来源:https://www.sohu.com/a/167304552_456875)

案例三:本草生活——胶囊诊所构建中医消费新场景

提起中医,大多数人脑海中浮现的可能是年迈的中医师、苦涩的中药,或者针灸、拔罐、艾灸等中医理疗方法。总体来说,在人们的印象中,看中医一直是一个比较"重"的行为,直接与医疗挂钩。而在80后、90后都开始拥抱枸杞和保温杯的当下,有的企业已经开始探寻更"轻"、更低门槛的方式,将中医与健康、养生相结合。从2017年起,岐济健康公司正式推出了"本草生活"这一品牌,开始从O2O模式的问诊理疗过渡到中医的预防、健康管理,要让中医理念、中医健康服务像生活消费品一样触手可及。

本草生活打破了传统中医诊所、养生会所的模式,它瞄准白领群体,以健康服务胶囊连锁门店的形式服务用户。岐济健康创始人罗峰将本草生活的功能定义为中医的"院前系统",它解决的并不是疑难杂症,也不保证药到病除,而是要解决健康调理等中医里非医疗领域的问题,成为用户身边的中医健康管理中心。

　　所以,在本草生活的门店中,不仅有专业中医生完成脉诊、健康咨询等服务,还搭配了养生茶、咖啡、糖、泡腾等融入中医理念的健康消费品。本草生活希望构建出一种新的健康消费方式,它的胶囊门店在某种程度上类似咖啡厅的功能,让人们在逛街过程中,或是办公空余时有个休息的场所,形成中医健康服务的新场景。

　　其实,岐济健康可以算是较早切入中医互联网医疗的创业公司,它最初主打的"看中医"品牌是彼时中医O2O的典型代表。但是,依靠补贴来维系用户与医生的模式很难长久,当停止补贴后,医生出诊热情和用户数量都有大幅回落。于是公司开始将业务方向调整为数字化健康管理。简单来说就是让用户完成在线测评,并以此为依据指导、管理用户每天的饮食、营养、运动等。但这对用户来说也是一个相对烦琐且非刚需的行为,很难养成用户付费习惯。经过前期的试错,岐济健康发现,要让更多人接受中医就需要将中医消费品化,将中医的产品与服务融入最自然的生活中,让用户以零门槛的方式完成健康管理。而要实现这一目标就需要有一个新的消费场景。本草生活作为岐济健康发展的3.0阶段,它正在构建这样一个新场景。本草生活的模式正好切中了OMO新零售的理念,其线下实体门店可以带给用户最直接的服务体验,而转到线上平台还可以继续购买本草生活品牌的相关产品,线上与线下的融合给中医类的产品与服务带来了新的发展机会。

　　"我们希望用户能够像选择买一杯咖啡一样选择购买中医的产品与服务,让大家广泛接受中医理念与服务,让中医融入人们的生活。"罗峰称。目前本草生活在北京已有多家门店,主要分布在写字楼、商圈附近。

　　(资料来源:http://health.dzwww.com/ysbj/201805/t20180518_17387011.htm)

第五章　创业资源与创业融资

学习目标

　　通过本章的学习,学生能够了解创业资源的概念、类型、作用;掌握创业资源开发过程,即识别、获取、整合、利用创业资源的方法和技巧。理解创业融资的概念、类型及主要渠道,掌握创业融资决策,包括融资规模估算、渠道选择及效益提升策略。

案例导入

Insta 360 影石

　　在读大二时,刘靖康就自主研发了一个视频内动态植入广告技术——xAd,还曾单枪匹马只身一人拿着这项技术去香港参加路演,盘算着靠它拿投资组建自己的团队,但结果并没有如愿以偿。后来刘靖康把这项技术卖给了一家广告公司,并担任这个公司的技术总监。从那之后,他又加入了两个创业项目——"超级课程表"和"大学助手"。2013 年 9 月份,刘靖康自己组建了团队,推出了一款围绕院校名师讲座的"名校直播"App,针对清华、交大、南大等八所名校进行了约 300 期的视频直播。身兼多职的过程中,刘靖康亲历了这些项目的快速成长、失败、团队散伙的过程,这在一定程度上给了刘靖康正式创业前的一次很好的实践机会。

　　2014 年年中,一次机缘巧合,在南京大学一位学姐的引荐下,刘靖康结识了创业邦 CEO 南立新,并顺利拿到了创业邦和 IDG 天使轮投资。拿到投资后不久,刘靖康很快就意识到自己的产品方向不对,正苦于转型方向的问题时,凑巧的是,一次对谷歌 Carboard 不经意的把玩,以及在网上看到 AirPano 团队(俄罗斯摄影爱好者和专家组成)在澳洲上空拍摄的 360 度全景视频,刘靖康当即被这种拍摄手法所震撼。于是迅速转型,2014 年 9 月,刚毕业不久,刘靖康便将视频直播业务转移到 360 度 VR 全景相机,成立 Insta 360,此后便全身心投入到这个"战场"中。

　　Insta 360 合伙人陈金尧同样是个创客达人,在南京理工大学的四年里,他掘得创业的两桶金。第一桶金,大一,陈金尧开始尝试各种创业。起初他从兼职旅游公司的学生代理开始,两年后便独立拥有一家旅游公司及一支 70 人的校园兼职团队。第二桶金,2012 年 7 月,陈金尧与华电 ideal 团队共同创建"开吃吧"订餐网站,当时汽车之家 CEO 秦致给了他百万级天使投资。2014 年刚毕业不久陈金尧又参与到刘靖康的 Insta 360 项目,与另一位合伙人陈永强,三人开始涉足 VR 全景相机领域。

起初,Insta 360 本部在南京,因缺少便捷的供应链,加之缺乏硬件方面的人才,研发过程举步维艰。为解决供应链和人才资源,Insta 360 移址至深圳。2015 年 12 月,Insta 360 才把产品定型,推出企业级 VR 全景相机 4k beta。2016 年 4 月,Insta 360 获得迅雷领投的 B 轮数亿元融资,短短 4 个月后又获苏宁投资集团战略投资。2016 年 7 月,针对消费级市场,Insta 360 又推出 VR 全景相机 Nano,插入 iPhone 充电口,即可使用手机拍出 360 度全景视频。不久后,Nano 便成为 Facebook 和 Twitter 官方主推的 360°VR 全景相机。2017 CES Insta 360 还获创新大奖。

现在,Insta 360 在全球市场的份额大概占到百分之二十多,全球出货量第二,公司每月营收 2000 多万,2016 一年内公司总共收入一亿三千多万。刘靖康入选了 2017 福布斯 30 岁以下亚洲杰出人物榜,而同时陈金尧则入选 2017 福布斯中国 30 位 30 岁以下精英榜。

(资料来源:根据"刘靖康的 360 度全景相机 https://www.cyzone.cn/article/164090.html"整理)

Insta 360 VR 全景相机的案例,体现了创业者及团队在拥有核心创新技术的基础上,利用人力资源、市场资源、信息资源等手边资源的各种属性,在不断开发新机会、解决新问题、获取新资源的过程中快速发展。这种资源的识别、获取、整合和利用大多不是事先计划安排好的,往往是具体问题具体分析、"摸着石头过河"的产物。创业者需要发现有价值的外部资源,利用自身现有资源撬动外部资源,从而使得新创企业得以生存发展。

第一节　创业资源概述

一、创业资源的概念

资源,指一定区域内或事物范围内所拥有人力、财力及物力等各种物质要素的总称,是创业活动展开的必备条件,创业资源对新创企业的生存与发展起到关键作用。经济学家认为资源是投入到生产活动中并能够创造价值的要素;基于组织战略的视角,则认为资源是指为实现组织愿景而运用的所有有形资源和无形资源;而在管理学的范畴内,资源是指基于信息与知识的各种生产要素;通常意义上,资源包括了原材料、厂房等有形资源,同时还包括技术和专利等无形资源。随着创业资源理论的发展,国内外创业领域的研究者基于不同的角度对创业资源进行了不同的解释和界定,如表 5-1 所示。

表 5-1　创业资源概念汇总表

研究者	创业资源概念界定
Cave	创业过程中为实现创业目标所运用的各种有形资源与无形资源的总和
Barney	有价值的创业资源就是组织的能力

（续表）

研究者	创业资源概念界定
Dollinger	所有创业企业在创业活动中投入的要素和要素组合
Hall	企业生产经营所依赖的有形资源与无形资源的集合,其中无形资源又可细化为技能和资产两种形态
林嵩等	创业企业为了实现生存及创业目标,所拥有的各类资源及资源组合
蔡莉	企业创建时所拥有的资源,包括人力资源、财务资源、物质资源(含技术资源)和社会网络资源等
顾桥等	创业资源是指创业企业在整个创业过程中掌握和投入的企业内外的各种有形资源和无形资源的总和
刘霞	企业投入到创业过程中的各类资产、能力、信息与知识的统称

从表5-1可以看出,国内外学者对于创业资源概念的界定因研究视角不同而表述有所差异,从广义上看,创业资源是支持创业者进行创业活动的一切东西,包括物质性的有形资源,也包括一些意识层面的无形资源,它是支持创业者进行创业活动的一切资源。从狭义上看,创业资源是创业者顺利地进行创业活动的关键资源,是企业建立良性盈利模式的关键资源与能力。概括来说,创业资源就是创业者在创业发展及成长过程中运用的所有资源的总称,是能够支撑创业者进行创业活动的生产要素的总和,对于新创企业而言,从最初成立到后来成长的过程中能够拥有的要素以及要素组合,都可以称为创业资源。

二、创业资源的分类

资源在创业企业发展过程中起到重要的影响作用,新创企业需要的创业资源包括人、财、物等多个方面。创业资源的分类有很多种,常用的有按资源性质的分类、按资源存在形态的分类、按资源参与程度的分类、按资源重要性的分类、按资源来源的分类等。表5-2是国内外学者们基于不同的研究角度,对创业资源进行的分类。

表5-2 部分学者对创业资源的分类表

研究者	研究视角	创业资源的类别
Wilson	资源来源	分为外部资源和自有资源
张玉利等	资源来源	外部网络资源和内部组织资源
Richard&Hall	资源存在形态	有形资源和无形资源
Brush	资源存在形态	简单性资源和复杂性资源。复杂性资源是指有形的、离散的资源;简单性资源是指无形的、系统的资源
林强	资源参与创业的程度	要素资源和环境资源。要素资源包括生产资源、资金资源、管理资源、人才资源、科技资源5个维度,环境资源细分为政策资源、信息资源、文化资源和品牌资源
Vankataraman	资源的作用	运营性资源和战略性资源。其中,运营性资源关注日常生产运行,而战略性资源关注长期战略性发展

103

（续表）

研究者	研究视角	创业资源的类别
林嵩	资源要素对创业战略规划过程的参与程度	直接资源和间接资源。直接资源是直接参与创业战略的制定与执行的资源，包括人才资源、物质资源和管理资源；间接资源是为企业成长提供间接便利和支持的资源，包括政策资源、科技资源和信息资源
Timmons	资源基础	核心资源、基础资源、其他资源
姚梅芳等	资源基础	对核心资源、基础资源、其他资源进一步划分与归集，将人才、管理和技术资源归入核心资源，资金与场所资源列为基础资源，社会网络、声誉、政策支持、企业文化等资源划入其他资源
Dollinger & Ardichvili	资源性质	人力或智力资源、财务资源、物质资源、技术资源、组织资源和声誉资源

创业资源与一般商业资源既有相同点，也有一定的区别。相同点在于都有稀缺性，不容易被广泛获取，对企业的发展成长具备价值。异同点在于：① 创业资源是商业资源，但不是所有的商业资源都是创业资源，因为只有创业者可以利用的资源才是创业资源。② 创业资源更多是无形资源，一般商业资源更多表现为有形资源。③ 创业资源的独特性更强，创业者的个人能力和社会网络资源是其中最为关键的资源；在一般商业资源中，规范的管理和制度是企业取得成功的基础。

三、创业资源的作用

从一定意义上说，创业就是一个整合并利用资源的过程，创业者获取创业资源的最终目的是为了组织这些资源、追逐并实现创业机会、提高创业绩效和获得创业的成功。新创企业在不同的发展时期，需要的资源类型和数量会有所不同。无论是哪种创业资源，无论它们是否直接参与企业的生产，都会对创业绩效产生积极的影响。

（一）人力资源

人是创业活动的主体，在创业活动中发挥着根本性的决定作用。创业者及创业团队的洞察力、知识、能力、经验及社会关系是成功创业最核心的资源。"一流团队比一流项目重要"已成为广泛的共识，有了核心团队，才会有更多优质资源的匹配对接。独木不成林，不同经验、能力、态度、状态的人会释放出不同的力量，不同力量所换回的结果与成果就会差别明显，对人才资源的争夺、开发、利用程度是影响创业者能走多远、爬多高的创业要素指标之一，也是企业经营管理中不可或缺的关键资源与智慧。

（二）技术资源

对于一般企业而言，技术是企业存在和发展的基石，是生产活动和生产秩序稳定的根本。在创业初期，技术资源决定了创业产品的竞争力和获利能力，决定了所需创业资本的大小。新创企业是否掌握"核心科技"、具备独特的"护城河",是否掌握技术的所有权,决定了创业是否取得成功及创业成本的大小。对于大学生创业者而言,积极寻找、挖掘具有高商业价值的科技成果,推动高校内部已有科技成果转化,将有助于建立企业的核心竞争力。

(三) 资金资源

钱不是万能,没钱万万不能,很多创业者苦于没有资金起步,只能让自己的创意及梦想暂时高阁;有的创业者起了步,却因资金耗尽而中途折戟,可见资金是创业过程始终无法避开的痛点和难点。尽管资金如此重要,但不代表没有资金就不能创业,用别人的钱干自己的事或用别的钱与别人一起赚钱是不少白手起家创业者创业智慧与整合能力的体现。资金虽然不可缺,但资金资源从来就不贫乏,对于一穷二白或者实力不济或者降低创业资金风险的创业者而言,整合市场及人脉手中的资金资源是必然的选择。本章第三节将对创业融资渠道、创业融资决策等进行具体论述。

(四) 市场资源

又可以称为运营资源,营销界过去常常讲"终端为王"和"得渠道者得天下",究其原因在于过去传统商业模式下,终端及渠道是连接客户与消费者的触点与交易点,一个企业的产品最终需要靠这些渠道递延,通过不计其数的各种终端来与顾客或消费者发生关系。创业的商业行为本身是一个残酷的市场竞争行为,在这场市场竞争的较量中比拼的是品牌宣传、渠道营销、获客引流、产品流转与服务、原材供给、生产质量保障等综合资源的整合与运用,也是创业者综合实力的体现,这些资源与实力会影响到创业者产品与品牌的推进速度与市场角色的程度。每个行业的产业链中都由上游原料供应、生产加工、生产商环节构成,中下游会由渠道、广宣、服务等各种分工不同、定位区分的服务商构成,作为市场资源的中下游,各类渠道平台与服务提供商的资源拥有量决定了各自细分市场的话语权。创业者如果具有某些渠道、广宣、客群等一些市场资源优势,不仅意味着将快人一步为此节约很多时间成本,更因轻车熟路会节省不少"真金白银",最关键的是能从市场中快速"捞回钱来,实现创业项目的资金正向供给渠道"。市场是创业的主战场,更是胜负场,市场资源整合得如何将直接决定创业者的结果。

(五) 环境(政策)资源

我们都知道做事讲究"天时、地利、人和",换而言之,这其实是说由天时、地利、人和所构成的环境左右着我们能否干成事的局面与局势。创业更是讲究环境,更是依赖环境资源要素。从国家宏观层面来说,一个国家的兴盛安邦、市场法律与法规的公平与否是每个创业者筑梦的基本的空间环境保障,也是一种大环境资源;从中观来讲,产业的政策指导与扶持,行业的发展程度与竞争态势是影响到创业者所切入的行业的难易程度,近年来,各地区、各部门也不断出台文件,推出了相关举措,为大学生创新创业营造了良好的氛围和环境;从微观上来论,具体的小区域市场对创业者切入的时机及创业过程所需的各种资源要素的构成与供给情况将直接影响到创业者的成本与进度。

⚡ 延伸阅读

支持大学生创业的相关政策法规

为支持大学生创新创业,国家和各级政府都出台了许多政策法规,涉及创新创业教育改革、创新创业优惠政策、创新创业场地和资金扶持力度、创业指导与服务、信息服务机制等多个方面。

一、国家创业政策

(一)国家宏观政策

我国的大学生创业政策肇始于1999年国务院办公厅批转了教育部《关于进一步做好1999年普通高等学校毕业生就业工作意见的通知》,就此打开了我国各级政府出台有关鼓励和扶持大学生创业的政策之门。在这一《通知》中,教育部提出应当鼓励大学毕业生到非国有制单位工作,鼓励大学毕业生利用自身知识自主创业,对此各个地方和部门要给予相应的措施来解决大学毕业生的户籍、档案问题,为大学生就业创业排忧解难。此后,国务院办公厅和各个职能部门,包括各个地方政府都不断出台相应政策,鼓励和支持大学毕业生自主创业。截至到今日,鼓励和扶持大学毕业生创业的政策力度不断加大,优惠范围也逐渐拓展,大众创业、万众创新的局面几近形成。

2013年,党的十八届三中全会在《关于全面深化改革若干重大问题的决定》(以下简称《决定》)中针对全社会层面和全体民众提出完善扶持创业的优惠政策,形成政府激励创业、社会支持创业、劳动者勇于创业新机制,鼓励大众创业、万众创新。同时,随着近年来我国社会经济的快速变化和发展,劳动力及人才就业市场的形势也在不断变化,大学生作为祖国青年一代的骨干力量,在未来的经济建设中发挥着不可估量的作用;为此,该《决定》在高校层面还提出实行激励高校毕业生自主创业政策,整合发展国家和省级高校毕业生就业创业基金。旨在发挥其数量大、分布广、文化水平高、创新能力强等特征,倡导大学生创新创业,并提供各项制度保障及帮扶措施,争取实现以部分大学生自主创业带动大批人成功就业的目标。

2014年开始至今,国务院办公厅每年都会发布"关于做好全国普通高等学校毕业生就业创业工作的通知",指出要使市场在我国人力资源领域中发挥决定性作用,改革创新原有大学生就业服务体系,完善创业鼓励政策,建立创业服务体系,优化创业就业环境,加大创业教育培训力度,开展高校就业创业教育,建立相应的创业创新课程体系,推动创业创新教育的改革;引导高校毕业生择业观念的转变,以促进高校毕业生就业方式的优化和创业就业比例的提高。落实大学生创业相关的优惠政策,加大高校创业基础设施建设,加大对高校创业工作的资金投入,不断地提升和优化高校的创新创业服务水平。

具体措施有:对创业毕业生普遍提供创办企业、经营管理等培训,增设信息技术、现代农业等领域课程。推荐适合发挥毕业生专长的创业项目,提供咨询辅导、跟踪扶持、成果转化等"一条龙"服务。优先安排经营场所,政府投资开发的各类创业载体安排一定比例场地,免费向毕业生提供,充分利用闲置资源提供低成本场地支持。加强创业资金保障,落实创业担保贷款、创业补贴等政策,确保政策能够畅通执行、有效落实。高校毕业生参加职业技能培训和创业培训,按规定给予职业培训补贴,所需资金从职业技能提升行动专账资金中列支。

（二）国家优惠政策

我国自20世纪90年代开始出台鼓励大学生创业的政策以来,各种鼓励和扶持政策层层叠加,多次强调要把大学生创业就业工作放在首位,将鼓励和扶持大学生创业的各种优惠政策和服务落实到位。现就近年来国家出台的大学生创业优惠政策做一简要梳理,主要归纳为财税补贴、教育培训、指导服务、户籍学籍等四个方面。

1. 财税补贴政策

对大学生创业税收方面的优惠政策主要是减税。高校毕业生在毕业时未能就业的会收到有人力资源和社会保障部核发的《就业创业证》,持有此证的大学生在毕业当年内进行创业,进行个体工商户经营、创立独资企业的可以享受3年每年8 000元为限度的税收优惠。对于大学毕业生的创业项目是公益性的微利企业,则按照其他相关的国家规定享受税收优惠政策。大学生在创业过程中可以在创业地方申请10万元额度的创业担保贷款。

此外,我国的大学生创业政策还鼓励各个金融机构针对大学生创业发放相应的担保贷款,贷款的利率在贷款基础利率的基础上结合创业风险情况进行确定。与此同时国家和地方财政会对大学生创业担保贷款给予财政贴息,凡是在超出贷款基础利率但在3%以内的均可享受。

2. 教育培训政策

大学生创业教育与培训支持大致可以归纳为创业人才培养、创业教育课程、高校教学制度与创业实践等方面。

（1）人才培养方面,创业大学生可享受各地各高校实施的系列卓越计划、科教结合协同育人行动计划等,并且可以参与跨学科、跨专业院系的交叉学习培养,以及探索建立的跨院系、跨学科、跨专业交叉培养创新创业人才的新机制。

（2）创业教育课程方面,鼓励各个高校根据本校实际开设的专业课程开展相应的创业创新教育,开设有针对性的研究方法课程、就业创业指导课程、学术前沿课程等。同时鼓励各个地方和高校要制作和提供创业相关的网络课程,并建立网上课程的学习和学分认证制度,以激励大学生通过网络提升创业能力。

（3）高校教学制度方面,自主创业大学生可享受各高校建立的自主创业大学生创新创业学分累计与转换制度和学生开展创新实验、发表论文、获得专利和自主创业等情况折算为学分,将学生参与课题研究、项目实验等活动认定为课堂学习的新探索。同时也享受为有意愿有潜质的学生制定的创新创业能力培养计划,创新创业档案和成绩单等系列客观记录并量化评价学生开展创新创业活动情况的教学实践活动。优先支持参与创业的学生转入相关专业学习。

（4）强化创新创业实践方面,自主创业大学生可共享学校面向全体学生开放的大学科技园、创业园、创业孵化基地、教育部工程研究中心、各类实验室、教学仪器设备等科技创新资源和实验教学平台。参加全国大学生创新创业大赛、全国高职院校技能大赛和各类科技创新、创意设计、创业计划等专题竞赛,以及高校学生成立的创新创业协会、创业俱乐部等社团,提升创新创业实践能力。

3. 指导服务政策

自主创业大学生可免费获取地方、高校两级信息服务平台资源,获得高校和人才服务机构提供的创业指导服务,包括实时提供的国家政策、市场动向、项目开发、风险评估、开业指导、融资服务、跟踪扶持和创业项目对接、知识产权交易等一站式服务,也可享受各地在充分发挥各类创业孵化基地作用的基础上,因地制宜建设的大学生创业孵化基地和相关培训、指导服务等扶持政策。

4. 户籍学籍政策

在大学生创业的户籍方面是放宽落户限制。即规定了大学生可以在创业地落户,并确定了落户的相应要求和手续流程。在学籍方面允许实施灵活、弹性的学制。教育部发布文件规定各个高校为了鼓励和支持大学生创业活动,可以尝试和实施较为灵活的学制和学业年限,也可以对有创业意愿和创业想法的学生通过保留学籍、暂时休学来进行创业。

二、江苏省创业政策

近年来,围绕促进高校毕业生就业创业,江苏省委省政府也先后出台了一系列"关于组织实施高校毕业生就业创业促进计划的通知"政策文件,要求各地、各有关部门和高校要加大工作力度,确保各项政策落实到基层、落实到高校毕业生身上。要根据就业形势变化,创新工作思路,进一步细化和完善相关政策措施。要加强对各项就业创业政策落实情况的跟踪和监控,及时发现存在的问题,确保政策措施发挥最大效应。

省内的系列政策概况而言,主要涵盖了以下六个方面内容:

(一) 加强创业引领

深入实施大学生创业引领计划,把该计划实施纳入本地区双创工作总体安排,加大人力财力投入和工作推动,切实抓好各项政策措施的贯彻落实。通过提供创业服务,落实扶持政策,提升创业能力,使有创业愿望并具备一定条件的大学生都能得到创业培训,符合规定条件的创业大学生都能享受到相应的优惠政策,进一步提升大学生创业比例。留学回国的高校毕业生自主创业,符合条件的,可享受现行高校毕业生创业扶持政策。

(二) 降低准入门槛

简化工商登记手续,降低创业门槛,开辟高校毕业生创业绿色通道,落实创业培(实)训补贴、创业场地租金补贴、创业孵化补贴等支持性政策。拓宽多元化资金支持渠道,完善创业担保贷款政策,鼓励天使基金、风险投资和创业投资基金等社会资本。毕业2年以内的高校毕业生从事个体经营的(除国家限制的行业外),自其在工商部门首次注册登记之日起3年内,免收登记类和证照类等有关行政事业性收费。高校毕业生创业无法提交住所(经营场所)产权证明的,可以提交市场开办者、各类园区管委会、村(居)委会出具的同意在该场所从事经营活动的相关证明,办理工商注册登记。

(三) 实行税费减免

对高校毕业生创办的增值税小规模纳税人中月销售额不超过2万元的企业或非企业性单位,暂免征收增值税;对营业税纳税人中月营业额不超过2万元的企业或非企业性单位,暂免征收营业税。高校毕业生创办的企业从事农、林、牧、渔业项目的所得,按规定免征或减半征收企业所得税。从事个体经营的高校毕业生和毕业年度内的高校毕业生,可按规定享受相关税收优惠政策。高校毕业生直接从事种植业、养殖业、林业、牧业、水产业生产的,其销售自产的初级农产品按规定免征增值税。

（四）加大金融扶持

符合条件的高校毕业生自主创业的,可在创业地按规定的额度申请期限不超过 2 年的小额担保贷款。对合伙经营和组织起来就业的,可根据实际需要适当提高贷款额度。对申请小额担保贷款从事微利项目的,由财政据实全额贴息;对从事非微利项目的,给予50%的贴息。在电子商务网络平台开办网店的高校毕业生,可按高校毕业生自主创业政策规定享受小额担保贷款和贴息补助。

（五）设立创业引导资金

各地要根据大学生就业创业状况和就业工作目标,在就业专项资金中统筹安排大学生创业引导资金,重点用于大学生创业培训、初次创业补贴、创业租金补贴、大学生创业园及创业孵化基地建设等。鼓励企业、行业协会、群团组织、天使投资人等以多种方式向自主创业大学生提供资金支持,设立重点面向扶持高校毕业生创业的天使投资和创业投资基金。对支持创业早期企业的投资,符合条件的,可享受创业投资企业所得税优惠。

（六）落实创业服务

着力提升创新创业服务水平,编制实施专项培训计划,进一步丰富适合大学生的创业培训项目,充实创业培训师资,扎实推进省级创业教育示范校、创业示范基地创建和大学生优秀创业项目遴选认定工作,推进大学生创业载体建设。进一步加强创业场地、创业设施等硬件建设,落实对大学生创业房租补贴、经营场地补贴政策,为创业大学生提供低成本的生产经营场所和企业孵化服务。各类大学生创业园和创业孵化基地要对有需求的毕业生全面开放。组织开展形式多样的大学生创新创业大赛、优秀项目路演融资对接等活动。建设"互联网＋公共创业服务"平台,建立创业专家服务团队,为广大毕业生提供开业指导、项目开发、场地支持和跟踪服务等全方位扶持。

（七）深化创新创业教育

加快推进创新创业教育的普及,配合教育部门健全创新创业教育课程体系,强化创新创业实践。把创新创业教育作为教育改革的突破口,指导高校将创新创业教育融入人才培养全过程,开发创新创业教育课程,制定学分转换、弹性学制、保留学籍休学创业等措施。针对高校毕业生创业不同阶段的需求,优先安排优质培训资源,开发合适的培训课程。积极开展网络创业培训试点推广工作,大力推行1＋X培训模式。

三、南京市创业政策

为鼓励和扶持更多的青年大学生在宁来宁创业,南京市政府围绕创新驱动战略部署和打造中国人才与创业创新名城的总体目标,坚持政府促进、社会支持、市场导向、自主创业的基本原则,发挥政府部门、公共就业服务机构和高等学校的职能作用,调动社会各方面力量,完善创业政策,强化创业意识,提升创业能力,优化创业环境,健全创业服务。

2012 年出台了《关于实施万名青年大学生创业计划的意见》（宁委发［2012］33 号）,明确了七个方面大学生创业的扶持政策。

（一）资助优秀创业项目

市人社局、南京紫金科技创业投资集团负责评估青年大学生创业项目，每年遴选出200个可行性和预期成功率较高的优秀创业项目，每个项目给予10～20万元的一次性资助，对择优遴选项目每个给予50万元的一次性资助。

（二）支持创业载体建设

鼓励以多种方式建设大学生创业园（基地），经验收认定为南京市大学生创业园（基地）的，根据建设规模和标准，分别给予30万～50万元的一次性建园奖励补贴。

（三）提供创业场地扶持

对在宁初始创业青年大学生入驻创业园区的项目，可提供最高30平方米、最长3年期限的免费场地或租金补贴。

（四）鼓励多渠道融资创业

1. 在宁初始创业青年大学生的创业项目，按个体经营、合伙创业类型，最高可分别申请10万元、50万元的小额担保贷款；微利项目财政给予全额贴息，非微利项目财政贴息50％。

2. 鼓励青年大学生以创业项目为平台，争取专项资金支持和社会风险投资，按照单个创业项目所争取资金或融资总额的10％给予无偿配套支持（最高不超过10万元）。

3. 青年大学生自主创办的企业，招用本市户籍失业人员和高校毕业生人数达到员工总数30％以上，依法签订劳动合同、缴纳社会保险的，可申请最高200万元的商业贴息贷款。

（五）减免相关税费

自主创业青年大学生，在宁申办个体工商户登记的，自其在工商部门首次注册登记之日起三年内，免交登记类、管理类和证照类等行政事业性收费；申办注册资本10万元以下中小企业的，免收企业设立注册登记费。青年大学生自主创办的商贸和服务型等企业实体（除限制行业外），在新增加的岗位中，当年招用持《就业失业登记证》人员，与其签订1年以上期限劳动合同并依法缴纳社会保险费的，在3年内根据实际招用人数按照每人每年4800元的优惠定额依次扣减营业税、城市维护建设税、教育费附加和企业所得税。毕业年度内的高校毕业生，从事个体经营（除限制行业外）的，在3年内按每户每年8000元为限额依次扣减其当年实际应缴纳的营业税、城市维护建设税、教育费附加和个人所得税。

（六）鼓励创业带动就业

青年大学生创业并正常经营纳税一年以上和带动2人以上就业的，给予一次性4000元奖励。初创企业3年内吸纳本市户籍失业人员或就业困难人员就业，签订一年以上期限的劳动合同并依法缴纳社会保险费的，给予1500元/人的一次性带动就业奖励。创办企业吸纳就业困难人员就业的，给予最长3年期限的社会保险和岗位补贴。

（七）加强创业指导和培训

鼓励驻宁高校结合大学生创业园建设成立大学生创业指导站，推行大学生创业导师制。对到定点实训基地参加创业实训的我市户籍大学毕业生，给予最低工资标准60％的生活费补助。

2014 年南京市又出台了《关于为南京市大学生创业开辟注册、纳税、融资绿色服务通道的通知》(宁创建办〔2014〕2 号),在大学生创业注册、纳税、融资等方面开辟了绿色通道。

(一) 便捷大学生创业工商注册服务

对大学生自主创业成立的企业或个体工商户,除法律、法规另有规定外,一律实行非禁即入。高校校园内的房屋可作为大学生创业实体,办理工商登记注册。按照《南京市工商局关于工商注册登记 1 元注册、1 天审批的实施意见》(宁工商[2013]35 号),为工商注册登记提供便利。对以个人名义从事家政服务、照料服务、病患陪护、家庭教育等内容的创业,可以不办理工商登记。为大学校区、创业园区内创业实体提供市场准入、工商登记注册的知识辅导和法律咨询等。

(二) 畅通多元化纳税信息化服务渠道

搭建高校纳税辅导服务平台;为大学生创业者提供预约服务;开辟"12366 全时服务通道";完善网上办税功能;提供同城通办、当场办结服务。

(三) 创新适合大学生创业的信贷服务

开辟高校创业小额担保贷款受理直通平台;对具备一定条件的在校大学生创业贷款免除担保反担保要求;构建梯次贷款金融服务支持。

第二节 创业资源开发

创业资源的开发是整个创业活动的关键。为了使创业资源产生最佳效益,创业过程中需要创业者对各类创业资源进行平衡、取舍,需要科学地将创业资源加以分类、评估及整合优化,而不是简单的资源组合。创业资源的开发过程包括识别资源、获取资源、整合资源及利用资源四个环节。

一、创业资源识别

识别资源是创业资源开发的第一步,是根据自身所拥有的资源禀赋,对企业所需资源进行有针对性的分析确认,并最终确定企业所需资源的过程。创业者要了解创业所需的各种资源,分析现有的资源状况,资源的数量、质量、结构等基本情况如何,明确资源缺口和关键资源。由于资源具有复杂性,在识别的过程中需要根据创业者的创业方向及要达到的目的,对资源进行有选择性的识别及归类,不能对所有资源都是来者不拒。要根据当前企业所处发展阶段、企业发展方向,厘清哪些是当前可以直接利用的资源,哪些是需要整合优化的资源。此外,在创业的过程中也要注重多种类型资源的获取,以便发现更多的潜在资源来创造更多收益。识别资源的整个过程也是对创业者及其团队的考验,通常需要创业者具备一定的行业知识和社会关系网络。资源的识别可分为两个方面,企业内部资源的识别和企业外部资源的识别。

资源的识别关乎企业的生存和发展,资源基础理论以及资源依附理论都强调资源对

企业的重要性,通过识别,获取尽可能多的特质资源,是企业获得持续竞争优势的重要途径。资源的识别方式主要有两种:

(一)决策驱动型资源识别:创业者首先决定创业,有详细、具体的商业计划,根据商业计划组织资源,创建企业。

(二)机会驱动型资源识别:创业者首先发现创业机会,然后评估自身拥有的创业资源和环境中能提供的所需资源创建企业。根据资源的特性和企业发展的阶段,创业者可以采取不同的识别方式,最终识别所需要的资源,进而获取资源,奠定企业进一步发展的基础。

二、创业资源获取

创业资源的获取主要是指创业者在识别资源的基础上,通过某种方式获得所需的、必要的以及关键的资源,这也是企业内部与外部相结合的资源整合的创造性过程。在创业的不同发展阶段,所需要的资源有所侧重,获取资源的途径和方法也有所不同。在创业初期,创业者的个人资源禀赋对创业的发展至关重要。在创业不断成熟发展的过程中,所需要的资源要求更多、更高,不仅要求创业者具有基本的教育、经验、人际社会关系等资源,更需要与创业紧密相关的前沿科学技术,需要创业者及其团队不断学习,掌握更专业的知识。

(一)创业资源获取途径

1. 通过市场途径获取资源

创业者从外部资源所有者中获取资源的使用权,可以通过购买、并购、联盟等形式获得所需资源。购买或租赁是指通过市场交易获得相应的资源,需要创业者有一定的创业资金或以所有权性资产作为抵押。并购是通过收购股权或者资产来获取资源,这种方式把企业的外部资源变成了内部资源。联盟指的是与其他的企业或组织共同开发资源,以获得自己所欠缺的资源,联盟的企业在资源、能力等方面需要互补并且存在共同目标,双方在联盟前要进行磋商,保证联盟对双方都是有益的,从资源获取的成本和资源获取的便捷性出发,资源联盟是一种非常有效的资源获取方式。

2. 通过非市场途径获取资源

资源既可以从企业外部获取,也可以利用企业现有资源通过内部培育形成自己所需的资源,外部吸引和内部积累是非市场途径获取资源的主要方式。创业者及其创业团队可以通过个人的社会关系等资源,吸引所需资源并进行资源积累,与资源所有者之间建立联系,从而获得所需要的资源,在资源获取的过程中所采用的方式与企业发展阶段、资源需求类别等因素密切相关,可以克服新创企业在资金获取上的弱势地位,对于风险承担和经济资本转移意义重大。企业通过外部吸引和内部积累不仅能够获取大量的资源,而且能够将资源整合成库,当需要的时候便可以迅速应用,节省时间与精力,是一种相对低成本、高效率的获取方式。

（二）创业资源获取技巧

1.“内培外引”挖掘人力资源

这里的人力资源不仅仅指创业者及团队员工，还包括创业者及其团队拥有的知识、技能，具备的能力、经验、意识、人际关系、社会网络等。对于大学生创业者而言，不仅仅是资金的缺乏，更重要的是意识、知识、信息与技能的不足与匮乏。因此，创业前应尽可能多参加一些相关的社会实践活动，在实践中增长关于市场的知识，锻炼组织能力等各方面能力。当然，也可以考虑先进入现有行业内相关企业打工，通过打工的过程学习相关行业知识，了解企业运作经验，学习开拓市场，认识盈利模式，建立客户资源渠道等。

2. 充分展示创业团队优势

创业者及创业团队是创业成功与否的核心关键，在获取外部资源的过程中，应注重向外部资源拥有者，特别是投资人充分展示创业者及其团队所具备的核心竞争力，包括创业者及团队成员拥有的过往工作经历，团队拥有的核心技术优势，独特的商业模式等。除此之外，还可以通过适当方式展示团队拥有的冒险精神，不畏困难积极向上的乐观心态，对未知事物充满兴趣，对未来的发展保持好奇心的创新开拓状态。

3. 巧用杠杆撬动资源

尽管存在资源约束，但创业者并不会被当前控制或支配的资源所限制，成功的创业者善于利用关键资源的杠杆效应，利用他人或者别的企业的资源来完成自己创业的目的，通过技术入股、合作租赁、资产抵押等方式来撬动获取其他创业资源，或用一种资源补足另一种资源，产生更高的复合价值。对大学生创业者而言，因本身资源和资本有限，要学会在数字世界中用轻资产模式卡位，通过杠杆模式或共享经济模式来撬动重资产环节，可以采取多种形式的战略业务合作、参控股等模式进行重资产领域的布局（涉及土地、设备、制造等重资产、资金沉淀等环节），将重资产做轻，形成护城河，采用多种轻资产运营的方式展开，以提高资金的使用效能（研发、营销和销售），减少制造、流通环节对资金的挤占。

4. 注重主体间沟通交流

良好的交流与沟通是求得理解、支持和帮助的有效途径，是排除不必要干扰而形成合力的有效办法。创业者要通过企业家叙事等方式，使用口头语言或书面语言等形式与相关人员进行有效沟通，以增加获取创业资源成功的机会。创业者不仅需要与客户沟通、与公众媒体沟通、与外界销售商沟通，还要与企业内部员工沟通，这些沟通一方面可以排除障碍，化解矛盾，另一方面也增加彼此的信任度，有助于创业的成功。

5. 善用各类环境（政策）资源

“大众创业、万众创新”时代，从中央到地方，政府和高校通过制定和完善一系列创业政策，出台一些创业资金的优惠性政策，为大学生创业提供了宽松的政策环境，对于有创业想法的大学生来说，提早入手，提早了解这些政策，早做准备，才能利用好这些政策的优惠与扶持作用，走好创业的第一步路，意义重大。如相对于一般的中小企业，大学生创业者申请小额创业贷款更加容易。此外，拿创业项目参加以中国国际“互联网＋”大学生创新创业大赛、"挑战杯"中国大学生创业计划竞赛为代表的国家部委组织的创业赛事,以及各地方政府组织的"赢在中国""赢在南京"等各类创业赛事,既可以锻炼组织与管理能力,又可以积累个人的人脉,还可以获得相关创业基金的资助支持等,这些都是重要的获取创业资源的渠道。

同时,创客空间、大学生创业园、科技企业孵化器等各类创业服务机构星罗棋布,提供齐备的一站式服务,为各类创业资源提供了很好的聚集平台,以这类平台为载体,对共享资源、发现商业机会、营造创新创业氛围全面激活,自下而上地聚集和筛选项目,匹配优质资源,加速项目成长;和自下而上地构建生态体系,提升带动效应,帮助创业者加速实现创业梦想。

6. 汇聚筛选信息资源

信息资源涉及新创企业生产和经营活动过程中所产生、处理、存储、传输和使用的一切信息资源。就新创企业而言,面对激烈的竞争,更加需要丰富的、及时的、准确的信息,以争取更多的其他要素资源。当创业者比其他竞争者掌握更多的信息时,就能够获得更多的发展机会。对大学生创业者来说,利用互联网汇聚信息资源是必备技能,也是难度系数相对较低、获取资源效率较高的重要途径,有助于推动新创企业发展。

三、创业资源整合

整合资源是在获取了有效资源之后对其进行优化配置,使其相互配合、相互促进,形成独特的竞争优势,为创业的发展带来最佳的经济效益。整合资源是创业资源开发过程的中心环节,通过资源的整合,可以进一步将资源进行聚集和转化。创业者及其团队需要发挥自身的才能、信息等资源优势,将优势最大限度地运用到创业资源的开发过程中,通过合适的途径或方式整合资源,实现资源规模的进一步扩大,提高资源的利用价值。

(一) 多维评估外部资源

创业热潮之下,"风口"上的各种资源极其丰富,使用每个外部资源都具有不同的收益、成本和不确定性,对于创业者,尤其是大学生创业者而言,在创业初期通过多种方式收集到的创业资源会很多,但受到创业资源整合能力的制约,会导致资源扎堆而无法得以快速使用而错失,有些资源还有可能是"坏胚子",盲目使用的话会导致创业失败。因此需要创业者根据创业项目发展的需要、自身的实力以及这些资源的特点,对资源进行多角度、全方位的考究,取其精华,去其糟粕,找到尽量多的能够满足某一具体创业目标的资源要素,选择最合适的外部资源。

(二) 高效配置已有资源

要让创业成为新的常态化发展方式,更加持久地焕发活力,必须尽快让获取的资源得到更高效、更好的匹配。在充分评估获得的外界资源的基础上,创业者根据不同的创业理念,根据新创企业不同的发展阶段,准确把握瞬息万变的市场,预测市场的发展走向,基于问题导向,从企业发展实际出发,将资源的价值和潜能加以整合转化为新企业所特有的资源基础。衡量企业把个人资源转化为组织资源的标准就是创业者在多大程度上利用现有资源获得行业知识、产品知识、市场知识。此外,再丰富的资源也需要节约使用,避免浪费。创业资源的聚集效应,也要逐步向制度保障下的社会资源聚集转变,以解决"旱涝不均"的问题。

(三) 学会资源共建共享

美国石油大王约翰·洛克菲勒曾说过:"建立在商业基础上的友谊永远比建立在友谊基础上的商业更重要。"资源是创造价值的重要基础,资源交换与整合要建立在利益的基础上。新创企业要明确自身的企业战略,并识别利益相关者及其利益,在此基础上,与利益相关者构建共赢机制,有利于形成企业核心竞争力。利益相关者指的是有利益关系的组织和个体,有利益关系并不意味着能够实现资源整合,还需要有共同的利益或者利益共同点。有效整合创业资源,借助外力为自己所用是创业者成功的秘诀。大学生创业者在整合创业资源时,需要不断关注与之存在利益关系的组织和个人,尽可能挖掘更多利益共同体,通过建立利益机制不断丰富创业资源。

(四) 深度挖掘资源潜力

资源拼凑理论认为,在资源约束环境下,创业者通过手头现有资源创造性拼凑,以成本更低及相应速度更快展开创业活动并获得竞争优势。创业拼凑理论强调创业主体要重新审视手头现有资源的价值,对旧有资源重新组合拼凑,突破资源瓶颈,动态地挖掘与有效利用现有资源以突破资源约束达成创业活动。不少成功创业者都是创业资源方面的拼凑高手,他们善于用发现的眼光,洞悉身边各种资源的属性,通过加入一些新元素,与已有的元素重新组合,形成在资源利用方面的创新行为,进而可能带来意想不到的惊喜。创业者通常利用身边能够找到的一切资源进行创业活动,有些资源对他人来说也许是无用的、废弃的,但创业者可以通过自己的独有经验和技巧,加以整合创造。

四、创业资源利用及拓展

利用资源是对所获取的资源进行有效整合后,将其投入到市场生产过程中,为创业者及其创业团队创造出财富的过程。利用资源是创业资源开发过程的最后一个环节。在经过资源的识别、获取、整合之后,创业的竞争优势就会逐步形成,但并不意味着创业资源开发过程的结束或者成功。在这种竞争优势形成的基础上,必须对资源进行进一步拓展,要求不局限于创业自身的内部资源,还要横向利用其他创业同行的有效资源,通过整个创业团队的不断学习,有效借鉴和利用其他能够为创业服务的资源,拓展创业的资源库,为整个创业提供必需的多种优质资源,使其在激烈的竞争中形成核心竞争力。

总体而言,创业资源识别、获取、整合及利用拓展四个环节是创业资源开发过程中相互依存、相互联系的。资源识别是创业资源开发的起始阶段;资源获取是创业者根据企业发展实际需要和资源识别结果,尽可能利用手中已有资源和自身能力去获取那些欠缺但需要的资源,从而为资源整合和利用奠定基础;资源整合是按需分配,将资源优化组合后放到企业最需要的位置,使之转化为企业内部的独特优势;资源利用及拓展则为下一轮的循环奠定基础。

📖 案 例

"90后"女大学生有点"田"

近两年,冰草成为餐桌上的新宠,受到众多吃客的追捧。在江苏规模化种植冰草的第一人是一位24岁的萌妹子,她叫丁蓉蓉。四年前,刚考入大学的丁蓉蓉在国外初次遇到冰草,立刻被它附满"冰珠子"的外形和脆嫩多汁的口味"征服",回到国内后,丁蓉蓉说服父亲试种冰草,然而"理想很丰满、现实很骨感",父亲试种冰草一年,反复实验都没有成功。眼见父亲的投资打了水漂,一向不服输的丁蓉蓉觉得自己有必要做些什么,同时她也不想错过冰草在国内市场发展的机会,于是,刚上大二的她不顾家人的反对,毅然选择休学回老家淮安试种冰草、引种驯化。丁蓉蓉深知凭自己一个人的力量还不够,于是,她又劝说男朋友休学和她一起来追梦。在没有家人的支持和鼓励下,两个年轻人将家里留给他们结婚的五万多元全部投进了大棚,并在学校支持下,四处请教专家,一遍遍地实验。于他们而言,那是一段"衣带渐宽终不悔"的时光,没有白天和黑夜,吃住全在大棚里。终于,功夫不负有心人,他们通过对八个大棚4个变量的反复实验,556天后,他们终于成功培育出新品种——"大叶冰草",由此打破了国外垄断,并将种子价格降到了每斤3 000元。

丁蓉蓉说:"心里挺激动的,因为我们从国外引进的冰草种子价格挺贵的,比较高,达到50 000一斤,我们自己成功培育出的这个种子,不仅仅把这个成本给降下来了,然后我们的销售价格也会降低,使它能够更容易地进入到销售市场当中,让普通大众都能够接受它,品尝它。"不过,现实却给了他们当头一棒,由于两人一心扑在引种驯化上,对于如何营销却没有任何经验,结果导致冰草压在家里销不出去。最穷的时候,丁蓉蓉连200元都掏不出。这时,母校伸出了援手,让她顺利获得学校的创业雏鹰基金10 000元,并对创业项目的申报、工商税务、法律咨询、技术指导、市场开拓等提供一站式服务。丁蓉蓉告诉记者:"对于我们创业的人来说,真的是一场及时雨,挺及时的,这笔资金,哪怕现在资金很少,但是能够让我有走下去的信心。"

在母校一站式的帮助下,丁蓉蓉通过线上、线下双管齐下,一点一点地打开了市场。2018年6月,南京江宁区政府将她的冰草项目引进到南京谷里国家现代农业示范园,提供40亩的大棚给她从事冰草研究和种植。目前,她的种植基地面积从最初的数十亩迅速扩大到300多亩,成为华东最大的冰草种植基地,仅淮安基地,就带动当地几百农户就业,丁蓉蓉也从一名普通的职校毕业生华丽变身为"冰草女王"。仅2018年上半年,基地冰草、草莓、苦菊等农产品的营业额已突破1 500万元,其中,冰草不但占据着淮安地区 90% 以上、江苏地区 40% 的市场份额,还销往山东、安徽、四川等多个省份。

（资料来源:根据"人生开挂! 仅四年,24 岁萌妹子炼成'冰草女王'http://news.jstv.com/a/20181030/5bd84c2bb8318923afd73016.shtml"整理）

讨论:

1. 案例中丁蓉蓉开发获得了哪些创业资源?
2. 案例中丁蓉蓉是如何进行创业资源整合的?

第三节　创业融资概述

创业需要创业者在识别和把握机会的基础上,科学有效地整合和配置各种资源,为实现创业企业的商业目标服务,在这些资源中,资金是最为重要的资源之一。随着创业热潮来袭,创业融资问题成为创业过程中的一道绊脚石,创业者们如何获得创业资本以及社会资本的出路问题一直是学术界研究的热点问题。创业融资作为资源开发过程中的重要环节,需要从资源整合的视角进行系统考虑。

一、创业融资概念

(一) 创业融资定义

从广义上讲,融资也叫金融,就是货币资金的融通,是当事人通过各种方式到金融市场上筹措或贷放资金的行为。创业融资是指创业企业根据自身发展的要求,结合生产经营、资金需求等现状,通过科学分析与决策,借助企业内部或外部的资金来源渠道和方式,筹集生产经营和发展所需资金的行为和过程。从狭义上讲,融资就是创业者将自己的资金计划转化为商业现实以保证创业正常进行的过程。我国学者关于创业融资的主流观点是认为融资行为存在于创业发展过程的种子期、创立期和扩张期,还有部分学者认为创业发展的早期或者创立阶段也需要融资。

(二) 创业融资类型

融资种类形式多样,融资种类分为以下几种:

1. 内源融资和外源融资

这种分类方式是按照资金是否来自企业内部来进行划分。所谓内源融资是指企业依靠其内部积累进行的融资,具体包括 3 种方式:资金、折旧基金转化为重置投资、留存收益转化为新增投资。外源融资是指企业通过一定方式从外部融入资金用于投资。一般来说外源融资是通过金融媒介机制形成,以直接融资和间接融资形式实现。

2. 短期融资与长期融资

这种分类是按照资金使用及归还年限进行划分。短期融资，一般是指融入资金的使用和归还在一年以内，主要用于满足企业流动资金的需求，包括商业信用、银行短期贷款、票据贴现、应收账款融资、经营租赁等。长期融资，一般是指融入资金的使用和归还在一年以上，主要满足企业购建固定资产、开展长期投资等活动对资金的需求。长期融资方式主要有：发行股票、发行债券、银行长期贷款、融资租赁等。

3. 股权融资和债权融资

这种分类主要按企业融入资金后是否需要归还来划分。股权融资是指企业融入资金后，无须归还，可长期拥有，自主调配使用，如发行股票筹集资金。债权融资是指企业融入资金是按约定代价和用途取得的，必须按期偿还，如企业通过银行贷款所取得的资金。

4. 直接融资和间接融资

这种分类主要是按照企业融资时是否借助于金融中介机构的交易活动来进行划分。直接融资是指企业不经过金融中介机构的交易活动，直接与资金供给者协商借款或发行股票、债券等来融资。另外，政府拨款、占用其他企业资金、民间借贷和内部集资等都属于直接融资范畴。间接融资是指企业通过金融中介机构间接向资金供给者融通资金的方式，包括银行借贷、非银行金融机构租赁、典当等。

二、创业融资渠道

在我国，创业者在创业过程中受到"资金缺乏"等问题的困扰而导致创业失败的比例达到了 70% 左右，寻找到合适的融资渠道，对于新创企业来说，具有举足轻重的作用。融资渠道指的是创业者筹集创业资金的途径，或称为企业经营所需资金的来源。对于创业者来说，所有可以获得资金的途径都会成为创业资金的来源。目前，新创企业的融资渠道主要有私人投资、风险投资、机构融资、政府融资、互联网融资和高校扶持基金等六大类。

(一) 私人投资

新创企业由于各方面的原因，处于融的不利地位，较难通过传统的融资渠道获取资金。因此，私人投资无疑成为新创企业融资的主要渠道。有调查表明，我国的私营中小企业在初创阶段几乎完全依赖于自筹资金，90% 以上的初始资金主要来自创业者、团队成员以及家庭，而银行等金融机构贷款所占的比例不足 10%。私人投资大体上包含了自我融资、亲朋好友融资和天使投资三种融资渠道。

1. 自我融资

创业者自我融资主要依赖自己的存款，这是新创企业初创时期的一个重要的资金来源，包括创业者自有储蓄及合伙人出资。自有储蓄的优点是融资速度快，使用时间长以及无须利息从而降低成本等。然而，前提是创业者们必须确保他有足够的资金来维持企业运行，否则可能会在业务的初始阶段出现资金短缺，资金链断裂，从而导致创业失败。合伙创业的显著优点是可以分散业务风险，因为它由全体合伙人共同出资，所以企业获利则根据他们的投资比例分配利润,若企业亏损,根据投资比例分担损失和负债,对于创业者个人来说,降低了损失,也降低整体创业风险。缺陷在于,若企业按照出资比例分配利润,有的合伙人出资比例低,投入的是无法用货币衡量的劳动力和知识储备等,那么在分配利润时就无法获得相匹配的利润,容易产生心理上的不平衡现象。

2. 亲朋好友融资

亲友融资即向家庭成员或亲朋好友筹款,在创业初期,利用亲友融资是年轻人最常见、最简单、最有效的方式。亲朋好友因为信任而愿意把资金投入到创业者的创业中,大部分都不需要任何的抵押物和利息。这种信任感在某种程度上避免了投资者面临的不确定性和信息不对称问题。虽然从亲朋好友处获得的资金相对容易些,但与正规渠道借贷一样,这种获取资金的方式也要遵循一定的"游戏规则",要以契约或法律的形式来约束,以减少或避免不必要的纠纷。

3. 天使投资

天使投资是一种非组织化的创业投资形式,是在创业早期所进行的一次性投资。天使投资者通常是以下两类人:一类是成功的创业者,他们主要是基于自己的经验提携后来者;另一类是企业的高管或者科研机构的专业人员,他们拥有丰富的创业知识和洞察力,他们希望通过自己的资金和专业经验帮助那些正在创业的人们,体验创业激情和社会荣誉感、延续他们的创业梦想,期望投资回报。天使投资程序简单,资金可以在短时间内到位,具有高效率。天使融资一般是以股权的方式注入公司,一旦创业者创业成功,它的回报率非常高,目前这种投资方式主要还是在发达的资本主义市场,我国天使融资规模有限,尚处于发展之中,仍需要不断完善信用制度。

(二) 风险投资

风险投资是一种融资和投资相结合的全新投资方式,是指创业者通过出售自己的一部分股权给风险投资者获得一笔资金,用于发展企业、开拓市场,当企业发展到一定规模时,风险投资者卖出自己拥有的企业股权获取收益,再进行下一轮投资,许多创业者就是利用风险投资使企业渡过幼小阶段。该方式的优势是风险投资者不太关注企业目前的盈利状况,他们更关注企业未来长期的发展,相较于创业基金,风投的金额往往也是比较大的,可以更好地满足企业创业初期的各种需求,有利于有科技含量、创新商业模式运营、有豪华团队背景和现金流良好、发展迅猛的有关项目融资。

(三) 机构融资

机构融资主要包括商业银行贷款、非银行等金融机构融资以及融资租赁。

1. 商业银行贷款

银行作为经济实力雄厚的金融机构是创业者融资的重要渠道,创业者可以通过抵押贷款、信用贷款、担保贷款等方式融资,银行贷款以风险最小化为原则,因此新创企业从金融机构贷款数量均受到很大限制,当企业发展到一定阶段,具有一定的信誉、资产或其他担保时,商业银行贷款也成为创业资金的主要来源。

抵押贷款是需要借款人向银行提供一定的财产作为信贷抵押的贷款。信用贷款则凭借银行对贷款者的信任，无须任何抵押物。贷款者向银行提供的抵押物分为动产和不动产，以股票、国债、企业债券等银行承认的有价证券为动产抵押物，以土地、房屋等作为不动产抵押物。新创企业融资难主要在于其信用不足，而担保公司则能够有效解决中小企业融资难的问题。担保公司通过放大尚未成长起来的中小企业的信用，增加了中小企业的信用，从而解决了中小企业的融资难题。新创企业可以在没有固定资产抵押物的前提下，凭借担保公司的信用担保，就能够从银行贷到周转资金。

2. 非银行金融机构贷款

主要以发行股票和债券、接受信用委托、提供保险等形式筹集资金。根据法律规定，非银行金融机构包括经银保监会批准设立的信托公司、境外非银行金融机构驻华代表处、农村和城市信用合作社、典当行、保险公司、小额贷款公司等机构。创业者可通过这些非银行金融机构来取得贷款融资。

3. 融资租赁

融资租赁是一种以融资为目的用于创业发展的设备租赁活动，是集融资、融物、贸易技术更新于一体的新型金融业务，表面上看是借物，而实质上是借资，以租金的方式分期偿还。融资租赁这种筹资方式，比较适合需要购买大件设备的初创企业，但在选择时要挑那些实力强、资信度高的租赁公司，且租赁形式越灵活越好。

（四）政府融资

创业者可通过政府的相关资金援助进行融资，政府大力提倡创业，并且提出了很多优惠政策，包括税收优惠政策、财政补贴政策、增加贷款援助及鼓励中小企业到资本市场直接融资等方式。对于大学生创业来说，政府设立创业基金，通过创业计划大赛和个人申请等方式，向大学生创业项目提供资金支持。以政府为主导的大学生创业资金是一种公益资金，旨在促进大学生成功创业。政府愿意为那些有影响、有带动性、社会效益显著的创业项目提供创业资金支持。政府投资一般都是免费的，具有"难要、好花"的特点，即申请较为复杂，但没有更多的附加条件，降低或免除了融资成本。因此，大学生创业者要特别关注当地政府的相关政策，积极参与带有资金支持的大学生创业大赛活动。

（五）互联网融资

互联网融资是互联网技术、信息通信技术和金融功能的有机结合，依托大数据和云计算在开放的互联网平台上形成的功能化金融业态及其服务体系，包括传统金融机构和互联网企业利用互联网技术提供支付结算、融资、投资等金融服务。网络众筹也是其中之一，众筹类似于集资，它需要发起人、投资人和服务两方的平台来构成，在互联网时代背景下，众筹的发起人可以是任何人，投资人也可以是任何人，而平台主要就是线上网络平台，门槛很低，融资方式灵活多样，对大众的力量和创新创意的要求比较高，目前流行的众筹模式包含四种，分别是债权、股权、回报和捐赠。

（六）高校扶持基金

为深化创新创业教育，鼓励学生参加创业实践，大多数高校都设立有创业专项扶持基金以及创业大赛奖励资金等。高校创业基金，指各个高校通过多渠道筹资而设立的用于大学生创业教育和实践的基金，以鼓励本校学生进行创业尝试，其来源较广，包括企业、校友和个人捐赠等。此外，学生创业者参加中国国际"互联网＋"大学生创新创业大赛、"挑战杯"中国大学生创业计划竞赛等创业赛事，拿到的赛事奖金也可以用于推动创业项目的落地转化。通过此途径获得的融资一般资金规模不大，支撑力度有限，且缺少持续性的支持，但可以作为大学生创业启动的"第一桶金"。

三、创业融资方式

如果说融资渠道是创业资金的来路，那么融资方式则是创业者获得资金的具体形式和工具。融资方式体现了资本的属性和期限，一般可以分为两类：一类是债权融资，一类是股权融资。

（一）债权融资

债权融资是指企业通过举债的方式进行融资。债权融资获得的只是资金的使用权而不是所有权，负债资金的使用是有成本的，企业必须支付利息，并且债务到期时须归还本金。债权融资能够提高企业所有权资金的资金回报率，具有财务杠杆作用。债权人一般不参与企业的经营决策，对资金的运用也没有决策权。主要包括以下几种：银行信贷、债券融资、商业信用和融资租赁。银行信贷是债权融资的主要形式，是在一定条件下取得银行发放的资金并且按期偿还本金的融资方式；债券融资是公司按照法定程序向债权人发行、约定在一定期限还本付息的有价证券，从而获取资金的一种融资方式；商业信用是指在商品交易中由于延期付款或预收货款所形成的企业间的借贷关系，包括应付账款、应付票据、预收账款等；融资租赁是指出租人出资购买租赁物件，并租借给企业使用，企业则分期向出租人支付租金，通过融资租赁，新创企业获得出资人提供的机器设备，避免了大规模的一次性资金投入，以缓解资金周转压力。

（二）股权融资

股权融资是指向其他投资者出售公司的股权，即用所有者的权益来交换资金。这将涉及公司的合伙人、所有者和投资者间分派公司的经营和管理责任。权益融资可以让企业创办人不必用现金回报其他投资者，而是与他们分享企业利润并承担管理责任，投资者以红利形式分得企业利润。权益性融资主要包括三种：吸收直接投资、发行股票和利用留存收益。吸收直接投资是指企业直接吸收国家、法人、个人和外商等资金的一种方式；发行股票是股份公司向出资人发行用以证明出资人的股本身份和权利的一种有效凭证而筹集资本；留存收益，是指企业留存在内部的盈利，它来源于企业的生产经营活动所实现的净利润，包括企业的盈余公积和未分配利润两个部分，其中盈余公积是有特定用途的累积盈余,未分配利润是没有指定用途的累积盈余。

延伸阅读

债权融资和股权融资的区别

（一）风险不同

对企业而言,股权融资的风险通常小于债权融资的风险,股票投资者对股息的收益通常是由企业的盈利水平和发展的需要而定,与发行公司债券相比,公司没有固定的付息压力,且普通股也没有固定的到期日期,因而也不存在还本付息的融资风险,而企业发行债券,则必须承担按期付息和到期还本的义务,此种义务是公司必须承担的,与公司的经营状况和盈利水平无关,当公司经营不善时,有可能面临巨大的付息和还债压力导致资金链破裂而破产,因此,企业发行债券面临的财务风险高。

（二）融资成本不同

从理论上讲,股权融资的成本高于负债融资,这是因为:一方面,从投资者的角度讲,投资于普通股的风险较高,要求的投资报酬率也会较高;另一方面,对于筹资公司来讲,股利从税后利润中支付,不具备抵税作用,而且股票的发行费用一般也高于其他证券,而债务性资金的利息费用在税前列支,具有抵税的作用。因此,股权融资的成本一般要高于债务融资成本。

（三）对控制权的影响不同

债权融资虽然会增加企业的财务风险能力,但它不会削减股东对企业的控制权力,如果选择增募股本的方式进行融资,现有的股东对企业的控制权就会被稀释,因此,企业一般不愿意发行新股融资,而且,随着新股的发行,流通在外面的普通股数目必将增加,从而导致每股收益和股价下跌,进而对现有股东产生不利的影响。

（四）对企业的作用不同

发行普通股是公司的永久性资本,是公司正常经营和抵御风险的基础,主权资本增多有利于增加公司的信用价值,增强公司的信誉,可以为企业发行更多的债务融资提供强有力的支持,企业发行债券可以获得资金的杠杆收益,无论企业盈利多少,企业只需要支付给债权人事先约好的利息和到期还本的义务,而且利息可以作为成本费用在税前列支,具有抵税作用,当企业盈利增加时,企业发行债券可以获得更大的资本杠杆收益,而且企业还可以发行可转换债券和可赎回债券,以便更加灵活主动地调整公司的资本结构,使其资本结构趋向合理。

第四节 创业融资决策

新创企业融资是企业长远生存发展的基础,如何制定科学合理的融资策略是创业者及其团队必须细致考虑的问题。创业融资决策包括做好融资需求分析、融资成本与效益分析,把握合理的融资结构及控制权,融资方式的选择应与创业企业的成长阶段相匹配,确定适度的融资规模及融资期限。

一、创业融资估算

(一) 资金需求分析

即确定融资的用途,不同的用途影响着创业资金的需求期限。此外,创业融资是用于增加固定资产,还是用来补充流动资金,抑或是提高发展资金,都需要明确。

1. 短期资金需求和长期资金需求

(1) 短期资金。短期资金主要用于企业的日常性及临时性的资金需要。短期资金可以通过短期借款、商业信用、票据贴现、应付费用、存货抵押贷款等方式来融资。对于新创企业来说,短期融资主要考虑融资成本的大小、资金来源的可靠性及灵活性。

(2) 长期资金。长期资金具有筹资风险大、资金占用时间长、资金成本高、筹资影响深远、筹资频率低等特点。长期资金的融资主要以股权融资为主,信贷融资为辅。

2. 固定资金、流动资金和发展资金

(1) 固定资金。固定资金指的是新创企业购置固定资产的资金,例如,办公场所和设备、生产机器和设备、交通工具等。这些固定资产的购置需要大笔的资金,而且所需资金的期限也较长。创新企业应避免对固定资产方面的投资,应主要以租赁的方式来解决办公、生产所需的场地、设备等。

(2) 流动资金。流动资金指的是用来支持企业在短期内运营所需的资金,包括企业办公费、工资、差旅费、广告费等。由于新创企业的生产经营规模较小,所需流动资金并不高,主要通过初期投资和短期借款来解决。

(3) 发展资金。发展资金主要用来进行技术创新、产品开发、市场调研等。新创企业在改进技术、扩大生产规模、研发新产品、调整经营方向时需要大量的发展资金,发展资金可以通过增资扩股或银行贷款来解决。

(二) 融资规模测算

即预测资金的需求量,每一个创业者在进行融资之前都会面临这样的问题:融资多少最合适? 企业的融资额度越大,其融资的成本便随之上升,面临的债务风险就越大。因此,创业者往往倾向于通过某种方式来确立一个理想的融资额度。对于新创企业成立的最初几年,要想确切地知道企业到底需要多少资本是非常不现实的。在实际操作中,创业者可以通过经验法和财务分析法来估算需要的融资规模。

经验法是根据企业自身规模的大小,所处的发展阶段以及企业实力状况,先考虑企业自有资金,再考虑外部融资,最后结合不同融资方式的特点和优势,来确定融资额度。财务分析法是根据企业的财务报表来判断企业的财务状况与经营管理状况,进而合理地确定企业需要融资的规模。

1. 销售收入与费用预算

新创企业制订财务计划的第一步就是要预估销售收入与费用。通过市场调研、消费者购买动机调查、推销人员意见等综合来估计销售收入，此外，还要对销售费用和管理费用进行综合估计。对于新创企业来说，市场推广成本是非常大的，销售收入与推动销售收入增长所需的成本不可能对等。因此，对于第一年的全部费用都要按月估计，不可遗漏每一笔交易。经过一年之后，在预估第二年及第三年的经营成本时，主要关注那些长期保持稳定的支出，如果第二、第三年销售量的预估是比较明确的话，可以根据销售百分比法来计算出相关数据。

2. 财务报表预编

（1）预计利润表

预计利润表是应用销售百分比法的原理预测留用利润的一种报表。运用销售百分比法制订预计利润表，并据此来获得相关项目的融资需求量，应采取以下三个步骤：

第一步　依据基年预计利润表的资料，确定相关项目在销售收入中所占的比例。

第二步　对计划年度的销售收入做出预测，并用基年相关项目在销售收入中所占百分比预测相关项目的融资需求量，并编制计划年度利润表。

第三步　利用预计的比率，测算出计划年度的留存利润数额。

（2）预计资产负债表

预计资产负债表是根据基年的资产负债表和全面预算中的其他预算所提供的资料而编制的，反映企业预算期末财务状况的总括性预算。通过提供预算资产负债表，可以为企业提供会计期末企业预期财务状况信息，进而预测企业所需要的外部融资额度。

（3）预计现金流量表

预计现金流量表是反映企业一定时期内现金流入与流出情况的一种财务预算。它从现金的流入和流出两个方面，揭示企业一定时期内的经营活动、投资活动和筹资活动所产生的现金流量。预计现金流量表的编制可以弥补编制现金预算的不足，有利于了解计划期内企业的资金流转状况和企业经营能力，而且能突出表现一些长期的资金筹集与使用的方案对计划期内企业的影响。同预估利润表一样，如何精确计算出现金流量表中的项目是一个难题。为此，在预计财务报表时需要假设各种情境，比如最乐观的估计、最悲观的估计以及现实情况估计。这样的预测既有助于潜在投资者更好地了解创业者如何应对不同的环境，也能使创业者熟悉经营的各种因素，防止企业陷入可能的灾难。

通过以上的财务指标能在一定程度上量化新创企业发展过程中的资金缺口，能为企业管理层做出决策提供相应的依据。需要指出的是，融资需求量的确定并非是一个简单的财务问题，而是一个考虑到未来的决策过程，它需要在财务数据的基础上，全面考虑企业的经营环境、市场状况、创业计划等内外部因素，结合新创企业的发展预测融资需求量。

（三）融资成本估算

融资成本是资金所有权与资金使用权分离的产物，是企业为筹集和使用资金而付出的代价，其实质是资金使用者支付给资金所有者的报酬。因此，企业融资成本实际上包括两部分:融资费用和资金使用费。一般而言,企业融资成本包括用资费用和筹资费用两部分,由于大多数小微企业的贷款金额(筹资数额)较少,企业的信誉较低,在融资过程中支付的其他费用(筹资费用)相对较高。融资成本的计算公式如下:

$$融资成本 = 每年的用资费用/(筹资数额 - 筹资费用)$$

由于企业融资是一种市场交易行为,有交易就会有交易费用,资金使用者为了能够获得资金使用权,就必须支付相关的费用,如委托金融机构代理发行股票、债券而支付的注册费和代理费,向银行借款支付的手续费等。当然除了上述成本,还有机会成本,机会成本是指一种选择或决策的代价——将资源用于某种用途时必须放弃的其他最好用途的价值。机会成本与资源的稀缺性有关。因为资源是稀缺的,我们做任何选择都是有成本的。因此,企业在进行融资决策时,应将其纳入考虑范围。此外,有时候还需要注意沉没成本,沉没成本是指已经失去的收益或付出的代价,不论采用什么方式和方法,均不能挽回的损失。沉没成本是一种历史成本,对现有决策而言是不可控成本,会很大程度上影响人们的行为方式与决策,因此,在投资决策时应注意沉没成本的干扰。

⚡ 延伸阅读

销售百分比法

销售百分比法是根据销售增长与资产、负债和留存收益增长之间的关系,预测未来资金需要量的方法。该方法是建立在收入、费用、资产、负债与销售收入之间存在固定比例的前提下。基本步骤包括:

1. 根据销售总额确定融资需求

(1)确定销售百分比

(2)计算预计销售额下的资产和负债

(3)预计留存收益增加额

留存收益增加=预计销售额×计划销售净利率×(1-股利率)

(4)计算外部融资需求

外部融资需求=净经营资产增加量-可动用的金融资产-留存收益增加

2. 根据销售增加量确定外部融资需求

外部融资需求=增加的经营资产-增加的经营负债-可动用的金融资产-留存收益增加=(经营资产销售百分比×增加的营业收入)-(经营负债销售百分比×增加的营业收入)-可动用的金融资产-[计划销售净利率×计划销售额×(1-股利支付率)]

二、创业融资策略

(一)注意创业不同阶段融资需求的变化

新创企业的成长可以分为种子期、起步期、成长期、成熟期和衰退期五个阶段。在不同的发展阶段对资金的需求有不同策略,因此其资金的使用方式和资金的筹集方式也不同。

1. 种子期的融资策略

在企业种子期,创业者可能只有一个好的点子而已,企业可能正在筹建,技术不成熟、管理无经验、产品无市场、生产无规模,因而风险很高,敢于投资的机构和个人非常少,这一阶段企业最需要的是能够长期使用的资金。融资策略是依靠股权融资,以支付少量的流动资金和固定资金支出。这一阶段一般只会得到个人投资者的青睐,几乎难以获得银行的资金支持,个人积蓄和家庭、朋友融资是最主要的资金来源。

2. 起步期的融资策略

进入起步阶段的新创企业已开发出新产品的样品,生产方案也比较完善,但仍有需要改进的地方,特别是考虑到新产品的市场接受度。这一阶段的资金主要用于提高生产能力和开拓市场。资金需求量大,且企业还没有经营记录,投资风险比较大,从银行那里获得的贷款可能性比较小,也不可能从资本市场上直接融资,只能依靠风险投资。这一阶段企业既需要能够长期使用的固定资金,也需要短期融资的流动资金。其融资策略应以创业风险投资、中小企业投资公司投资、政府财政投资、担保下的银行贷款等股权融资为主,信贷融资为辅。

3. 成长期的融资策略

这一阶段的企业在生产、销售、服务方面基本上有了成功的把握。虽然企业能够进行批量化生产,但市场销售渠道还不完备,企业的品牌形象也待加固。因此,企业在成长期除了要扩大生产规模,还要组建起自己的销售队伍,积极开拓国内外市场;树立起企业的品牌形象,确立企业在业界的主导地位。这一阶段的企业极具投资价值,完全能够通过资本市场进行大规模的融资。企业可以从自身条件与需求出发,确定合理的财务杠杆比例,采取融资组合策略。这一阶段的融资主要考虑以吸引商业银行的信贷资金和投资基金为主,以投资公司、海外投资者的股权融资为辅。

4. 成熟期的融资策略

成熟期的企业已具备一定的生产、销售规模,也就具备了一定的融资能力。因此,创业企业往往把公开上市作为一个较为彻底的解决方案,利用资本市场来丰富企业可利用的财务资源,以满足创业企业高成长下的资金需求。

5. 衰退期的融资策略

这一阶段的企业组织结构老化,变革动力不足,创新意识减弱,管理成本上升,企业可能出现负增长。企业的应对策略是应尽快稳定人才队伍,寻找新的创新产品。对创业投资者来说,也应迅速撤离,避免资金沉淀。

(二)确保股权融资与债权融资的均衡

1. 创业融资的顺序选择

企业在特定的时期既需要债务融资也需要股权融资。大多数创业者一开始都采取股权融资来刺激增长,一旦企业自身的身价提高了,他们便转而寻求债务融资。一般情况下,在投资的早期阶段,负债比出让股权更便宜,但股本投资者愿意承担更大的风险,因此,股权融资适合新创企业的起步阶段,尤其是在研发以及产品开发阶段。国外也有研究认为小企业在起步时期,外部债务融资优于外部股权融资,因为债务融资可以有效减少外部所有权和控制、逆向选择等问题。但是,当企业需要大规模融资时,外部股权融资就显得极为重要。创业者如何选择? 极端情况下:一是不放弃企业的所有权而背负债务;二是放弃部分所有权以避免借贷。在绝大多数情况下,债务融资和股权融资两者结合起来才是最适合的,需要创业者根据实际情况取舍。

2. 尽可能保持企业的控制权

债权融资的优点主要体现在:只要按期偿还贷款,贷方就无权过问公司的未来及其发展方向;贷款的支付金额是可以事先预测的——它不会改变公司的命运。而其缺点主要体现在:如果借方不能偿还贷款,贷方可以迫使公司破产。

股权融资的优点主要体现在:股权融资往往数额大、成本低,如果公司没有利润,投资者甚至没有利润分享可言;投资者不能迫使公司破产;投资者对公司的兴旺与否更加关心,所以经常会向公司提供一些有益的建议和有价值的合同。其缺点主要体现在:股权融资伴随了企业控制权和所有权丧失问题,股权融资对于投资者风险更大。

三、融资效益提升策略

效益是每一个企业所追求的,提高效益是每一个项目的目标,而效益是一个综合性因素,取决于企业的每一个环节,根据不同的融资渠道来源及企业发展实际情况,企业在融资中提高效益的策略有以下几个方面。

(一) 量力而行,以投定筹

任何资本的使用都是有代价的,只有融入的资本在投放后能产生高于资本成本的报酬,扩大融资规模才是可行的。在融资时机、组合的选择上都必须依据和适应投资的要求,不要以为只要融资就是好事,不量力而行反而可能导致企业无力还本付息而形象受损,甚至造成企业破产。所以根据自身情况,合理确定融资规模是十分必要的。

(二) 选择融资方式,降低资本成本

资本成本是融资效益的决定性因素,对于选择评价融资方式有重要意义,一般来说权益资本成本高于债务资本成本,但由于各方面影响,不能只讲个别资本成本,企业应寻求融资方式最优组合,合理确定各个融资环节的成本,从而达到融资成本最小化。

(三) 合理确定融资规模和融资期限

企业在筹集资金时,首先要确定企业的融资规模。筹资过多,或者可能造成资金闲置浪费,增加融资成本,或者可能导致企业负债过多,使其无法承受;而如果企业筹资不足,则又会影响企业投资计划及其他业务的正常开展。至于融资期限,往往要在短期融资与

长期融资两种方式之间进行权衡,做何种选择主要取决于融资的用途和融资人的风险性偏好。

从资金用途上来看,如果融资是用于企业流动资产,则由于流动资产具有周转快、易于变现等特点,宜于选择各种短期融资方式;如果融资是用于长期投资或购置固定资产,则适宜选择各种长期融资方式,如长期贷款、企业内部积累、租赁融资、发行债券、股票等。

(四)融资管理规范化

企业融资管理主要指企业融资的一套审批程序以及融资过程中的组织管理工作。融资的审批程序主要涉及可行性分析,计划书的编制和批准执行,融资管理结构的工作效率,在融资过程中组织管理工作的难度取决于融资范围、投资者意愿、融资条件等,必须对上述工作制定健全的制度加以规范。

(五)分析融资环境,选择融资机会

影响企业融资的环境因素有社会环境因素,如政府经济政策、利率走势、税收政策等;企业环境因素,如企业规模、市场占有率、经济风险、企业历史等。评价融资环境的目的在于抓住有利的融资机会,既不能消极被动、坐失良机,也不能盲目冲动、夸大机会,应冷静选择有利的融资机会。

📖 案 例

京东公司的融资历程

1998 年,刘强东成立京东公司,发展至 2007 年,公司员工数 50 人,年销售额 5 000 万,凭借自身发展潜力赢得今日资本 1 000 万美元的投资,这成为京东融资历程里的第一笔资金,融资主要用于拓展产品品类和自建仓储物流体系。2009 年初,京东斥资成立自有物流公司,计划建立以华北、华东、华南、西南、华中、东北为六大中心的物流体系。京东获得了今日资本、熊牛资本、梁伯韬私人投资共 2 100 万美元,这是金融危机后中国电子商务企业融到的第一笔资金,京东将 70% 的资金用于物流系统的建设。

2009 年京东年营业额约达 40 亿元,显示了京东在电子商务领域的巨大发展潜力。京东计划 2010 年将客服中心的座席由 150 个增加至 400 个,进一步提升服务质量和用户体验。2010 年老虎环球基金投资 1.5 亿美元,这笔融资是金融危机后中国电子商务企业获得的数额最大的一笔投资。2011 年,为建设技术研发项目,筹建 7 个一级物流中心,京东获得了俄罗斯 DST、老虎基金等六家基金和一些社会知名人士的融资金额总计 15 亿美元,这是中国互联网史上单笔数额最大的融资。

2012 年京东自营快递获得快递牌照,而近几年京东一直都是亏损的营业状态,在上市融资并不可取的情形下,为了支撑其不断扩张的物流系统的建设,京东获

得了安大略教师退休基金等投资3亿美元的投资。在2013年前三个季度京东首次扭亏为盈,实现盈利6000万后,迅速申请了IPO。2014年5月22日,京东于纽约纳斯达克挂牌上市,开盘报价21.75美,融资17.8亿美元。资金主要用于开拓自营生鲜市场、开拓三线以下城市,以及扩大国际业务布局。

从以上数据总结可知,京东上市前融资约23亿,主要用于低价策略、仓储物流系统建设等方面,而上市后融资约18亿,主要用于业务扩张,资金用途方面有所区别。

[资料来源:根据"曹文玉.浅谈京东融资历程及其SWOT分析[J].全国商情(经济理论研究),2016(3)"整理]

案例中的京东根据自身所处不同创业发展阶段的融资需求,以及不同融资渠道所能提供的资金数量以及所产生的风险程度等特点,将不同阶段的融资需求和融资渠道进行匹配,在创业发展的不同阶段采用了适合的融资渠道,从而提高融资效率,获得所需创业资金。

思考讨论

1. 京东的融资渠道有哪些,各有什么特点?
2. 在新创企业的不同发展阶段,如何匹配融资渠道?

本章小结

1. 尽管目前对创业资源的概念界定及具体分类并没有公认的标准,但创业者获取创业资源的最终目的是为了组织这些资源并实现创业成功,因此,识别获取创业资源之后还要学会进一步整合,以提高创业绩效并获得创业成功。

2. 新创企业融资难已经是业界共识。了解融资渠道和融资方式,是进行创业融资的重要前提条件。

3. 新创企业融资时,要考虑企业发展的实际情况,合理制定融资决策,提升融资效益。

思考题

1. 创业资源的含义是什么?有哪些种类?
2. 创业资源获取的途径有哪些?
3. 如何进行创业融资资金测算?
4. 对创业者而言,该如何选择创业融资的渠道和方式?
5. 如果你想创业,请根据你所选择的行业盘点自己的资源并构想如何整合。

第六章 创业计划的制订与实施

学习目标

通过本章的学习,学生会认识商业模式选择的重要性,学会为初创企业选择恰当的商业模式。掌握创业计划书的基本构架、主要内容和撰写步骤;理解创业计划展示的重要性,了解项目路演的基本内容、准备工作和演讲策略;能够判断适合创业者的新企业组织形式,能为新企业取一个响亮的名称,为新企业选择合适的地址,了解新企业注册流程。

案例导入

从创业大赛到公益创业

郭昊,北京建筑大学工商管理专业 2015 届毕业生,现为北京安创空间数据研究中心法人代表、理事长兼副主任。

2013 年 10 月,郭昊创立了北京建筑大学大学生科学技术协会,打造了一个服务大学生创新创业的良好平台。他的团队以创业计划项目"高密度人流场所安全疏散解决方案"在 2014 年"创青春"全国大学生创业大赛斩获银奖。创业大赛结束之后,郭昊更认识到"高密度人流场所安全疏散解决方案"项目极其适合公益创业。出于对公益事业的热忱及社会责任感,他决定实践创业竞赛的项目将就业与创业相结合,扎根公益自主创业,实践公益精神,做到学以致用,服务百姓民生。

2015 年 9 月,刚刚走出校门的郭昊成立了北京市第一家由大学生自主创业成立的研究空间数据并服务于公众安全的科技类民非——北京安创空间数据研究中心。机构以高校专业的学术支持及人力资源为依托,基于对空间数据的采集、建模、仿真分析,是专业从事行人流安全疏散解决方案、人群组织与设施优化设计、交通基础设施设计与优化方案、密集场所行人流检测技术的交通虚拟现实技术等服务的综合性研究中心。

中心成立伊始,创业的艰辛使得郭昊深深意识到:创业本就不易,公益创业更是难上加难。只有坚持,挖掘出百姓民生需求,找到正确的切入点,才能使中心有所发展。由此,北京安创空间数据研究中心作为一个先行者,尝试开展了"南锣鼓巷安全屏障"项目。该项目完全从公益角度出发,出于对南锣鼓巷的建筑保护、文化传承等方面做研究,已经形成了初步成果并报送给北京市相关部门。中心可以算是一个刚刚诞生的婴儿,作为年轻的团队,在情怀和梦想的推动下,在各级政府部门的关怀与支持下,北京安创空间数据研究中心及郭昊一定会茁壮成长,走得更长远。

第一节 商业模式的设计

商业模式,是管理学的重要研究对象之一,MBA、EMBA 等主流商业管理课程均对"商业模式"给予了不同程度的关注。在分析商业模式过程中,主要关注一类企业在市场中与用户、供应商、其他合作伙伴(即营销的任务环境的各主体)的关系,尤其是彼此间的物流、信息流和资金流。通常将企业与企业之间、企业的部门之间乃至与顾客之间、与渠道之间都存在各种各样的交易关系和联结方式称之为商业模式。

在全球化浪潮冲击、技术变革加快以及商业环境变得更加不确定的时代,决定企业成败的重要因素不是技术,而是商业模式。在某种程度上讲,商业模式是企业的鲜明旗帜,是企业核心竞争力的坚实基础,是企业长远发展有效的保障。商业模式是一个比较宽泛的概念,与其有关的说法有很多,如运营模式、盈利模式、B2B 模式等。但人们认同的说法是,商业模式是企业整合资源、进行战略规划,从而充分利用创业机会,最终实现利润目标的内在逻辑。

通俗地说,商业模式就是企业如何赚钱的方式,但商业模式并非仅限于企业盈利方法或过程,而是一个整体和系统。例如,亚马逊运用新型商业模式使其网上书店仅用短短几年时间就发展为世界上较大的图书零售商,给传统书店带来了严峻挑战,新型商业模式显示出的强大生命力与竞争力可见一斑。

一、商业模式内涵中的构成要素

在构建商业模式的实践中,我们往往会根据任务模块与其作用指向拆分成若干要素,这些要素往往在构建中具有极强的概括性与普遍性,并指导创业者、管理者快速构建其商业模式,并开始运营。商业模式从构成要素来讲可以被划分为以下九个维度。

(一) 价值主张(Value Proposition)

价值主张指企业通过其产品和服务能向消费者提供的价值,确认了企业对消费者的实用意义。供给方通过自己的产品和服务能为需求方所能提供的价值,揭示了商业模式的本质,是商业模式构成要素中的核心部分。价值主张也是企业向消费者所传达的核心理念,简而言之就是我们是谁? 我们要干什么? 例如,耐克的"Just do it!"和小米公司的"小米,为发烧而生"等,都是其价值主张的体现与表达。价值可以是通过价格、数量、效率等的定量表现,也可以是通过产品或服务在体验、设计等方面的定性表现。价值主张是商业模式构成要素的核心,也是产品或服务吸引顾客的决定性因素。

（二）目标客户（Target Customers）

目标客户指企业所瞄准的消费者群体。这些群体具有某些共性，从而使企业能够（针对这些共性）创造价值。定义消费者群体的过程也被称为市场细分。公司所瞄准的目标客户，也是公司的服务对象。公司往往会根据其产品特征、服务类型在市场上定位其服务对象，消费者目标群体在一定程度上往往也会反作用于企业所生产的核心产品与服务。在商业模式的设计中，创业者需要明晰我们的重要客户是谁？我们正在为哪类人创造价值？目标客户的判断往往关乎着产品销售的成功与否，对于企业实现盈利起到了决定性作用。

（三）客户关系（Customer Relationships）

客户关系指的是企业与其消费者群体之间所建立的联系，这种关系的建立决定了买卖合同的生效。客户关系目前可以简单归纳为三个阶段，分别为客户获取阶段、客户维系阶段以及客户价值再创造阶段，在每一个阶段内都会产生适应其阶段发展的客户关系。随着互联网商业的发展壮大，客户关系也逐渐朝着多元化、复杂化、互利共赢的方向发展，客户关系的构建以及客户关系的管理都体现着企业的核心竞争力。

（四）成本结构（Cost Structure）

成本结构指服务或产品成本中各项费用所占的比例，即所使用的工具和方法的货币描述。在构建商业模式的过程中，我们往往都需要考虑生产成本、管理成本、销售成本等诸多方面的成本因素，也是企业投入运营、制定策略、评估效果等行为不可缺少的考量因素，清晰认识到商业模式构建中的成本结构是有效控制成本以及优化资源配置的前提。在现行商业模式的成本结构中，往往介于成本驱动与价值驱动两类极端情况之中，但无论采用哪种成本结构，都需要考虑企业自身发展需求、产品类型等多方因素，从而实现降本增效。

（五）收入模型（Revenue Model）

收入模型即企业通过各种收入流（Revenue Flow）来创造财富的途径。收入模型反映在产品与服务的定价方面，回答了企业如何实现盈利，实现多少盈利的问题。目前常见的收入模式有使用收费、授权收费、广告收费等等。收入模式不仅揭示了企业价值的所在，也展现了企业获得价值的整体流程，是评估商业模式成效最直观的要素。

（六）核心能力（Core Capabilities）

核心能力即公司执行其商业模式所需的能力与资格。商业模式如何能够被落地实现往往依赖的是其驱动整个体系的核心能力。核心能力可以是多方面的，它可以来源于技术、资金、管理能力等。不同的行业对于企业核心能力的要求是存在差异的，但不可否认的是核心能力的形成对于任何一个企业来讲都是至关重要的，是企业竞争的筹码，也是企业进一步发展转型的据点。

（七）销售渠道（Distribution Channels）

销售渠道指向的是如何与消费者实现连接。销售渠道是完成销售目标,实现盈利的重要保障,销售渠道的设计也揭示了企业将如何开拓市场,涉及企业的市场及分销策略。渠道也是企业决定主要业务方向的支持性因素。在此,我们需要考量的是需要从哪些渠道获取客户? 如何匹配收益率最高的渠道? 如何整合多种渠道并减少渠道冲突? 考量上述问题的目的在于帮助企业达到降本增效的运营要求,扩展企业市场,帮助企业实现可持续发展。

（八）价值匹配（Value Configurations）

价值匹配即资源和活动的配置,也可以具化到企业的具体业务。对于任何一个企业来讲,资源都是有限的,如何确定资源分配的优先序,并按其优先序将有限的资源进行合理匹配,提供既符合企业自身资源约束,又符合市场客户需求的业务,在商业模式设计的过程中是值得考量的。业务活动是企业创造和提供价值主张、接触市场、维系客户关系并获取收入的必要保证。

（九）合作伙伴网络（Partner Network）

合作伙伴网络指企业同其他企业之间为有效地提供价值并实现商业盈利而形成的合作关系网络,是为了实现向顾客提供价值的目标,不同的主体相互之间具有关联性的、支持性的活动。这种活动形成了企业的合作伙伴网络,也可称其为价值链。这种直接与间接的合作关系都是企业发展和运作的有力支撑。

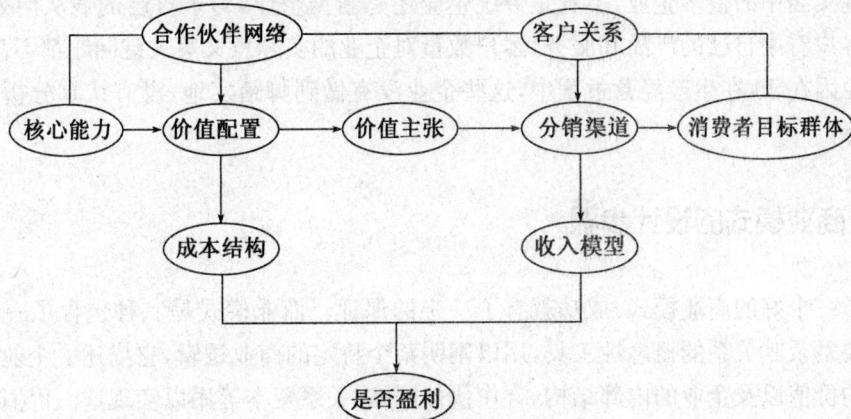

图 6-1　合作伙伴网络

二、成功商业模式的特征

成功的商业模式具有以下 3 个特征。

（一）成功的商业模式能提供独特的价值

创业者通过确立自我的独特性来保证市场占有率。有时候这个独特性的价值可能是新的商业思想。而更多的时候是产品和服务独特性的结合。这种组合要么可以向客户提供附加价值，例如，能用更低的价格获得同样的产品或服务，要么使得客户能用同样的价格获得更多的好处。例如，近年流行的经济型连锁酒店的常年入住率达到 90% 以上，与传统酒店截然不同的经营模式让其收获成功。

（二）成功的商业模式是难以模仿的

企业可以通过确立自己的与众不同之处，如对客户的悉心服务或无与伦比的执行能力等，来提高行业的进入门槛。比如直销模式，人人都知道其如何运作，也都知道戴尔公司是直销的标杆，但很难复制戴尔的模式，原因在于"直销"的背后是一整套完整的、极难复制的资源配置和生产流程。难以模仿意味着企业的经营模式是可持续的，它能够让企业保持较快的成长速度。

（三）成功的商业模式是脚踏实地的

企业要做到量入为出和收支平衡，这个看似简单的道理，想要持续一以贯之，却并不容易。现实当中的很多企业，不管是传统企业还是新型企业，对于自己的钱从何处赚来、为什么客户看中自己的产品和服务、客户数量对企业的实际意义等关键问题都不甚了解，而究其原因在于，在生产经营过程中，这些企业没有做到脚踏实地，没有认真分析顾客的各项指标。

三、商业模式的设计步骤

有了一个好的商业模式，成功就有了一半的保证。商业模式是一种包含了一系列核心商业要素及其关系的概念性工具，用以阐明某个特定的商业逻辑，它描述了企业能为客户提供的价值以及企业的内部结构、合作伙伴网络、关系资本等用以实现这一价值并产生可持续盈利的要素，商业模式创新需要依据客户、价值和利润这三个核心要素来回答以下问题：

企业的客户在哪里？

企业能为客户提供什么价值？

企业如何以合理的价格为客户提供这些价值并从中获得企业的合理利润？

（一）商业模式的设计思路

1. 从客户的角度来理解商业模式

公司在运营过程中，往往会从自己的角度看问题，忽略了客户是怎么看问题的。最常见的例如，公司认为客户需要的是一个产品或者一个服务，而客户则需要的是一整个解决方案。智能手机战胜传统手机就是这样的一个例子。许多公司以为老百姓需要的是一台质量更好的电话，而客户实际需要的是一个拿在手上能解决和通话相关的所有问题（上网、下载、联系、语音和视频等等）的一个东西。这也是苹果公司大获全胜，而西门子等众多厂家最终退出手机市场的原因。

从客户的角度来考虑问题，就需要我们切换视角，需要向客户"移情"。客户看到的是什么，客户听到的是什么，客户说的是什么，客户做的是什么，客户想的是什么，客户希望获得的是什么，他们的痛点和难点在哪里。通过这些视角来让客户决定他们需要的价值主张、渠道通路、客户关系和收入来源。

2. 从创意构思的角度来设计商业模式

这需要设计者忘记过去，忘记现状，忘记竞争对手和正统的商业观点。从创意的角度来考虑商业模式。其中最重要的关键字是"假如"。假如可以提供免费电话服务，于是网络电话出现了；假如可以不从银行那里贷款，于是 P2P 模式贷款行业出现了；假如客户可以自己组装家具，于是宜家家具出现了。

但是忘记这些并不代表没有原则和焦点遵循。设计者可以从"我的企业目前或者将来有什么样的资源""企业可以提供什么样的服务和产品""客户需要什么""我们要怎样得到收入"来考虑问题。举例来说，亚马逊提供云服务是基于其零售服务建立了庞大的服务器和存储空间的资源，代驾是基于新的客户需求，赠送血糖测试仪但对消耗品收费是基于收入方式设计的商业模式。

3. 可视化思考

这里可以使用的工具比较多，比如商业画布模型，以及现在流行的思维导图等工具，帮助我们去思考和设计商业模式。这需要参与者有共同的语言规则，能够理解互相之间在表达和交流什么。良好的可视化图像可以给商业模式设计者提供一个全面的视角来综合审视每个环节之间的联系，还可以向团体、伙伴和投资者成功表达设计者的创新之处和想法。

4. 原型制作

或者叫作深入思考和研究各种能够达到目标的商业模型。当我们初步设计出一种商业模式的时候，我们常会被自己所设计出来的东西"迷住了"。我们需要不断地质疑自己和深入比较各种不同的模式，不断刨根问底，而不是沾沾自喜。

面对着自己设计出来的全新的商业模式，我们可以不断问自己，如果增加一个客户细分群体，商业模式会变成什么样？如果去掉一些成本很高的业务，商业模式又是什么样？如果我们加入一些免费的产品，又会变什么样子？我们应该通过不断地质疑和画出新的商业模式模型，得到不同的结果和商业模式，最终选出相对合理的商业模式。

5. 通过讲故事来不断地验证商业模式的合理化和可实现性

为什么要讲故事，就是要让其他人明白你设计出的商业模式实际是怎么回事，让商业模式不再抽象。同时，通过讲故事，来验证商业模式的合理性。讲故事也更容易提高你的朋友、投资者和设计团队参与的积极性。在故事里，你可以假设自己是一名客户，也可以是公司的合作伙伴，从不同的角度来告诉大家故事主角的感受和需求。你也可以通过角色扮演、视频、图像等方法来演示整个故事。

6. 通过事实来推测将来的商业情景

这和创意构思的方法有些类似，但创意是更自由地设计，而情景推测则更适合于"经理人"来做。根据目前的市场状况和未来的市场分析，来推测将来的行业商业模式。

这种模式个人理解有点像 SWOT 分析方法。设计者需要全面地理解目前的产品特点或者行业情况，把这些细节列出来，然后根据专业的行业分析或者专家预测来推测将来的发展趋势，从而根据趋势来设计适合未来的商业模式。

这六种方法并不是独立的，实际操作中有许多思路是可以互相穿插和借鉴的。设计者可以通过不同的方法来设计和检验自己的商业模式。同时这些思考也可以作为其他方面的商务需求指导。

（二）商业模式的设计流程

首先谈一下商业模式设计的流程。奥斯特瓦德博士提出了以下被称为"奥斯特瓦德商业模式模型"的设计流程。

1. 动员和准备阶段

参与商业模式设计的人需要在一起了解商业模式的内涵和元素，以及元素之间的关系，并且整理出一套共同的语言来交流如何设计商业模式。这一阶段的关键是要选择合适的人进入设计团队。而风险是大家可能高估了初始创意的价值，这在创业公司中很常见。

2. 收集信息阶段

团队人员要按照商业模式的要素要求，充分了解和收集相关的信息，例如客户的信息，行业的信息，市场需求和痛点，等等。这一阶段的关键是要对潜在市场进行深入的调研，而不是仅仅对传统市场进行观察。风险是设计者受到初始创意高估的影响，可能歪曲了对市场的感觉，夸大或者减小了某些因素的影响。

3. 初步搭建阶段

将之前两步得到的信息组合起来，并且按一定的思路转化为可执行的商业模式策略。这个阶段的关键是要求不同类型和部门的人一起基于之前的调研，以头脑风暴的形式参与设计。主要的风险则是可能没有深入探讨，过早出现结论，忽略了一些好的想法。

4. 实施阶段

实施设计出来的商业模式。这时候的关键是团队要有好的执行力和沟通力，风险则是管理人员认为商业模式已经设计好了，出现积极性降低和麻木的现象。

5. 管理和调整阶段

通过商业模式执行实践中,对已建立的商业模式进行持续不断的监测、评估和调整,关键是要保持主动积极的态度,尽量向前看。风险是当发现商业模式可以赚钱后,误以为自己完全成功了,从而放弃思考。

(三) 商业模式的创新思路

商业模式创新是改变企业价值创造的基本逻辑以提升顾客价值和企业竞争力的活动。既可能包括多个商业模式构成要素的变化,也可能包括要素间关系或者动力机制的变化。在所有的创新当中,商业模式的创新属于本源的创新,商业模式必须根据客户需求的变化,以及融资方式和市场竞争形式的演变等多方面因素,及时做出调整和更新。通常来说,企业商业模式的创新和再造流程包含六个方面:

(1) 通过量变扩展现有的商业模式。也就是说,保持原有商业模式,要么将业务引向新的领域,进而增加客户量,要么调整价格或增加产品线和服务种类。这些都是通过量变,在原有的商业模式基础上增加回报率。

(2) 对已有的商业模式的独特性进行更新。这种方式注重的是企业向客户提供的价值更新,借以抵抗价格竞争带来的压力。

(3) 将成功模式复制到新的领域。用现有的运营方式向新市场推出新产品,在新的条件下,复制自己的商业模式。

(4) 通过兼并来增加新的商业模式。通过购买或出售业务,重新为自己的商业模式定位。

(5) 突破现有能力限制来创造新的商业模式。利用企业在当前商业模式中积累的能力、知识和关系,创造出一系列成功的商业模式。

(6) 从本质上改变商业模式。这种情况在 IT 行业尤其多见,在经济环境风云莫测的当下,为了适应时代前行和经济发展,一些企业可以完全推翻之前的商业模式,甚至是自身重组进而实现行业转型。资本市场的成功运作使得这些企业有能力彻底改变商业模式或是彻底转行。比如,一些之前做手机的企业现在开始做新能源汽车了。

(四) 当代国际市场中的主流电子商务商业模式

1. B2B——企业对企业

B2B(Business to Business)是指进行电子商务交易的供需双方都是商家(或企业、公司),他们使用了互联网的技术或各种商务网络平台,完成商务交易的过程。电子商务是现代 B2B marketing 的一种具体主要的表现形式。

B2B 案例:阿里巴巴、慧聪网

2. C2C——个人对个人

C2C(Customer to Customer),意思就是消费者个人间的电子商务行为。比如一个消费者有一台电脑,通过网络进行交易,把它出售给另外一个消费者,此种交易类型就称为C2C 电子商务。

C2C 案例：淘宝、易趣、瓜子二手车

3. B2C——企业对个人

B2C（Business to Customer），其中文简称为"商对客"。"商对客"是电子商务的一种模式，也就是通常说的直接面向消费者销售产品和服务商业零售模式。这种形式的电子商务一般以网络零售业为主，主要借助于互联网开展在线销售活动。B2C 即企业通过互联网为消费者提供一个新型的购物环境——网上商店，消费者通过网络在网上购物、网上支付等消费行为。

B2C 案例：唯品会、乐蜂网

4. C2B——个人对企业

C2B（Consumer to Business），是互联网经济时代新的商业模式。这一模式改变了原有生产者（企业和机构）和消费者的关系，是一种消费者贡献价值（Create Value），企业和机构消费价值（Consume Value）。C2B 模式和我们熟知的供需模式（DSM，Demand Supply Model）恰恰相反，真正的 C2B 应该先有消费者需求产生而后有企业生产，即先有消费者提出需求，后有生产企业按需求组织生产。通常情况为消费者根据自身需求定制产品和价格，或主动参与产品设计、生产和定价，产品、价格等彰显消费者的个性化需求，生产企业进行定制化生产。

C2B 案例：海尔商城、尚品宅配

5. O2O——线上到线下

O2O（Online To Offline，在线离线/线上到线下），是指将线下的商务机会与互联网结合，让互联网成为线下交易的平台，这个概念最早来源于美国。O2O 的概念非常广泛，既可涉及线上，又可涉及线下，可以通称为 O2O。主流商业管理课程均对 O2O 这种新型的商业模式有所介绍及关注。

O2O 案例：美团、饿了么

6. F2C——工厂到个人

F2C（Factory to Customer），即从厂商到消费者的电子商务模式。

F2C 案例：戴尔

7. B2B2C——企业-企业-个人

B2B2C 是一种电子商务类型的网络购物商业模式，B 是 Business 的简称，C 是 Customer 的简称，第一个 B 指的是商品或服务的供应商，第二个 B 指的是从事电子商务的企业，C 则是表示消费者。第一个 Business，并不仅仅局限于品牌供应商、影视制作公司和图书出版商，任何的商品供应商或服务供应商都能可以成为第一个 Business；第二个 B 是 B2B2C 模式的电子商务企业，通过统一的经营管理对商品和服务、消费者终端同时进行整合，是广大供应商和消费者之间的桥梁，为供应商和消费者提供优质的服务，是互联网电子商务服务供应商。C 表示消费者，在第二个 B 构建的统一电子商务平台购物的消费者。B2B2C 来源于目前的 B2B、B2C 模式的演变和完善，把 B2C 和 C2C 完美地结合起来，通过 B2B2C 模式的电子商务企业构建自己的物流供应链系统，提供统一的服务。

案例：京东商城、天猫商城

四、大健康产业主要商业模式

大健康产业是具有巨大市场潜力的新兴产业，是指与维持健康、修复健康、促进健康相关的一系列健康产品生产经营、服务提供和信息传播等产业的统称。具体包括五大细分领域：一是以医疗服务机构为主体的医疗产业；二是以药品、医疗器械、医疗耗材产销为主体的医药产业；三是以保健食品、健康产品产销为主体的保健品产业；四是以健康检测评估、咨询服务、调理康复和保障促进等为主体的健康管理服务产业；五是以养老市场为主的健康养老产业，都是与人类健康紧密相关的生产和服务领域。

大健康产业是继汽车、房地产、IT 和互联网产业后的第五波财富浪潮，在全球创造出不可估量的财富和机遇。近年来，伴随着"健康中国"理念上升为国家战略，我国的大健康产业正迎来前所未有的发展机遇，这不仅得益于党中央、国务院以及各级政府管理部门的坚定支持，也源于广大人民群众对健康和美好生活的强烈向往和追求。特别是新冠疫情过后，健康产业需求迎来大升级，将成为无可争议的投资风口。因而，充分抓住大健康产业发展的历史机遇，适应新的产业变革和竞争环境，对于创新创业者来说是一个非常重要的课题。

（一）大健康产业的特点

管理学大师彼得·德鲁克曾说："当今企业之间的竞争，不是产品和服务之间的竞争，而是商业模式之间的竞争。"大健康产业中的企业竞争同样如此，商业模式至关重要。要适应新的产业变革和竞争环境，既可以是对原有商业模式进行深度优化，也可以是对新的商业模式进行不断探索和尝试，这些都需要首先对大健康产业的特点进行充分的认知和分析。大健康产业包含的各个细分产业和企业的同质性低，差异化高，有时即使处于同一细分行业也难以进行合理的比较。其复杂性的背后，有着深刻的行业需求特征和制度性原因。概括起来，主要有以下四点：

（1）从需求类型来看，大健康产业涉及的需求极为多样化。从环节上看，有预防、诊断、治疗、康复，每个环节中的参与主体和关键诉求都有所不同；从人体疾病种类看，病因各不相同，不存在包治百病的灵丹妙药。治疗人体的疾病，不可能像修理机械系统那样直接用标准零件替换，对应的治疗手段和产品种类繁多，流程的标准化程度较低。

（2）从必要的知识体系来看，大健康产业所涉及的知识体系分支多、专业性强，且相互交叉，难以形成一个完整全面的知识体系。例如，同样是研发，新药研发和新的医疗器械研发所涉及的知识体系就完全不同；甚至同样是医疗器械，大型设备和植入类的耗材所涉猎的知识领域也不同，前者往往涉及机械、电子、控制、放射等，后者涉及材料学、生物相容性等。

（3）大健康产业链很长，涉及的利益相关方众多，决策方、使用方、支付方经常并不是同一角色，而在其他产业领域，这三者往往是同一角色。

（4）医药产业受政府全方位监管。医药直接关系到人的生命健康，具有较高的专业壁垒和伦理价值,因此世界各国都对医药行业进行严格监管。我国的医药卫生监管体系包括各种准入和执业门槛,如几乎所有涉药涉医的经营均需在当地卫生主管部门注册登记、药品生产经营的 GAP/GMP/GSP 认证,新药和新产品的注册与分类,专利保护,行政保护等。国内涉及部门有卫计委、药监局、发改委、各地疾控中心、环保局等。出口型企业还面对欧盟和美国食品药品监督管理局、合作方外资药企的检查认证等。可以看到,管制是全方位的、实质性的、错综复杂而且不断变化的。

以上这些原因决定了大健康产业相对于其他产业领域,具有特殊的复杂性。因此,对于大健康产业的商业模式分析比普通的商业模式分析要再多一个步骤,即首先进行产业的细分,其次进行细分产业的具体环境分析,包括产业的发展空间、核心驱动因素、政策环境、产品与服务需求的特征等。

(二) 大健康产业商业模式业分析设计的步骤

对于细分行业众多且不断快速变化的大健康产业来说,商业模式分析可以分为对于成熟模式的分析和新兴模式的分析。对成熟商业模式的分析,有利于创业者找到自身商业模式是否有优化空间,以及其他企业或行业商业模式是否有可借鉴的方向。而新兴模式是否成立尚不确定,并且在模式初创期,往往看不到具体财务数据,因而需要着重分析客户需求的真实性和刚性程度,要重点分析付费方有哪些,付费意愿取决于什么,是否真的有付费能力。

从分析步骤来看,可以分为以下四个环节:

(1) 要考虑客户和需求。在大健康产业内,需要确定自身是在产业链的哪一环节?客户是 2G、2B 还是 2C? 2C 主要是政府相关部门,一般来说其主要需求是要提升当地健康产业发展水平、提升当地民众满意度和就医水平,降低或控制费用等。2B 中的 B 包含了企业或是医院,诉求主要包括提升效率、提升收入、降低成本等;2C 的方向则主要考虑是满足健康需求还是满足医疗需求? 如果要满足医疗需求的话选择哪个病种切入等。一般来说,2C 的需求把握最为困难。

(2) 要考虑主要业务提供的是产品还是服务。如果是产品,那么产品的特征就是可复制、可规模生产的,比如医药制造业和医疗器械制造业;而做服务面临的最大困难是对于稀缺专业人员的依赖,以及对于关键资源的依赖,比如地方相关政策、实体机构的地段等,这些都可能会对服务性质业务的扩张和复制能力带来挑战。一般来说,不论是综合医院的扩张还是专科医院的连锁化经营,往往会面临这样的问题。

(3) 要考虑收入来源,即盈利模式。重点要考虑向谁收费,为什么能够收到费用,还要注意区分主要的客户是否是最终支付方。此外,盈利模式还要考虑是在服务和产品交付的当下进行付费,还是先免费后付费的模式,等等。

(4) 要从财务角度研究商业模式能否盈利的关键条件。收入靠什么来驱动增长? 毛利率靠什么要素来提升? 各项成本费用如何支出? 达到什么条件可以盈利? 等等。

（三）大健康产业主要商业模式分析

1. 医疗机构商业模式分析

医疗机构的商业模式简单清晰。医疗机构主要服务患者，提供门诊、开药、手术、住院等服务，收入主要来源是诊疗服务。公立医疗机构还有政府补贴收入，民营医疗机构可能有供应链收入，托管模式还会产生管理费收入等。医疗机构的商业模式中最关键的要素在于是否拥有核心的专家人才资源，这也是决定一家医疗机构是否能够盈利的关键要素。此外，是否具备专科特色会影响对于患者的吸引力以及收费能力。医疗机构本身的品牌资源、营销能力资源、地理位置资源等因素也会对能否实现盈利产生重要影响。

2. 医药工业商业模式分析

医药工业商业模式的主要流程包括研发、生产、销售等环节，属于非常典型制造业商业模式。但和一般制造业不同的是，最终支付方中医保部门起到关键作用，因此是否能进入医保目录成为处方药企的关键点。当然，营销能力和资源也是医药制造企业的商业模式最关键要素之一。总的来说，医药制造业商业模式中最关键的要素包括以下几个：好品种、进入医保目录、销售价格、营销驱动放量、广泛覆盖医院客户。

3. 医疗器械产业商业模式分析

医疗器械主要分为医疗设备、家用医疗器械和医用耗材。医疗设备的商业模式主要是面向医院的销售，逻辑本身比较简单，其中也可能加入新的环节，比如融资租赁等，进而可能产生新的商业模式要素。家用医疗器械的商业模式更像是小家电产品，主要依赖品牌推广和广告等方式进行宣传，并依赖线下渠道或电商进行销售渗透。医用耗材的主要商业模式逻辑与处方药产业相类似，最关键的是耗材产品的性价比与覆盖的渠道范围。

4. 医药商业流通产业商业模式分析

医药商业流通行业，特别是医药零售行业的商业模式与其他零售行业非常类似。收入主要来自一定覆盖半径内的居民采购。其整体增长的逻辑可以拆分为单店增长和外延扩张两种方式。此外，医药电子商务的商业模式与一般电商也较为类似，只不过药品本身的需求并不像普通商品可能通过简单促销或地推活动拉动销售增长。

5. 互联网医疗服务产业商业模式分析

互联网医疗服务的范围非常广泛，其中较有代表性的是在线咨询。这种模式本身属于平台的一种。在互联网医疗在线咨询平台中，医生提供咨询服务，患者获得服务并可能伴随支付行为，平台需要发放一定补贴费用给提供咨询服务的医生。同时，由于平台模式能够产生一定的活跃用户量以及流量，因此也往往能够带来广告业务，广告投放的主体可能来自医药企业、医疗器械企业、医院、保险机构等。互联网医疗服务的商业模式目前还处于成长过程中，依赖向患者收费的模式还没有完全得到验证。

互联网医疗服务商业模式的最重要因素有：第一，需要有广泛的宣传推广带来足够的关注用户与流量；第二，通过优质有效的在线咨询服务建立用户对于平台的信任感；第三，需要实现线上医疗行为的政策许可；第四，需要医保支付支持互联网医疗服务；第五，需要建立从医到药的完整服务体系。

6. 医疗信息化与人工智能产业商业模式分析

医疗信息化与人工智能的商业模式比较类似,主要客户都是各类医院,能够带来的价值是医院运行及医生工作效率的提升。不同的是医疗信息化主要提供流程上和信息方面的效率优化,而人工智能可以进一步提升诊疗的准确度和效率。目前,医疗信息化的商业模式已经较为成熟,各医疗机构对于信息化系统的需求都比较强烈;而医疗人工智能的商业模式尚处于发展过程中,付费方的付费意愿相对较弱。

7. 商业健康险商业模式分析

商业健康保险的商业模式相对较为清晰,主要收入来源是保费收入以及投资收益。商业健康保险主要提供医疗险、疾病险、长期护理险和收入保障险等产品,目前最大的难度在于销售和营销成本过高,同时医疗健康数据缺乏,进而造成产品设计能力的欠缺,形成产品种类无法满足投保人的需求等问题。目前主营商业健康险的保险公司在盈利上还有待进一步探索。

第二节 创业计划书的撰写

凡事预则立,不预则废。大学生创业不能仅凭一股激情,而要做好充分的准备。撰写一份创业计划书是创业的重要前提,它可以帮助创业者理清思路,提供指导和规划,让创业团队更加明确企业的发展战略路径,增强合作信心,为投资者展示创业成功的潜力和策略,从而提高创业的成功率。

创业学家杰克·M.科普兰和安东尼·C.沃伦在《创业学》一书中指出,创业计划书是一个沟通工具,它呈现了企业想要达成的目标,以及实现目标的过程和方法,它是衡量实际和预期收益差距的基础,并建议所有的创业者都要撰写创业计划书。

一、创业计划书的概念

创业计划书是创业者计划创立业务的书面摘要,是创业者在初创企业成立之前就某一项具有市场前景的产品或服务,与创业团队和投资者沟通以获得合作支持和风险投资的可行性报告,它分析和描述创办一个新企业所有的内部和外部要素。包括产品开发生产、市场营销、财务、人力资源等职能计划的综合。创业计划书要能明确地回答为何能盈利、如何盈利、何时能盈利和盈利多少。

二、创业计划书的作用

创业计划书是呈现创业构想的重要载体,是未来创业行动的指南,是创业者寻求投资的敲门砖。在创业准备阶段,规划设计好一份创业计划书的重要作用主要表现在以下几个方面。

（一）指导创业行动

在创业融资之前，创业者要认真地分析自己所有的资源、已知的市场情况和竞争策略，并提出初步的行动计划。通过创业计划书，创业者能够对酝酿中的项目有更加清晰的认识，逐渐完善自己的创业蓝图，有计划地开展创业活动，有助于提高创业的成功率。

（二）提供创业信息

一份详尽的创业计划书包含了创业过程的各种信息，如行业分析、产品或服务介绍、市场策略、生产计划、风险预测等，它充分体现了创业者的创业计划并不是纸上谈兵，而是科学、可行的未来展望。

（三）打造创业团队

创业计划书通过描绘新创企业的发展前景和成长潜力，使创业团队对企业和个人的未来充满信心，它明确了所从事的项目，使创业团队了解将要充当的角色、完成的任务，以及是否胜任工作。因此，创业计划书对于创业者吸引所需要的人力资源起到了重要作用。

（四）实现创业融资

创业计划书作为一份全方位的项目计划，它是对即将展开的创业项目进行可行性分析，也是在向风险投资者展示拟创建的企业及其经营方式。因此，创业计划书的质量和水平很大程度决定了它是否能够获得投资者的青睐。在由教育部、团中央、高校，以及一些社会组织举办的创业大赛中获奖的创业计划书及其相关项目，更容易获得投资者的关注。

📖 案 例

同样的商机，不同的结局

有 5 个年轻人组建了一个创业团队，他们想要在大城市的公园里放置大型数字看板。于是他们直接找到投资者，对数字看板的前景和发展、自己团队的优势进行了一番谈论，然而投资者却毫无兴趣。

另外一个团队也对数字看板感兴趣，他们首先进行了详细的市场调查，调查内容主要包括以下 4 点：

(1) 公园里目前有多少户外广告？

(2) 每个公园的日均人流量有多少？

(3) 要放置多大的数字看板？

(4) 放置多少个才能达成较佳的效果？

然后对数字看板与传统看板的优劣势进行了分析,并以数字公式计算出数字看板可能带来的收入。但当他们把构想告诉投资者时,却得到了否定的答案。在投资者看来,数字看板本身是一项技术创新,这个出发点的确是有商机的,但是这个创新对任何人来说都一样,所有的创业者都没有明确地表示出这个创业计划能成功的关键,即如何取得独占性的资源(成为独家经营的企业),以及如何进行广告销售。

与此同时,第三个团队也看中了这个卖点,与前一个团队的不同之处在于,他们撰写了详细的创业计划书,在创业计划书中明确地表述了关于传媒销售、广告营销,以及如何吸引广告顾客的方法和执行手段,并附上了团队在这方面的优势。这些说明帮助这个创业计划加分很多,使第三个创业团队获得了投资者的支持。

由此可以看出,有创业计划的创业者更能获得投资者的青睐,因为投资者总是希望能找出一个创业计划的成功关键点,并且在这个关键点上看到有擅长做这件事情的人或对这件事情的处理有着优势资源的人。

(资料来源:姚波,吉家文.大学生创新创业基础[M].北京:人民邮电出版社,2020.)

三、创业计划书的基本内容

创业计划书因具体创业环境、创业者和创业机会的不同,而没有固定的格式。但创业计划书的一些基本要素是相似的,主要包括创业者的创业目的、对创业企业和环境的描述、创业团队的组成、创业项目的风险和回报分析等重要内容。在具体撰写创业计划书时,创业者可以根据自己的创业项目,选择适合的创业计划书格式。一份完整的创业计划书一般可以细化为以下12个方面的具体内容。

(一) 封面

封面设计要简明大方有美感。一个好的封面能给人以良好的第一印象,使读者产生最初的好感。封面的内容应包括企业名称、项目名称、地址、联系人、联系方式、时间等。

(二) 摘要

摘要是创业计划书的概括,目的在于用精练的语言将计划书的核心、要点与特色展现出来,以便投资者能在最短时间内清楚地了解创业项目的全貌。摘要一般包括企业介绍、管理者及其组织、主要产品和业务范围、市场概貌、营销策略、销售计划、生产管理计划、财务计划、资金需求状况等内容。

(三) 企业介绍

创业计划书的主体部分一般是从企业描述开始的。企业描述主要包括企业的成立时间、创业团队、企业定位、经营理念、战略目标、主营业务、盈利模式、市场预期、财务状况等。

(四) 产品或服务

产品或服务是创业计划书描述的重要内容,它通常包括产品或服务的基本情况、市场竞争力、研究和开发过程,以及发展新产品或服务的计划和成本分析等。在产品或服务介绍部分,创业者要对产品或服务作出详细的说明,要用词准确、通俗易懂,同时附上产品原型、照片或其他介绍内容。具体描述包含以下 5 个方面内容:

(1) 技术水平。创业项目如果技术含量高,技术水平的描述就显得十分重要。应围绕项目产品的技术水平处于国际领先、国际先进、国内领先、国内先进等不同等级介绍,如果该技术填补了国际或国内空白,更应该尽可能地描述清楚。

(2) 自主知识产权。创业项目中如有大学生自主发明的专利或著作权,都会提升创业项目的技术含量,也应详细介绍。

(3) 产品销售服务。产品销售在项目经营中占据着重要的地位,直接影响创业企业的运营。该部分要介绍产品的销售对象是谁、产品如何销售出去、产品销售的客户数量、年销售量的大小等。

(4) 产品或服务特性。在介绍产品时,应围绕产品的功能性、安全性、便利性、美观性、低价性等展开。在介绍服务时,应重点围绕服务模式展开,它是评价创业项目质量的重要指标。

(5) 产品设计和生产。对于生产制造类的创业项目,要详细介绍原材料采购、产品设计、生产制造、检测检验、包装运输、产品销售、售后服务等不同环节。

案　例

一项技术带来的商机

1988 年出生的贺伟龙,已经是河北贝克艾瑞生物技术开发有限公司的总经理。他的创业项目,核心技术来自一位留美归来的博士,项目生产的新型非培养微生物检测芯片填补了国内市场的空白。仅一条小型生产线,就可实现年产芯片 100 万片。

几年前的一次同学聚会上,闲谈中有人无意提到了归国博士白向阳的"新型微生物检测芯片"技术。对于饭桌上的大多数人来说,这种"高大上"的尖端科技离他们的生活实在太远,话题也很快被一带而过。但当时贺伟龙却从只言片语中敏锐地捕获了三个重要信息:留美博士、技术先进、与自己来自同一座城市,并从中嗅到了一丝商机。

"您是邢台人,完全可以回到家乡来发展!"在辗转联系上白向阳之后,贺伟龙却得知上海、南京、杭州甚至美国的公司都在与白向阳积极接洽中,无奈之下,他只能拿出自己与他是"同乡人"这一"杀手锏",而当时的白向阳恰好表现出想要回家乡发展的意愿。

自以为是"平步青云"的贺伟龙,没想到紧接着便陷入了更大的焦虑。这种高科技项目前期投资巨大,至少需要3 300万元,这对他而言显然是个"天文数字"。在对一位当地知名的民营企业家前后4次的出色"公关"后,他终于成功了!经过协商,出资方龙海钢铁集团将占据新公司55%的股份,白向阳博士以技术占股40%,贺伟龙拥有5%,并出任公司总经理。很快河北贝克艾瑞生物技术开发有限公司正式成立。

"下一步,就是探索怎样开拓市场!"在企业步入正轨后,对贺伟龙的考验才真正开始,"我觉得创业就像是在开车,有了车之后,要想开得快,还得加足油,得整合资源并充实专业人才!"目前,公司生产的新型非培养微生物检测芯片利用的是微生物学和流体力学原理,可以迅速完成对病毒和病菌的检测。新型芯片可广泛运用于生命科学基础研究、疾病诊断与控制、进出口检疫等领域。带领公司上市,是贺伟龙的梦想。

(五) 行业分析

在行业分析中,应该正确评价所选行业的基本特点、竞争状况以及未来的发展趋势等内容。行业分析包含的经典问题有如下8个:

(1) 该行业发展程度和动态如何?

(2) 创新和技术进步在该行业中扮演何种角色?

(3) 该行业的总销售额、总收入是多少? 发展趋势怎样?

(4) 价格趋向如何?

(5) 经济发展对该行业的影响程度如何?

(6) 是什么因素决定该行业的发展?

(7) 竞争的本质是什么? 你将采取怎样的战略?

(8) 进入该行业的障碍是什么? 你将如何克服? 该行业典型的回报率有多少?

案 例

象牙塔里的"泥腿子"

寒冬里的定海区白泉镇小展社区的泥鳅养殖基地,王小军、贺龙兴、胡秀峰3人正在整修池塘,为来年生产旺季做准备。而贾兴鲁则在江苏连云港的合作养殖基地照看着。

"泥鳅兄弟"4人,是浙江海洋学院水产养殖专业的同班同学,其中3人2013年毕业,而王小军继续读研究生。毕业之际,他们4人的想法出奇地一致:给人打工不如自己创业。"国家鼓励大学生创业,我们正好用所学的水产养殖技术,打拼一份自己的事业。"

创业，不能跟风。在舟山，大黄鱼、梭子蟹等海产是百姓最为喜爱的餐桌美食，市场大、销路好，吸引了众多水产养殖户。可王小军他们偏不愿去大碗里与别人抢食，决定养殖不起眼的泥鳅。"大学期间，我们跟着导师做过泥鳅养殖的课题，对传统泥鳅养殖存活率低的难题有所突破，这也是我们决胜市场的法宝。"

土地承包费、设备投入费、基地改造费……估算下来，创业成本居然高达 40 万元之多。"我们几个都来自农村，家人没法给我们太多支持。"王小军说，筹集资金只能靠自己。于是，他们向朋友、亲戚一遍遍讲述创业方案，努力说服对方，终于凑齐了 40 万元。2013 年 3 月，4 兄弟在白泉镇小展社区承包下 20 亩地，挖塘搭棚，下田当起了"泥腿子"。

在 2015 年举行的"创青春"全国大学生创业大赛中，"泥鳅兄弟"的参赛项目"舟山台岛鳅业有限公司创业计划书"从 10 万件作品中脱颖而出，获得了计划类农林渔牧方面的金奖。

小小的泥鳅养殖为何能受到评委青睐？王小军端上一碗热气腾腾的泥鳅炖豆腐，回答了这个问题。"传统的土泥鳅，个小肉少，养殖周期长，利润少，而我们养的台湾泥鳅，平均一条重 2 两，个大肉肥，口感鲜美，更具市场前景。"

除了引进品种，技术创新是"泥鳅兄弟"获得成功的又一关键。经过 6 年努力，王小军等人在浙江海洋学院硕士生导师储张杰博士的带领下，突破了泥鳅育苗的关键技术——泥鳅幼苗敌害豆娘幼虫的防控。利用人工育苗技术、开口饵料技术和敌害防控技术等三大核心优势技术，泥鳅成活率从 5% 提升到了 50%，致使繁育成本下降一半多。

"我们打算在这里建一个实验室，继续提高养殖技术。"说到对未来的憧憬，王小军信心满满。新一年，他们既要巩固原有市场，又要加快建立合作养殖基地，在全国各地推广他们的苗种和技术。其中，江苏连云港的合作基地将继续拓展韩国、日本等海外市场，让泥鳅"游"出国门。

（六）市场预测

市场预测就是运用科学的方法，对影响市场供求变化的诸多因素进行调查研究，分析和预见其发展趋势，掌握市场供求变化的规律，为经营决策提供可靠的依据。市场预测应包括市场现状综述、需求预测、竞争对手概览、目标顾客和目标市场、本企业产品的市场地位、市场细分和特征等内容。

（七）营销策略

营销是企业经营中最具有挑战性的环节。营销策略主要包括市场机构和营销渠道的选择、营销队伍和管理、促销计划和广告策略、价格决策等 4 个方面内容。顾客特点、产品特征、企业自身状况、营销成本、营销效益，以及市场环境等各方面因素都会影响企业具体的营销策略。由于初创企业知名度低，较难进入其他企业已经稳定的销售渠道中，只能暂时采取高成本低效益的营销战略,如打价格战、向零售商和批发商让利等。此外,还有一些新的营销方式如网络营销等。

(八) 生产制作计划

生产制作计划应包括产品制作和技术设备现状、新产品投产计划、技术提升和设备更新的要求,质量控制和质量改进计划等。为了增大企业投资前的评估价值,应尽量使生产制作的计划更加详细和可行。生产制作计划要回答以下 7 个具体的问题:

(1) 企业生产制造所需的厂房、设备情况如何?

(2) 怎样保证新产品在进入规模生产时的稳定性和可靠性?

(3) 设备的引进和安装情况,谁是供应商?

(4) 生产线的设计与产品组装情况如何?

(5) 供货者的前置期和资源的需求量如何?

(6) 生产周期标准的制订以及生产作业计划的编制如何?

(7) 物料需求计划及其保证措施如何? 质量控制方法是什么?

(九) 团队与组织结构

当今社会,人力资源是非常宝贵的资源,一支战斗力强的创业团队与良好的组织结构是有效运营创业项目的重要保障。并且,最终能在相互竞争的创业计划书中胜出且获得资金,往往好的管理团队更为重要,而不只是好的创意或市场计划。在介绍团队时,要详细描述团队成员及其经历和背景,以及各人具备的能力,在企业中的职务和责任。此外,还应简要介绍企业的组织结构。具体包括企业的组织结构图、各部门的功能和责任、各部门的负责人及主要成员、企业的报酬体系、企业的股东名单(包括认股权、比例和特权)、企业的董事会成员、各位董事的背景资料等。

📖 案 例

团队成就梦想

在湖北师范大学,有一处学生们很喜欢的地方,那就是创新创业学院。学院一楼的设计和布置,充满朝气和活力又兼具各种功能性。这里的设计和施工布置,都是该校艺术学院 4 名大二学生完成的。

4 人还是湖北吾艺艺创装饰有限公司的创始人,先后完成了多个乡村规划,以及校内和校外多个室内装饰设计,项目造价从十余万元到数百万元不等。在 2018 年 6 月 30 日举行的湖北师范大学"互联网+创业大赛"决赛中,他们获特等奖,并受到武汉一家投资公司青睐,双方签订了投资合作意向协议。

"我们这个团队,从大一就组建起来了。"性格活泼的黎宇菲,是这个团队的主创人。1998 年出生的黎宇菲,来自湖北荆门,由于专业成绩优秀,刚进大一就当上了班级里的学习委员。大一上学期，在班主任的建议下，黎宇菲决定组建一个团队，可以跟着学长学姐参加实践。这个想法得到两位室友李青青、田明颖的支持，她们又拉来班级里的"技术男"刘长斌，组成了四人团队。"我们四个人的性格都很稳，是完美搭配，"黎宇菲说。组成团队后，四人相处过程中虽然也有些小摩擦，但大家都能心平气和地解决。在团队中，他们的分工很明确，黎宇菲善于交流，负责总调控和施工现场的对接；李青青心比较细，专业好，负责设计；田明颖也是个细心女生，母亲还是专业的会计师，她便负责文字编辑和财务；唯一的男生刘长斌在软件方面运用熟练，他就负责施工图的制作。

2017年9月，为激发学生们的创业热情，湖北师范大学创新创业学院举办创业比赛，优秀的创业团队可免费入驻创新创业学院，学院为每个团队提供一间21平方米的工作室。黎宇菲带着自己的团队报名参加，最终征服评委，获得免费入驻的资格。2018年1月，为了让团队走向正轨，他们注册了自己的公司——吾艺艺创装饰有限公司。"这几个孩子做事非常认真，而且心比较齐，这正是团队最需要的。"在指导老师孔庆君看来，班上个人能力突出的学生还有不少，之前也曾组建过团队，但不到一年就解散了，最重要的原因就是心不齐。而黎宇菲的四人团队，虽然个人能力不是班上最突出的，却是学院里最稳的团队。

公司正式成立以后，承接的项目也比之前多了起来，黎宇菲和团队成员开始考虑团队的管理问题。"我们不能总是四个人干，那样怎么发展？"于是，他们在班级里寻找志同道合的同学，加入这个团队，还为学弟学妹提供实践平台。如今，公司成员已扩大到11人。

（十）财务规划

创业者需要提供未来一到三年企业经营的财务报表，包括现金流量表、利润表、资产负债表，其目的是显示企业的潜力，并提供一份财务生存能力的时间表。大部分学生由于缺乏财务知识，对如何完成预计的财务计划并不熟悉，因而，这部分内容对于大学生而言显得十分重要。现金流是企业的生命线，企业运营需要预先制订详细的财务规划和严格的过程控制。利润表反映的是企业的盈利状况，即企业在经过一段时间运营后的经营结果。资产负债表反映的是在某一时刻的企业状况，投资者可利用资产负债表中的数据得到所需指标的准确值，用于衡量企业的经营状况，以及可能的投资回报率。一份好的财务规划对评估企业所需的资金数量，提高企业取得资金的可能性是十分关键的。

（十一）风险与风险管理

创业者要分析在实际运营过程中，创业项目可能遇到的关键风险及采取的对策，这可以向投资者证明创业者的风险预见和控制能力，增加投资者对创业者的信任度。创业风险分析包括竞争风险分析、市场风险分析、技术风险分析等，同时还应有风险的应对方法。通过分析各类可能的风险后，再通过以下途径来进行风险管理。

（1）企业还有哪些附加机会？

（2）在现有资本基础上如何进行扩展？

（3）在可能出现的最好和最坏的情形下，企业未来 5 年的计划表现如何？

针对以上风险问题，新创企业的退出策略的说明也是至关重要的，这部分应阐明投资者的投资回报率，以及最有可能采取的投资退出策略，如此可以增加创业计划的说服力和可行性。常见的退出策略有出售业务、与其他企业合并、首次公开募股（IPO），或者其他重新募集资金的方式等。

（十二）附录

创业计划书一般还应该有附录，此部分包含了不必在正文中列明的补充资料。附录可能包括主要人员简历、专利技术的证明文件、相关资料的来源和说明、协议与合同、专业术语的介绍、供应商的资料等。

四、创业计划书的撰写步骤

创业计划书是一份规范性的文件，大学生创业者要写出一份内容翔实、条理清晰、令人信服的创业计划书就需要按部就班地进行撰写。通常可以分为以下 6 个步骤。

（一）经验学习

大学生创业者大多都没有撰写创业计划书的经验，可以先参考国内、国外较为成功的创业计划书范文、模板及相关资料，研究这些资料的内容和写作方法，为自己撰写创业计划书奠定基础。

（二）创业构思

一家成功的企业源于一个优秀的创业构思，如果企业构思就不正确，企业将很难运营，甚至可能会破产。创业者在构思时，要沉着冷静、谋划周全、谨慎决策，要考虑团队的组建、资源的来源、企业的运营、营利的模式，以及可能遇到的问题和解决方案。

（三）市场调研

市场调研是指用科学的方法，收集、整理和分析创业的信息和资料。它是展现现有市场和预测未来发展趋势的调研活动，为创业者制订营销策略和企业决策提供了重要依据。市场调研的主要内容包括市场环境调查、市场需求调查、市场供给调查、市场营销调查，以及市场竞争调查等 5 个方面。

（四）方案起草

收集到足够的信息后即可开始撰写创业计划书，撰写过程中要先起草大纲，再对大纲进行详细的扩充和延伸。在方案起草阶段，要阐明创业者想要创建的是怎样的企业，它提供的是何种产品或服务，创业团队的构成，他们面临着怎样的挑战和竞争，创业项目需要多少资金支持,以及企业的发展规划等。

(五) 修改与更新

创业计划书初稿完成后,创业者必须从投资者的视角来检查创业计划书的客观性、实践性、可行性和创新性,并广泛征求意见,使之逐步完善。由于环境、市场是不断变化的,所有创业者要经常对创业计划书进行检查更新,确保计划书的时效性和完备性。

五、撰写创业计划书的注意事项

创业计划书的质量很大程度上决定了创业者能否找到创业合伙人、获得资金及其他政策支持。为确保创业项目能够引起投资者足够的兴趣,创业计划书的撰写应注意以下事项。

(一) 摘要语言精练,重点突出

创业计划书摘要是投资者首要关注的内容,因此,摘要部分要对创业计划书进行高度凝练,使投资者在最短时间内了解企业的基本情况、业务类型、竞争优势、资金需求、目标及为实现目标所制订的策略。这就需要摘要做到语言精练、重点突出、思路清晰、证据确实。

(二) 换位思考,目标明确

撰写创业计划书的一个重要方法是换位思考,创业者要设身处地,从投资者的角度构思创业计划,了解投资者最关心的问题,明确创业计划书撰写的目标。一份目标明确的创业计划书可以帮助投资者发现具有投资价值和发展潜力的创业项目,可以在投资者和创业者之间搭建起沟通的桥梁。

(三) 市场分析,数据客观

创业计划书要对目标市场做出深入分析。创业者要充分调研市场情况,广泛收集有关市场现有的产品、现有竞争、潜在市场、潜在消费者等具体信息,使市场预测建立在扎实的调查、数据之上。在收集资料时,切实做到客观公正,避免只收集对自己有利的信息,而忽略对自己不利的信息。投资者一般非常专业,提出的问题都比较尖锐,如果信息收集不够全面和客观而受到质疑时,就会降低投资者对创业项目的信任度。

(四) 知己知彼,展现优势

在创业计划书中,创业者应细致分析竞争对手的情况,包括竞争对手有哪些,他们的产品或服务与本企业相比有哪些异同,以及他们的营销策略。要明确竞争者的销售额、利润、收入,以及市场份额,然后再展现自身的竞争优势,如先进的技术、良好的商业模式、高素质的创业团队等。只有这样,投资者才能从创业计划书中看到创业项目的可行性和企业竞争实力,才敢于投资。

六、撰写创业计划书常见的错误

大学生创业者在撰写创业计划书时,通常很兴奋地就开始拟定,匆匆忙忙地规划过程,不寻求第三方反馈,从而为创业计划书留下诸多缺陷。

(一)忽略现金流

最早期的商业计划注意力往往会主要集中在盈利能力方面,其实现金流也是需要重点考虑的问题。从理论上讲,企业可以在纸上获得利润,但仍会出现现金流问题,比如在现实中账单堆积和客户不按时支付款项,负现金流可能会使企业陷入破产倒闭的境地,所以确保现金流管理策略是商业计划非常重要的一部分。

(二)没有具体目标

在设定目标时,许多创业者在创业计划书中会跳过一些细节,只给一个模糊的描述。比如"在前几年大幅增长"而不是"在第二年销售增长30%,第三年增长40%"。主要是由于缺乏提供更具体信息的渴望,或是对给出的具体信息缺乏自信。预估的数字允许有误差,但是创业者如果想要得到一个可操作的目标,让投资者信服,就必须给出具体的描述。

(三)商业模式不现实

大多数创业者会乐观地预测指数增长,他们的描绘中会有一段很少甚至没有增长,紧随其后的是一个"临界点",过了这个点销售就会迎来爆炸式增长。事实上,大多数企业的指数增长模式并非如此,设置不切实际的期望只会不利于自己。

(四)缺乏足够的研究

创业者要清楚地认识到创业计划书中有多少内容是凭借揣测写出来的,基于实际的定量数据又是多少?创业计划书中涉及的具体数据,有时只是创业者根据自身经验推断出来的,实际上,这些数据需要在广泛、充分地调研基础上,经过客观、严谨的分析之后得出的。

(五)未预计到路障

许多创业者因经验不足,考虑不够周全,往往预计不到创业中的路障,具体表现为没有清醒识别将来的问题、没有重视计划中可能的瑕疵、没有应急或变通计划等。创业者在创业计划书中必须要列出可能遇到的路障,以及越过障碍需要做的准备,同时给出应急或变通方案。

七、创业计划书参考模板

创业计划书没有统一的模板,但一般有基本格式,现将创业计划书的要点进行整合,列出参考模板便于加深理解。

（一）封面

×××公司创业计划书，×年×月×日；地址；邮政编码；联系人及职务；电话；传真；网址；电子邮箱。

（二）摘要

公司简单描述；公司的宗旨和目标；股权结构；主要产品和服务介绍；市场概况和营销策略；核心团队情况；融资方式；财务分析。

（三）公司介绍

1. 公司的宗旨

2. 公司简介资料

3. 公司各部分职能和经营目标

4. 公司管理

（四）产品与服务

1. 产品

（1）产品状况

（2）产品生产

2. 服务

（1）服务描述

（2）服务优势

（五）市场分析

1. 市场容量估算

2. 预计市场份额

3. 市场组织结构

（六）竞争分析

1. 有无行业垄断

2. 竞争对手情况

3. 市场分析变化

4. 公司产品或服务竞争优势

（七）营销策略

1. 概述营销计划

2. 销售政策的制订

3. 销售渠道、方式、行销环节和售后服务

4. 主要业务关系状况

5. 销售队伍情况及销售福利分配政策

6. 促销和市场渗透

7. 价格方案

8. 销售的资料统计、记录方式和周期计算

9. 市场开发规划、销售目标、预估销售额、占有率

（八）风险分析

1. 资源风险

2. 市场不确定性风险

3. 研发风险

4. 生产不确定性风险

5. 成本不确定性风险

6. 竞争风险

7. 政策风险

8. 财务风险

9. 管理风险

10. 破产风险

（九）管理

1. 公司组织结构及团队介绍

2. 管理制度及劳动合同

3. 人事计划

4. 薪资、福利方案

5. 股权分配和认股计划

（十）附录

课堂活动

撰写创业计划书

活动方法：分小组活动，各小组自行选择一个创业项目，并根据该创业项目撰写一份创业计划书。

活动人数：每组 6～10 人为宜

活动场地及道具：活动场地为教室，需要桌椅若干，书写纸若干。

活动规则：各小组自行讨论出一个创业项目，并分配各自在该项目中担任的角色，然后针对这个创业项目撰写创业计划书，要求各自撰写自己角色的内容（如担任财务主管的同学撰写财务规划部分的内容）

活动提醒：

1. 市场调研环节可以省略，通过网络手段来获取相关信息。

2. 简明扼要，无须过多修饰。

3. 可参照范文撰写。

第三节 创业项目的路演

在完成创业计划书后,为了项目的推广和融资,创业者需要在很多场合进行项目展示,项目路演是最主要的展示方式之一。项目路演是指创业者在台上向评委、投资方讲解项目属性、发展规划、融资计划,它打开了外界了解企业和项目的最重要和最直接的一扇窗户。项目路演通常为10分钟左右,包括5分钟的宣讲和5分钟的互动问答,时间虽短,但有时却是决定性的。在有限的时间内,创业者不但要完整和充分地呈现创业计划的信息,更要抓住机会充分展示自身的能力。投资者在判断一个创业项目是否值得投资时,除了考虑创业项目的市场前景,更重要的是基于创业者本人或创业团队的综合素质。

一、路演的作用

通过路演的方式呈现创业项目,能够大大提升融资成功的概率,其作用表现为以下3个方面。

(一) 路演是一种信披方式

从展现形式上,路演包括文字、图片、视频、PPT演讲和互动问答。从展现内容上,路演包括项目市场分析、竞争分析、产品和技术介绍、商业模式介绍等。这种多角度、多手段的完整信息披露方式,可以让投资者更充分地了解创业项目。

(二) 路演是一种增信手段

信任是诸多和谐社会关系构建的基础,资本市场更是如此。信息披露的本质就是建立信任,但文字沟通往往会有距离感,因为文字可以包装,而路演则可以让创业者和投资者双方能够面对面进行零距离接触,增强彼此的信任感。

(三) 路演是一种即时沟通

路演特别强调即时沟通,现场直面问题的快速解答,往往更能反映出创业者对项目的信心和熟悉程度。尤其是在问答环节,项目方和投资方通过互动交流,可以将对彼此的了解提升到新的高度。

可以说,路演是国内外很多企业实现融资的"高速公路"。通过路演,可促使创业者与投资者零距离对话、平等交流、专业切磋,加深创业者与投资者的相互了解,为实现融资发挥积极的作用。

用路演打动投资者

在由《创业家》期刊主办的创业沙龙上，汉能投资集团董事长兼CEO陈宏讲了如何在短时间内打动投资者的沟通技巧。内容如下：

前阵子我担任了一个创业比赛的评委。第二名有两个团队，分数一模一样。为了区分出第二和第三，我们给两个创业者一人一分钟做报告。报告做完之后，双方的得票比分是5∶0，即5个评委都投给了同一个人。为什么？因为赢的那个人会表达，一分钟之内把自己的激情、梦想讲得很感人。

我过去在硅谷创业，在公司于美国上市前，为了30分钟的演讲，专门请顾问对我进行了好几天训练。30分钟演讲，15分钟问答，问完以后投资者就走了，都记不住你长什么样子。这拨人在几天之后就要决定是否下单购买你公司的股票。如果你讲不清楚，拿不到足够的认购订单，公司就上不了市。

路演是一门功夫。我认识周鸿祎十几年了，他做"3721网络实名"时也是讲不清楚，但现在锻炼出来了。有时非常好的工程师做出了非常好的东西，但就是讲不出自己的优势，这是很吃亏的。公司融资融得好，可能就活下来，否则可能就死掉了。

（资料来源：乔辉，张志. 大学生创新创业入门教程[M]. 北京：人民邮电出版社，2020.）

二、路演的要素

路演的最终目的就是让创业者、投资者双方进行高效对接。在路演平台上，创业者需要事先做好准备，以充分阐述自己的创业项目并与投资者现场交流。一场路演能否取得成功，创业者需要注意路演的以下5大关键要素。

（1）展示大愿景。在路演中，创业者需要展示一个吸引人的大愿景，告诉投资者企业未来的发展方向。这个愿景可能会很远，但是没有关系，创业者应该用一个宏大的愿景来展示自己的创业热情、对企业的信心和长远规划。

（2）阐述投资回报。投资者很关心创业者在获得投资后会怎样使用这笔资金，以及收益情况，这也是问答的焦点。创业者要向投资者传达企业运营成本、收入增长率、利润等的详细财务规划，或者提出一个可预知投资回报率的策略。

（3）展现竞争力。无论创业项目的产品或服务是否已经产生收入，创业者都需要在路演时向投资者展示出该产品或服务拥有的竞争力。竞争力最显著的表现就是利润或者关键资源的获取量，如用户数、访问量等。

（4）介绍团队构成。投资者很清楚，通常一个强大的团队会推出很好的产品或服务，并最终赢得市场。创业者在路演中要向投资者展示一个团结奋进充满活力的团队。

（5）解决痛点的能力。所有出色的路演，几乎都是围绕某个行业痛点来展开的。创业者在路演时要表述清楚自己的产品或服务解决这一行业痛点的方法和所需的资源,让投资者看到创业者有足够的能力解决潜在客户的痛点。

三、路演的内容

路演的内容最好采用 PPT 的形式配合展示,其内容一般为以下顺序:

（1）项目简介。简要介绍创业项目的行业及特点。

（2）潜在客户需求。介绍目前市场的不足、潜在客户的需求及痛点。

（3）解决方案。介绍本企业的解决方案及其独特之处,阐明该解决方案的进入壁垒。

（4）目标市场。介绍企业的目标市场及其广阔前景,通过图表的方式展示目标市场的规模、预期销售额和预期市场份额等信息。

（5）产品或服务。介绍产品或服务的独特之处,展示产品的图片、相关描述或者样品,如果产品已经试生产,则最好展示样品。说明可能涉及的知识产权问题,以及企业采取的保护措施。

（6）竞争优势。详细阐述直接、间接和未来的竞争者,通过 SWOT 分析说明和竞争对手相比的竞争优势。

（7）商业模式。描述总体的市场计划、定价策略、销售过程和销售渠道,说明消费者的购买动机,以及企业激起消费者欲望的方法。

（8）管理团队。介绍现有管理团队成员的背景和专长,及其在企业中发挥的作用。

（9）财务规划。介绍未来 3～5 年企业总体的盈利状况、财务状况和现金流状况。

（10）项目进展。展示已经取得的重大进展,介绍启动资金的来源、构成和使用情况,以及现有的所有权结构、企业采用的法律形式等。

（11）融资计划。介绍准备融资的金额、使用方式,以及预期效果。

四、路演的准备工作

路演要想展示得准确、得体,吸引投资者的兴趣,就需要在路演前做好充分的准备。

（一）路演台本

路演的第一个环节就是创业者以创业项目为主题进行演讲。为了保证演讲质量,避免忘词、表述混乱,创业者应先将演讲内容进行梳理并记录下来,根据路演的不同时长准备不同的台本,可以有效地利用路演时间,把握节奏,突出重点,扬长避短。

1. 根据路演结构撰写演讲内容

一般,路演可以分为项目介绍和项目展示两大部分。在项目介绍部分,需要阐述项目是做什么的、市场有多大,以及项目的增大潜力等。而在项目展示部分,创业者则需要围绕自己的项目,阐明项目解决的痛点、竞争优势,介绍团队,提出融资需求。

2. 梳理演讲内容并标注重点

创业者要梳理演讲台本的逻辑关系、核实数据,切忌表述前后矛盾、数据错误。优化语言表述,力求简洁明了,切忌废话连篇、表述不清。在台本上标注重点,概括核心内容,详略得当。

3. 对提问环节进行准备

创业者可以在路演前进行角色互换,假设自己是投资者,想一想有哪些问题是投资者提问概率较大的,并提前准备相应问题的答案。此外,可以请专业顾问来模拟提问过程,从而使自己思得更全,想得更细,答得更好。

(二)路演PPT

创业者在进行路演时,使用PPT展示创业项目是最好的选择,因为路演时间有限,PPT可以在较短的时间内将核心内容展示出来。PPT演示文档具有清晰直观的特点,其画面可以作为创业者演讲的补充,同时也可以为演讲者提示思路,让投资者抓住演讲重点。在路演中,一份逻辑清晰、观点突出、设计出彩的PPT会给投资者留下专业且用心的印象。对于路演PPT,创业者需要注意以下4个方面。

1. 原则

为增加路演PPT的可读性和视觉效果,PPT设计制作要遵循两大原则:

(1)统一原则。PPT结构清晰,风格一致,不宜过于花哨(艺术类项目除外)。包括统一的板式、文字格式、配色、切换效果、图片使用方式和位置等。

(2)"6-6-6"原则,即每行不超过6个词语,每页不超过6行,连续6页文字PPT之后需要一个视觉停顿。

2. 篇幅

路演PPT的篇幅控制在10～15页为宜。创业者根据路演台本上标注的重点,把想要强调的关键词内容,比如产品或服务、市场状况、竞争分析、商业模式、团队介绍、融资需求等,醒目地展示给投资者。

3. 制作

路演PPT在制作时要多用图表、少用文字,大篇幅的文字会占用投资者大部分的注意力,色彩搭配不要超过4种,字体运用不超过3种,否则会让投资者感到疲劳。在话题承接的地方,可以使用过渡页或使用问句引入下一个话题,以吸引投资者的注意。

4. 内容

路演PPT的内容应该包括潜在客户需求、解决方案、目标市场、产品或服务、竞争优势、商业模式、管理团队、财务规划、项目进展、融资计划等,创业者可以根据具体的情况进行灵活调整。

(三)完整的创业计划书

因为路演时间很有限,创业者可以为每位投资者准备一份内容详尽的创业计划书,让投资者详细地了解细节。一份完整的创业计划书包括摘要、企业介绍、产品或服务、行业分析、市场预测、营销策略、管理团队、财务规划、风险分析等部分,几乎囊括了投资者可能感兴趣的所有内容,内容比创业者进行的演讲要充分和具体。投资者如果有意向就会仔细阅读创业计划书,对创业者、创业公司和创业项目进行更深入的了解。

五、路演的策略

(一) 搜集投资者信息

这是路演准备非常重要的一步。创业者可以通过风险投资公司网站或者相关调查,了解投资者的背景信息,采取针对性的策略,把创业项目和与投资者有关的一些活动联系起来,满足投资者自身需求,让他们感受到切身体会,能够增加创业项目获得支持的可能性,起到知己知彼,百战不殆的效果。

(二) 反复练习,提高演讲效果

练习包括技巧的训练和时间的控制。激情、气场、语速、语调、手势动作等演讲基础技巧要勤练习,把演讲内容熟记于心。在有经验的创业者或其他观众面前反复练习,以期获得大家的反馈;将自己练习演说的过程记录下来,反复观看并发现可能存在的不足;观摩别人的演讲,从中能总结出一些成功和失败的经验。

(三) 提前熟悉场地

演讲前尽可能多地了解演讲场地的情况,可以提前到场熟悉各项设备的使用。根据场合选择合适的服装,同时避免因不熟悉场地或紧张而引起项目介绍找不到重点、材料和演示工具准备不足、时间把握不好等问题。

(四) 掌握演说技巧

在向投资者推介创业项目时,要表现出自信积极的个人心态,展现出对自己项目的信心,以及愿意为项目付出巨大努力的准备,精准把控语速和时间,适当使用肢体语言。不要把问题说得太抽象,要用翔实的数据、具体的事例和故事进行讲述,争取在最短的时间内讲出最有价值的内容。

(五) 展示热忱和激情

创业是一件非常艰苦的事情,只有充满热忱和激情的人,才能取得创业成功。事实上,投资者在考察创业项目时,除了看项目本身是否具有前景,创业者是否具有完成创业项目的知识和能力外,还想了解创业者是否具有坚定的信念和乐观的精神。创业者在路演时就像一个推销员,在向投资者推销创业项目时,也是在推销自己。一个对自己创业项目都没有热忱和激情的人,投资者是不会投资的。

延伸阅读

60秒征服你的投资者

投资者见过的自荐人数不胜数。他们听完推荐几分钟内就可以决定你是否值得他们花时间、花心思、花资金。以下路演的沟通技巧可作借鉴。

1. 以3个"你知道吗"问句开头，紧扣主题

介绍惊人的研究数据，让听众瞠目结舌，"真的吗?!"无论你准备解决什么问题、应对什么议题、满足什么需求，都援引最新数据，为这个难题提供全新见解。引用德高望重的名人名言，证明某个突如其来的转变趋势、目标人群的骤增或法律法规的相关变化。

2. 用3个形容词修饰你所"想象"的答案

"想象"这个词能够抓住听众的注意力。他们放下手头的事情，设想你所说的事物，全神贯注。把你所提出的承诺浓缩为一句简洁的话，带动决策者的想法，"谁会不想要呢?!"

3. 黄金过渡句，"不劳您想象，我们已经发明出来了……"

接着介绍先例、给出证据，证明这不是天马行空，也不是胡乱猜想，一切木已成舟，你就是负责传递信息的。或者提供案例研究，证明你所做工作的可信度。再或者引用某位行业权威的推荐，为你的自荐增加真实性。

为什么"你知道吗"问句屡试不爽？因为吸引老练决策者的最快方法，是介绍他们未知但渴望了解的东西。几十秒时间，他们就长知识了。你证明了你是值得他们花时间的，于是他们充满动力，专心听讲。短短一分钟，你就成功推销了自己。

（资料来源：胡楠，郭勇. 大学生创新创业指导[M]. 北京：人民邮电出版社，2017.）

六、路演的注意事项

（一）严格控制路演时间

路演最重要的注意事项是严格控制时间，并且PPT的内容也要以预定的陈述时间为限。创业者在路演时超时就不能完全展示创业项目的内容，也会给听众留下不好的印象。为了避免此类情况的发生，就要不断练习。大学生创业者在参加各类大学生创新创业竞赛时，要严格根据竞赛要求的展示和答辩时间准备演讲内容。

（二）展现诚实品质

路演提问环节，如果投资者提出的问题真的是创业团队没有想到或没有妥善解决的问题，切记不要搪塞、糊弄，只要诚实回答即可。诚实是企业家重要的品质之一，否则可能会让之前留下的良好印象大打折扣。

（三）不要过分自夸

创业者有时为了赢得投资者的兴趣，往往会特别健谈，甚至会不由自主地夸大自己的

项目优势。如果创业者认为自己的项目不可一世,听不进别人的意见,在推介创业项目时只顾自己而不顾投资者的感受,这样创业者和创业项目都很难受到投资者的青睐。过分地自夸只会让人感觉你是一个梦想家或是一个眼高手低的人。

(四) 表现出真实的自己

创业者不要把自己伪装成一个成就很大的企业家,试图把自己表现得很强大,要心态平和,谈吐自如,把注意力放在准确理解和回答投资者提出的问题上。真正的自信者,应该能够客观地看待自己的优势,坦然地面对自己的不足。要尽可能真诚地表达自己的想法,实事求是地评价自己的项目和能力。

七、大学生路演常见问题

(一) 问题1:不知所云

这是最常见的问题,也是最严重的问题。在路演时以自我为中心,抓不住项目重点,演讲结束后,听众还不知道创业者要做什么。

对策:尽量用3句话表达清楚,让普通人能听懂你要干的是什么。

(二) 问题2:技术展示

有时大学生创业者讲起技术来滔滔不绝,很少涉及实际运作情况、商业模式和财务数据,导致投资者无法做出判断。

对策:在1分钟内,介绍技术实验的基本原理、研究成果和应用即可。

(三) 问题3:盲目乐观

企业负责人对未来市场盲目乐观,自身预期远大于实际情况,导致评委及投资者没有沟通的欲望。

对策:客观冷静地评判项目,建议参赛之前和3位以上的投资者进行相关情况的沟通。

(四) 问题4:超出时间

路演的时间是严格控制的,务必在规定的时间内完成。通常,评委会认为创业者不能严格把握路演时间是准备不足的表现,打分上一般会有所考量。

对策:多次练习,严格把握时间。

(五) 问题5:弄虚作假

部分大学生为了吸引注意力,会编造数据或者提供假的证据,这是坚决不允许的。其实,造假行为很容易被发现。一经发现,则严重影响信誉。

对策:实事求是,坦诚面对。

（六）问题 6：答非所问

提问环节，需要准确作答。一部分创业者会出现答非所问、有意拖延的情况。这样的回答往往没有太大作用，反而会影响团队形象。

对策：建议用 30 秒到 1 分钟的时间，完成一个问题的回答。一般来说，回答的问题越多，越有利于展示团队形象，增进评委对项目的了解。

（七）问题 7：荣誉说明

参加路演的团队，很多是已取得一定成绩和成就的。一般来讲，团队在介绍荣誉时点到即可，一切的路演论述，需要以项目为核心。

对策：如实说明各个板块，不要喧宾夺主。

延伸阅读

创业路演为什么会失败

1. 模式陈旧

创业者的错误在于，项目切入点已经是红海，但整个路演重点却在讲市场多大，有多少比例的人在用，其实这样的市场跟自己没有任何关系。例如，创业者说，按照 100 万用户计算，每个人每周为平台贡献 100 元，那么一周就是 1 亿元的存量、流量，如果平台从这 1 亿元中提取 10% 作为基金，那么可支配的基金就有 1 000 万元。创业者这么分析的逻辑是没错的，可是，为什么每个人要去为他这个平台贡献 100 元？

2. 不懂调研

有的创业者，在做项目之前只调研了几十个人。需求调研不一定需要大量的样本，但如果没有足够的样本，那也得有足够的调研维度。从定性中发现的问题和需要求证的结论，需要再用大量的用户去进行定量认证，否则，这样的调研可能得出影响极大的、方向错误的结论。

3. 目标用户定位不清

一个创业者想做一个"互联网＋影像"的创业项目，项目的痛点是摄影作品版权。这样的商业模式，在面向中小企业购买平台上的图片时，是可以探索的，就像全景、华盖等，你比别人更便宜，照片更好，用户体验更佳等，都可能有机会。但是，如果是期望未来用户因版权而让其购买上面的图片，这样的模式就是有问题的。

4. 梦想远大，但第一步无法落地

某个 DIY 服装设计项目，模式较旧，做的人已经很多了。初期切入的产品是 T 恤，并谈到后续会推出其他各种个性化、定制化服装产品。在谈到竞争优势时，把可能的东西都阐述成了一种必然的东西，并作为核心优势来讲。例如，目前设计师队伍庞大，未来有设计能力的人都将进入他们的设计师队伍，甚至成为合伙人，这就是他们提到的项目的核心优势，但这显然不靠谱。

5. 项目不够聚焦

有一个创业者,要做一个宠物狗的一站式服务的项目,所谓一站式,也就是所谓的关于狗的整个生命周期的吃穿住行等都想要做,此外,他还要建立自己的养狗场,准备做狗的上门美容等服务,项目太大,不够聚焦,这是许多首次创业者会犯的共同错误。

(资料来源:乔辉,张志.大学生创新创业入门教程[M].北京:人民邮电出版社,2020.)

📖 课堂活动

路演模拟

活动方法:分小组活动,各小组进行模拟路演。

活动人数:每组 6~10 人为宜。

活动场地:场地为教室,另需桌椅若干,其他所需道具由各小组自行准备。

活动规则:在上一个课堂活动中,各小组已经编写了详细的创业计划书,本次活动中,各小组可以根据自己的创业计划书进行模拟路演,每组路演时长为 5 分钟,问答时长为 5 分钟。各小组抽签决定上场顺序,前一轮路演的小组作为下一组的投资者,负责提问并为其打分,各小组间进行比较。

活动提醒:路演形式为现场展示型推介会,各小组应按照路演的步骤进行模拟路演。

第四节　企业的创办

大学生创业者组建了创业团队,通过市场调研和分析找到了创业机会,制订创业计划,获得了创业启动资金,在具备了创业的基本条件后,就可以创立一个新的企业来具体开展创业活动。在创立新企业的过程中,有大量繁复的具体事项需要创业者去面对和解决,创业者应做好计划、科学安排。

一、企业的含义

企业是指从事生产、流通、服务等经济活动,以产品或劳务满足社会需要,并以获取盈利为目的,依法设立,实行自主经营、自负盈亏的经济组织。它具有以下 5 个基本特征:

(1) 社会性。企业作为社会组织,其社会性主要体现在企业提供的商品或服务必须直接参与社会流通或消费,其全部行为是社会化大生产中不可分割的一部分。

(2) 经济性。即盈利性,企业作为经济组织,以谋求利润为出发点,在社会生产中始终追求经济效益最大化。企业通过出售商品或服务获取利润,同时满足社会需要。

(3) 商品性。首先,企业具有价值;其次,企业生产具有使用价值的产品,为社会创造财富;再次,企业是国民经济的细胞。

(4) 竞争性。市场经济就是一种竞争经济,企业需要面对同行业不同生产主体的竞争,同时也需要不断提升产品或服务的核心竞争力,使得自己不被市场竞争所淘汰。

(5) 独立性。在法律允许范围内,企业自主组织生产,其合法生产经营活动不受他人制约与影响,同时作为法人也必须为其所从事的生产经营活动承担全部责任。企业的独立自主性主要表现为自主经营、独立核算、自负盈亏。

二、企业的组织形式

企业的组织形式,也称为企业的法律形态,成立新企业只能选择法律规定的企业组织形式,不可随意塑造企业形态。企业的组织形式按照财产的组织形式和所承担的法律责任不同,通常划分为不设立公司的企业和设立公司的企业。不设立公司的企业形式分为个体工商户、个人独资企业、合伙企业,相关的法律规定有《个体工商户管理暂行条例》《中华人民共和国个人独资企业法》和《中华人民共和国合伙企业法》。设立公司的企业通常称作"公司",依照《中华人民共和国公司法》规定设立的企业,包括有限责任公司和股份有限公司。大学生创业者应该事先了解创业企业的类型和组织形式,以便于根据自身情况进行选择。

(一) 个体工商户

个体工商户是指在法律允许的范围内,依法核准登记,从事工商业经营的自然人或家庭。个体工商户业主可以是一个人或一个家庭。这类组织只需要业主有相应的经营资金和经营场所,然后到工商部门办理登记手续即可开业。个人经营的,以个人全部财产承担民事责任;家庭经营的,以家庭全部财产承担民事责任。个体工商户不具有法人资格,投资者对企业的债务承担无限责任。由于注册资本和从业人数无数量限制,开办手续比较简单等特点,个体工商户成为部分资金不充足、人脉资源薄弱的大学生初次创业的选择,主要涉及商业、餐饮业、服务业等行业。

(二) 个人独资企业

个人独资企业是指依法设立,由一个自然人投资,财产为投资者个人所有,投资者以其个人财产对企业债务承担无限责任的经营实体。个人独资企业不具有法人资格。个人独资企业在业主数量与注册资金上与个体工商户相似,但设立手续比个体工商户要复杂,需要有合法的企业名称、投资者申报的出资、固定的生产经营场所和必要的生产经营条件和从业人员。

(三) 合伙企业

合伙企业是指自然人、法人和其他组织依法设立,由两个或两个以上的自然人通过订立合伙协议,共同出资经营、共负盈亏、共担风险的企业组织形式。合伙企业一般无法人资格。其包括普通合伙企业和有限合伙企业两种形式。两者区别在于,有限合伙企业有两种不同的所有者,即为普通合伙人和有限合伙人。普通合伙企业由2人以上普通合伙人组成,合伙人对合伙企业债务承担无限连带责任。有限合伙企业由2人以上的普通合伙人和有限合伙人组成,其中普通合伙人至少有1人,普通合伙人对合伙企业债务承担无限连带责任,有限合伙人以其出资额为限对合伙企业债务承担责任。合伙人可以用货币、实物、土地使用权、知识产权或者其他财产权利出资。

(四)有限责任公司

有限责任公司又称有限公司,是指由50人以下的股东共同出资,每个股东以其所认缴的出资额为限对公司承担责任,公司以全部资产对其债务承担责任的企业法人。它是一种比较普遍的企业组织形式。有限责任公司具备企业法人资格,股东共同出资和制定公司章程,名称中必须标明"有限责任公司"字样,有固定的生产经营场所和必要的生产经营条件。

(五)股份有限公司

股份有限公司又称股份公司,是指注册资本被分为等额股份,股东通过发行股票筹集资本,股东以其所持有股份为限对公司承担责任,公司以其全部资产对公司的债务承担责任的企业法人。设立股份有限公司要有公司名称,建立符合股份有限公司要求的组织机构,有固定的生产经营场所及必要的生产经营条件,股份发行、筹办事项要符合法律规定。此外,应当有2人以上200人以下的发起人,以及由发起人制定的公司章程。除法律、行政法规及国务院决定对特定行业注册资本最低限额另有规定的外,股份制有限公司无最低注册资本的限制。

为让大学生创业者更为直观地了解和较为系统的认识企业的组织形式,现梳理四种小微企业常用组织形式基本特征,如表6-1所示。

表6-1 四种小微企业常用组织形式的基本特征表

企业组织形式	个体工商户	个人独资企业	合伙企业	有限责任公司
企业性质	非法人、非企业	非法人企业	非法人企业	法人企业
业主数量	一个自然人或家庭	一个自然人	2人以上	2~50人
注册资本	无注册资本限制	无注册资本限制	无注册资本限制	无注册资本限制
经营特征	财产为投资者个人所有,业主既是投资者,又是经营管理者	财产为投资者个人所有,业主既是投资者,又是经营管理者	依照合伙协议共同出资,合伙经营,共享收益,共担风险	公司设立股东大会、董事会和监事会,并有董事会聘请职业经理人管理公司、经营业务
税收	定额,不缴纳企业所得税	定额,不缴纳企业所得税	缴纳个人所得税,不缴纳企业所得税	双税制,缴纳企业所得税和个人所得税

(续表)

企业组织形式	个体工商户	个人独资企业	合伙企业	有限责任公司
责任形式	由个人经营的,以其个人资产对债务承担无限责任;由家庭经营的,以家庭财产承担无限责任	投资者以其个人资产对企业债务承担无限责任	普通合伙人承担无限连带责任,有限合伙人承担有限责任	以出资额为限承担有限责任
利润分配	归个人或家庭	归个人	合伙人按照合伙协议分配	股东按出资比例分配

大学生创业者在选择企业组织形式时,要根据自己的实际情况选择一个最适合的企业组织形式,争取以最小的投资获取最大的收益。必须考虑的重要因素有以下几个方面。

(1) 资本和信用的需求程度。

(2) 投资者的责任。

(3) 开办程序的繁简与费用。

(4) 拟创办企业的规模。

(5) 企业的控制和管理方式。

(6) 组织正式化程度与运营成本。

(7) 利润和亏损的程度方式。

(8) 税负。

(9) 权益转移的自由度。

(10) 企业的行业性质。

(11) 法律的限制。

案 例

从有限责任公司到个体工商户

2012 年,毕业于生物技术专业本科的赖家宝,不顾家人的阻挠,放弃医药公司的高薪工作,利用大学期间创业实践挣得的 5 万元,与同学合伙创立了怡可轩餐饮管理有限责任公司,自己当老板,走上了创业之路。

由于大学期间参加创业大赛,获得大赛冠军,并获得东莞光大集团 200 万元的风险投资,考虑到投资方在东莞的资源优势,他决定将创业项目选址在东莞地区。团队与投资方达成协议,共同注册成立怡可轩餐饮管理有限责任公司,注册资本 300 万元。工商局名称预先核准通过后,银行开立验资户准备验资。就在这个时候,投资方财务顾问给出了一个避税方案,建议创业团队可以以个体工商户的形式先开设个体店,等事业做大,再注册成立公司,股东之间权利与义务可以通过签订协议来约束,这样可以避免沉重的税收及注册资金。最终他们选择了这个方案,并在之后的进一步发展中,逐步将3个合伙人参与到企业法律登记所有人中,将企业由个体工商户变更为目标公司"怡可轩餐饮管理有限责任公司"。

分析:大学生初次创业,资金有限,很多是通过家庭筹措、贷款和风险投资等筹集来的,自身没有什么资金积累,可以考虑承担无限责任。赖家宝创业团队申报注册资本300万元,为了节约资金,获得更多优惠,可以按专家建议,先设立个体工商户,承担无限连带责任。等企业逐渐成熟,发展壮大了,再变更企业法律形态,设立为公司,投资人各自承担有限责任。

（资料来源:刘延,高万里.大学生创新创业基础[M].武汉:华中科技大学出版社,2020.）

三、企业的命名

企业名称是一个企业区别于其他企业或组织的特定标志,它是企业的无形资产。一个响亮的企业名称,有利于提升公司的知名度与竞争力。

(一) 企业名称的构成

根据国家工商行政管理总局发布的《企业名称登记管理规定》和《企业名称登记管理实施办法》,企业名称应当由行政区划名称、字号、行业或经营特点、组织形式这四项基本要素构成,例如,南京苏宁电器股份有限公司。

企业名称中的行政区划名称是指县以上行政区划的名称,不包括乡、镇和其他地域名称。字号应由两个以上的汉字组成。企业应根据自己的经营范围或经营方式确定名称中的行业或经营特点字词,该字词具体反映企业生产、经营、服务的范围、方式或特点。我国企业使用的组织形式大体有两大类,其中公司类的为"有限责任公司"和"股份有限公司",非公司制企业可以使用"厂""店""中心""馆"等。

(二) 企业命名的规范要求

(1) 企业只能使用一个名称,在某一个工商行政管理局辖区内,冠以同一行政区划名称的企业,不得与登记注册的同行企业名称相同或相近。

(2) 企业法人名称中不得含有其他法人的名称,企业名称中不得包含另一个企业名称。

(3) 企业名称应当使用符合国家规范的汉字,民族自治地区的企业名称可以同时使用本地区通用的民族汉字。企业名称不得含有外国文字、汉语拼音字母、阿拉伯数字。

(4) 企业名称中的行政区划是本企业所在地县级以上行政区划的名称或地名,企业名称中行业用语表述的内容应当与企业经营范围一致,企业名称不应当明示或暗示超越经营范围的业务。

(5) 企业名称不得含有有损国家利益或社会公共利益、违背社会公共道德、不符合民族和宗教习俗的内容。

（6）企业名称不得含有违反公平竞争原则、可能使公众误认、可能损害他人利益的内容。

（7）企业名称不得含有法律或行政法规禁止的内容。

四、企业的选址

创业者在做出创业选择，并已确定创业项目后，接下来最重要的事情就是选择经营场地。无论创业者选择何种创业项目，以及何种形式的企业，企业地点都是影响创业能否成功的一个重要因素，尤其是对于餐饮业、零售业而言更是如此。通常，大学生创业者紧密结合自身实际，选址时要考虑花钱少、面积适中、方便客户等因素，选取符合创业项目需要的相对适合的经营场地。

（一）企业选址的影响因素

1. 政策因素

主要是指当地政府对大学生创业的政策支持。目前，全国各地基本都出台了不同力度的大学生创业政策，如各种孵化园、创客园、众创空间等，这些园区能够为大学生创业提供一定程度的政策优惠，如减免房租、税收等。此外，还能提供财务、管理、技术、经营等方面支持性服务。企业的集聚效应也营造出良好的创业氛围，增加了创业成功的机会。

2. 市场因素

市场因素具体而言就是顾客的需求量和购买力，特别是对于一些服务业、零售业和需要顾客亲自体验的行业，是否能与顾客相连接，以及周围顾客是否有足够的购买力都是非常重要的。

3. 商圈因素

商圈因素主要是指特定人群形成的消费集群，如车站附近是人流量比较大的集散地，适合发展餐饮、食品、生活用品等；商业区是居民购物、休闲、娱乐的场所，除适宜各类门店以外，特色鲜明的专卖店也很有市场；在居民区，凡能为家庭生活提供独特服务的行业，都能获得较好的发展；在市郊地段，可以为驾车者提供娱乐、休闲、维修等服务。

4. 交通因素

交通因素是指交通、停车、货物运输是否方便。便利的交通不仅对制造业企业很重要，对于服务业、零售业、批发业的企业也至关重要，如物流公司的选址倾向于公路主干道附近或者交通枢纽地带。

5. 发展规划因素

企业在选址过程中，要密切关注城市发展规划，既包括短期规划，又包括长期规划。有的地点从当前分析是最佳位置，但随着市场的改造和发展将会出现新的变化而不适合企业经营。有时，有些选址地点从当前的情况分析可能是最佳位置，但随着城市的发展，所选地点周边的市场环境可能出现新的变化，从而不适合企业的经营。而有些地点虽从当前来看似乎不够理想,但在不久的将来可能会因城市发展规划的调整,更有利于企业的发展。因此,创业者在选址时必须从长远考虑,与城市规划相结合。

(二) 不同类型企业的选址

大学生创办企业的位置选择要符合创业项目的特点,应该针对项目的不同选取适宜的经营地段或场所,这是大学生创业者实现事业成功的基本条件之一。

1. 服务性质企业

该类型企业选址需考虑目标客户的因素,服务居民的企业应设在居民社区附近,服务学生的企业应设在学校附近,如果服务性质的新企业的经营模式以订单为主,那么低成本、高效能的办公楼则是首选。大学生创业者以开展服务性和知识性项目为主,此类企业可以选在行业聚集区或较成熟的商务区。

2. 商业性质企业

该性质企业经营地点的选择与商业圈有着密切的关系,选择建立在商业圈内会较易经营,但其昂贵的店铺租金或转让费也会对新创企业经营支出构成压力。为此,新创企业可以选择联合经营、委托代销等方式开展业务,也可在商业圈边缘选址,转向"次商圈"。

3. 生产性质企业

该性质企业选址时要考虑周边地区具备的生产条件。交通要方便,以便于产品对外运出;生产用电要能满足,生产用水要有保证;生产所需的原料基地要尽量距离企业近一些;所使用的劳动力资源要尽量就地解决。如果是一些可能对环境造成影响的生产项目,还须考虑环保问题。

(三) 企业选址的步骤

1. 市场信息的收集与研究

市场信息的收集和研究即商圈调查,这是进行选址考虑的第一步,也是非常关键的步骤。创业者首先要从相关资料中获取信息,例如商贸杂志、图书馆、政府机构、大学或专门的咨询机构。其次,要通过观察、调查、聚点小组及问卷等方式获取第一手资料。其中,调查是收集市场信息最常用的方法,其要点包括选址地人口数量、职业分布、人口年龄层次、消费习性、生活习惯、商圈未来发展等。最后,要对收集到的各方面信息进行汇总、整理,通过对这些数据进行交叉制表分析可以获得更加有意义的结果。

2. 多个选点的评价

经过前一阶段的信息收集和研究后,创业者会得出若干个新企业地址的候选地,这时便可以借助科学的分析方法进行定性或定量研究。目前最常用的分析方法有量本利分析法、综合评价法、运输模型法和引力模型法等。不同的分析方法在具体操作上会有差异,但基本思路大体相同,主要可以从以下几个方面进行考量:

(1) 根据创业项目选择符合创业性质的区域,如商业街或社区等。

(2) 分析显性或潜在的顾客流量。

（3）分析交通地理条件。

（4）分析具体税收、租房政策。

（5）竞争对手数量分析等。

3. 最终地点的确定

创业者根据已经汇总整理的市场信息，并考虑其所要进入的行业特点，以及自己企业的特征，借助以上一种或几种方法进行评估，最终完成选址决策，从而迈出创业至关重要的一步。

📖 案 例

创业选址，助力梦想

对很多上海的同龄人来说，大学毕业后最好能进外企、当白领。任书豪却有着自己的创业梦想。他从小爱好电脑，大学选了计算机专业，读书期间就和同学们创立一家网站，组织了数次大型多校联合活动。就在任书豪毕业前夕，父亲因身体原因提前退休来到上海。父亲想办个照相馆赚点钱，可是了解下来照相馆的前期投入非常大，光门面的租金就不堪承受，于是任书豪就建议父亲只搞影视后期制作，以工作室的方式做录像带转换、光盘制作等。毕业后的任书豪选择和父亲一起创业，他们购买了一台索尼高清数码摄像机，但生意一直不好。他们分析后认为是自己没有正规经营场地，很少有客户能直接找到他们。于是他们试水网络推广，通过上网发广告、建网站的形式来推广业务。没想到效果出奇的好，收入翻了几番，也扩大了主营项目。此时，工作室开始接触一些企业客户，客户们要求提供发票、看营业执照。他们决定走正规化道路，开办一家有限责任公司。这时，上海正大力鼓励青年创业，他们入驻了黄浦区卢湾五里桥青年创业孵化园区，在这里开办公司不但注册费全免，还可以享受街道、区两级优惠补贴。在园区孵化中心的协助下，他们拿到公司营业执照，也有了合法的营业场所，圆了多年的创业梦。原来的上海金像数码影视工作室更改为上海金映文化传播有限公司，实现了质的飞跃。他们还先后承接了"永恒世博"——中华文化艺术博览会、世界生物制药生产峰会、世界疫苗生产峰会等拍摄项目。

五、企业的注册流程

根据我国相关法律规定，新创企业必须经过工商行政管理部门批准登记发给营业执照，并获得有关部门颁发的经营许可证，如医疗器械经营许可证、药品经营许可证等。企业只有领取了营业执照，才算有了合法身份，才可以开展各项法定的经营业务。在国家完成"五证合一"改革后，新企业注册流程大大简化，效率大幅度提高，具体的企业注册流程为：预先核准企业名称→申领"多证合一"营业执照→印章刻制→开设企业银行账户→税务登记。

（一）预先核准企业名称

创业者在给企业初步拟定名称后，可以登录市场监督管理局官网，也可以前往市场监督管理局查名，办理名称核准，一般建议准备多个名称备选，防止重名不予通过的情况发生。领取《企业名称预先核准申请书》，在其中写明企业主体类型、经营范围、注册资本、投资者等信息，审核通过后，市场监督管理局会发放盖有市市场监督管理局名称登记专用章的《企业名称预先核准通知书》。经营范围中如有需特种许可经营的项目，应提前申请并获准后，才可以继续工商注册程序。需要前置审批的事项涉及烟草、出版、教育、治安等多种情况，具体参见市场监督管理局《工商登记前置审批事项目录》。

（二）申领"多证合一"的营业执照

"多证合一"是指企业的营业执照、组织机构代码证、税务登记证、社保登记证、统计登记证、刻章许可证、住房公积金缴存登记等，在实行"一表申请、一门受理、一次审核、信息共享"登记模式的基础上，只发放记载有统一社会信用代码的营业执照，实现"一照一码"。

申请人准备好相关材料：法定代表人身份证原件、全体股东身份证复印件；各股东间股权分配情况；《企业名称预先核准通知书》原件；市场监管部门审核通过的企业经营范围资料、企业住所的租赁合同（租期一年以上）一式二份及相关产权证明（非住宅）；如企业为生产型企业，还必须有消防部门的消防验收许可证。

经审核，申请资料齐全并符合法定形式的，申请人持"多证合一"申请表，前往办证大厅"多证合一"窗口进行办理。市场监管登记窗口完成营业执照审批手续后，将申请资料和营业执照信息传至平台，质监、税务、人社、统计等部门分别办理相关手续，综合窗口收到各相关部门核准登记信息后，在"多证合一"系统平台上打印出载有注册号、组织机构代码、税务登记号、社会保险登记证号和统计登记证号的营业执照。

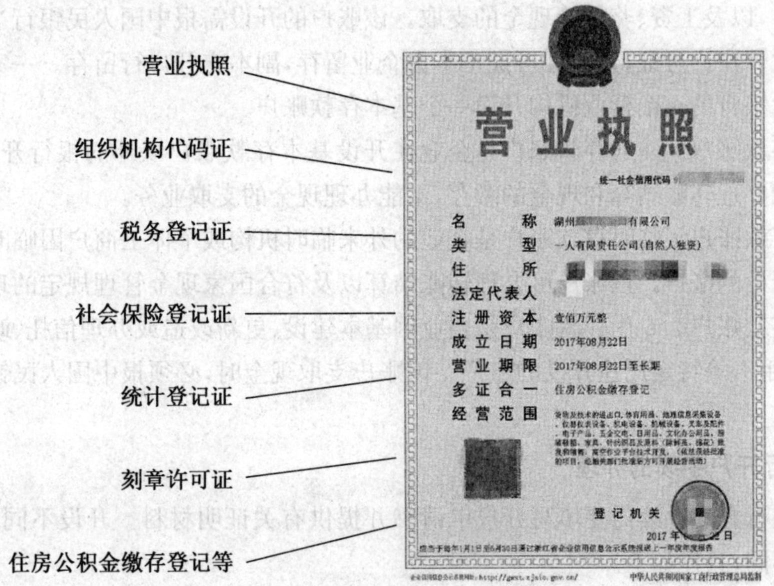

图 6-2　营业执照图解

（三）印章刻制

新创企业申请刻章,需持营业执照复印件、法定代表人和经办人身份证复印件各一份,以及由企业出具的刻章证明、法人代表授权委托书,到公安局指定的机构进行刻章。企业常用的具有法律效力的印章包括企业公章、法人章、合同专用章、财务专用章、发票专用章5种。

（1）企业公章。公章是企业所有印章的权威,代表企业的最高效力,不管对内、对外它都代表了企业法人的意志,使用公章可以代表企业对外签订合同、收发信函、开具企业证明等。

（2）法人章。法人章是企业法人的个人用章,它对外具备一定的法律效力,可以签订合同、出具委托书等文件。

（3）合同专用章。合同专用章是企业对外签订合同时使用的印章。它代表企业需承受由此产生的权利和义务。一般公章可以代表合同专用章。

（4）财务专用章。财务专用章的用途比较专业化,一般针对单位会计核算和银行结算业务使用。

（5）发票专用章。发票专用章是指企业按税务机关规定刻制,在其经营活动中领购或开具发票时需加盖的印章。

（四）开设银行账户

在企业的经营活动中一般需要通过银行进行资金周转和结算。创业者在获得营业执照后需到银行开设账户,因此,就要了解办理银行开户手续的相关知识。

1. 银行账户的种类

基本存款账户。基本存款账户是企业的主要存款账户,主要用于办理日常转账结算和现金收付,以及工资、奖金等现金的支取。该账户的开设需报中国人民银行当地分支行审批并核发开户许可证,开户许可证正本由企业留存,副本交开户行留存。一家企业只能在一家商业银行的一个营业机构开设一个基本存款账户。

一般存款账户。一般存款账户是企业在开设基本存款账户以外的银行开设的账户。该账户只能办理转账结算和现金的缴存,不能办理现金的支取业务。

临时存款账户。临时存款账户是企业的外来临时机构或个体工商户因临时开展经营活动需要开设的账户。该账户可办理转账结算以及符合国家现金管理规定的现金业务。

专用存款账户。专用存款账户是企业因基本建设、更新改造或办理信托、政策性房地产开发、信用卡等特定用途开设的账户。该账户支取现金时,必须报中国人民银行当地分支行审批。

2. 银行开户手续的办理

办理银行开户手续需要填写开户申请书并提供有关证明材料。开设不同的账户,所需材料也不同,具体如下。

（1）基本存款账户。需提供当地工商行政管理机关核发的企业法人营业执照正本。

（2）一般存款账户。需提供基本存款账户的开户人同意其独立核算单位开户的证明。

（3）临时存款账户。需提供当地工商行政管理机关核发的临时执照。

（4）专用存款账户。需提供有关部门批准的文件。

（六）办理税务登记

新创企业领取由工商行政管理部门核发的加载有统一社会信用代码的营业执照后，虽然无须再次进行税务登记，办理税务登记证，但仍需要前往税务机关办理相应的后续事项，才能进行正常缴税。新创企业在办完首次涉税业务后，在之后的经营中要特别注意按时、按期、持续申报税费，以免因延误纳税而影响企业的正常经营。

📖 案　例

材料准备先知晓，企业注册少跑路

李文博在大学毕业后选择和几个朋友合伙创业。他们定好了创业项目，凑足了启动资金，租好了办公场地，连招聘启事都印好了，但没想到在公司注册上遇到了麻烦。李文博第一次去办理相关手续的时候，连公司注册登记的程序都不清楚，结果第一步就出了问题——他们商量好的公司名字"迅辉商业贸易有限公司"已经被注册了，无法登记。李文博并没有准备其他的名字，只得返回公司，又把几个合伙人叫来开会，吃一堑长一智，大家这下集思广益想出了5个备选名。

这一次，李文博信心十足地又去办理公司注册，可没想到公司名称没有问题，在其他方面却出了问题。原来在注册公司时，需要提供公司地点的产权或租赁合同，李文博他们所租用的办公场地，是另一家公司因为闲置而转租的，但该公司并非该场所的原始产权方。在这种情况下，李文博除了要提供他们与该公司的转租合同，还需要提供该公司与产权方的原始租赁合同复印件，李文博根本没有准备这份文件。又一次失败让李文博很沮丧，但是他冷静下来，向工作人员详细地询问了关于公司注册的流程与所需的材料，工作人员耐心地给他讲解了相关规定，并告诉他可以去服务台取一份注册公司的程序介绍宣传手册，上面有详细的程序讲解。李文博拿着宣传手册回到公司，几个合伙人见他又没能处理好公司注册，对他有些埋怨，但是他们很快便抛开负面情绪，一起研究和学习这份宣传手册。最终在确定了需要的材料和程序后，李文博再一次来到了办事大厅。这次办理很顺畅，很快公司注册成功，李文博领取了营业执照。

（资料来源：姚波，吉家文.大学生创新创业基础[M].北京：人民邮电出版社，2020.）

📖 课堂活动

新创企业门店选址

1. 内容与要求

根据所学知识和收集的信息资料,将学生分为若干小组,每组 6~8 人,每个小组自定经营内容。以小组为单位开设门店,根据不同经营内容,制订一份门店的选址方案。方案中涉及以下内容:

(1) 多个选址策略的比较分析过程:

_____

(2) 最终决策理由:

_____

(3) 选址结果:

_____

2. 参考与提示

(1) 根据门店的经营内容选址。例如,服装店、小超市要开在人流量大的地段。

(2) 选址自发形成某类市场的地段,选择有广告空间的店面。

(3) 把店铺开在著名连锁店或强势品牌店的附近。这样不仅可省去考察场地的时间和精力,还可以借助它们的品牌效应"拣"到顾客等。

3. 成果评估

(1) 各小组互相评判,并评选出两个优胜小组。

(2) 由教师给各组方案打分,对优胜小组进行点评。

本章小结

创业计划书是一份全方位描述企业发展的文件,是创业者素质、融资能力的重要体现。一份精心打造的创业计划书,其最重要的作用是为企业自身发展导航和吸引潜在的投资者。创业计划书的构想、撰写和展示是一个系统工程,当创业者做好了创业准备后,就可以创立新企业,开展创业活动了。本章分三个模块,主要探讨了创业计划书的作用、内容、撰写步骤和注意事项,有助于创业者撰写一份详尽的创业计划书;通过对路演的内容、准备工作、策略等的介绍,指导创业者如何更好地展示创业项目;阐述了当创业者获得创业启动资金着手创办企业时,所要进行的企业的组织形式选择、命名、选址和注册等内容,为创业者创立新企业奠定了基础。

思考题

1. 以小组为单位,根据本章理论方法,选择一种大健康产业主要商业模式,尝试制作商业模式画布,填写在下图中。

重要伙伴	关键业务	价值主张	客户关系	客户细分
	核心资源		渠道通路	
成本结构			收入来源	

2. 为什么说准备创业计划书的过程实质上是信息的搜集过程?

3. 有人说,"创业项目路演时,观众不仅仅是考察你的创业项目,更是在考察你",你怎么理解?

4. 创办企业最常见的企业组织形式有哪几种? 选择不同的企业组织形式应该考虑哪几个因素?

延伸阅读

创业大赛的制胜诀窍

美国麻省理工学院斯隆管理学院在创业方案大赛中积累的取胜诀窍如下:

1. 组建一个包括技术人才和管理人才在内的具有综合性技能的团队;组建起来的团队成员每人都能力十足,堪称创业家,同时又能灵活、协调、有效地工作,这是历届胜出团队的经验总结。

2. 开发出一种盈利模式,而不仅仅是一项发明。"仅仅说明你的产品或服务的性质还不够,还要清楚地阐明谁、为什么、在哪里、什么时候、如何做等这些关键问题。技术方面的东西不论如何具体,都不能取代清楚明确的市场营销方案",这是往届胜者的经验之谈。仅仅是技术发明,而不构成一种盈利模式的创业方案不是一个好方案。

3. 从各方面人士那里获取忠告,不论他们是同学、老师、专家,还是竞争对手。

4. 分析顾客:他们在寻找什么?

5. 分析竞争对手:你有哪些他们不具备的长处?

6. 展示你有能力获得一种持续的、有竞争力的优势,例如,你能够设立市场进入障碍,或是拥有自主知识产权,使得对手们无法夺取你的市场。千万记住告诉评审专家们,哪些人是你的顾客,他们如何能够从你的产品或服务中得到好处。

7. 写作的文字要直接、中肯。创业设计书是需要呈交给创业大赛、创业园的评审专家,或是呈交给投资者的,而这些读者都会认真阅读你所提交的文字。要花费足够的时间和精力来撰写你的创业计划书,要严肃认真。

8. 制定你的创业计划和时间安排时一定要实事求是、有根有据,避免好高骛远、不着边际。

9. 不要刻意在技术方面、质量方面和价格方面展开竞争。

10. 创业大赛的评审专家们,或者潜在的投资者们,能够吸引他们的是你如何分析出一大片市场空间,他们喜欢的是潜力巨大、增长快速的业务,如果你正在做的是如何创造一项业务,那你就能获胜了。

第七章　初创企业的管理

学习目标

　　在"大众创业、万众创新"的背景下,新的企业不断涌现,增加了就业机会和财政收入,但也有更多的企业在激烈的市场竞争中被快速淘汰出局。初创企业融资难,技术力量薄弱外,还有不成熟的内部管理。通过本章节解析初创企业的内部管理,适应互联网+时代的宣传营销,增强初创企业外部竞争力与合作,在市场竞争中能立足发展。

📝 **案例导入**

　　作为老乡鸡的创始人,束从轩将自己的"老乡鸡"开遍了安徽,并且在全国开出了800多家门店。据中国饭店协会发布的《2019中国餐饮业年度报告》显示,当前老乡鸡已经成为中国快餐小吃的第一名。在创业之初,束从轩在市面上发现了《销售与市场》的半月刊杂志,在这之后,束从轩每期必读,并且当生意上遇到什么问题就在里面找寻答案。在之后的一次培训中,束从轩了解到了快餐经营,这是一种靠系统和手册来推动运营的经营方式。束从轩认为这种快餐经营模式很适合自己,于是回到合肥之后便开始想各种方法搜集快餐连锁手册。在第一家老乡鸡开业之前花了半年时间完成6本手册,并以此来指导实践。凭借着6本手册,老乡鸡迅速扩展自己的快餐地图,已经将店面开到了上海和南京,但是那时的老乡鸡还叫"肥西老母鸡",不为众人所知,知名度较低。肥西老母鸡开到上海和南京之后因为辨识度降低一直不温不火,这时束从轩一次性花费400万咨询费请特劳特公司进行战略收缩,并正式改名为"老乡鸡",撤出上海和南京,先在省内发展,等到在省内处于领先地位之后,再去南京和上海开店,并自此大获成功。

　　无独有偶,滴滴创始人程维在创业中也并非一帆风顺,相反,其在创业过程中遭遇到了重重困难。最早的程维有着令人羡慕的工作,是当时阿里巴巴最年轻的区域经理,工作中经常有出差的安排,但是程维却经常在出差中因为打不到车而延误飞机航班,这对他造成了十足的困扰,为了解决这个困扰,程维决定离开公司,自己去创业,希望通过自己的企业为中国人带来更好的交通出行质量。于是,程维给自己设定了一个目标,用两个月上线滴滴。在确定了目标之后,程维选择了外包公司,寻找合适的外包公司对程维来说也是一个不断获取信任的过程,在一次与一家外包公司的洽谈过程中,他问对方做一个打车软件需要多少钱,没想到对方却反过来问他想要做多少钱的,程维并不知晓其中有什么区别,更不知道技术上有什么不同,两个月之后外包公司交付的软件完全不能用。这使得程维认为技术外包并不靠谱,于是开始寻找技术合伙人,在遭到了众多拒绝之后,微信群中的一个猎头为其找到了合适的人,滴滴产品得以上线,但是仍旧面临着缺少用户的严峻问题,程维在给交通委员会展示软件时连续用滴滴呼叫了两次,软件并无任何反应,这使得程维意识到,做任何产品都要做到 10 分以上。之后不断寻找合作的出租车公司,也在解决缺少乘客的问题,就在这重重的困难中,程维不断成长,滴滴打车最终也成为互联网巨头,改变了人们的出行方式。

无论是老乡鸡的束从轩,还是滴滴打车的程维,在创业中都碰到了不同程度的困难,但是他们都通过强化企业内部管理,最终获得了良好的创业绩效,帮助自己的企业走上发展的道路。从我国大众创业的实际情况来看,大多数人在创业过程中都会面临着初创企业从起步到发展的一系列问题,初创企业在创业前必然会对所要进入的领域进行全面细致地了解,同时在创业的过程中也会不断地接收新的知识与技术,通过科学管理提高初创企业的运营和发展,在创业道路上走出自己的一片天空。

第一节　初创企业内部管理

创业,在近几年来一直是我国政策鼓励支持的重点。国家从最开始"鼓励创业并以创业带动就业"的口号提出,到现在"大众创业,万众创新"的全民创业号召,再有税收、项目、场地等各方面创业鼓励政策的推动下,越来越多的人加入"初创团队"这一行列中。据有关数据统计,2018 年,我国市场主体数量首次超过 1 亿,这其中,2018 年创业的企业就超过 10 万家。但是庞大的初创企业数量,同时也伴随着庞大的企业死亡率,我国的初创企业中,在创业五年后还依然正常营业的不到 3%。

中国目前的创业环境在全球范围内都非常具有优势,这使得各种各样的人都加入创业者行列。全职妈妈、未毕业的在校大学生、从未走出过高校的专业教师、在职场打拼多年的白领,等等。但在创业过程中,他们必须面临诸多问题:商业机会的错失,资金资源不足,创业团队本身管理能力不足或内部矛盾的不断等等,这些都使得创业过程十分艰辛。

关于企业的生命周期,最先由美国的学者 Ichak Adizes 发表的《企业生命周期》对企业的生命历程进行了划分。他将企业的发展类比为生物体的发展,即企业也会像生物体一样经历出生、成长与死亡的过程,不同的生命阶段企业有不同的特征。在此后,企业生命周期得到了不断的完善,后期学者根据不同时期企业的特征把企业生命周期划分为四个阶段:初创期、成长期、成熟期和衰退期。在当今不断发展的时代下,科学技术不断改变着企业的商业模式,不同生命周期阶段下的企业商业模式也会有所不同。同时企业在发展中面临许多的不确定因素,不同生命周期阶段企业有不同的特征。一般企业会经历三个阶段,一是初创阶段,在此阶段,企业会进行大量的研发投入,企业会有少量或可以忽略的收入;第二是成长阶段,在此阶段企业的商业模式会逐渐成熟,企业用户数也会大规模扩大，但此阶段的企业可能也还未盈利；第三阶段是成熟阶段，此阶段企业商业模式比较稳定成熟，用户数增长放缓，企业开始实现盈利。

一、初创企业的概况

（一）初创企业的定义

关于初创企业的定义，目前学术界都没有明确地提出，根据企业生命周期理论，也很难用单一的概念去定义初创企业。一般来讲，初创企业就是指那些创立时间短、规模小、盈利能力低、具有较大的不确定性、需要花费大量的成本抢占用户的企业，此阶段就是所谓的企业"烧钱"的过程。在经历了"烧钱"过程后，企业就会出现一个临界点，突破临界点后，企业的各个方面都会出现明显地增长，此时企业就进入了成长期。首先，与成熟企业相比，初创企业成立时间较短、组织结构有待进一步完善；信息在组织内部的传达速度快，管理执行效率较高。其次，初创企业在资金存量上往往表现出弱势；组织中往往只有创始人和少数核心员工，存在人才匮乏的困境；人才和资本等劣势使得初创企业在业务拓展方面面临重大困扰。最后，初创企业往往更加追求短期利益、对长期战略规划的重视有待进一步加强，对风险认识能力较弱、管理工作也缺乏经验指导。

（二）初创企业的特征

1. 企业规模比较小

将组织中的"从业人员数""销售额"和"资产总额"三个指标作为划分标志，初创企业的经营规模往往处于中小规模企业的水平。然而这种小规模经营也有其自身的优势：一是企业规模相对较小，可以对市场变化快速做出反应，根据市场情况迅速做出战略和业务调整；二是组织中的人员较少，构成较为简单，有利于管理，从而使得组织的人力成本可以得到较好控制；三是企业决策权相对集中，管理沟通成本低，可以快速做出决定并有效执行。

2. 员工富有激情和创造力

初创企业的员工，尤其是以企业创始人为主的管理层，成员间的共同创业意识较强，在创业初期通常拥有较强的创业激情。初创企业内部容易形成一致的组织归属感和组织发展理念，组织的发展对员工的职业生涯具有较强的一致性，对组织的忠诚度较高。员工具有较强的创新和开拓潜能，对失败的容忍度较高，不介意暂时遇到的困难，将自身的发展与组织的发展联结在了一起。

3. 具有较强的技术创新性

顺应当今时代创新创业的发展要求，初创企业往往都是一些具有专业技术，以技术创新为主要发展动力的新兴企业。高污染、高成本、高耗能的企业已不再符合当今时代的发展主题，新能源、新技术、互联网等技术是初创企业发展的主要动力，这就使得初创企业往往掌握一定领域范围内的生产技术，拥有某项技术专利而成立企业，或者企业的科研团队拥有某些先进的技术成果,抑或其所拥有的先进技术和管理理念可以在一定时间和空间范围内帮助企业形成一定的技术领先优势,形成自己独特的市场竞争优势。

4. 管理理念具有不稳定性

由于企业成立年限较短,企业管理规章制度与组织机构的磨合需要用一定的时间进行调整,员工的工资福利待遇、企业的激励惩罚制度有待进一步明确。企业文化和组织的用人制度的适应性需要经过时间的检验才能明确其有效性。同时,受初创企业未来发展的不确定性和风险性的影响,企业员工的职业稳定性会受到波及,因而给初创期战略性新兴产业初创企业带来较高的人才流动风险。此外,受制于初创企业组织规模较小,人员构成较为简单,往往缺乏专业管理人才,进而导致初创企业的管理团队和管理理念相对较弱,企业管理理念和企业文化落后于大型企业。

5. 持续创新能力具有不确定性

受初创企业组织规模较小、资金规模和人员结构等客观实际的限制,初创企业的技术团队尚未成熟、管理团队的专业性有待进一步地提高;受研发条件和资金不足等因素的影响,导致企业缺乏长远的、有效的、科学的产品规划,产品技术后续创新能力不足。面临越来越激烈的市场竞争,初创企业在短时间内难以推出更具竞争力的二代产品,在与竞争对手抗衡的过程中具有不确定性。

(三)初创企业的发展注意点

(1)企业经营模式的规划和建立要分析自身的优势、劣势、机会、风险,注意要在大的市场环境范围内进行分析,不要局限在小区域内,这样可以降低机会风险。许多的初创企业都是因为"投机",在缺乏分析的情况下将企业仅有的一点资源耗尽了,结果发现自身并没有竞争优势。在分析的基础上,制订自身特点的经营模式(营利模式),而不是走一步看一步。

(2)弥补弱项,初创企业的共同特点是:能力不健全。比如,开发力强、销售力弱;市场不错、管理能力弱等。不要忽视弱项能力的弥补和提高,因为这往往是失败的重要因素。自己无法弥补就一定要考虑通过合作来实现优势互补。

(3)以业务为核心,要集中力量在能够发展和营利的业务上,不要好高骛远,虚多实少,要提高企业的核心竞争力,增强交流与合作,扩大国内外战略发展视野,不要闭门造车。

(4)出色的财务规划和管理资金不足是初创企业发展的主要瓶颈之一。注意:有限的资金如何事半功倍地使用,如何增强融资能力,这是企业可持续发展的一个要素,企业管理层要加强财务知识和资本运营知识的学习。

(5)做好企业中长期发展规划。先生存,后发展,能够一步登天的企业几乎没有。国外的企业要经过十几年、几十年的时间来树立竞争力和品牌,而我们刚创业就想超常规发展,这是好高骛远的一种表现。不要整天计算我们年底会赚多少钱的短期目标,而要考虑企业的中长期发展,要思考:如何更好地满足和创造客户的需求,获得企业的利润,为企业的发展逐步打下坚实的经济和管理基础。只有生存下来,才谈得上发展。

（6）人才是关键。作为初创企业，要把握好人才的优势。在资金等物质资源不足的情况下，一定要注意现有人才的能力开发、激励机制建立、团队协作培养等方面的工作，通过建立良好的创业氛围和激励政策来吸引和稳定优秀的人才为企业的发展努力奋斗。

二、组织管理

不同的创业活动具有不同的创业资源需求，包括创业资源、物质资源和人力资源。组织资源是创业资源中重要的一种。组织是协调创业活动的有机系统，也是创业的载体，离开了组织，创业活动就无法协调，创业的资源就无法整合，创业者的领导作用就无从谈起。

创业组织的显著特征是创业者强有力的领导和缺乏真实的结构和制度，但这并不构成组织成长的障碍，创业组织接受新事物快，并能迅速地对变化做出反应，再此过程之中它们得以发展壮大和走向成熟。创业者需要整合组织内外的资源，包括资源的确定、筹集和配置。创业组织成长的过程就是不断投入资源并持续地提供产品和服务的过程。能否以最小的投入获得最大的产出，使得创业组织具有竞争力并盈利，是衡量组织创业创新活动成效的重要标准。

（一）组织管理的重要性

公司的绩效是否达成、是否有发展前景与组织管理息息相关。很多生存下来，想要有所发展的企业总会死在自身的混乱管理上。企业在发展蹒跚前行的时候总会遇到很多组织问题：外部环境不断变化，市场日趋规范、竞争愈发激烈，企业运营各环节的专业化等问题都要求企业凭组织的力量立足于市场，然而企业内部问题诸多：组织形式跟不上企业的发展，职责缺失、多头管理、分工无序、研产脱节、产销脱节、人才缺失、内耗严重等等问题，等不到对手的竞争，企业便从内部瓦解了。对于初创企业而言，在组织管理方面暴露的问题也是比比皆是。

在对众多知名的企业研究中，我们发现谷歌公司的一些特别之处。谷歌这些年滚雪球般扩大，决策的流程被拖长，已经无法做到当初小而专注，原本谷歌赖以生存的组织能力，正在逐渐丧失。为了保持持续的组织能力发展，谷歌进行了组织重组，从庞大的企业帝国分散为若干个小而专注的创新企业，致力于通过多角度创新改善人类生活环境。同时采取积极并购行动提升企业组织能力，无比的放大自身的组织能力，成就了现在的谷歌。组织能力影响着企业的各个业务环节，组织能力的高低，决定企业可否持续性地获得成功。

纵观国内外其他成功企业，他们的运营从直观上就给人"规范"和"有序"的感觉，这便是它自身的"逻辑"。比如某企业年利润目标是 1 个亿，想要完成，不是空喊口号的，而是需要背后有匹配的资源，市场、客户、渠道、资金、产品、团队，这些资源都需要进行按部就班的匹配，这样目标才有实现的基础。如何整合各方资源，便是一个企业内部的"逻辑"所在。而组织架构便是组织为了达成战略目标的资源配置的"逻辑"。内部组织结构既是人员的组织结构和形式，更是事务处理流程的模式和框架。是人、财、物有机结合，是对各项事务进行分工协调的动态结构体系，科学有效地组织结构体系能够将企业的宏图壮志落到实处。

（二）组织管理的要素工作分析

要素工作分析是初创企业组织管理的一项基础性的工作,为组织设计、人事安排、人员规划聘用、人员的培训开发、公平合理的薪酬政策和科学的绩效管理等提供依据或标准,在组织管理中的重要性不言而喻,要把握三个要素:层次分析、事项归纳和环节把握。

1. 层次分析

进行工作分析,首先要分清楚一种工作活动属于初创企业的何种工作层次。层次是依工作性质划分的纵向结构,一般而言,可以抽象地把企业的各种工作活动划分为三个层次,即企业管理层次层次(决策层层次)、部门管理层次层次(日常管理层层次)和生产作业层次(执行层层次)。例如,投资新项目,调查分析属作业层次,提出方案属日常管理层次,确定方案属于决策层次。

2. 事项归纳

同一层次内的工作活动之间存在着关联性,按照一定的标准,把同一属性的工作活动归结于一类,即为事项。例如,企业运转的收支活动,归结为会计事项,企业的招聘、培训工作归结为人力资源管理事项。

3. 环节把握

初创企业的各种工作活动,都有一定的时间顺序,按照一定的标准,划分工作活动为相互连接的段落,即为环节。每一个环节都有工作活动的起点和终点。例如生产企业的作业层次的工作活动大体经过采购、生产、销售三个环节。工作分析的目的就是使企业的各种活动成为一个层次清晰、事项关联、环节衔接的网络架构。对层次、事项和环节的合理划分至关重要,划分过细,烦琐冗长,一团乱麻,难于理顺;划分过粗,难于进入下一步工作,做了等于没做。这也是让初创企业通过组织管理,加强内部的合理化调整,为企业的发展提供有力保障。

（三）初创企业的组织设计关键

管理者在进行组织管理的时候,要提前做好组织设计。

1. 专业人做专业事

20 世纪初,福特先生通过建立汽车生产线誉满全球。他将生产线分配为若干个相互联系、独立进行的工作岗位,让工人们进行既定的、重复性工作。例如,有个工人专门负责装配测试胎压。反复进行同一项操作,技能相对有限,却无比熟练,从而达到很高的装配效率。福特的做法虽然本质上仍是把工人当作了机器的零部件看待,与我们提倡的"以人为本"的精神背离,但是单从生产方式看,让专业人做专业事,是可取的。管理界普遍认为,专业化的分工让职员可以专心于最擅长的工作,工作效率会大幅提高。有些岗位和职责要求专业程度较高人员从事。但是初生期的企业,普遍收入来源少,开支大,聘请专业人员的成本高。为了节省人力成本,就让非专业人员上岗,看似节省了薪酬成本,实则造成了时间、资金、人力、社会关系等资源的更大浪费,严重的会导致企业错失很多发展机会,最终无力运营。

2. 部门化分工是提高组织工作效率的有效途径

通过专业化的分工对各项事务进行分类,在分类的基础上进行分组,这便是组织结构的职能分类化:

(1)根据活动的职能分类。例如,在生产行业,把生产、会计、工程、后勤、人事划分成共同的部门来形成工厂。根据职能分类基本上可以适应绝大部分企业。职能的变动同时也反映企业在目标和活动上的变化。不同行业的职能划分都有自己的特色,比如生物研究院会设实验室,而商业足球队则不需要。这种划分方法的优点在于,集合同类资源,最大化发挥联动效用和规模经济,最终提高工作效率。

(2)根据产品类型划分。比如,太阳石油产品公司把它三大类别产品的生产各自分别置于同一负责人的管辖之中,这位负责人既是本产业的专家,有能力对本产品的生产中的一切问题负责,同时,又有完整可支配的管理团队。它的优点在于:同一个负责人的指挥可以有效分配各相关资源,更可以充分发掘产品本身的潜能,从而使得提高产品绩效更加稳定。

(3)根据地域来进行部门划分。最常见的是营销工作,我们经常会遇到企业中部大区经理、亚太区总裁、某国销售总公司等等这样的称呼,这便是根据地域进行部门划分的原因。如果这个企业产品的消费者遍布全国各地甚至全球各地,分布在五湖四海,这种方法就有其独特的价值。

(4)过程部门化方法。这既适用于制造型企业,也同样契合于第三产业企业。比如,装配企业的零部件分别由不同的厂商提供,连锁的美容美发机构也会分为美容和美发各自独立的两个部分。

(5)根据顾客类型不同的分类。顾客类型即顾客需求的类型,比如商业企业分零售部和批发部,饭店分餐饮部和住宿部,等等。我们假设同一个部门的顾客有共同的诉求,那么可以更高效率的分别配备专业资源满足他们的需求。

总之,组织在部门化分类时,上述这些方法可以独立运用,更可以交叉运用。

3. 组织结构命令链的优化

命令链,这个从组织最顶端到最末端的权利链条,是整个组织结构设计的指引。为了达成分工和协作,命令链中的每位管理者都会被授予一定的权力。初创企业在命令链设计的时候要把握好,如何保持权利链条的连续性和单一性是命令链的关键。既要把握一个主管原则,在链条有漏洞时,又能或平行或垂直的迅速填补空白,同时,命令或指令的传达又要畅通无碍。即下属既不需要应付多于一个主管的命令,出现突发事件时又能迅速找准上级主管对接,工作需要的话信息能迅速从最高层和最基层之间无碍流通。

4. 尽量拉大跨度,减少组织管理层级

在组织结构的金字塔中,一个主管最多可以有效地指导多少个横向的下级岗位?这个问题的重要性在于它很大程度上影响了组织结构的层级,和每个层级的管理职位配备。显然,跨度越宽,组织结构越扁平,组织越"轻便"、灵活。运用的好了,工作成效就越明显,管理成本也越低。

5. 合理运用集权与分权

集权与分权的问题,其实在企业的管理中,已经得到了充分的实践和讨论。如果借鉴到一个组织,尤其是初生期的组织来说,它的意义也是重大的。集权,简单来说,高层制定所有决策,决策权集中于最高层的一个点,低一层的只能具体执行,这是极端的集权化。集权式组织易于协调各部门决策,与企业目标达成一致,实现规模经济;不利于信息的传输、不同部门的平衡和低层管理者的职业发展。分权,则是把权力下放到低层管理人员手中,由最基层的管理人员甚至是非管理人员完全掌握自身的决策权,这是最极端的分权。

在集权化的组织中,领导者能够一言九鼎,却很容易独断专行。在分权化的组织中,单体效率可能会很高,但容易政令不行,各自为政。经过企业管理学科这几百年的不断发展,人们发现,如果能够有机的把集权和分权结合起来,基层员工可以建言献策,充分发表见解,第一线的信息可以最快的速度传输给最高层,协助决策人广纳百川,从全局的利益出发制订决策。各项决策又能有效地得到贯彻执行,落到实处,这种集权和分权有效结合的组织结构想必会是充满活力、秩序井然的组织。

众多企业发展经验告诉我们,对于初创企业,无论是努力生存的初生期、开拓进取的发展期、四平八稳的成熟期、还是缺乏活力的衰退期,团队的执行力都是重中之重的。集权和分权相结合。在决策制定时要避免领导专断、充分收集信息、听取建议、科学决策,一旦决策做出,下属能够立即不折不扣地执行。在执行过程中不断反馈,需要时由决策人做出决策调整,重新下达指令,继续执行。达成一个良性的循环。

6. 构建成为一个规范化的有机整体

"规范"和"有秩序"是成功企业的内部管理给人的直观印象,而初创企业,很容易让人觉得管理混乱,行事没有章法,遇到突发状况容易手忙脚乱。

初创企业,因为业务未完全开展,可能出现人员需求不多,一人身兼多职、岗位职责不明等杂乱的现象。改善这种杂乱现象,把组织结构正规化,看起来似乎是对组织资源的很大浪费,其实不然。如果在企业成立之初,就能将企业在未来五年的发展所需要的组织框架拉起来,那么,在接下来的发展中将会起到事半功倍的效果。例如,财务、人事和行政可能目前只需要一个人即可胜任,如果进行部门划分、岗位职责确定,按正规化的组织流程,划分财务部、人力资源部、行政部,财务部门内部又划分主管、会计、出纳等不同岗位,每个岗位有详细的岗位职责,每个部门有明确的部门职责;表面上看起来没有必要,因为划分了这么多,最后还是要同一个人来完成,做这么多都是白白浪费力气。那么,随着企业的成长、业务的扩大,工作量的需求,必须要增加人手了呢,如果专门财务会计到位了,立即就有明确的权责、岗位进行交接,那么是不是他就会更快地适应岗位,明确工作范围,迅速找准自身定位呢? 这样的企业发展是良性、有序的。形象地说,就像摆书架,书本很少时便将其分门别类放置,那么后续不论进来多少类型的书刊,都能迅速地找准最合适的摆放位置,这是不是比一开始就杂乱无章的堆在一块,每增加一本就得手忙脚乱的重新全部抚平一遍效率要高得多呢? 这是组织结构框架的正规性来讨论正规化的重要性,从组织结构运行规章来说,规范化对整个企业的高效化管理同样重要,规章制度越健全规范,时间流程便越有章可循,突发事件频出时更能有效应对,企业管理才不至于捉襟见肘,每天在补漏洞上疲于奔命。

7. 避免多头管理

坚持一个主管原则。工作可以交叉,但是不能无序。明确每个人的主管领导。否则的话上司指令无人执行,下属不知道该做什么,管理将会陷入混乱,效率将无从谈起。

(四)初创企业的组织设计步骤

1. 设计科学合理的横向及纵向的分工体系

最适合的才是最好的,这同样适用于组织的分工。如何才能找到最适合自己的分工体系,充分发挥应有的效率?

首先要研究战略,系统的研究战略的实施需要哪些职能,最终梳理出适量的工作种类,要避免与达成战略目标毫无关系的职能和部门在组织中的存在,以避免冗余和低效率。然后,针对梳理出的职能进行横向分工,尽量将相似的职能划分在一起以便于协同工作,尽量将需要频繁协调配合的职能合并,牢牢结合与具体业务,以效率为目标,以充分挖掘产品优点,提升销售份额。在纵向的分工中要把握各个层级存在的必要性,在有效协同的基础上尽量扩大横向控制跨度,减少纵向层级,把握集权和分权的有效结合,科学设置命令链,避免出现管理断层和多头管理。在企业的求生存阶段和发展阶段企业的诉求不同,所以组织结构的设计也要是灵活可调整的,以便在环境发生变换时可以随时做出合理应对。

2. 构建企业的系统协同体系

分工体系是骨骼,系统协同是筋脉。组织分工的副作用是容易出现各自为政、相互掣肘的局面。因此,需要协同机制作为血液来黏合和沟通各个不同的企业不同分部。我们在组织架构建立之初就要考虑最大化发挥各个部分的合力。管理者可因势利导,合理的流程加上有益的引导,比如设计合理的工作流程,建立协同机制,不定期举办群体拓展活动,培养共同的价值目标等。

3. 激励机制的建立

"以人为本"的企业口号,其实便是激励机制的一个体现。激励机制解决的是职工在制度、职责之外的情感问题,是组织体系建设中的核心问题之一。

三、产品管理

(一)产品的概念

通常来说,企业的生产经营活动都是围绕着产品进行的,企业通过及时、有效地为消费者提供其所需的产品来使企业获得利润,最终实现企业的发展目标。因此,产品是连接企业与客户、生产者与消费者的桥梁。然而,什么是产品将成为需要解答的第一个问题,对于初创企业而言,产品是打开市场的敲门砖,也是企业能进一步发展壮大的竞争点。其实,人们对产品概念的认识是一个不断深入发展的过程。最初,人们认为产品的全部即生产者为消费者提供的有形物品,然而在今天看来,这一认识显然具有一定的片面性。直到1988年,被誉为"现代营销学之父"的菲利普·科特勒(Philip Kotler)在其出版的著作《市场管理:分析、计划、执行与控制》中,将产品的概念定义为"产品是市场上任何可以让人注意、获取、使用、或能够满足某种消费需求和欲望的东西",这意味着人们对产品的认识不再局限于有形的实体物品,而是逐渐将无形的服务或体验也纳入产品概念的范畴里来。与此同时,菲利普·科特勒在该著作中首次提出了产品的三层结构理论,并在1994年出版的《市场管理:分析、计划、执行与控制》修订版中将其扩展为五层结构理论。

菲利普·科特勒的产品五层结构理论认为,任何一种产品都可以分为五个层次(图7-1),分别是核心利益(Core Benefit)、一般产品(Generic Product)、期望产品(Expected Product)、扩大产品(Augmented Product)及潜在产品(Potential Product)。产品的核心利益即产品的基本功能,能为消费者带来使用价值或效用,如消费者购买冰箱是为了更好的储存食品;一般产品即产品的基本形式,包含产品的品牌、名称、包装、式样等方面;期望产品即消费者期望的产品属性和条件,如冰箱消费者在使用冰箱储存食品的同时,还希望冰箱能够具有能耗低、噪音小、无须除霜等其他相关属性;扩大产品即产品所能给消费者带来的附加服务和利益,如消费者购买冰箱过程中享受的免费配送、安装、调试、维修等服务;潜在产品即产品未来的发展演变方向。

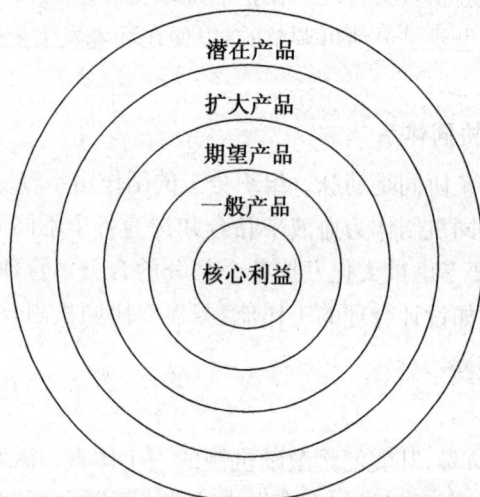

图 7-1 菲利普·科特勒的产品五层结构

(二)产品管理的作用

首先从企业内部管理的角度来讲,产品种类和产品线的不断增加使得企业由传统的职能划分、组织机构采取同一产品管理方法对企业所有产品进行管理的做法面临挑战,如何提高企业的产品整体运营效率变得十分重要,科学的产品管理方法与体系能够很好地解决这一问题,初创企业在内部管理中要未雨绸缪,做好产品迭代升级和转型发展的准备。

其次从企业外部环境来讲,由于科学技术的进步,尤其是互联网技术的快速发展与普及,使得客户获取信息的成本越来越低,客户需求正朝着个性化、多元化、快速化的方向发展。这一变化带来的是产品更新换代的不断加速,市场竞争也由此越来越激烈。企业应该始终专注于客户不断变化的需求,有效把握瞬息万变的市场竞争环境,提供满足客户需要的产品,这对初创企业而言,更要注重提高科学高效的产品管理方法和完善体系。科学高效的产品管理方法和体系因此变得十分必要。

(三)产品管理的相关理论

1. 六西格玛管理

(1)质量概念和质量管理的演进

从 20 世纪初开始,随着科学技术的不断进步与工业生产的不断增长,人们对质量的认识由单一的产品质量逐渐演进为集产品、服务、过程、体系于一体的能够综合满足顾客、员工、股东、合作伙伴以及社会等利益相关方的"大质量"。也正是伴随着人们对质量的认识深入演进,质量管理也在不断向前发展,质量管理理论的发展主要历经三个阶段,第一阶段为质量检验阶段,其主要倡导者是被誉为科学管理之父的泰勒,他提出的分工理论,首次将质量检验作为单独的管理职能从生产中剥离出来,建立了独立的质量检验部门;第二阶段为统计质量控制阶段,主要是将数理统计方法与质量管理相结合,将单纯的事后检验发展为将过程控制与事后检验共同执行的"双保险"策略;第三阶段为全面质量管理阶段,其质量管理的手段不再局限于数理统计,而是运用各种管理技术与方法,以最经济的方式充分满足顾客需求的前提条件下,进行市场研究、设计、生产和服务活动,并将企业内部的开发生产质量、维持质量和提高质量的活动融为一个高效的管理体系。

(2)六西格玛管理的发展历程

20 世纪 80 年代,日本对质量管理进行了大量的研究与实践,使得日本产品的质量水平得以显著提高,从而占领了大部分美国市场。美国企业在激烈的市场竞争下,市场份额不断下降,甚至一些美国企业面临着生死存亡的巨大考验,摩托罗拉公司便是其中的一家企业。公司首席执行官鲍勃·高尔文逐渐认识到,提高产品质量实质上会降低成本,而非像很多美国企业认为的那样会花掉更多的美元。于是,一个旨在为摩托罗拉的创新和业务增长制定长期计划的特别工作小组在其领导下开始运作,经过几年的实践和酝酿,公司在 1987 年全面推行六西格玛,六西格玛管理应运而生。

随着高尔文的大力倡导,联合信号公司首席执行官拉里·博西迪于 1992 年将六西格玛引入公司,在此后短短的六年时间里,公司收益翻了接近两番,公司股票价格也增长了八倍,取得了令世人瞩目的成功。此后,通用电气首席执行官杰克·韦尔奇也将六西格玛引入到公司,并将其提升到公司的战略层面。在通用电气,六西格玛逐渐演变成为一个全方位的管理系统,并由此建立了六西格玛组织结构,公司也在应用六西格玛后取得了巨大成功。与此同时,越来越多的企业开始关注并在企业内部推行六西格玛。

(3)六西格玛的概念和作用

六西格玛是一套系统的、集成的业务改进方法体系,是旨在持续改进组织业务流程,实现顾客满意的管理方法。它通过系统地、集成地采用业务改进流程,实现无缺陷的六西格玛设计(Design For Six Sigma,DFSS),并对现有过程进行过程界定(Define)、测量

(Measure)、分析(Analyze)、改进(Improve)、控制(Control)——简称 DMAIC 流程,消除过程缺陷和无价值作业,从而提高质量和服务、降低成本、缩短运转周期,达到顾客完全满意,增强组织竞争力。

西格玛(Sigma)是希腊字母 6 的中文读音,其在数理统计学中表示标准偏差,它是衡量任意一组数据的离散程度的指标,亦可当作评估产品和生产过程特性波动大小的参数。西格玛质量水平则是将产品和实际生产过程输出的均值、标准差与质量要求事先设定好的目标值进行比较,是衡量过程是否满足质量要求的一种度量方法。西格玛水平越高,表示过程满足质量要求的能力就越强;反之,此能力就越弱。以产品质量合格率检测为例,六西格玛水平代表每生产 100 万件产品,其中不合格的产品数量不超过 3.4 件。

表 7 - 1　西格玛(α)水平换算表

西格玛水平(σ)	每百万缺陷数	合格率(%)
1.0	691 462.5	30.85%
2.0	308 537.5	69.16%
3.0	66 807.2	93.32%
4.0	6 209.7	99.37%
5.0	232.6	99.977%
6.0	3.4	9.999 66%

从经营角度来讲,企业已不单是将六西格玛作为一种数理统计的方法来提高产品和生产过程的质量,而是将其作为一种企业全方位持续改进的管理模式。如通过实施六西格玛管理方法,实现企业的产品创新、技术创新、商业模式创新、人才选拔及培养模式创新等,因此六西格玛具有更多的管理含义。

六西格玛管理在企业的实际管理中有着重要的作用。首先,六西格玛的本质是通过技术创新和管理创新打造企业的核心竞争力,因此,利用六西格玛管理能够使企业获得竞争优势,对企业的战略管理具有重要意义;其次,六西格玛作为一种管理方法,将持续改进优化管理过程中存在的问题,尽量减少波动,追求零缺陷,追求完美,帮助企业降低不良质量成本,从而降低运营成本;再次,六西格玛是致力于使用多种工具或方法——如工业工程技术、信息科技技术、应用统计技术等——来持续改进的一整套科学的问题解决方法体系,能够帮助企业提升其自身综合管理能力;最后,六西格玛还可以被视为一种管理理念、一种管理哲学,其以追求卓越为目标,并与组织的自身特点相结合,坚持以客户为导向,持续不断地提高产品和服务的质量,增加客户价值,并帮助企业形成沟通高效、积极向上的企业文化。

2. 产品生命周期管理

(1) 产品生命周期管理的概念及内容

产品生命周期(Product Life Cycle,PLC)理论首次由美国哈佛大学教授雷蒙德·弗农于 1966 年在其《产品周期中的国际投资与国际贸易》一文中提出,他从产品上市后的市场营销生命角度出发,认为产品在市场上将经历导入期、成长期、成熟期、衰退期四个阶段。在 20 世纪 80 年代，随着并行工程的提出，人们将产品生命周期的范围逐渐从市场阶段扩展到了研制阶段，真正提出了覆盖从产品需求分析、概念设计、详细设计、制造、销售、售后服务，直到产品报废回收全过程的产品生命周期概念。

产品生命周期管理（Product Lifecycle Management，PLM）正是针对产品全生命周期内各个关键节点的全流程管理技术。PLM 最关注的两个要素是产品和客户，因为它认为产品是公司的核心，公司是通过销售产品来获取利润，而产品最终的使用者便是客户，客户的高满意度和对产品的认可是公司成功的关键。PLM 不仅涵盖产品的开发设计阶段，也包括产品的制造、销售、维护和回收等各个阶段；不仅涉及产品本身的管理，也涉及相关过程及资源等的管理。PLM 使得企业将管理产品的时间范围从以往的某个关键时间点延伸至产品的全生命周期—即从最初的产品概念形成到产品寿命的终结，由此保证产品在其生命周期内的每个阶段都能够高效运行。此外，PLM 并不只是管理公司的某一个或者某一类产品，而是公司各产品组合中的所有产品。

（2）产品生命周期管理产生的背景

PLM 的产生是由于对产品生命周期具有管理的需求，而这需求的来源便是制造产品所面临的各种环境变化。随着科学技术的不断进步以及 20 世纪 80 年代以来全面质量管理（TQM）逐渐被制造业企业所广泛采用，企业所面临的竞争环境日益激烈。伴随着这些变化，越来越多的企业将产品视为其核心竞争力。互联网信息技术的快速发展，使得人们获取信息的时间越来越短，成本越来越低，由此带来的是不断加快的产品需求增速以及客户需求的多样化，使得企业比以往更难捕捉市场的变化。客户需求的多样化使得企业不得不考虑增加产品自身的功能，从而使得产品设计过程日益复杂。例如，最初的移动通信工具—手机，其所具备的产品功能即是电话的拨打接听以及短消息的接收发送，随着客户需求的多样化以及日渐激烈的行业竞争，诸如影音播放、定位导航等更多的功能加入产品之中，以此来提高产品的卖点，最终提升产品竞争力。与此同时，企业为抢占有利的市场竞争地位，不断加快新产品上市的速度，大大缩短了产品生命周期，这给产品设计开发带来了极大的挑战。企业面临的各种环境的不断变化，为企业对其产品全生命周期的管理提出了更高的要求，企业对 PLM 也越发的重视。

（3）产品生命周期管理的必要性

PLM 是企业所使用的重要管理理念和方法，并且其在国内外的研究及应用都相当的广泛和深入。实践证明，PLM 对企业长期持续良性的发展起着举足轻重的作用。首先，PLM 是企业持续不断提高收益的重要手段之一，这主要体现在以下两个方面，一是 PLM可以有效提高产品设计者，开发制造者，销售者以及用户之间的沟通效率，实现对产品从构思到最终上市的全流程高效管理，缩短了产品生命周期，最终加快新产品上市以及产品更新换代的速度，使企业获得更高收益；二是 PLM 可以对产品全生命周期各关键节点进行有效的成本控制，如预先对产品设计开发过程涉及的人力、物力、财力等资源投入进行合理规划，最终提升产品收益。其次，PLM 是企业提升综合竞争力的必要手段。企业面临的市场环境瞬息万变，PLM 可以帮助企业不断促进其产品或业务流程优化，以此来顺应市场环境的变化，使得企业在激烈的市场竞争中保持优势。

（四）产品管理的发展

一般情况下，企业会随着其自身业务领域的扩展和业务规模的扩大，不断增加企业的产品种类或产品线宽度。尽管同一企业的不同产品种类或同一产品线内的各个产品在用途、生产工艺、产品品质、分销渠道等方面具有一定的相似性和关联性，然而它们却可能面临不同的细分目标客户群、不同的竞争产品。因此，如果企业将所有产品采用同一管理方法或营销策略进行统一管理，由此带来的缺点将越发明显。针对每一产品的不同特点设置专人管理的组织机构便应运而生。产品管理是随着企业产品线的不断扩充应运而生的一种营销管理形式，企业的发展壮大无论是选择专业化还是多元化的发展战略，产品都会从最初的单一性向多品种发展，产品管理因此相伴相依。

最早使用产品管理方法的是美国宝洁公司（P&G）。公司高层管理人员发现，由于公司产品种类繁多，他们发现很难将精力放在每个产品的管理上。于是，公司首先将产品管理的概念和方法在卡美（Camay）香皂这一款产品上进行试验，并取得了令人满意的结果，后来逐渐应用于公司所有产品。今天，产品管理已被很多企业所使用。

四、财务管理

对于初创企业，财务管理是其经济活动中的重要环节。财务管理主要研究的是资金的运作，即围绕"钱"来考虑问题，主要分为三个方面：钱从哪来，这是融资问题；钱向哪去，这是投资问题；公司赚的钱如何分配，这是股利分配问题。简单来说，公司财务管理就是对公司经营中的资金活动进行预测、组织、分析和控制，并对融资、投资、股利分配的工作进行决策，财务管理是一项让这个公司如何更加健康地可持续发展下去必不可少的重要工作。

（一）财务管理的定义

财务管理（Financial Management）是在一定的整体目标下，关于资产的购置，资本的融通和经营中现金流量，以及利润分配的管理。财务管理是企业管理的一个组成部分，它是根据财经法规制度，按照财务管理的原则，组织企业财务活动，处理财务关系的一项经济管理工作。它是一个企业良好发展的重要因素，能够使企业在投入最小的情况下同时获取到最大利润。同时，在企业筹资融资及向股东分配利润的过程中财务管理也发挥着重大作用。

（二）财务管理的重要作用

1. 财务管理有利于初创企业的投资决策

对于初创企业来说，首先要考虑的就是生存之道，也就是如何增加企业的利润，那么要想取得利润就要寻找企业的增长点。在寻找和选择增长点的过程中，一般情况下，企业销售部门的人员会针对不同的消费群体设计不同的方案，再从这些方案中选择符合企业现状的最佳方案。而在选择最佳方案的过程中就需要运用到一些与财务相关的指标，通过利用有关财务指标来选择方案可以降低初创企业所面临的风险。对于初创企业来说，判断企业是获利还是亏损的一个直接标准是企业的投入与产出是否平衡。通过利用财务指标选择好与企业相适应的一些方案后，财务管理人员会分别计算每一个方案的投入产出比例，最终确定最佳方案。因此可以得出结论，财务管理有利于初创企业的投资决策。

2. 财务管理有利于初创企业的资金合理分配

对于初创企业的创始人来说，在面临创业期巨大的生存压力的情况下，很多创始人往往会把精力放在拓展业务增加市场占有率上，而忽略了企业内部的管理工作。对于财务管理工作也同样如此，往往只招聘一个出纳会计或者将企业的财务工作外包给专业的代理记账公司，这样往往会导致企业的财务管理制度成为一种形式，起不到该有的管理作用。而企业如果聘用专业的财务人员，就会杜绝上述现象的发生，同时通过制订财务计划并监督其实施，企业管理者可以及时发现项目实施过程中存在的问题并在第一时间解决，并且可以清楚记录每一笔资金的来源与去向，使资金透明化。同时，在企业创立初期，由于资金有限，此时，如何合理地分配资金，提高资金利用率就显得尤为重要。而财务人员利用自己专业的财务知识可以帮助企业的管理者很好地做到这一点，更有利于企业实现既定的财务目标，推动初创企业的发展。

（三）财务管理的功能

1. 反映功能

财务管理具有最全面的反映职能。通过对企业生产经营的一系列活动以货币的形式表现出来、形成财务报告，通过对财务报告的分析，可以反映出企业发展战略正确与否，反映产品在市场上有销路，反映人力资源调配是否得当，反映生产管理是否最有效，反映营销战略是否合理，等等，简而言之，财务管理的反映职能就像企业经营的成绩单，将企业运营的方方面面都以货币的形式在财务报告上反映出来，人们从财务报告的这个"点"，可以观察到整个企业发展的整个"面"。

2. 资金筹措和调配的功能

资金是企业发展的最核心资源。现代经济社会的竞争中，从某些层面来说，资本已经超越了产品本身，成为企业经营的最核心竞争力。对这一核心资源的调动分配和管理，资金流充裕且运用得当，企业经营有蓬勃发展的基础，资金流断裂或者资金使用不当，会造成企业的巨大损失甚至是灭亡。史玉柱的"巨人"大厦的轰然倒塌，便是因为资金链的断裂，这是对初创企业特别的警示，要防止在企业快速发展中资金链的断裂。

3. 风险防范功能

企业的内外部环境都不是一成不变的，企业的生存和发展受诸多的不确定因素的影响，风险的出现通常出其不意，让人防不胜防。对企业来说，唯有以不变才能应万变。这里所谓的"不变"，指的就是建立合理的风险管理机制，通过持续不断的财务管理，来防范风险、发现风险、应对或规避风险，最终化解风险，使企业能平稳地经营下去。

（四）财务管理的内容和体系

1. 财务管理的内容

（1）资金的筹集

资金的筹集是企业财务管理的起点。企业作为从事生产经营的经济组织，必须拥有一定数量的资金。这些资金的来源主要包括两部分：一是投资者投入的资本金以及资本公积金和留存利益；二是企业的负债，包括长期负债和流动负债。

（2）资金的运用

企业资金的运用，包括资金的投放、占用和耗费。企业用筹集来的资金构建企业生产经营所需的房屋、建筑物、设备、材料以及技术投资，同时支付生产经营中的各种费用。企业资金经过投放和占用，形成了企业的各项资产，如企业的流动资产、企业的长期投资、企业的固定资产、企业的无形资产，以及企业递延资产和其他资产等。资金消耗是指企业在生产经营过程中所发生的以价值形式表现的消费，具体表现为产品的制造成本、企业的销售费用、管理费用和财务费用。

（3）资金的回收与分配

企业筹集和运用资金的目的是为了取得理想的营业收入，即所取得的收入不仅能补偿生产经营中资金的消耗，而且还能带来营业利润。营业收入是指企业将生产的产品或购入的商品进行销售、移交已完成工程或提供劳务等收回货币。企业取得营业收入，使资金完成了从货币形态开始，经过形态变化，又回到了货币形态这一资金循环。这一循环过程，称为资金周转。资金回收就是资金运动的重要环节。营业利润是企业的营业收入扣除成本、费用和各种流转税以及附加税费后的数额，包括产品销售利润和其他业务利润。企业的营业利润加上投资净收益，再加（减）营业外收支净额，就是企业的利润总额。企业的利润要按照有关规定在国家、企业、投资者之间进行分配。

2. 财务管理的体系

（1）建立畅通的汇报机制

财务管理既然对企业经营有如此重要的反映职能，那么就要最大化发挥它的作用。要将信息及时向上汇报。报告要符合相关法律规章制度。会计的核算方法符合国家相关法律规章制度，记录内容客观真实。这是企业规避税务风险的根源。有很多初创企业财务核算因内部财务核算不正规，报告要准确、简洁，易于理解，主次分明。对内部管理来说，财务报表是给决策者和投资人看的。首先要让他们看懂，才真正有助于决策。很多刚刚创业的老板可能并不懂财务，对于会计提交的财务报表及分析并没有耐心细看。有时候会忽视了问题或风险，或者他们更容易从密密麻麻的专业术语信息中得到错误的结论，从而不能真正发挥财务管理的作用，最终做出不正确的决策。

（2）加强财务会计制度的建设

初创企业要按照科学规范、职责分明、监督制约、账务核对、安全谨慎和经济有序的原则建立严密的财务会计控制制度。会计记录、账务处理和财务成果核算等完全独立，并且严格按照企业财务会计制度规范进行，保障财务、会计信息的完整性、准确性、客观性与有效性。

（3）加强组织结构和人员管理

按照决策系统、执行系统、监督反馈系统相互独立、相互制衡的原则进行财务内部控制组织结构的设置。创业企业投资者和管理人员应在其职责和权限范围内行使职权，做到高效、有序；企业内部监督系统应建立各项业务风险评价、内部控制状况的检查评价的处罚制度。创业企业的决策及高层管理人员的能力、品行、资力和稳定性，关系到创业企业的安全和发展，因此有必要建立其控制制度，其中特别是财务安全与风险控制制度，让决策及高层管理人员科学可靠地承担起财务安全与风险控制的责任。

（4）保持资产流动性

企业资金流转总是周而复始地进行的，因此流动性是企业的生命，缩短应收账款周转期以保持良好的资产流动性。创业企业应降低整体资产中固定资产的比重，这样就可以大大降低产品中固定成本所占的比重，降低企业的经营风险和财务风险。

（5）资金调配和融通

资本运营高度发展的今天，更充分利用资金的杠杆效用，无疑是企业击败竞争对手的利器。

（五）财务管理的主要问题

1. 财务管理目标过于片面

企业经营的基本目标是实现最大化的产值，实现最大利润，更深层次的目标是在此基础上实现企业的社会价值。但由于新创企业初期的规模较小，绝大多数的企业都未发行股票，都是以利润为最终目的而组织生产，通过提供产品或服务来获取利润以维持自身的生存与发展。企业在生产经营过程中保持对利润的追求是正确的事情，但如果过度重视利润的获取，而忽视企业自身价值与经营过程中产生的社会价值，企业在决策过程中就会过度强调对短期利益的追求与获取，忽视长期利益。这种短浅的眼光可能会导致企业采取经济激进措施，以期获得高额利润。而这种未从全局考虑的激进措施在一定时期内可能会导致企业经营不善以致在市场竞争的大浪中被淘汰。

2. 财务管理规章制度不健全

企业在初创时期，大部分精力都投入在经营生产这一环节，却忽视自身的财务控制管理，多次更改财务管理规章，导致相关人员在财务管理方面过于随意，甚至根据个人的喜好来管理财务。其次，初创企业的规模较小，部分的企业所有者可能会兼任财务管理员，没有形成完善的成本核算和收支审批清查等规章制度，这种不规范的职责分配极易导致企业在财务方面出现管理混乱、收支不清、资金使用不透明等情况。同时，部分企业执行财务审批清查制度时过于流于形式，并未执行实际工作，员工报送的报销审批金额等可能也存在虚假不真实的现象，无法充分进行对账计算流程，使得企业的资金流动出现问题。

3. 缺乏具有专业素质的财务人员

初创企业在自身经营规模与投入成本等多方面的因素制约下难以聘请专业的财务管理人员。部分财务管理人员甚至不具备从业资格证书，他们在担当这一职位时，无法根据企业的实际情况制定一套科学有效的财务管理规章制度。同时,其不能运用专业的知识视角,掌握和解读国家最新出台的财经税收制度,无法向企业提供有效的财经信息。如果只是在账面上看到资金的变动,就无法根据行情的发展规律及企业的经营状况对其进行全局的未来发展规划。部分条件较好的初创企业向专业的经济机构提出申请,要求其公司相关专业人员代理记账,在企业内部只设出纳的职位负责日常的项目收支,而收支的审核、资金结算、纳税等环节都交由经济机构的专业人员处理。这种财务处理方式看似既公正又便捷,但在实质上财务管理人员只是管理金钱,对企业的经营与发展情况无法进行整体的认识,更不能根据财务状况在企业决策等环节发挥作用。

4. 银行贷款面临困难

由于初创企业的财务管理制度不完善,无法形成正确的财务报告,因此向审计部门报送的财务报表资料不完整、数据不准确。如若企业向银行申请借贷,银行很难收集到借款企业完整而准确的财务信息,要花费很大的成本去对借贷企业进行调查与评估,银行的借贷风险极大,在此基础上银行向初创企业的借贷利率提高,企业贷款的成本增加。另外,绝大多数的企业在初创时期,都要与成熟企业进行激烈的市场竞争,被市场淘汰的风险也比较高,银行在借贷环节也要面临着无法回收资金与利息的巨大风险。在缺乏足够的资信去证明初创企业能够成功生存发展下去的时候,银行往往不愿意为初创企业提供贷款服务,这就导致初创企业在财务融资方面面临困难。

5. 财务风险管理缺乏

由于初创企业的发展前景不明朗、财务管理制度不稳定、管理人员缺乏经验等一系列因素使得初创企业面临着各种经济金融风险。其中财务风险是最大的风险。初创企业的管理者缺乏决策前进行科学评估和分析的意识,片面认为企业能否发展下去关键在于经营规模的扩大,不科学不成熟地开展投融资的决策;片面认为如果企业经营规模宏大,就能在激烈的市场竞争中站稳脚跟,健康成功地发展下去。但事实是如果企业无法进行理性且有效的财务风险规避措施,其会因为过度进行规模开发而导致资金短缺,会面临巨大的财务风险,甚至最终导致企业倒闭。初创企业大多不具备发行股票的条件和资格,无法利用股票和基金的途径来进行融资分担风险,在资金管理、资源控制分配、收支审核等方面都存在着漏洞和缺陷,缺乏成功抵御风险的经验,无法成功规避风险,企业经营不善最终倒闭。

(1)筹资风险

初创企业解决筹资问题的主要方式:一是通过债务借款,取得资金的占用权同时承担有偿使用的偿债义务,存在到期无法偿还本息的风险,可能影响企业的经营状况;二是吸收权益投资,存在回报与预期收益偏差的可能性风险和影响,权益投入资本金额有限,可能制约企业的扩张发展。

(2)投资风险

投资风险是指投资项目不能达到预期收益的可能性,从而影响企业盈利水平和偿债能力的风险。对外投资规模扩大,资金需求量大,债务负担加重,可能会给企业带来未来新的利润增长和现金净流量,也可能投资失败,加速财务状况恶化,主要表现为资金链断裂,甚至导致破产,持续经营风险非常高。

（3）资金回收风险

资金从投入产出到收回款项,存在时间和金额上的不确定性,如时间跨度过长,产能过剩,产品占用资金过高,资金周转率低下,资金使用效率低,造成流动资金短缺,影响企业正常经营活动。如应收账款等资产未能及时变现,可能导致坏账损失,影响企业的盈利能力,有损相关者利益,影响其主动积极性。

（4）收益分配风险

收益分配风险会直接影响企业再生产能力。具体而言,一是收益确认风险,有可能少计成本费用多计当期收益,虚增经营利润提前纳税,导致大量资金提前流出企业的财务风险;或多计成本费用少计收入,虚减利润、降低投资者回报。二是对投资者分配收益的方式、时点和金额的把握不当而产生的风险,可能有损企业和利益相关者的利益,影响企业再生产的稳健性。

6. 资金使用不充足且不合理

企业的健康长久发展必须要有充足的流动资金,资金问题是制约企业发展的最大因素。企业在创立早期场地费用、人员薪酬、开发成本、市场推广等都需要花费很多资金,而初创企业相较成熟企业融资途径窄,大多是向银行进行高利率的借贷,资金储备不充足。部分初创企业早期规划不合理,出现为扩大生产产值盲目进行扩张或者决策过于保守,导致资金利用不合理。资金不足会导致企业无法偿还贷款,资不抵债会严重影响企业的运转情况,资金无法周转进而影响企业在市场中的信誉。初创企业的服务或产品在未进入市场受到受众认可之前,对资金的依赖程度极大,而在资金配置方面管理人员又极易忽略资产与负债是否平衡这一情况,贷款到期需要支付本金和利息时,企业债务压力极大,生存经营面临困境。

（六）财务管理问题的应对方法

1. 树立正确的企业财务管理目标

财务管理是企业经营的重要部分,财务管理的目标在一定程度对企业的未来发展方向与规划道路起着决定的作用。初创企业在早期追求利润最大化进行经营管理,但从长远来看,如果执意将利润作为企业发展的最终目标,就会导致企业只顾眼前的小利,目光短浅,做出的决策不利于企业的长期健康发展,因此树立正确的目标在财务管理中极为重要。对于初创企业来说,寻求价值最大化应该在研究社会经济发展的方向的基础上,既考虑企业定位及发展情况,又要培养员工的相关的职业素养,兼顾相应的社会责任,全面考虑自身的状况,实施战略布局,促进自身健康有效可持续地发展。

2. 优化财务管理机制

提高财务管理水平是初创企业生存和经营的基本。如果没有科学有效的财务管理作为支撑,企业在面临突发经济状况时只能通过直观感受判断,这样会致使其在决策方面发生严重失误。对此,初创企业要结合自身的实际发展状况设置相应的财务部门,规范财务部门的主要职责:一是建立科学的记账体系,使收支平衡透明。企业在创业初期进行场地租用与产品生产等经营活动时,不仅要重视已有资产,还要重视对原材料等半成品的管理,将所有资产与财务活动及时入账,做到有迹可循。二是企业要对财务的使用方式、使用对象及使用金额进行严格的监督,形成良好的内部管控,保障决策的科学合理实施。三是初创企业进行融资时,要有明确完整的资本运行结构分析,表明自身具备偿债能力,在决策时要根据自身企业的财务资金状况,视市场行情需求报告以及投资回报情况而做决定。四是建立行之有效的财务清查系统,定期全面盘查资金使用情况、分析企业的经营利润率与资产负债率等,进行风险评估,并存档保存分析报告,作为日后经营发展的参考依据。建立成熟的财务制度,确保财务工作有章可循,更加行之有效。

3. 加强财务人员队伍建设

由于初创企业规模较小,在招聘时所聘用的财务人员往往没有经过系统的学习,缺乏专业的知识背景,职业素质普遍不高。发展前期的企业通常希望降低成本开支以求获取利润,但缺乏专业知识的财务人员在对资金管理运用时,往往造成资金利用率低下,为企业带来经济压力。同时其无法根据国家发行的政策预测市场行情发展的趋势,为企业发展提供必要的信息服务。因此,企业在建立初期要注重财务管理人员的选取,录用具有丰富职业技能的人员,在工作的进程中,还要加强财务管理人员的学习培训,增强其法律意识与金融意识,促进其形成企业大局观和整体观。

4. 建立财务风险预警机制

企业在出现财务方面的问题时,要及时发出预警信号,警示决策团队企业在经营方面面临经济危险,并积极采取措施调整资本结构,化解企业经营危机。初创企业要在内部形成良好的管控,确保财务监督和风险预控行动的有效开展。这就要求企业进行实时全面监控,在规定的时间监督统计财务报表、经营计划等相关资料,对运行情况、盈利能力、偿债能力等关乎企业生存发展的指标进行全面正确的评估,准确预测出企业的潜在危机。

5. 强化资金使用管理

资金使用情况是评判企业经营管理好坏的核心因素,新创企业要坚持资金的使用额度与使用情况,做到资金的流入流出在时间、数额上的匹配,防止资金链断裂。同时初创企业应该对资金的使用效益进行科学有效的评估,作为企业发展方向的重要判断标准。在制订资金使用方案时,要从长远出发,制订合理的计划,并结合社会经济状况及时进行调整。同时,初创企业要注意贷款的数额与使用时限,切勿将大量短期债务用于大规模扩建中,降低借贷风险。在合法的前提下拓宽除银行外的融资渠道,认真严谨地利用每一笔资金。

初创企业作为中国经济的新生力量,拥有无限的发展前景。企业从建立初期到成熟的这一阶段,面临的主要风险便是财务风险,初创企业必须正确处理相关财务问题,确立合理的经营目标,优化财务管理机制维持企业的高效运转,注重培养财务管理人员的职业素养,建立预警机制预测出潜在危机,强化资金的管理使用情况,促进自身健康可持续发展。

五、人力资源管理

初创企业的人力资源往往薄弱,人力资源管理是初创企业的弱项,经常是老板即管理者,通常一人多岗,缺少专业型高端人才,同时,领导班子和工作团队都处于磨合期,在配合和协调上也会耗费很多时间和精力,而在机遇面前,企业没有丁点时间可以浪费。这是受企业自身能力和条件所限,所以如何更好地最大化使用既有人才资源,不只是初创企业、也是左右企业领导人的思考方向。根据《2018 初创企业 CEO 生存状态报告》显示,67%以上的初创企业 CEO 每天工作 12 小时以上,其中,更有超过 9%的创业 CEO 每天工作 16 小时以上,是国家法定正常工作时间的两倍,长期处于超负荷的工作状态;92%的初创企业 CEO 经常或不时感到焦虑和压抑,45%的人有过卸任不干的冲动。在成立企业初期,创业面临很多承诺、期限、时间压力和压力评估,也面临着个人和商业风险,并且比其他工作中的个人更需要成就,因此早期企业家往往负担过重。通过对华为、百度、海底捞等几个在人力资源管理上有非凡成就的成功企业进行研究后发现一个规律——人力资源成本,是最低的管理成本。

(一) 人力资源管理的含义

人力资源管理就是企业通过工作分析、人力资源规划、员工招聘选拔、绩效考评、薪酬管理、员工激励、人才培训和开发等一系列手段来提高劳动生产率,最终实现企业发展目标的一种管理行为。人力资源管理的最终目标是促进企业目标的实现。

(二) 人力资源管理的功能和定位

1. 人力资源基础管理

企业人力资源管理的基础管理,能否成功支持企业经营活动,在于每一个环节的细节操作把控上。基础管理的内容很多,包括人事管理制度、招聘选拔、入职管理、入职培训管理、考勤管理、绩效考核管理、工资核算管理、奖惩管理、离职管理、劳动合同管理、人事档案管理,等等,这些方面的每一个细节出现漏洞,都会出现阻碍企业经营活动的事件发生。因此,好的人力资源管理首先要把这些基础管理的操作细节把控好。

2. 支撑企业经营发展需要

人力资源管理系统要和本企业经营业务相匹配,在发生基础性作用的同时努力追求高效率。

3. 辅佐战略目标的达成

人力资源战略的终极目标,便是要支撑公司发展战略目标的实现。如果本企业的基础管理出现风险漏洞,或者说没有预防和管理好;企业经营业务匹配的人力资源管理效率没有体现出来;辅佐企业家的企业发展战略没有成功达成。那么,就不可能在这个位置上做出"优秀的管理业绩"。

企业成立初期具有规模小、资源少、市场份额低、制度不完善等特点,在规模、资源等方面比较弱势。初创企业最大的优势在于创新精神和创造力。在这种背景下，员工创新创造潜力的开掘和积极性的激发成为最大生产力。然而初创企业本身的特点使得在资金激励员工创新创造强度方面存在弱势。因此，通过领导风格的改进、领导效能的提高来弥补资金激励和创新条件的不足，从而充分调动员工的创新积极性显得尤为重要。

（三）人力资源管理的内容

1. 工作分析

工作分析是指对企业各个工作职位的性质、结构、责任、流程，以及胜任该职位工作人员的素质、知识、技能等，在调查分析所获取相关信息的基础上，编写出职务说明书和岗位规范等人事管理文件。

2. 人力资源规划

人力资源规划也叫人力资源计划，是指为实施企业的发展战略，完成企业的生产经营目标，根据企业内外环境和条件的变化，通过对企业未来的人力资源的需要和供给状况的分析及估计，运用科学的方法进行组织设计，对人力资源的获取、配置、使用、保护等各个环节进行职能性策划，制订企业人力资源供需平衡计划，以确保组织在需要的时间和需要的岗位上，获得各种必需的人力资源，保证事（岗位）得其人、人尽其事，从而实现人力资源与其他资源的合理配置，有效地激励、开发员工。

3. 员工招聘与录用

员工招聘与录用是指根据人力资源规划和工作分析的要求，为企业招聘、选拔所需要人力资源并录用安排到相应岗位上。

4. 绩效管理

所谓绩效管理是指各级管理者和员工为了达到组织目标，共同参与的绩效计划制定绩效辅导沟通、绩效考核评价、绩效结果应用、绩效目标提升的持续循环过程。绩效管理的目的是持续提升个人、部门和组织的绩效。

5. 薪酬管理

薪酬管理包括对基本薪酬、绩效薪酬、奖金、津贴以及福利等薪酬结构的设计与管理，以激励员工更加努力地为企业工作。

6. 培训与开发

培训与开发是指通过培训提升员工个人群体和整个企业的知识、能力工作态度和工作绩效，进一步开发员工的智力潜能，以增强人力资源的贡献率。

7. 职业生涯规划

职业生涯规划是指鼓励和关心员工的个人发展，帮助员工制定个人发展规划，以进步激发员工的积极性、创造性。

8. 劳动关系管理

劳动关系管理是指协调和改善企业与员工之间的劳动关系进行企业文化建设，营造和谐的劳动关系和良好的工作氛围,保障企业经营活动的正常开展。

(四) 人力资源管理的四象限法则

通过对人力资源管理理论的研究,在具体管理层面,有很多方法和工具对实践都会有一些指导意义,比如四象限管理法。

如图7-2,四象限管理法通过数轴的运用,以技能和意愿高低为核心,把企业人才划分为四个类型,针对他们的不同特点因人制宜,最大化发挥人才作用:

(1) 类型一:高意愿、高技能。这一类型是当之无愧的"精英"。他们在自己的专业领域可以无限的创造价值,可以成为企业发展的中流砥柱。因此,对于这类人才,要在公司决策层面把握整体的把控外,要赋予其适当的决策权力。将在外,军令有所不受,但非放任自流。放权,是为了让这些精英在专业领域最大化创造价值,不完全放权,是为了其在行进中不至于迷失方向,与公司整体战略产生背离。

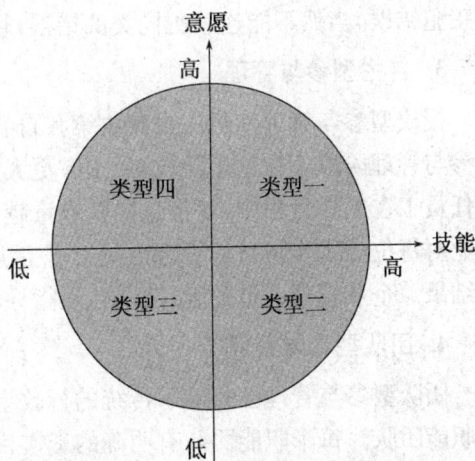

图7-2 人力资源管理四象限图

(2) 类型二:低意愿、高技能。这类人在专业领域有旁人无法替代的优势,但是,他们的短板是缺乏价值认同感和工作主动性。对于这类人才,首先,公司管理层要与其增进交流,尽力提高其工作积极性,其次,实行目标责任制、激励机制、与薪水和职位挂钩,等等,总有他的关注点的。

(3) 类型三:低意愿、低技能。每个团队总会有这么几个人。没有工作积极性,没有很强工作能力,没什么专业技能,同时对薪水要求也不高。对这类人,要明确地给出工作指令和工作内容,事无巨细,一一交代。也是能发挥其一定作用的,毕竟每个企业都有大量的基础岗位需要用人,低成本是这类型人才聘用的最大动力。

(4) 类型四:低技能、高意愿。工作积极性极高,但是工作经验不足,或者专业技能较低。这样的人才往往会是企业的主流。意愿高所以进步快,可以作为人才储备的目标。要掌握其所擅长和感兴趣的领域,针对性地对其进行培训和锻炼,假以时日,也将会成长为中流砥柱。

(五) 人力资源的管理类型

1. 控制型参与管理

控制型参与管理适合于刚开始导入参与管理模式时使用。严格地讲,它不属于真正意义上的参与管理,只是从传统管理向现代管理的一种过渡。控制型参与管理强调控制,在传统的自上而下管理模式之下,引入自下而上的管理反馈机制,让员工的建议和意见有一个正式的反馈渠道,渠道的建设和管理仍然由管理人员负责。

2. 授权型参与管理

在授权型参与管理中,员工已经被赋予少量的决策,能够较灵活地处理本职工作以内的一些事务。对于知识型员工的管理,在一开始就可以从这个阶段入手。授权型参与管理的重要意义在于,它让员工养成了自主决策,并对决策负责的习惯。由于经验和能力的问题,员工常常会有一些决策失误,所以还需要管理人员进行管理。在这个阶段,要允许员工犯错误,当然不能连续犯同类的错误,管理人员的管理职能也逐渐转化为指导职能。

3. 自主型参与管理

授权型参与管理使员工自我决策和自我管理能力有了很大的提高,就可以进入自主型参与管理阶段。在这个阶段,员工有更大的决策权限,当然也要为决策的失误负更大的责任员工在工作过程中,对信息的获取量越来越大,员工之间的沟通和讨论越来越频繁。企业对每位员工实行目标管理由员工自主决策工作的过程,但要保证达到企业要求的工作结果。企业管理人员的管理职能,从指导职能逐渐转化为协调职能。

4. 团队型参与管理

团队型参与管理已打破了传统的行政组织结构,系根据企业发展需要临时组建或撤销职能团队。每个职能团队有明确的工作目标,团队中的成员可以自由组也可以由企业决策层指定。由于部门的撤销,大量的管理人员将加入团队,在团队中丧失了管理职能,由团队成员自主选择团队协调。团队协调人不是团队的领导,他没有给其他成员安排工作的权力,他只在团队内部或与外界沟通发生冲突时起到调解人的作用。团队协调人没有企业的正式任命,只是一个民间职务,他可以根据团队的需要随时选举和撤销。团队协调人也有自己的工作,与团队其他人员同等待遇。由企业指定团队工作目标由团队成员讨论达成工作目标的方式,然后各自分工、相互协作完成工作。

(六)新创企业发展后备军——人才储备

企业要发展,人财物缺一不可,三者之中唯一具备主观能动性的,应该是人才,从这个角度说,人才是企业发展要求的第一重要因素。人才储备便是基于这种考虑,以发展为目标进行的。深谋远虑的企业,会把人才储备当作长期发展战略。初创企业既要控制成本,又要让公司在人才使用上不受掣肘,在公司业务发展需要的时候可以随时补充上充足血液。成本和人才储备的平衡也是初创企业成长期的一个不小的难题。

1. 企业进行人才储备的起因动机

(1)社会对人才的追求会更紧迫。社会在发展,信息时代冲击下的人才市场更是短兵相见的争夺人才,而且交通便利化发展让人才流动更加便利,这些因素都在无形中增加了人才的含金量和争夺难度。

(2)未来吸引人才的难度可能加大。华为一位朋友讲过一个情况,为什么同一个部门同一个工种的同事因为同样的情况要出差,但是目的地不同,一个是美国一个是非洲,那么出差补助多少呢?去美国每人每月补助为 5 万元,而去非洲每人每月补助要高达 14万,可大家还是争着想去美国出差,正应了一条规律:多的更多,少的更少;好的越好,差的越差。

（3）未来引进高水平人才的付出必然增加。信息畅通的年代，人才的价值也是越来越透明，人们宁可多花钱买更好品质的东西，也不愿用庸才。比如现在高校都在招聘有国际影响力的高层次人才，虽然人才引进费用较高，但对学校学科发展和人才培养更有益处，高校也会花大力气引进人才。所以竞争激烈，引进高水平人才的付出必然增加。

2. 优秀企业人才储备的特征

（1）拥有现在不用的人才。储备的人才尚不能发挥其自身价值，短期内还不会在其特长方面做出突出成绩，而只能当作一般人员使用。不要觉得这是对成本的浪费，养兵千日用兵一时，企业最低成本的管理，就是加大人力成本投入。

（2）拥有人才是为了在未来使用。所储备的人才在将来并不一定必然有用。机会和风险向来同为一体。组织的长远发展战略本身就具有一些不确定性，以其为基础储备政策也不可能是万无一失的。

（3）组织所处的内外环境都会发生变化，这些变化有时也会造成企业对人才需求的变化，原本培养的某些专业人才，也有可能将来不会有其施展的空间了，需要进行培训和调整，适应企业战略调整发展的需要。

3. 企业人才储备的运作策略

（1）培养复合型人才。在江苏打掼蛋，红桃在打牌中能充当任何牌，那么这种牌是众人都迫切想得到的。这个红桃就像企业中的多能手，也就是复合型人才，真正做到一块万能砖，哪里需要去哪里，多多培养这些多能手就会给企业带来更多便利。

（2）尝试建立企业人才竞争力评价指标体系，着重引进绩效管理制度，通过发展员工潜能，持续提升个体绩效，保证整个企业组织的整体效能。绩效考核结果将作为员工工资调整、人事异动等工作的重要依据。

（3）善于运用人才大数据，促进人才储备。兵多了毕竟不是坏事，能打仗而且能打胜仗的兵多了自然是大好事，所以企业在日常运转中要有前瞻意识，平时多留心每位员工的各种长处，建立能力大数据库，适时加以更新和分析，需要什么样的人随时可以点将出来。

4. 建立人才储备技巧

怎么样才能抓住宝贵的"人才"，除去建章立制和贴心管理外，公司是否让"人才"看到前途和远景，才是留住人的重要因素，此外，留住了宝贵的"人才"，公司才会发展劲头迅猛。二者相互匹配，你中有我，我中有你，相得益彰。我们认为，要想引起优秀人才注意、引得大批优秀人才助力我们的企业，公司各层次管理者首先应当拥有超前的管理理念。

（1）从心爱才的理念。人才是企业的潜力资源，各层次管理者必须从心爱才，绝不能嫉能妒贤。即便上位者有过人之能，但是没有能力过人的得力干将和一群中坚力量，独木难支，成功可能性也是不高的。

（2）要有爱贤如饥的观念。既有从心爱才之心，必有爱贤如饥之行。从群体属性看，人才凤毛麟角。既为人才，必有出众之处，自然凤毛麟角。我们认为，千里挑一的人才被淹没在广大的凡人之中，这就需要拿出"三顾茅庐"之决心才能将人才招致麾下。

（3）培训和养育之心。完善人才培育体系和培育制度，以培养的心态筛选有某方面的天分，但是工作经验不足，还需深度挖掘的人员，进行培养和养育。

（4）要容许人才出错。人无完人，人才首先也是人，难免会有小错误，而且往往是优点与缺点并存。人之杰，多自大。所以要想用好人才，必须要有容错纠错机制，宽广的胸怀，加强教育引导和自我反思。

（5）要善于发现优点并且突出长处。管理者应该善于发现员工优点和长处。如果一个人才在你的部门不能好好发挥优点，首先要想到自我剖析，想想管理层是否出现了问题，是薪资待遇不够还是辜负了人才的心？或者根本就是岗位不对口，就像穿错了鞋子一样别扭。

（6）建章立制培育自主人才。要想获得真正属于你的人才要重视自主培养，美的、华为、富士康这些顶尖企业都是人才涌现之地，这些企业都有自己特殊的人才培养方案，也特别重视企业文化的熏陶和管理制度的改革创新，吸引最优秀的人加盟。再比如，西班牙足球联赛的巴塞罗那足球俱乐部为什么百年昌盛，就是因为有好的足球竞争氛围和德玛西亚青训营这样的培训机构。管理者要学学刘备、刘邦，刘备文不及诸葛亮，武不敌张飞关羽，可为什么能够统领他们？刘邦也曾说过一句话："论带兵打仗我不及韩信，论出谋划策我不及张良，论后勤补给我不及萧何，但是我唯一的优点是我能驾驭他们。"所以，领导者自身要有理想、有抱负，要有独特的优点来吸引人才。

第二节　互联网+时代的宣传营销

一、宣传营销的概念与营销理论

（一）宣传营销的概念

宣传营销是指利用既有的传播资源与渠道对相关商品或服务进行推广，以引导、刺激社会中的潜在消费者，使他们产生购买欲望，从而提高公司企业的效益。唐·舒尔茨曾提出"营销即传播，传播即营销"，明确宣传与营销密不可分的关系。

科特勒将"营销"定义为"个人和群体通过创造产品和价值，同他人进行交换以获得所需所欲的一种社会及管理过程"，指出营销是通过满足顾客需求、建立顾客关系来创造价值的过程；美国市场营销协会（AMA）将"营销"定义为"有组织地创造、传播和交付顾客价值和管理客户关系的一系列过程"。由此可见，关系和价值是营销活动的核心，关系建立是营销的基础，价值创造与实现是最终目的。

因此，宣传营销的本质是营销活动中的信息传播、关系构建和价值创造过程，信息传播是关系构建的基础，关系构建又是价值创造的前提，价值创造是最终目标。

（二）营销理论

企业的营销活动是在特定的营销观念指导下进行的，随着社会经济发展、科技进步以及市场环境的变化，营销观念也经历了生产观念、产品观念、推销观念、营销观念和社会营销观念五个阶段。在这个发展过程中，产生了相应的营销理论：

1. 4P 理论。4P 理论是由密歇根大学教授杰罗姆·麦卡锡提出的，包括产品（product）、价格（price）、促销（promotion）、渠道（place）四要素。

2. 4C 理论。九十年代初，美国的市场营销专家罗伯特·劳特伯恩以消费者的需要为导向提出了整合营销的"4C"理论，以企业营销策略的安排为主的市场营销组合。"4C"是指顾客（customer）、成本（cost）、便利（convenience）、沟通（communication）。

3. 4R 理论。21 世纪初，美国学者唐·舒尔茨在 4C 理论的基础上提出 4R 理论，以竞争为导向，从市场竞争的角度重新定义营销的新结构，"4R"是指关联（relevance）、反应（response）、关系（relationship）和回报（return）。

二、宣传营销的职能

营销的任务是通过传达产品或企业信息，直接或间接促进产品或服务销售，满足顾客需求实现价值交换，最终获得利益。

宣传营销的第一个职能就是信息传播，也可以是我们常说的品牌推广，这也是大部分营销人员非常关心的——如何让我的产品得到消费者的关注。成功的品牌推广无疑是能长久吸引顾客关注的最有效途径。

信息传播后就可以考虑构建关系与满足顾客需求，这也是宣传营销的第二个职能——销售市场的职能，也就是搭建渠道、构建关系，帮助企业把产品和服务的价值变现，满足顾客的需求。

除以上两种职能外，宣传营销还有一个重要职能——产品市场职能，也就是充分了解市场对产品的态度以及时调整营销策略，并根据市场需求调整研发、生产。顾客对产品或服务大致可以分为八类需求，包括负需求、无需求、潜在需求、减少需求、不规则需求、充分需求、过度需求以及有害需求。针对这八类需求，企业营销人员应当做好调查研究，了解分析原因，调整营销策略或者及时转诉给研发生产部门，从而使得企业能在瞬息万变的市场中准确判断并立于不败之地。

三、互联网+时代的宣传营销

从营销传播理论的发展来看，传统的营销是以企业为中心的，是营销活动的发起方，主要开展信息与价值的单项传递。到整合营销传播阶段，更加重视企业与消费者及利益相关者的互动关系，依然是以企业为中心。随着互联网时代的到来，网络化对企业、用户及媒体的影响日益深远，《互联网+从 IT 到 DT》一书提出，互联网+时代最先被互联网化的就是营销与零售等行业，此时以消费者为中心，让顾客满意逐渐成为营销目标。

（一）营销思维

百度公司创始人李彦宏曾经说过，"我们这些企业家们今后要有互联网思维，可能你做的事情不是互联网，但你的思维方式要逐渐以互联网的方式去想问题。"在互联网+时代这一大背景下，开展宣传营销自然也离不开互联网思维。

关于互联网思维有不少解读,包括雷军七字诀、大数据、少即是多等等,其中雷军的七字诀较为有名,即"专注、极致、口碑、快",总结起来就是把产品或事情做好做精做极致,从而使得产品体验超出用户预期获得极好的口碑。互联网+时代的宣传营销也需要具备产品思维和口碑思维。

1. 产品思维

营销是为了满足顾客的需求并实现价值,只有把产品做到极致才能给用户带来极致体验,才能被大众接受并保持热度。特别是当今互联网+时代,企业逐渐直接面对消费者,与消费者发生关系的媒介只有产品,消费者通过产品认识企业,产品的好坏尤为重要。

📖 案 例

MIUI 的壁纸

小米创始人雷军一直强调,小米成功的关键是产品,并在一次演讲中讲述了他如何花了两年的时间只为寻找一张壁纸的故事:为 MIUI 找一张壁纸,我们看了接近一百万张照片,我们甚至开发了一个软件,专门挑选壁纸。然后发现找一张好壁纸很难很难,因为再好的壁纸都是要放到锁屏里面好看,放到壁纸里跟图表不打架,还要有意义、有细节,还要 90% 人喜欢,没有人反对、反感。我觉得这样的壁纸实在太难找了,不信大家把自己的 iphone 打开看一看,能用的就那张水波纹,其他都不可以;把 Windows 打开,除了星空能用,别的都不能用。我们发动人民群众找壁纸,十万人民币征集壁纸,一张一万块,共征集了四万五千张,然后他们花了一通宵时间都看完了,给我挑了十张,说这十张挺好,我看完后,跟他们说一张都不行。找到好的壁纸,就跟投到好项目一样困难。怎么解决这个问题呢? 我逼着我们所有的设计师去画壁纸……

雷军讲花两年做壁纸这件事,其实就是在讲怎样把产品做好、做到极致。

（资料来源:金迹人.赢在模式——创新型企业互联网营销的 38 种模式[M].北京:化学工业出版社,2017,有删改）

2. 口碑思维

所谓口碑,是指企业在品牌建立过程中,通过客户间的相互交流将自己的产品信息或者品牌传播开来,以取得一定的影响力和效果。口碑的本质是用户思维,互联网+时代是信息大爆炸的时代,产品或服务好不好,企业说了不算,用户说了算。小米公司是这方面的优秀代表,小米每天有大量的工作人员收集用户提交的意见或建议,从而不断根据用户改善产品,切实满足了用户的需求,获得了极快的口碑传播度。

📖 **案 例**

三只松鼠的品牌故事

创立一个品牌其实就是在创造一个良好的用户体验。三只松鼠的创立者章燎原为了给客户提供一个良好的感觉,从形象设计、客户交流、包装等多方面进行品牌打造。在形象设计方面,通过小松鼠这样一个可爱的宠物形象给客户留下深刻的第一印象。在客户交流方面,把对客户的称呼改成"主人","主人"的称呼将小松鼠这样一个宠物形象更加逼真地演绎出来,给客户一种全新的体验,也让公司的品牌形象在客户的心理印象更加深刻。最后,三只松鼠的包裹和包装都是精心设计的,同时还会为客户准备更多的惊喜,比如纸袋、纸巾等,为的就是细致贴心,给客户带去感动,也带去很好的用户体验,从而产生口碑效应。

(资料来源:金迹人.赢在模式——创新型企业互联网营销的38种模式[M].北京:化学工业出版社,2017,有删改)

(二) 营销模式

宣传营销说到底是将产品信息通过一定的渠道传到给一定的受众,从而激发受众的购买欲最终实现价值互换,产品、渠道和受众是宣传营销最基本的三个要素。营销模式是产品在销售过程或渠道中实施的不同的模式,受产品、渠道、受众等多方面的影响。

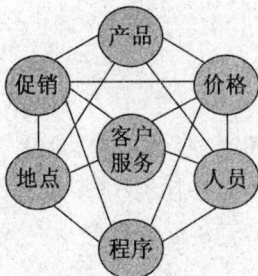

图7-3 营销模式

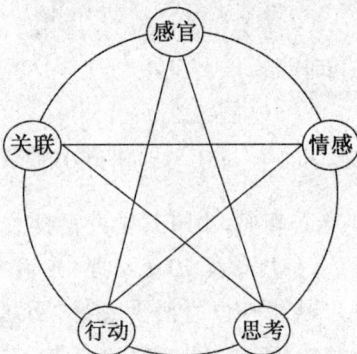

图7-4 体验式营销模式需要考虑的因素

互联网+时代,常见的营销模式有以下几种:

1. 参与感营销(体验式营销)

体验式营销重在打造用户体验。随着社会的发展,消费者的消费观念逐渐发生变化,由过去的满足功能性需求到如今注重内在感受。伯德·施密特博士在《体验式营销》一书中指出,体验式营销最重要的是从消费者的立场出发,在感官、情感、思考、行动、关联、文化、环境这些方面,对营销模式进行全面定义、设计。小米是参与感营销做得比较成功的。

📖 案 例

小米的橙色星期五

为什么叫橙色星期五？一是取小米的标志色——橙色,二是取项目的更新和发布时间。每周五下午小米会定期发布产品进展情况。每周五下午伴随着小米橙色的标志,新一版 MIUI 如约而至。随后还会在下周二让用户提交使用过后的体验报告。

通过报告,汇总出用户上周最喜欢的功能有哪些,哪些功能正广受期待,哪些做得不够好。同时,还在内部设置了"爆米花奖",根据用户对新功能的投票产生上周做得最好的项目。做得好的功能将得到一桶爆米花以及被称为"大神"的荣誉感。

(资料来源:金迹人.赢在模式——创新型企业互联网营销的 38 种模式[M].北京:化学工业出版社,2017,有删改)

2. 品牌营销

品牌的本质是品牌拥有者的产品、服务或其他优于竞争对手的优势能为目标受众带去同等或高于竞争对手的价值。品牌营销的前提是怎样通过市场去建立自己的品牌价值,通俗来说就是通过渠道把企业的产品或服务所固有的特征通过营销的方式深入到消费者心中,激发购买兴趣并最终购买,并依靠产品质量、文化底蕴等方面加深消费者对产品的认可度,不断稳固品牌在消费者心目中的地位。品牌营销的关键在于品牌塑造和品牌推广。

📖 案 例

讲好小罐茶的品牌故事

2017 年春节期间,小罐茶在央视投放了一篇"寻茶之旅"的广告,讲述了小罐茶花了三年半的时间,行程 40 万公里,走遍中国茶叶的核心产区,找齐 8 位大师做成小罐茶的故事。通过广告的两大主题"小罐茶大师作"及"8 位大师敬你一杯中国好茶",塑造品牌的核心价值。

《定位》的作者艾·里斯表示:"定位理论中最基本的概念是——胜负在于潜在顾客的心智。"在我国长期的茶类产品销售中,有品类无品牌是茶行业的难题,小罐茶整合 8 位大师 10 类名茶,在品类中开创品牌,提供给目标消费者方向明确的购买选择。"小罐茶,大师作"的品牌主题逐渐在消费者心中占据优质茶和跨品类茶的品牌地位。

(资料来源:金迹人.赢在模式——创新型企业互联网营销的 38 种模式[M].北京:化学工业出版社,2017.有删改)

3. 网络营销

网络营销是基于网络及社会关系网络连接企业、用户及公众，向用户及公众传递有价值的信息与服务，为实现顾客价值及企业营销目标所进行的规划、实施及运营管理活动。在传统的营销模式中，商家多从自身利润出发考虑问题，形成厂家—经销商—消费者的营销渠道。网络营销打破了这样的格局，冲破时间和空间的限定，增加交易信息的互动性，降低交易成本。

目前市场上成功的网络营销比比皆是，以阿里为首的电子商务网络销售平台、京东商城等。

随着互联网的发展，开始出现越来越多的垂直型网站，这类网站通过资源整合和精准定位，将内容建造定位在具有相同消费文明背景的群体上，比如淘 K 网的网站内容都是围绕着喜欢去 KTV 唱歌的人群而发布。

4. 大数据营销

大数据营销其实是根据监测或跟踪到的用户的足迹，对接下来要做的事情进行预测，然后据此向用户推荐可能会用到的商品。大数据的核心在于分析，通过分析，企业可精准定位目标客户群体。需要注意的是，不同企业需要根据自身的实际情况进行分析。

大数据营销在影视行业运用比较普遍，美剧《纸牌屋》在投拍之前其出品方就通过大数据对目标受众进行了分析，了解到喜欢的导演及演员名单，所以，《纸牌屋》一面世就受到了观众的关注。国产电影《小时代》也是如此，在刚刚放出预告片时，片方就通过大数据分析出了影片的受众群体主要是年轻女性，于是之后的一系列营销活动都围绕这一目标群体展开，从而取得不错的票房。

5. 口碑营销

菲利普·科特勒将 21 世纪的口碑传播定义为：由生产者以外的个人通过明示或暗示的方法，不经过第三方处理、加工，传递关于某一特定或某一种类的产品、品牌、厂商、销售者，以及能够使人联想到上述对象的任何组织或个人信息，从而导致受众获得信息、改变态度，甚至影响购买行为的一种双向互动传播行为。口碑营销是企业在调查市场需求的情况下，为消费者提供他们所需要的产品和服务，同时制定一定口碑推广计划，让消费者自动传播公司的产品和服务的良好评价，让人们通过口碑了解产品、树立品牌，最终达到企业销售产品和提供服务的目的。

口碑营销的最大特点是每个人都是相对独立的媒体，互联网+时代，传播者、消费者、传播媒介的界限逐渐模糊，一个人既可以是信息的传播者，也可以是消费者，而传播媒介如微信、微博等可供用户自由使用和支配。与其他传播渠道相比，口碑传播有着无法比拟的优势——病毒式的传播速度，因此用好口碑营销将对企业营销产生极大的推动作用。

口碑营销的关键在于重视产品质量、创造好的口碑以及建立反馈机制。

电影《战狼》的票房充分体现了口碑营销的力量。在同期上市的电影中，电影《战狼》在宣传等方面并不突出，但却成为票房的大黑马。究其原因，最主要的便是观影人的口碑效应，网友对电影的影评无形中为电影做了一次又一次的免费宣传。

6. 社群营销

社群营销是在网络社区营销及社会化媒体营销基础上发展起来的用户连接及交流更为紧密的网络营销方式。网络社群营销的方式,主要通过连接、沟通等方式实现用户价值,营销方式人性化,不仅受用户欢迎,还可能成为继续传播者。

要做好社群营销需要做好以下四方面的工作:第一,做好社群定位,在充分了解自身企业的性质与核心特质的基础上,准确定位、划定范围,走个性化、小众化之路;第二,吸引精准用户,对产品开展细致的用户分析,明确用户的消费习惯、兴趣爱好等,围绕用户的特质制定相应的策略吸引精准客户;第三,制造良好的口碑,社群的发展需要口碑,稳定的社群需要靠口碑来维持;第四,为社群贴上特有标签,用一个最核心、最精髓的东西来定义自己的产品,打造独有的社群文化,为自己的社群贴上独特的标签。

案 例

星巴克的客户群

星巴克一直以来都是白领们趋之若鹜的场所,这里有口味纯正的咖啡,还有令人愉悦的音乐与环境。星巴克的成功与其营销方式有着密切关系,社群营销不得不提。星巴克的社群营销包括以下方面:① 借助 Facebook 和 Twitter 推广新产品,星巴克曾经为了促销黄金烘焙豆咖啡而推出 Facebook App,顾客可以从中了解新品资讯。而在 Twitter 上,星巴克也展开了宣传,并通过文章引流。② 运用贴合热点的广告和主题标签,如美国曾遭遇 Nemo 大风雪,星巴克当时在 Twitter 上推出了在寒冬中握着热咖啡的广告,并且利用 Nemo 和 blizzard 等标签,贴合了顾客的生活。③ 与 Foursquare 合作慈善活动。星巴克与 Foursquare 合作,推出抗艾滋慈善活动,顾客到星巴克消费,并在 Foursquare 上打卡,星巴克就回捐出 1 美元。④ 充分利用更为宽广的网络社交平台,例如微信、微博等。2012 年,在微信还没有被广泛应用的时候,星巴克就高瞻远瞩地利用微信做起了营销,在后来的发展中,微信营销从未被舍弃。星巴克的管理团队深知沟通平台的重要性,更懂得通过独特、有新意的网络社群来与客户互动。

（资料来源:金迹人.赢在模式——创新型企业互联网营销的 38 种模式[M].北京:化学工业出版社,2017.有删改）

（三）营销实施

互联网+时代,营销的职能不再仅仅是销售产品,卓越的企业要能建立起一个顺畅的营销价值链。这个价值链的核心是市场源头需求,具体包括环境分析、消费者市场分析、营销调研、市场定位、产品策略、渠道策略等环节。

1. 环境分析

营销环境是指企业营销活动有潜在关系的内部和外部因素的集合。营销环境分为内部环境和外部环境。市场营销环境是存在于企业营销系统外部的不可控制的因素和力量,这些因素和力量是影响企业营销活动及目标实现的外部条件。

营销环境分析常用的方法有 SWOT 分析法(自我诊断法)和竞争环境分析法。

(1) SWOT 分析法(自我诊断法)。本方法是市场营销人员在广泛市场调查的基础上,对调查数据进行分析,并传递给决策部门。其中,"S"是指企业内部的能力(Strengths),"W"是企业的薄弱点(Weaknesses),"O"表示来自企业外部的机会(Opportunities),"T"是指企业面临的外部威胁(Threats)。运用 SWOT 分析法,可以了解自身的优势与弱点,同时还可以分析来自外部的机会与威胁。

(2) 竞争环境分析法。本方法采用迈克尔·波特教授提出的行业结构分析模型,即"五力"模型,作为企业环境分析的判断与决策依据。这里所说的"五力"指行业现有的竞争状况、替代产品的威胁、新进入者的威胁、供应商的议价能力、客户的议价能力。

2. 消费者市场分析

开展消费者市场分析前,需要根据市场主体的不同了解不同市场的特质。消费者市场是指为满足自身需要而购买的一切个人和家庭构成的市场。组织市场是指一切为了自身生产、转售或转租或者用于组织消费而采购的一切组织构成的市场,主要包括生产者市场、中间商市场和政府市场。生产者市场也叫产业市场,是指购买的目的是为了再生产而采购的组织形成的市场。中间商市场则是指为了转售而采购的组织形成的市场,中间商市场主要包括批发商、零售商、代理商和经销商。政府市场是指因为政府采购而形成的市场。

成功的市场营销者是那些能够有效地发展对消费者有价值的产品,并运用富有吸引力和说服力的方法将产品有效地呈现给消费者的企业和个人。因而,研究影响消费者购买行为的主要因素及其购买决策过程,对于开展有效的营销活动至关重要。

📖 **案 例**

某制药公司对非处方药市场消费者行为的分析

某制药公司在进入非处方药市场之前,对非处方药消费者行为进行分析,发现在非处方药市场中,影响消费者购买的因素主要有文化、社会、个人、心理、药品五个方面的因素:第一,文化因素。随着经济条件的改善,大众预防意识和保健意识增强,特别是高收入阶层和中老年人愿意增加非处方药方面的支出。第二,社会因素。消费者的相关群体、家庭和社会角色与地位都对非处方药消费者产生影响。第三,个人因素。消费者的非处方药购买行为受其年龄、职业、经济环境、生活方式、个性的影响。第四,心理因素。消费者对自己的病情的感知、对品牌特征的感知、对其他备选品牌的态度都会影响其非处方药购买行为。第五,药品因素。消费者普遍认为中药更安全,毒副作用小,对慢性病的疗效更好,作用全面。该公司还调查非处方药市场中消费者购买决策过程与普通消费品购买决策相似,分为确认需求、信息收集、对非处方药的评价、购买决策和购买后行为 5 个阶段。在确认需求阶段,疾病发作、季节影响、广告宣传等因素都会引起消费者对非处方药的需求。消费者收集非处方药信息的渠道主要是个人交际圈来源、商业来源等。在评价阶段,消费者会对同类非处方药进行评价,比较优劣。在购买决策阶段,消费者形成购买意图、购买偏好后,还会受到他人态度等因素的影响,综合这些因素形成购买行为。该公司在深入分析消费者购买行为后,设计了相应的影响策略,并成功推出自己的非处方药产品。

(资料来源:罗臻,刘永忠. 医药市场营销学[M]. 北京:清华大学出版社,2018. 有删改)

3. 营销调研

企业为了求生存、求发展,寻找新的市场机会,避开风险,需要及时做出准确的决策,而准确的决策来自全面、可靠的市场营销信息。营销调研就是取得这些信息的重要途径。

营销调研的内容包括营销策略的宏观、微观因素,总的来讲,包括以下几个方面:

(1) 市场需求调研。市场需求是营销的中心和出发点,企业要想获得成功,就必须详细了解并满足目标客户的需求。

(2) 产品调研。产品调研是通过对产品设计、功能及用途、包装、生命周期等的调研,了解消费者需求,同时根据需求不断调整产品或推出新产品。

(3) 价格调研。价格调研的内容应该包括:产品市场需求、变化趋势;市场价格承受度心理调研;主要竞争对手价格调研等。

(4) 促销调研。促销调研主要了解消费者对促销活动的反应,了解消费者最容易接受或喜爱的促销形式。

(5) 分销渠道调研。渠道调研应该包括对批发商、零售商的销售能力的调研等。

(6) 营销环境调研。营销环境的调研包括对政治经济环境、产品市场环境等方面的调研。

做好营销调研需要经过确定问题与调研目标、拟定调研方案、收集信息、分析信息、提出调研结论并撰写调研报告这六个环节,通常采用文案调查法、实地调查法。

案 例

市场调研助推药品销售

西安杨森的主导产品之一"硝酸咪康唑软膏"于 1989 年进入中国市场。在上市之初,营销人员就针对目标消费者和医生进行了广泛而全面的市场调查,结果发现,目标消费者和医生心中理想的治疗脚气的药物是不但能止痒,还能防止脚气复发。于是西安杨森迅速将这一调查结果运用于"硝酸咪康唑软膏"的营销推广,在随后的广告宣传中,将诉求点集中于既能止痒又能防止复发的功效上,准确地抓住了目标消费者对治疗脚气的关键消费需求,并借助这一诉求,牢固树立了该产品在同类产品中的领导地位。

(资料来源:罗臻,刘永忠. 医药市场营销学[M]. 北京:清华大学出版社 2018. 有删改)

4. 市场定位

市场定位是指根据竞争者现有产品在市场上所处的位置,针对消费者或用户对该种产品的某种特征、属性和核心利益的重视程度,强有力地塑造出此企业产品与众不同的、给人印象深刻、鲜明的个性或形象,并通过一套特定的市场营销组合把这种形象迅速、准确而又生动地传递给顾客,影响顾客对该产品的总体感觉。

（1）市场细分

市场细分是市场定位和目标市场选择的基础工作,是企业按照消费者需求的差异性,把某一产品的整体市场划分为若干个各有相似欲望和需求的子市场的过程。市场细分需要适当、科学及合理的依据,一般包括地理、人文、心理、行为等因素。市场细分一般需要遵循一定的程序,大致包括 7 个步骤:第一,选定产品市场范围,即确定进入什么行业,生产什么产品。第二,列举潜在用户的不同需求,比如安全、方便、安静、设计合理、质量好等。第三,了解不同潜在客户的不同要求,比如有的顾客可能更强调安全和质量好,有的顾客更看重设计,要求美观。第四,抽调潜在顾客的共同要求,而以特殊需求作为细分标准,比如安全是每位客户的要求,就不能作为细分市场的标准,因而应该剔出。第五,根据潜在顾客基本需求上的差异方面,将其划分为不同的群体或子市场,并赋予每一子市场一定的名称。第六,进一步分析每一细分市场需求与购买行为特点,并分析其原因,以便进一步考虑是否需要对这些细分市场进行合并或再一次细分。第七,估计每一细分市场的规模,包括顾客数量、购买频率、购买数量等等。

（2）目标市场选择

市场细分后,企业就应估计每个细分市场的吸引力程度,并选择进入一个或多个细分市场。企业选择的目标市场应是那些企业能在其中创造最大顾客价值并能保持一段时间的细分市场。

目标市场的选择可以遵循一定的标准,包括:第一,有一定的规模和发展潜力,企业进入某一市场是希望有利可图,如果市场规模狭小或趋于萎缩,企业进入后难以获得发展,那此时就当慎重考虑,不宜轻易进入;第二,细分市场结构的吸引力,波特认为有五种力量决定整个市场或其中任何一个细分市场的长期的内在吸引力,分别是:同行业竞争者、潜在的新参加的竞争者、替代产品、购买者和供应商,这五个方面决定着细分市场的吸引力;第三,符合企业目标与能力,某些细分市场虽然有较大吸引力,但不能推动企业实现发展目标,甚至分散企业的精力,使其无法完成主要目标,那这样的市场应考虑放弃。

目标市场营销策略一般有以下几种:

第一,无差异化市场营销。该策略指企业将产品的整个市场视为一个目标市场,用单一的营销策略开拓市场,用一种产品和一套营销方案吸引尽可能多的购买者。无差异化营销策略只考虑消费者或用户在需求上的共同点,而不关心他们在需求上的差异性。可口可乐公司在 20 世纪 60 年代以前曾以单一口味的品种、统一的价格和瓶装、同一广告主题将产品面向所有顾客,就是采取的这种策略。这种策略的优点是可以减少品种、扩大批量,容易实现规模效应,一般适用于垄断产品、专利产品、新产品的导入期且市场同质性高或供不应求的产品。

第二,差异性市场营销。这种是将整体市场划分为若干细分市场,针对每一细分市场制定一套独立的营销方案。比如,服装生产企业针对不同性别、不同收入水平的消费者推出不同品牌、不同价格的产品,并采用不同的广告主题来宣传这些作品。差异性营销策略的优点是小批量、多品种,生产机动灵活、针对性强,能够更好满足消费者的需求。不足之处在于可能导致营销成本的增加以及企业资源配置的不集中。

第三,集中性市场营销。这种是集中力量进入一个或者少数几个细分市场,实行专业化生产和销售。实行这一策略,企业不是追求在一个大市场角逐,而是力求在一个或几个子市场占有较大份额。这一策略特别适合于资源力量有限的中小企业。采用这一策略可以集中优势在大企业尚未顾及或尚未建立绝对优势的细分市场进行竞争,更容易取得成功。但该策略也有两个明显的局限性:一是市场区域相对较小,企业发展受限;二是潜伏着较大的经营风险,一旦消费者趣味发生转移或者强大竞争对手进入,都可能使企业因没有回旋余地而陷入困境。因此,采用该策略时要密切关注市场动向,做好充分的应变准备。

(3)市场定位的策略

市场定位是要根据所选定目标市场上的竞争者产品所处的位置和企业自身条件,从各方面为企业和产品创造一定的特色,塑造并树立一定的市场形象,以求在目标顾客群中形成一种特殊的偏爱。企业在这一过程中需要明确潜在竞争优势,选择相对竞争优势并最终将独特的竞争优势展示出来。为此,企业一般会采取以下策略:

第一,迎头定位策略。又称针锋相对策略,指企业选择在目标市场上与现有的竞争者靠近或重合的市场定位,要与竞争对手争夺同一目标市场的消费者。采用这种策略,企业必须具备三个条件:能比竞争者生产出更好的产品;该市场容量足以吸纳两个以上竞争者的产品;比竞争者有更多的资源和更强的实力。

第二,避强定位策略。又叫填补空隙策略,指企业尽量避免与实力较强的其他企业直接发生竞争,寻找新的尚未被占领的但又为许多消费者所重视的市场进行定位,例如,"唯品会"就是填补了品牌直销的空位。

第三,另辟蹊径定位策略。指企业在意识到自己无力与同行强大的竞争者相抗衡,无法获得绝对优势地位时,根据自己的条件取得相对优势,即通过宣传自己与众不同的特色,在某些有价值的产品属性上取得领先地位。

案 例

市场上几个主要品牌感冒药的市场定位

调查显示,占据感冒药市场绝大部分市场份额的是感康、新康泰克、泰诺、白加黑、日夜百服宁等几个大品牌,而且这几个品牌都有独特的、差异化的利益点:感康因含有对病毒有一定抵抗作用的金刚烷胺,所以提出"抗病毒,治感冒"的理念,以区别于其他同类产品;新康泰克大胆承诺"12小时缓解感冒症状",以独特的缓释技术、药效持续时间长为其诉求;泰诺则强调30分钟快速起效的概念……每个品牌都选择了一个独特卖点。

(资料来源:罗臻,刘永忠.医药市场营销学[M].北京:清华大学出版社,2018.有删改)

5. 产品策略

营销以满足市场需求为中心,市场需求的满足需要通过产品或服务来实现。因此,产品是营销的基础,其他的各种营销策略,如价格策略、分销策略、促销策略等,都是以产品策略为核心展开的。

产品策略是企业为了在激烈的市场竞争中获得优势,在生产、销售产品时所运用的一系列措施和手段,包括产品定位、产品组合策略、产品差异化策略、新产品开发策略、品牌策略以及产品的生命周期运用策略。

作为初创企业而言,应当关注产品在不同生命周期应当采用的营销策略以及品牌策略。

(1)产品生命周期各阶段的营销策略。产品一般会经过导入期、成长期、成熟期、衰退期四个阶段。在产品导入期阶段,企业的基本策略应当突出"快",一般可以选择以下策略:第一,快速撇脂策略,以高价格高促销的方式推广新产品。这一策略适用的市场环境是:绝大部分消费者还没有意识到该新产品,知道它的人有强烈的购买欲而不大在乎价格。第二,缓慢撇脂策略,以高价格低促销的方式推广新产品,这一策略适用的环境是:市场规模有限,消费者中的大多数已对该产品有所了解,购买者对价格不是很敏感。第三,快速渗透战略,企业以低价格高促销的方式推出新产品,这一策略适用的市场环境是:市场规模大,消费者对该产品知之甚少,购买者对价格敏感,潜在竞争对手多而且竞争激烈。第四,缓慢渗透策略,以低价格低促销的方式推广新产品,该策略适用的市场环境是:产品市场庞大,消费者对价格比较敏感,产品的知名度已经较高,潜在的竞争压力较大。

(2)品牌策略。品牌是企业产品的象征和标志,企业首先要对是否创建品牌做出抉择,产品是否使用品牌要视企业产品的特质和战略意图来定。如果需要创建品牌就需要对品牌进行定位并打造品牌的差异化。企业对品牌的差异化定位一般可以采用以下方法:第一,比附定位,通过比拟名牌来给企业自身的品牌定位,比如内蒙古宁城老窖的"宁城老窖——塞外茅台"。第二,效益定位,根据企业或企业产品能为消费者提供的效益、解决问题的程度来定位,比如宝洁的飘柔定位于"柔顺",海飞丝定位于"去头屑"。第三,目标群体定位,直接以某一消费群体为对象,突出品牌产品专为该类消费群体服务,从而获得目标消费群体的认同,比如金利来的"男人的世界"。第四,空白点定位,指通过调研未被企业重视或者竞争对手还没来得及占领的市场,并推出能有效满足这一细分市场需求或解决该问题的品牌和产品,比如西安杨森的"采乐去头屑特效药"。第五,文化定位,指将文化内涵融进品牌,形成文化上的品牌差异,比如金六福的"金六福——中国人的福酒"的"福运文化"定位。

6. 渠道策略

渠道是商品和服务从生产者向消费者转移过程中的具体通道或路径,是由企业生产者、批发商和零售商所组成的一种统一联合体。渠道是营销的通道,产品销售、服务的传递全靠渠道的运作。渠道的选择将直接影响到其他的营销决策,比如产品的定价等等,是企业能否成功开拓市场、实现销售及经营目标的重要手段。

企业的渠道建设要从整体布局,评估可能的渠道并逐渐构建渠道网络。构建渠道网络首先应建立正确的渠道管理思维:第一,营销渠道应与品牌定位相契合。渠道不仅是解决客户买得到产品的问题,还要做到与品牌定位和产品特征相匹配,这样才能发挥协同效应;第二,应当与渠道合作商密切合作。渠道是合作伙伴,在选择合作渠道前应当慎重审核、评估,充分认识建设战略合作的价值并选择适合的合作伙伴,加强同渠道合作方的工作维系度,关注渠道合作商的销售能力,形成良性合作。

互联网+时代,渠道策略逐渐出现新趋势,主要体现在:第一,渠道结构以终端市场建设为中心。以前企业多是注重在销售通路的顶端和中端,通过市场炒作和大户政策来展开销售工作。当市场转为相对饱和的状态,对企业的要求由"经营渠道"变为"经营终端"。第二,渠道成员发展伙伴型的关系。传统的渠道关系是"我"和"你"的关系,即每一个渠道成员都是一个独立的经营实体,以追求个体利益最大化为目标,甚至不惜牺牲渠道和厂商的整体利益。在伙伴式销售渠道中,厂家与经销商由"你"和"我"的关系变为"我们"关系。厂家与经销商一体化经营,实现厂家渠道的集团控制,使分散的经销商形成一个有机体系,渠道成员为实现自己或大家的目标共同努力。第三,渠道体制由金字塔型向扁平化方向发展。销售渠道改为扁平化的结构,即销售渠道越来越短,销售网点则越来越多。销售渠道变短,可以增加企业对渠道的控制力;销售网点增多,则有效地促进了产品的销售量。如一些企业由多层次的批发环节变为一层批发,即形成厂家—经销商—零售商这样的模式,企业直接面向经销商、零售商提供服务。

第三节　创业企业外部竞争与合作

一、企业竞争力

竞争是市场经济重要而突出的特征,在瞬息万变的市场中,谁能把握市场先机,谁就能在竞争中掌握主动权。要在竞争中赢得主动权,就需要不断提升竞争力。

(一)企业竞争力内涵与理论发展

1. 企业竞争力内涵

企业竞争力是指在竞争性市场条件下,企业通过培育自身资源和能力,获取外部可寻资源,并综合加以利用,在为顾客创造价值的基础上,实现自身价值的综合性能力。企业竞争力是指在竞争性的市场中,一个企业所具有的,能够比其他企业更有效地向市场提供产品和服务,并获得盈利和自身发展的综合素质。

企业的竞争力分为三个层面:第一层面是产品层,包括企业产品生产及质量控制能力,企业的服务、成本控制、营销、研发能力,这是表层的竞争力。第二层面是制度层,包括各经营管理要素组成的结构平台、企业内外部环境、资源关系、企业运行机制、企业规模、品牌、企业产权制度,这是支持平台的竞争力。第三层面是核心层,包括以企业理念、企业价值观为核心的企业文化、内外一致的企业形象、企业创新能力、差异化个性化的企业特色、稳健的财务、拥有卓绝的远见和长远的全球化发展目标，这是最核心的竞争力。

企业竞争力从传统的重视自然资源到意识到信息、知识、创新等对企业竞争力的重要作用，其内涵不断拓展和延伸，有四个基本含义：第一，企业竞争力是在竞争性的市场条件下进行的，即所涉及的产业必须是竞争性、开放性的市场；第二，企业竞争力是一个比较性的概念，这种竞争力的差异是通过企业之间的生产率或工作效率来衡量的；第三，企业竞争力是企业的综合素质，会受很多因素的决定和影响，包括资源、能力、知识、环境等，这些因素相互作用从而从整体上对企业的生存状态产生影响；第四，企业竞争力的最后目标是实现企业的盈利和价值，而这必须建立在为顾客创造价值的基础上。

2. 竞争力理论

竞争力理论起源于传统的企业成长理论，随后，资源基础理论、核心竞争力理论和知识基础理论等经典竞争理论应运而生，从不同视角探究企业竞争的影响因素。

最初的产业组织理论提出："以'S－C－P'研究范式为基础，认为战略设计的目的是通过适当的产业定位，从产业链的角度增强企业议价能力，通过构建贸易壁垒，保护企业竞争地位。"

资源基础理论提出："企业资源的异质性是竞争优势的根本来源，企业获取竞争优势的手段应注重企业价值创造能力。其中，内部资源是直接影响竞争力的要素。所以，企业要想保持竞争优势，就必须实现内部知识、技术能力等优势资源的积累。"

核心能力理论指出："企业取得竞争优势的独特技能或技术，是企业核心的能力，具有无法复制、无法模仿的性质。核心竞争力的主要来源是通过内部的学习和价值传递。"

动态能力理论指出："企业保持或改变现有能力以促进竞争优势。要求企业持续获得和整合这种资源能力，以适应变化的动态环境。动态能力对企业持续获得竞争优势有重要推动力。"

知识基础理论指出："知识被认为是企业最大的资源。企业管理的重要环节是创造和利用知识，实现知识的有效创造、利用和转移。不同的知识基础理论被用来解决不同的问题。通过整合单个企业的知识，可解决新企业在重新经营中遇到的新问题，通过扩散提高企业成员获取竞争优势的能力。"

(二) 企业竞争力的评价

1. 企业竞争力评价指标

企业竞争力受企业规模、组织结构、资本、技术、知识、人员、理念、创新、战略、管理、营销等诸多因素影响。

诸多机构与学者曾从不同角度去构建企业竞争力的评价指标体系：世界经济论坛和瑞士洛桑国际管理学院将竞争力指标分为八大类、381项。中国企业联合会从1996年开始专门组织力量研究开发全国企业竞争力指标体系。王伯安、金碚、胡大立、张金昌等学者也提出不同的企业竞争力评价指标。

综合现有的各种企业竞争力评价指标体系，企业竞争力评价指标主要包括企业竞争基础实力、盈利能力、经营安全能力、资产营运能力、技术创新能力、持续发展能力、品牌影响力七个方面。

（1）企业竞争基础实力。企业竞争基础实力反映企业维持竞争水平的一些基本构成要素，包括人力、物力和财力。人力方面包括员工总数、员工的学历程度、员工的技术水平、企业高级管理人员综合素质指数等；物力方面包括企业资产总额、净资产总额、无形资产总额、设备技术水平、信息技术拥有率、信息技术使用率、信息技术投资收益率、信息技术投入增长率、平均投资强度、投资规模、固定资产使用率；财力方面包括利税总额、人均利税总额、销售总额及利润总额、主导产品市场占有率、市场覆盖率等。

（2）盈利能力。盈利能力方面的指标包括销售利润率、总资产报酬率、资本收益率、资金利润率、净资产收益率、资本保值增值、每股盈利等。

（3）经营安全能力。经营安全能力包括自有资本构成比率、产权比率、资产负债率、波动比率、速动比率、已获利息倍数等。

（4）资产营运能力。资产营运能力包括应收账款周转率、存货周转率、流动资产周转率、总资产周转率等。

（5）技术创新能力。技术创新能力包括设备先进程度、技术创新投入率、R&D 经费比率、技术开发人员比率、专利水平、新产品开发成功率、新产品产值率、新工艺产值率等。

（6）持续发展能力。持续发展能力是反映了企业持续发展的一些指标，包括产品销售方面、企业经营社会责任方面、组织拓展方面，如销售收入增长率、利润增长率、净资产增长率、积累增长率、企业经营权力系数、社会贡献率、社会积累率、组织外向拓展能力等。

（7）品牌影响力。品牌影响力包括企业品牌知名度、顾客对企业产品满意度、顾客对企业发展信心、产品返修率、企业被投诉次数等。

2. 企业竞争力评价模型

在企业竞争力评价指标构建的基础上，不同学者构建出了不同的企业竞争力评价模型，主要包括：SWOT 模型、PEST 模型、五力模型、九力模型等。

（1）SWOT 模型

该模型是企业根据自身的既定条件，找出存在的优势、劣势、机会以及市场威胁等，进而总结出企业发展的竞争力。这种方法能较为客观且准确地分析企业的内外部环境。在SWOT 分析中，一般需要考虑以下因素，见表 7 - 2：

表 7 - 2　SWOT 分析表

	潜在内部优势(S)	潜在内部劣势(W)
内部环境	产权技术 成本优势 竞争优势 特殊能力 产品创新 具有规模经济 良好的财务来源 高素质的管理人才公认的行业领先者 买主的良好印象 适应力强的经营战略 其他	设备老化 战略方向不同 竞争地位恶化 产品线范围太窄 技术开发滞后 营销水平低于同行业其他企业 管理不善 战略实施的历史记录不佳 不明原因导致的利润率下降 资金拮据 相对于竞争对手的高成本 其他

（续表）

外部环境	潜在外部机会（O）	潜在外部威胁（T）
	纵向一体化 市场增长速度 可以增加互补产品 能争取到新的用户群 有进入新市场的可能 有能力进入更好的企业集团 在同行业中竞争业绩优良 拓展产品线满足用户需要 其他	市场增长较缓 竞争压力增大 不利的政府政策 新的竞争者进入行业 替代产品销售额正在逐步上升 用户讨价还价能力增强 用户需要与爱好逐渐转变 通货膨胀递增 其他

（2）PEST 模型

该模型是对企业所处宏观环境进行分析。其中，P 代表 Political（政治）、E 代表 Economic（经济）、S 代表 Social（社会）、T 代表 Technology（科技）。这四个方面强调了从外部的角度对企业竞争力所处的环境所进行的对比分析。

政治是指一个国家或地区的政治制度、体制、方针政策、法律法规等都会影响企业的经营行为。

经济环境包括企业所面临的产业环境和竞争环境，如国民生产总值、人均国民收入、产业政策、货币政策、财政政策等。

社会环境包括人口变动、文化观念、社会价值、社会结构等。

技术环境指当前社会技术总水平及变化趋势，技术变迁、技术突破对企业的影响，以及技术对政治、经济社会环境之间的相互作用的表现等。

（3）五力模型

该模型是波特用来分析企业所在行业中竞争特征的一种有效工具，可以有效分析企业在不同行业中所处的竞争环境。五力包括供应商的讨价还价能力、购买者的讨价还价能力、潜在竞争者进入的能力、替代品的替代能力、行业内现有竞争者的竞争能力。

供应商的讨价还价能力是指供方通过提高投入要素价格与降低单位价值质量的能力，来影响行业中现有企业的盈利能力与产品力。

购买者的讨价还价能力是指购买者通过压价与要求提供较高的产品或者服务质量的能力，来影响行业中现有企业的盈利能力。

潜在竞争者进入的能力是指新进入者在给行业带来新生产能力、新资源的同时，将希望在已被现有企业瓜分完毕的市场中占据一席之地。

替代品的替代能力是指两个处于不同行业的企业可能会由于所生产的产品互为替代品，从而产生相互竞争行为。

（4）九力模型

九力模型是在资源观的基础上产生的，分为企业外部属性的竞争力和企业内部属性的竞争力。其中，企业外部属性的竞争力包括"品牌力""研发力""营销力""创造力"和"产品力"；企业内部属性的竞争力包括"资源力""决策力""执行力"和"整合力"。

品牌力是指对企业所拥有的品牌在市场上的稳定性、在同行业中的地位、所受到的支持度、受保护的程度以及发展趋势等所进行的综合评价。

研发力是指企业在研究与开发新产品的时间、资金、技术和人员等方面所拥有的相对优势。

营销力是指企业在营销体系、范围、人员、潜力等方面的综合实力。

创造力是指企业创造产品的技术、设备、厂房、人员等方面的整体力量。

产品力是指产品在质量、外观、价格等方面为消费者所赞誉的程度。

资源力是指企业所拥有的自然资源、资金资源、政府资源、人力资源的多寡与程度。

决策力是指企业的领导人、中高层管理者在企业管理中做出重大决策时的速度与效度。

执行力是指企业管理机构信息传达的通畅程度以及决策执行的有效程度。

整合力是指企业在树立其整体形象、整合其各种资源方面的能力。

（三）企业核心竞争力

1. 核心竞争力的含义

核心竞争力又称为核心能力，是1990年美国企业战略管理专家C. K. 普拉哈德和G. 哈默尔提出的。指企业组织中的积累性知识，特别是关于如何协调不同生产技能和整合多种技术的知识，并据此获得超越其他竞争对手的独特能力，即核心竞争力是建立在企业核心资源基础上的，企业的智力、技术、产品、管理、文化的综合优势在市场上的反映。

企业核心竞争力具有价值型、独特性、延展性、壁垒性、替代性、长期性和融合性等特征。

2. 核心竞争力与企业竞争力的关系

（1）两者的联系。企业竞争力包含了企业核心竞争力，是核心竞争力的源泉。企业核心竞争力渗透在企业竞争力之中，更具有内隐性。可以这么说，核心竞争力是企业的内在资源，竞争力是企业能力在市场中的外在表现。

（2）两者的区别。竞争力的产生是由所占的生产要素决定的。能不能占有一定的市场、人力资源，决定了有没有竞争力；而核心竞争力，是整合这些生产力要素的能力。企业竞争力是企业在竞争中优于竞争对手的表现，核心竞争力是企业竞争力之本。企业竞争力可以维护企业一定时期内在市场中的主导地位，但是企业要长期发展，永远立于不败之位，就要依靠核心竞争力。

3. 企业核心竞争力的培育

在经济全球化背景下，企业间的竞争越来越激烈，任何企业想生存并发展，就必须重视培育企业的核心竞争力。

（1）企业文化是企业核心竞争力的生长土壤。美国最权威的三家管理机构——兰德公司、麦肯锡公司、国际管理咨询公司的专家，通过对全球增长最快的30家企业的跟踪研究后，在联合撰写的《关于企业增长的报告》中指出：世界500强胜出其他公司的根本原因就在于，这些公司善于给他们的企业文化注入活力。企业文化的核心是价值观，它体现在企业的管理制度、经营活动、员工的行为方式中。如美国通用电气公司（GE）企业文化的核心是基于诚信的价值观,我国名企海尔公司企业文化的核心是对于产品质量的保证。

(2)治理机构是企业核心竞争力的组织保障。长期以来,我国企业的治理机构都存在着普遍性的问题,如内部人控制现象严重、企业对经理人的约束和激励机制不健全等。从外部治理结构来看,也存在资本市场的监控作用不明显等问题。因此,要提升企业核心竞争力,需要不断借鉴并完善企业治理结构模式.

(3)管理模式是企业核心竞争力的执行基础。管理模式是在管理理念指导下建构起来,由管理方法、管理模型、管理制度、管理工具、管理程序组成的管理行为体系结构。美国通用电气公司之所以能够经受数个不同行业、多个经济周期、100多个国家文化,长达120余年的考验就是归功于它的管理模式和管理经验。随着社会的发展,不断创新与完善管理模式将成为趋势。

(4)创新机制是企业核心竞争力最活跃的因素。纵观成功的企业,尽管成长途径千差万别,经营领域各不相同,但都有一个共同点,那就是都具有强烈的创新意识以及创新能力。2015年,李克强总理提出"大众创业、万众创新",我国很多企业缺乏自主知识产权,在自主研发方面,一直走的是模仿国际先进技术的道路,技术的原创性不够、先进性不够,这就要求我们必须加强自主研发。

(5)业务组合是企业核心竞争力的自然结果。具有核心竞争力的企业因为都具有某种核心技术,而这种核心技术能延伸出一系列相关的产品或服务,企业经营的关联产品和服务越多,企业的内部资源就越能得到有效利用,企业的经济效益也就越好。但是,这种多元化经营的前提是掌握核心技术并有深厚的专业基础,不可盲目地向没有专长和不熟悉的行业扩张。

二、竞争对手分析

竞争对手分析是指对竞争对手的现状和未来动向进行分析。

竞争对手分析是为了准确判断竞争对手的战略定位和发展方向,并在此基础上预测竞争对手未来的战略,准确评价竞争对手对本组织的战略行为的反应,估计竞争对手在实现可持续竞争优势方面的能力。对竞争对手进行分析是确定组织在行业中战略地位的重要方法。

竞争对手分析一般包括以下内容和步骤:第一,识别企业的竞争者,并从市场和行业两个方面分析;第二,识别竞争者的策略,判断竞争者目标;第三,评估竞争者的优势和劣势;第四,判断竞争者的反应模式。

(一)识别竞争者

竞争者一般指与本企业生产规模相似、产品或服务相似、价格相似、目标客户相似的企业。我们可以从不同的角度来划分竞争者的类型:

(1)从行业的角度来看,企业的竞争者有:

第一,现有厂商:指本行业内现有的与企业生产同样产品的其他厂家,这些厂家是企业的直接竞争者。

第二，潜在加入者：当某一行业前景乐观、有利可图时，会引来新的竞争企业，使该行业增加新的生产能力，并要求重新瓜分市场份额和主要资源。另外，某些多元化经营的大型企业还经常利用其资源优势从一个行业侵入另一个行业。新企业的加入，将可能导致产品价格下降，利润减少。

第三，替代品厂商：与某一产品具有相同功能、能满足同一需求的不同性质的其他产品，属于替代品。随着科学技术的发展，替代品将越来越多，某一行业的所有企业都将面临与生产替代品的其他行业的企业进行竞争。

（2）从市场方面看，企业的竞争者有：

第一，品牌竞争者：企业把同一行业中以相似的价格向相同的顾客提供类似产品或服务的其他企业称为品牌竞争者。如家用空调市场中，生产格力空调、海尔空调、三菱空调等厂家之间的关系。

第二，行业竞争者：企业把提供同种或同类产品，但规格、型号、款式不同的企业称为行业竞争者。所有同行业的企业之间存在彼此争夺市场的竞争关系。如家用空调与中央空调的厂家、生产高档汽车与生产中档汽车的厂家之间的关系。

第三，需要竞争者：提供不同种类的产品，但满足和实现消费者同种需要的企业称为需要竞争者。如航空公司、铁路客运、长途客运汽车公司都可以满足消费者外出旅行的需要，当火车票价上涨时，乘飞机、坐汽车的旅客就可能增加，相互之间争夺满足消费者的同一需要。

第四，消费竞争者：提供不同产品，满足消费者的不同愿望，但目标消费者相同的企业称为消费竞争者。如很多消费者收入水平提高后，可以把钱用于旅游，也可用于购买汽车，或购置房产，因而这些企业间存在相互争夺消费者购买力的竞争关系，消费支出结构的变化，对企业的竞争有很大影响。

（3）从企业所处的竞争地位来看，竞争者的类型有：

第一，市场领导者（leader）：指在某一行业的产品市场上占有最大市场份额的企业。一般来说，大多数行业都存在一家或几家市场领导者，他们处于全行业的领先地位，其一举一动都直接影响到同行业其他厂家的市场份额，他们的营销战略成为其他企业挑战、仿效或回避的对象。如柯达公司是摄影市场的领导者，宝洁公司是日化用品市场的领导者，可口可乐公司是软饮料市场的领导者等。市场领导者通常在产品开发、价格变动、分销渠道、促销力量等方面处于主宰地位。市场领导者的地位是在竞争中形成的，但不是固定不变的。

第二，市场挑战者（challenger）：指在行业中处于次要地位（第二、三甚至更低地位）但又具备向市场领导者发动全面或局部攻击的企业。如富士是摄影市场的挑战者，高露洁是日化用品市场的挑战者，百事可乐是软饮料市场的挑战者等。市场挑战者往往试图通过主动竞争扩大市场份额，提高市场地位。

第三，市场追随者（follower）：指在行业中居于次要地位，并安于次要地位，在战略上追随市场领导者的企业。在现实市场中存在大量的追随者。市场追随者的最主要特点是跟随。在技术方面，它不做新技术的开拓者和率先使用者，而是做学习者和改进者。在营销方面，不做市场培育的开路者，而是搭便车，以减少风险和降低成本。市场追随者通过观察、学习、借鉴、模仿市场领导者的行为,不断提高自身技能,不断发展壮大。

第四,市场补缺者(nichers):多是行业中相对较弱小的一些中、小企业,它们专注于市场上被大企业忽略的某些细小部分,在这些小市场上通过专业化经营来获取最大限度的收益,在大企业的夹缝中求得生存和发展,对满足顾客需求起到拾遗补阙、填补空白的作用。市场补缺者通过生产和提供某种具有特色的产品和服务,赢得发展的空间,甚至可能发展成为"小市场中的巨人"。

综上所述,企业应从不同的角度,识别自己的竞争对手,关注竞争形势的变化,及时调整战略,以更好地适应和赢得竞争。

(二) 识别并判断竞争者的战略与目标

由于竞争者所处的市场地位不同,结合自身的技术优势或服务优势,在竞争过程中采取不同的竞争战略,以赢得市场有利位置。根据所采取的主要战略不同,可将竞争者划分为不同的战略群体。例如,在美国的主要电气行业中,通用电气公司、惠普公司和施乐公司都提供中等价格的各种电器,因此可将它们划分为统一战略群体。进入各个战略群体的难易程度不同。一般小型企业适于进入投资和声誉都较低的群体,因为这类群体较易打入。而实力雄厚的大型企业则可考虑进入竞争性强的群体。当企业决定进入某一战略群体时,首先要明确谁是主要的竞争对手,然后决定自己的竞争战略。

竞争者目标是一些目标的总和,包括市场目标、利润目标、发展目标等,尽管追逐利润是企业的最终目标,但竞争者的目标随着企业战略的不同而发生变化,在分析竞争对手目标时,更需要判断它当前阶段的主要目标。

(三) 评估竞争者的优势和劣势

在市场竞争中,企业需要分析竞争者的优势与劣势,做到知己知彼,才能有针对性地制定正确的市场竞争战略,以避其锋芒、攻其弱点、出其不意,利用竞争者的劣势来争取市场竞争的优势,从而来实行企业营销目标。

竞争者的优劣势分析应该包括这些内容:① 产品,分析竞争企业产品在市场上的地位,产品的适销性以及产品系列的宽度与深度;② 销售渠道,分析对方销售渠道的广度与深度、效率与实力以及服务能力;③ 市场营销,分析对方市场营销组合的水平,市场调研与新产品开发的能力等;④ 生产与经营,分析对方的生产规模与生产成本水平,专利与专有技术,生产能力的扩展等;⑤ 研发能力,分析对方在产品、工业、基础研究、仿制等方面具有的研究与开发能力,分析研究与开发人员的创造性、可靠性等素质与技能;⑥ 资金实力,分析对方的资金结构、筹资能力、现金流量、财务管理能力等;⑦ 组织,分析竞争企业组织成员价值观的一致性与目标的明确性以及组织结构与企业策略的一致性等;⑧ 管理能力,分析对方管理者的领导素质与激励能力、协调能力、专业知识以及决策的灵活性、适应性和前瞻性。

(四) 判断竞争者的反应模式

当竞争者受到同行的挑战时,其反应受到企业文化、企业领导人决策水平、企业经营

理念等方面的影响,大致可以分为以下四种:

1. 从容型

这类企业对于竞争者的行为没有反应或反应比较迟缓。此类企业对自身的产品和服务多比较自信,企业实力较强,相信消费者的忠诚度。也可能是因为竞争者对市场竞争措施重视不够,未能及时捕捉到市场竞争变化的信息。

2. 选择型

这类企业对不同的市场竞争措施的反应是有区别的,只对其中某些竞争行为采取相应反应。比如,对降价这样的价格竞争措施总是反应敏锐,倾向于作出强烈的反应,而对改善服务、增加广告、改进产品、强化促销等非价格竞争措施则不大在意。

3. 强烈反应型

这类企业面对任何竞争行为都会给予激烈迅速的反应。一旦遭到挑战或是感知到威胁的存在,会迅速进行全面的反击,这种反击往往具有很大的破坏力,给竞争对手造成较大的损害。

4. 随机型

这类企业对于竞争行为随机采取反应,没有规律性可言。当面对竞争者的挑战时,随机竞争者在特定场合可能采取反击,也可能不反击,而且如果反击时,竞争对手往往无法预测随机竞争者会采取什么措施。

三、竞争策略选择

竞争策略是指企业寻找在某一特定产业或市场中建立竞争优势。而所谓的竞争优势,是指企业具有某种其竞争对手所无或相对缺乏的特殊能力,以便能更有效、更经济、更快捷地为顾客提供所需的产品和服务。

(一) 一般竞争策略的选择

迈克尔·波特通过对美国、欧洲与日本制造业的实践提出了竞争战略理论学说,在其著作《竞争战略》一书中将竞争战略描述为:采取进攻型或防守型行动,在产业中建立起进退有据的地位,彻底地对付"五种竞争作用力",从而为公司赢得超常的投资收益,在这种指导思想下,波特提出了赢得竞争优势的三种最一般的基本战略,即总成本领先战略、差异化战略和目标集聚战略。

总成本领先战略的目标是成为产业中的低成本厂商,包括追求规模经济、专有技术、优惠的原材料等因素。如果企业能够创造和维持全面的成本领先地位,那它只要将价格控制在产业平均或接近平均的水平,就能获取优于平均水平的经营业绩。与对手相比,其在相对较低或相当的价位上,成本领先者的低成本地位将转化为高效益。

差异化战略是指企业努力创造独特的产品或服务。在这种战略的指导下,企业力求就客户广泛重视的一些方面在产业内独树一帜。它选择被产业内许多客户视为重要的一种或多种特质,并为其选择一种独特的地位以满足客户的要求,它因其独特的地位获得溢价的报酬。

目标集聚战略要求企业致力于服务某一特定的市场区隔,某一特定的产品种类,或某一特定的地理范围。波特认为每一家企业的价值链都是由以独特方式联结在一起的九种基本的活动类别构成的,包括内部后勤、生产作业、外部后勤、市场和销售、服务五种基本活动,以及采购、技术开发、人力资源管理、企业基础设施四种辅助活动。一家企业的价值链与其竞争对手的价值链是有差异的,这种差异正是竞争优势的潜在源泉,企业总是通过比竞争对手更出色地或更廉价地开展这些活动来赢得竞争优势。

(二) 不同市场竞争地位下的竞争策略选择

企业的竞争策略的选择也受到市场竞争地位的影响,企业在特定市场的竞争地位,大致可分为市场领先者、市场挑战者、市场追随者和市场补缺者四类。处于不同的市场竞争地位,采取的竞争策略往往也有所不同。

(1) 市场领先者的竞争策略。市场领先者为了保持自己在市场上的领先地位和既得利益,可能采取扩大市场需求、维持市场份额或提高市场占有率等竞争策略。为扩大市场需求,采取发现新用户、开辟新用途、增加使用量、提高使用频率等策略。为保护市场份额,采取创新发展、筑垒防御、直接反击等策略。

(2) 市场挑战者的竞争策略。市场挑战者是指那些在市场上居于次要地位的企业,它们不甘目前的地位,通过对市场领先者或其他竞争对手的挑战与攻击,来提高自己的市场份额和市场竞争地位,甚至拟取代市场领先者的地位。它们采取的策略有价格竞争、产品竞争、服务竞争、渠道竞争等。

(3) 市场追随者的竞争策略。市场领先者与市场挑战者的角逐,往往是两败俱伤,从而使其他竞争者通常要三思而行,不敢贸然向市场领先者直接发起攻击,更多的还是选择市场追随者的竞争策略。它们的策略有仿效跟随、差距跟随、选择跟随等。

(4) 市场补缺者的竞争策略。几乎所有的行业都有大量中小企业,这些中小企业盯住大企业忽略的市场空缺,通过专业化营销,集中自己的资源优势来满足这部分市场的需要。它们的策略有市场专门化、顾客专门化、产品专门化等。

📖 案 例

云南白药的差异化竞争战略

云南白药是一种历史悠久的止血产品,问世以来,其神奇的疗效在民间享有很高的品牌知名度。当强生公司邦迪创可贴进入中国市场后,云南白药集团旗下最具知名度的产品白药散剂的销量受到了巨大冲击。由于创可贴使用方便、价格便宜,很快被众多消费者当作轻微创伤出血治疗的首选药。云南白药集团股份有限公司管理层在对创可贴进行详细分析后,发现了其中的一个关键问题,即在消费者心中,创可贴只是一块胶布,不是药。胶布对于伤口治疗效果有限,而如果将药物和胶布联合起来,则与现有产品相比,呈现明显的差异化,会获得消费者的认可。于是,云南白药集团股份有限公司与德国一家历史悠久的创可贴制造商合作,将对方在制造技术上的优势与自己的药品优势相结合,生产带有药物的创可贴。这样,云南白药集团股份有限公司就避开了与邦迪创可贴的正面冲突。云南白药集团股份有限公司将这种药物加胶布的新产品投放市场后,获得了较理想的市场份额。

(资料来源:罗臻,刘永忠. 医药市场营销学[M]. 北京:清华大学出版社,2018. 有删改)

四、合作与共赢、创新

(一) 合作与共赢

企业合作是指不同的企业之间通过协议或其他联合方式共同开发产品或市场,共享利益,以获取整体优势的经营活动。共赢是指合作的双方或多方能够共同获得利益。

合作共赢是指交易双方或共事双方或多方在完成一项交易活动或共担一项任务的过程中互惠互利、相得益彰,能够实现双方或多方的共同收益。合作才能发展,合作才能共赢,合作才能提高。在这个竞争十分残酷激烈的市场经济时代和互联网时代,合作共赢更是时代的选择,很多事情的成功在于合作,合作也可凸显共赢,携手共进,合作共赢是要让1+1大于2,合作可以使双方共克时艰,共赢商机,提振信心,共同发展。

1. 常见合作形式

随着经济全球化的发展,企业需要与许多对手竞争,同时也需要与其他组织开展合作。当今具有代表性的企业间合作形式有:企业合作网络、战略联盟、供需链管理、企业集团等。

(1) 企业合作网络。企业合作网络就是将企业和经济组织间相互依赖的活动关系看作是一种企业网络,而各种从事这类活动的经济行为者就是网络中的节点。处于企业网络中的企业间的互动将不是通过市场交易,也不是通过企业的内部一体化过程,而是通过组织间的彼此协调来完成。企业可以通过网络来获得资源,使自己有可能克服自身的局限,实现企业的经营目标。

(2) 战略联盟。战略联盟又称策略联盟,它是两个乃至多个企业或经济组织之间为了达到某种战略目的,通过某种契约或者部分股权关系而形成的一种合作形式。战略联盟的主体对象十分广泛,它不仅包括企业通常意义上的合作实体,如互补意义上的生产商、科研院所、政府部门、供应商、上下游企业等,还可能包括对手企业。战略联盟的主体之间的合作,有时是全面的,但更多的时候是基于某一特定的目的,在某一方面所进行的合作。

(3) 供需链管理。供需链管理实际上是一个企业与其供应商、供应商的供应商,依次向前直到最初的供应商,以及与其销售商、销售商的销售商,按此向后直到最终用户之间的关系网链。供需链管理是市场渠道各层之间的一个联结,是控制供需链中从原材料通过各制造和分销商直到最终用户的一种管理思想和技术。

（4）企业集团。企业集团是多个法人企业通过一定纽带，具有多个层次的，并允许跨行业、跨部门、跨所有制、跨国所组成的大型经济联合组织。企业集团的形成有两种途径，一是由一家大企业裂变而成，二是由两个以上的企业通过合作形成一个多法人企业。企业集团是为了进一步提高企业合作的效率而产生的，它是出于将外部合作内部化的目的，寻求一个在企业联合体内部完成企业间合作的过程。

（5）业务外包。业务外包所推崇的理念是，如果我们在企业价值链的某一环节上不是世界上最好的，如果这又不是我们的核心竞争优势，如果这种活动不至于把我们同客户分开，那么我们应当把它外包给世界上最好的专业公司去做。也就是说，首先要确定企业的核心竞争优势，并把企业内部的智能和资源集中在那些具有核心竞争优势的活动上，然后将剩余的其他企业活动外包给最好的专业公司。

（6）虚拟企业。所谓虚拟企业是指在有限资源的条件下，为取得最大的竞争优势，企业以自己拥有的优势产品或品牌为中心，由若干规模各异、拥有专长的小型企业或车间，通过信息网络和快速运输系统连接起来而组成的开放式组织形式。

2. 合作需求的判断

企业合作的最终目的是获取单个企业无法达到的协同效应，企业在合作前，应慎重考虑合作的动机，并最终确定自身的合作需求。企业的合作需求大致有以下几方面：

（1）资源依赖的互补。企业必须要与它所处的环境进行交换来获取需要的资源，这就需要企业与外部各种实体之间相互依赖，产生企业长期绩效。外部组织可以是供应商、竞争者、顾客、政府部门，甚至是与企业相关的外部实体。在企业参与合作伙伴的建立中，可以增强控制关键资源的能力，以获取先进技术和稀缺资源，实现关键资源的优势互补，这是一种战略资源需求和社会资源机会驱动的结果，是公司寻求比其他资源联合可以更好地实现资源价值的优化资源边界的尝试。

（2）核心能力的加强。核心能力从战略上将企业与其他企业区分开来，它注重带来企业本身具有而竞争对手不具备的显著竞争优势，这种竞争优势具备价值性、稀缺性、不完全可模仿性、不可替代性等，并由此产生高于市场平均水平的利润。企业不可能也没有必要在每个方面做得最好。企业集中力量发展提高自我核心能力高的活动，把自己不擅长的、不重要的活动交给其他企业去完成，由此产生了合作，出于自身降低成本和提高效率的内部驱动，合作具有长久性和相互信任性。

（3）企业战略的选择。企业建立战略伙伴关系是为了提高自己的竞争能力或市场营销能力。伙伴关系建立的原因也是多种多样的，不单纯是从某种资源需求或交易成本的角度进行考虑，战略合作选择的范围较为广泛。

（4）相互学习的需要。企业之间建立合作关系可以使其获得新的学习机会。从对方获取新的技术和技能，并通过自身创新和发现利用提高企业优势，优化学习曲线，达到发展和壮大的目的。

（5）制度完善的需要。制度环境和社会规范会给企业形成压力。企业必须向着社会规范的方向努力，最好加入合作伙伴的关系之中，获得别人的信任以及一些相关资源，以提高规范化、制度化的能力，帮助自己得到关键资源和经验，使其声誉、社会价值与环境相吻合。

（6）关系加强的途径。企业的关键资源可能在组织的边界之外，这就需要它们内外构建关系形成新的竞争优势，如特定关系资产、共同拥有的知识、互补的资源和能力、有效的管理机制，合作方关系的设定，以有利于协同发展和提高生产率，关系构筑越强，企业获取经验和资源的能力也就越强，对手越难于模仿。

（二）创新

创新是现代企业发展的原动力，是决定公司发展方向、发展规模、发展速度的关键要素，也是增强企业核心竞争能力、获得可持续发展、实现企业目标的重要保障。从整个公司管理，到具体业务运行，企业的创新贯穿在每一个部门、每一个细节中。

1. 企业创新的构成

企业创新涉及管理理念创新、组织创新、技术创新、管理创新等方面的问题，而且，各方面的问题并不是孤立地考虑某一方面的创新，而是要全盘考虑整个企业的发展，因为各方面创新是有较强的关联度的。

（1）管理理念创新。管理理念创新是企业创新的灵魂。管理理念创新首先要改变传统的思维模式，摒弃"管、卡、压"，实行多劳多得，充分调动企业员工的积极性、主动性和创造性。其次，要适应市场经济发展的需要，努力做好内部挖潜，积极开拓外部市场，树立自觉维护企业形象意识，建立严格的成本观念和全面质量管理观念，强化品牌战略意识和竞争意识，树立以人为本、超值服务的理念。

（2）组织创新。组织创新是企业创新的关键，就是通过调整优化管理要素——人、财、物、时间、信息等资源配置结构，开展资产重组与重置，安装新的组织结构和比例关系，形成新的管理模式，使企业获得更多的效益。企业组织创新不但要适应企业当前的经营管理的需要，更要着眼于企业的后续发展，要对企业未来的发展方向、经营目标以及活动范围进行系统筹划。要不断优化各项生产要素，大量开发人力资源，在加强实体管理的同时，注重企业价值意识的培养。要建立能对市场信息变化做出及时反应的应变体系，适时调整管理思路和经营方式。

（3）技术创新。技术创新是企业生存和发展的必然选择。企业应以市场为导向，根据自身的人力、财力和物力，制定适合自身的技术创新战略，树立技术创新理念，建立技术创新体系，吸引具备深厚技术知识、丰富学识、独立思考能力、刻苦钻研精神的技术创新人才，营造技术创新氛围，不断开展技术创新活动。

（4）管理创新。管理创新是在经济全球化和信息化的历史背景下产生的。早在20世纪70年代，从日本开始的以"全面质量管理"为核心的战后第一次企业管理大变革，是与工业化时代相适应的生产管理模式。而在信息化的今天，从美国掀起并涉及日本和欧洲的新的企业管理创新的核心，则是"企业重新构建"，其主要内容是：一方面企业刮起国内和国际并购风潮；另一方面企业从"金字塔型"向"网络型"转变，即变纵向管理为横向管理。

2. 企业创新的影响因素

影响企业创新能力形成的有内外部影响因素，内部影响因素主要有四个方面：

（1）企业家精神。熊彼特在阐述创新对经济增长的动力时，充分肯定并分析了企业家在创新过程中的关键地位。企业家精神是企业家组织进行技术创新活动的自身内驱动力，是企业技术创新动力系统中不容忽视的因素。

（2）企业文化。企业文化对企业行为有很大的影响力，尤其是在企业的创新行为方面。许庆端指出创新总是在特定文化背景和组织结构中发生的，不同的文化类型和组织结构决定了技术创新的不同性质。

（3）企业研发投入。研发是技术创新中不可缺少的投入要素，陈劲曾以实证的方法论论证了影响企业创新能力的因素有：知识积累、技术学习和研发与开发活动。

（4）组织学习能力。创新是企业创新知识或创新技术的实现过程。组织学习是提升创新能力的关键，是改变组织成员对事物的认知和员工行为的主要途径。企业要确保创新活动的顺利实施并提高创新能力，关键要培养员工"干中学"的态度，建立学习型组织。

外部影响因素则主要包括创新环境、市场因素和创新制度等。

本章小结

初创企业，可以说是一个在上下夹击中艰难生存的组织群体。市场经济高度发达的今天，市场上各类工商企业如过江之鲫，随着改革开放的深化，大型的国际性企业团体纷至沓来，再加上国内各大型国企、央企、财团等等各类经济体百家争鸣，初创企业面临着千载难逢的发展机遇，同时，初创企业在市场经济中的位置可以说是较为艰难的。经济个体则如走马灯一样开立、倒闭便说明了这个问题。

然而，发展道路虽然曲折，也是有一些共性的规律可以把握的。一是外部环境的制约，二是内部的发展瓶颈。外部的制约并不是阻碍发展的决定因素，内部的发展战略趋同，才是发展瓶颈的根本所在。要对企业自身的发展状况有一个理智、清晰的认识。找到企业的优势所在以寻找企业的发展方向、更要找到企业的软肋以不断地提升和改进、认清企业所处和环境和地位，以更有效的趋利避害。企业战略不仅符合要市场规律，更要有自身特色，最大化程度避免同质化竞争。企业以未来愿景为标杆对企业战略选择，市场经济环境中，组织外部环境千变万化。关注这些变化，从中提炼出对企业影响深刻的变化，找出它们的发展规律，从而预测未来的走向。如此，是企业领先于行业的根本。

？ 思考题

1. 初创企业的优劣分析。

2. 我国中小企业的平均寿命仅 2.5 年，集团企业的平均寿命仅 7～8 年。不仅企业的生命周期短，能做强做大的企业更是寥寥无几。做不长、做不大的根源当然很多，但核心根源在哪里？

3. 我国有句老话：生意好做，伙计难搁。如何从管理角度看待这个问题？

4. 你认为初创企业要如何做好创新。

延伸阅读

散落人家的真实创业者故事
马寅青　寅青文化传媒　上海

不创业就要去做推拿，这对自己来说更痛苦。我是在 2018 年 6 月份毕业，大学专业中医药专业，毕业后直接开始创业，做了一家音频剪辑的公司，乙方。目前团队是 10 个残障小伙伴和 5 个健全的小伙伴。选择做音频一是因为自己喜欢，大学有做广播剧和有声剧之类的；二是觉得因为自己身体的原因，视力障碍，耳朵的灵敏度更高一些，比较合适这个行业。

最开始创业时家里人是有质疑的，觉得女孩子还是应该找一个稳定的工作，而且当时在线音频软件没有现在火，老师与家长觉得只能是爱好，不能是一份职业。但是因为自己喜欢，而且有想法要试一下，我跟我妈说反正刚毕业，家里也不急着让我挣钱，你就让我折腾两年。如果折腾不出来，那我就乖乖回去做推拿。

毕业后，我是在朋友团队学习的，工作不用出门，沟通交流可以通过邮件，我觉得这个工作还比较合适。做了差不多一年，也积累了点经验，积累了点资金。后来我就创建了自己的团队，希望跟我一样的小伙伴除了推拿外，可以有更多的选择。最初我是找了几个玩得好的人，在高中社团就认识的，三四个小伙伴一起来做。基本上都是兼职，没敢让他们全职出来，因为刚开始做，心里也有一些顾虑。他们原先做推拿虽然辛苦一点，至少人家还是有收入的。

创业最难熬的时候就是初期，没有资金、没有人脉、没有资源，也不知道去哪里找可以合作的公司，整个项目不知道怎么开始。但是也没有想着放弃，反正自己刚毕业，还有时间可以去摸索，另外觉得我不做这件事情的话，只能去做推拿。我并不是对推拿这个行业有偏见，只是觉得自己不适合，想做自己喜欢的事情。后来，因为自己最开始在一些小团队里做过制作，而且音频行业有线上的一些群，会有一些资源，但当时特别困难的是我们团队刚刚成立，没有自己的作品，很多公司都会质疑我们的能力。

也很幸运，有一家做广告设计的公司，有一个新项目要找合作人。我找到他们负责人说让我们试一下，做一个 demo，如果觉得合适就合作，不行也没有关系。之后就做了小样，合伙方审核之后就觉得可以，然后就一直合作下去。

有第一个合作的公司，后面的合作就好找了。团队也慢慢有了起色，从 2019 年四五月份开始盈利。大环境对于我们来说还是有利的，之后陆续参加了许多创业大赛，对接到一些媒体，政府对于我们残障人士创业的经历还是很支持的，喜欢去宣传。

到现在我们大部分人都是全职，公益机构会对一些小伙伴的基本工资做一些支持，加上多劳多得的收入，平均每个月五六千左右。

未来我想做的是自己的品牌，现在单纯的制作，没办法做到冠名。除此之外，还想做一些公益性的音频，希望和一些公益组织或者残联合作，做一些适合残障小伙伴的课程，或者是社群，也希望孵化一批有个人特色的残障小伙伴做直播分享之类的，给其他小伙伴做分享。虽然现在像喜马拉雅 FM、樊登读书等也人有跟残联合作,但是我觉得我们作为残障团队来说,可能会更加了解这个群体。除了可以盈利,也是回馈社会的一种方式。

创业以来我觉得自己成熟很多,因为从学校出来之后真的没有想这么多,只是觉得自己可以养活自己就行了,没有想过现在我应该怎么样去把一个公司更好地做下去,因为确实一路走来得到不少的帮助。

但是我觉得自己现在还是缺一个很合适的合伙人,很想找一个可以与自己共同商量、做决策的时候能够给自己一些意见的合伙人。虽然参加很多比赛,认识很多人和导师,但是毕竟老师很忙,不是每一次的决定都可以参加的,因为自己没有经历很多的社会过程,做决策时心里是没有底气的,想要找一个契合的合伙人。虽然目前很迫切需要,但是这件事情还是很慎重的,所以着急也没有办法。如果再选择一次,还是会选择创业,因为不创业就要去做推拿,这对自己来说更痛苦,但是再次创业的话我一定要找一个合适的合伙人,在自己迷茫的时候能够给自己一些意见。创业也要像搞科研一样持之以恒,遇到问题就想办法解决。

（资料来源:https://baijiahao.baidu.com/s?id=1654964822797359237&wfr=spider&for=pc）

小红书的进化与坚守

小红书是中国最近几年新崛起的明星互联网企业之一。

小红书 1.0:找到真实的用户痛点

2013 年,小红书创建于上海,第一个产品形态是一份 PDF 文件的《小红书出境购物攻略》,放在小红书网站上供用户下载;2013 年 10 月,这份 PDF 文档放到网站不到个月就被下载了 50 万次。随后,2013 年圣诞节前,在苹果手机应用商店上线了主打海外购物UGC 分享的"小红书"App。在这里,用户开始分享和交流他们用真金白银"砸"出来的境外购物心得,包括每个商品的详细信息,如品牌、泡包装、价格、购买地点和使用心得等。UGC 的内容生产模式,是小红书最重要的产品决策,奠定了小红书在日后发展过程中贯穿始终的"分享美好"的社区基因小红书发布 PDF 攻略与上线手机 App,都正好在国庆、圣诞这两个海外购物的高峰节点,让其顺利完成了种子用户的积累。就这样,没有做任何推广,在七天春节假期里,小红书凭借精准的市场定位与极为差异化的内容,迎来用户的第一次爆发式增长。

小红书 2.0:"社区十电商"双轮驱动

2014 年,小红书作为专业海外购物分享社区在行业内声名鹊起,吸引了越来越多精准的高黏性用户加入。那时,用户在小红书只能逛不能买,它是用户在海外购物时的消费决策平台,也是很多用户在线下门店或其他电商平台购物时的重要参考。为抓住当时的跨境电商政策机遇,小红书开始在 App 内提供跨境电商服务,电商团队通过分析社区前端"有多少人发布,有多少人评论,有多少人点赞"的结构化数据进行精准选品,完成用户从发现商品到购买商品的验闭环。庞大规模的优质流量以及商品的正品保障,让小红书通过"社区十电商"模式,找到了商业化变现的通路。2015 年,小红书也以此获得腾讯、纪源资本、元生资本金沙江创投等投资人青睐,创业不到 3 年就进入 10 亿美元估值的独角兽名单。

小红书 3.0：坚守与再进化

2018 年，小红书用户突破 15 亿之后，开始了社区商业化的探索。2018 年 1 月小红书上线了品牌合作人平台。品牌合作人平台可用来连接品牌和小红书博主，同时，社区电商部为品牌打造了从社区"种草"（网络用语，表示分享推荐某一商品的优秀品质，以激发他人购买欲望的行为）到交易转化的标杆案例。另外，小红书还陆续上线了美妆、奢侈品、旅游等行业的一些头部品牌广告。据悉，除品牌合作人平台之外，小红书还于 2019 年整合内部的数据、社区与电商资源，上线更多品牌赋能工具，为品牌商提供系统的广告与整合营销服务解决方案，帮助品牌商不仅在小红书平台发现、触达、转化与留存用户，还帮助其在小红书之外创造持续有效的品牌价值。2019 年农历新年开年，小红书便通过员工内部信的形式宣布了新一轮的组织升级。从这次组织调整看，也主要是为了匹配小红书在广告与整合营销服务领域的战略进化。

（资料来源：https://m.sohu.com/a/300344090_99923947/）

初创企业与大企业的合作模式

面对初创企业，除了投资与收购，越来越多的大企业转而选择合作模式，以期这些小型高增长企业为它们的企业创新注入新鲜血液。但由于两类组织之间存在极大的不对称，要合作就需要有合适的互动平台，沙梅恩教授在《哈佛商业评论》上发表文章指出，这样的互动平台主要有两种类型：队列型与漏斗型。

在队列型平台中，多家初创企业会参与到诸如"创业加速器"等系统化项目中，历时期限会事先约定好（通常为几个月）。与其他初创企业切磋交流是该模式的一个关键组成部分。虽然初创企业需要竞争才能争取到进入该平台的机会，但一旦入选，它们基本都能顺利"毕业"。以微软加速器为例，入选初创企业会得到微软为期 4 个月的技术支持与办公资源，获得专家指导及广结人脉的机会，在项目结束当天的演示会上，微软管理者、合伙人以及外部投资人都会亲临现场。拜耳 G4A 也是一个创业加速器计划，入选的数字医疗初创企业将进驻拜耳柏林基地，整个过程历时一百天。再如，瑞士再保险公司的"保险科技加速器"也是一个类似的平台，该计划首先在印度班加罗尔落地。

在漏斗型平台中，能够"毕业"的初创企业数量远远少于最初进入该平台的企业数量。随着项目的展开，参与其中的初创企业不断被淘汰出局，企业之间甚至不知道彼此的存在。漏斗平台提供有限的合作机会，初创企业需要为此进行内部竞争。例如，SAP 推出"创业激励计划"，将自己的数据库平台（SAP HANA）与前景广阔的初创企业分享，助力他们完成新应用程序开发，提升对企业客户的市场吸引力。约 15% 的参与企业能够杀出重围，获得 SAP 的技术支持，完成企业中心型解决方案的开发；最终能够赢得 SAP 的认可并获得市场投放支持的解决方案占比更低。宝马推出"创业车库"计划，为初创企业提供创新项目合作机会，自己则成为他们的"风险客户"。不过，要想获得最终机会，初创企业必须经受宝马的阶段——关卡流程考验，具备一定的技术资质、战略适配性与市场领军潜力。"联合利华创想＋"也属于漏斗型平台——联合利华会推出挑战任务（多与数字营销相关），由初创企业贡献解决方案。

（资料来源：The Two Ways for Startups and Corporations to Partner）

第八章 创业风险的识别与防范

学习目标

通过本章的学习,学生能够了解创业风险的含义、分类及来源,并认识到创业风险在创业过程中存在的必然性。同时,熟悉创业风险的评估、识别及应对策略。能够让大学生在复杂、不确定的创业环境中掌握针对创业风险的主要防范举措。

案例导入

对于创业要存敬畏之心

王同学从江苏省某高校英语专业毕业,先是在一所外语学校当英语老师,后来又出国深造了 2 年。回国后,自己经营一家青少年英语培训机构。现在经营状况不错,每年的纯利润达 25 余万元。

他自己回顾创业来时路,王同学认为,如果没有任何社会实践经验,千万不要轻易创业。他鼓励如果想创业的大学生,一定在大学期间多学习创业相关理论知识和多参加社会实践,也可以在大学期间参加一些创业类实践比赛。"对于刚刚走出校门,没有更多创业实践经验的大学生来说,我不建议他们盲目地一毕业就创业。因为没有当过员工的老板,是不可能成为一名好老板的。应要积累一定的社会实战经验和人、财、物的资源,这些是初创业者必备的素质。"王同学说。

王同学还提到,创业团队的选择,对于青年大学生创业者来说也是个相当大的问题。他举例说道:"我身边就有很多因团队不和谐而导致创业失败的例子,大多是因为年轻气盛,当团队意见发生分歧时,一吵架就退股,团队也就散了,企业也就不了了之了。所以,青年创业者应意识到创业不是'过家家',要有责任感和团队意识,并且团队成员要学会坦诚相待,以理服人,为大局着想。"

如今,随着经济高速发展,国家创业优惠政策的出台,越来越多的大学生毕业后选择创业。但创业有风险,创业不是买彩票,光凭运气是不行的;创业不是儿戏,只有热情是靠不住的。自主创业之路并非是一帆风顺的。成功不一定可以复制,但成功的经验是可以借鉴的。如同"樊登读书"创始人樊登先生 2018 年在中国传媒大学分享《新媒体创业》公开课时提出过这样一个观点:"创业一定是想要解决一个社会问题,你发现这个社会问题没解决,心里不舒服。一开始没想到自己能解决,有可能解决不掉,在做的过程当中不断提升自己的能力,直到最后找到一个秘密,可以解决掉这个社会问题,这才是创业的过程。"

第一节　创业风险的含义及类别

从中医的"治未病"理念就可以认识到风险评估具有重要意义。创业行为本身就是一种冒险倾向,所以任何形式创业机会背后必然都有风险,创业者选择创业意味着需要承担一定的风险。当创业者面对一个具有可行性的创业机会时,不仅要评估创业机会的正面因素,发掘其保障因素和潜在价值;同时也需要权衡好风险和收益之间的关系,实现回报收益的高值化。创业者由于个体经验、外部异动等因素的限制,在识别创业机会时要及时充分认识创业过程中的风险和不确定因素,避免对后续创业造成潜在的威胁甚至招致失败。

一、创业风险的含义

创业是一种存在一定风险的活动,风险是导致损失事件发生的一种可能性,现代经济学一般把风险定义成"经济结果的不确定性"或者"发生损失不利结果的概率和程度"。风险与收益相辅相成。风险既可能导致损失,也可能带来价值。没有风险,就失去了创业的价值和意义。

通俗地讲,风险就是指发生不幸事件的概率。关于"风险"一词的由来,较为普遍的一种说法是,在远古时期,以捕捞为生的渔民们,在长期的捕捞实践中,他们深深地体会到"风"带来的无法预测的危险,在出海捕捞打鱼的过程中,"风"即意味着"险",因此有了"风险"一词。随着社会的发展,现代人认识的"风险",已经发生了翻天覆地的变化,也超越了以前的定义。一般认为,只要一件事情的发生存在两种或两种以上的可能性,那么这件事情就存在风险。现代意义上的风险有广义和狭义之分。

广义风险:该风险将产生收益不确定性,即风险产生的结果可能带来损失或无法获利。

狭义风险:该风险将产生损失不确定性,即风险只表现出损失,没有从风险中获利的可能性。不管是广义风险,还是狭义风险,其核心含义均是"未来结果具有不确定性或可能产生损失"。因此,也有人进一步地将风险定义为"个人和群体在未来遇到伤害的可能性,以及对这种可能性的判断与认知"。如果采取适当的措施使破坏或损失的概率趋近于零,或采取及时有效的应对措施,风险也可能带来机会。

创业风险是指在企业创业过程中存在的风险,是指由于创业外部环境的不确定性,创业机会与创业企业的复杂性,创业者、创业团队与创业投资者能力与实力的有限性,从而导致创业活动偏离预期目标的可能性。创业者在创业过程中需要投入人力、物力和财力,需要注入生产要素、开拓市场资源,需要建立或优化现存的组织结构、管理体制、业务流程、工作方法，实现机会、资源、团队之间高度适配的动态平衡。由于创业环境的不确定、创业机会和企业的复杂，创业者、团队和投资者的能力的局限，随着时间迁移、机会变化、市场不确定等因素的特性浮现出来，这一过程中必然伴随着各种意想不到的情况和困难出现，进而有可能使创业结果偏离创业的预期目标。创业过程中，风险的存在是常态。现代管理学之父德鲁克指出，成功的创业者不是盲目的风险承担者，他们采用各种方法降低风险，仔细地进行风险评估，尤其在创业开始阶段会对要承担的风险和可能获得的利益进行及时评估，只有面对的风险是目前所能够承担和容忍的，他们才会投入到创业实践中去。创业有风险，每一个想要创业的人都要了解创业风险，都要学会评估创业风险，正确识别并有效防范创业风险。

二、创业风险的特点

创业风险种类很多，并贯穿交织于创业活动整个过程。这些风险往往具有一些共同的特点，创业者了解并学会识别创业风险的特点可以帮助大学生创业者更好地在创业中规避风险，降低创业成本，提高创业成功率。

（一）客观性

创业本身就是一个识别风险和应对风险的过程，风险的出现是不以人的意志为转移的，因此，创业风险的存在是客观的，如气象变化、地质变化、行业市场变化等。另外，客观与主观相对，并不因为创业风险是客观存在的，就否定了创业风险也可能由主观因素造成的情况。

（二）不确定性

由于创业所依赖的条件及其影响因素具有很大不确定性，这些因素是不断变化、不断发展乃至难以预判的，所以造成了创业风险的不确定性，如研发产品在创业初期是"很畅销"的，但研发生产出来后，可能由于市面上大量同类或相似产品的出现，导致产品失去了市场竞争力。

（三）可控制性

创业风险是客观存在的，创业者要积极地采取科学客观的态度去承认创业风险，并重视它们。通过适当的技术可以规避风险或者降低风险导致的不利影响。

（四）可预测性

创业过程是把某个想法变为现实，把技术落实到现实生产中的过程，创业者会面临各种想不到的因素。但可以通过过去的资料、其他创业者的经验来对创业风险进行预测和评估，进行定性或定量分析。

（五）获利损失双重性

创业有成功或失败两种可能性，创业风险也给创业者带来盈利或亏损的双重性。在创业活动中,往往创业风险越大的创业项目,给创业者带来的回报越高,项目的潜能也越大。所以,回避风险,同样意味着回避收益,如风投公司、高收益理财产品等就具有明显的双重性。

(六) 可识别性

创业风险是可以被识别和划分的。可识别性这一特征可以帮助创业者更好地识别风险,进而规避风险。

(七) 相关性

创业风险与创业者的行为紧密相连。针对同一风险,采取不同的对策,可能会出现不同的结果,如技术型的创业者进行技术改良型的创业属于低风险,而对于管理型的创业者来说,进行技术改良型的创业则可能表现为高风险。

三、创业风险的来源

创业环境的不确定性,创业机会与创业企业的复杂性,创业者、创业团队与创业投资者能力与实力的有限性,是创业风险的根本来源。研究表明,由于创业的过程往往是将某一构想或技术转化为具体的产品或服务的过程,在这一过程中,存在着几个基本的、相互联系的缺口,它们是上述不确定性、复杂性和有限性的主要来源,也就是说,创业风险在给定的宏观条件下,往往就直接来源于这些缺口。具体在创业过程中,创业者要应对的风险一般来源于外部性风险和内部性风险两大类。外部性风险是指由某种全局性的共同因素引起的,这种风险常常源于企业外部的大环境,是创业者或初创企业本身无法控制或难以采取有效方法消除的风险。因此,也称为"客观风险"或"不可分散风险"。比如法律法规政策、宏观经济周期、区域文化、风俗以及自然力量等带来的风险。内部风险是指非外部因素引发的风险。通常是由特定创业者、初创企业自身因素引起的,只对该创业者或初创企业产生影响,如机会选择风险、人力资源风险、技术风险、管理风险、财务风险等都属于非系统性风险。因此,也被称为"主观风险",具体进行如下分析。

(一) 融资缺口

融资缺口存在于学术支持和商业支持之间,是研究基金和投资基金之间存在的断层。其中,研究基金通常来自个人、政府机构或公司研究机构,它既支持概念的创建,还支持概念可行性的最初证实;投资基金则将概念转化为有市场的产品原型。创业者可以证明其构想的可行性,但往往没有足够的资金使其实现商品化,从而给创业带来一定的风险。

(二) 研究缺口

研究缺口主要存在于仅凭个人兴趣所做的研究判断和基于市场潜力所做的商业判断之间。当一个创业者最初证明一个特定的科学突破或技术突破可能成为商业产品基础时,他仅仅停留在自己满意的论证程度上。然而,这种程度在后来的论证中变得不可行了,在将预想的产品真正转化为商业化产品(大量生产的产品)的过程中,需要大量复杂而且可能耗资巨大的研究工作(有时需要几年时间),因此会形成创业风险。

(三) 信息和信任缺口

信息和信任缺口存在于技术专家和管理者(投资者)之间。也就是说,在创业中,存在两种不同类型的人:一是技术专家;二是管理者(投资者)。这两种人接受的教育不同,对创业有不同的预期、信息来源和表达方式。如果技术专家和管理者(投资者)不能充分信任对方,或者不能够进行有效的交流,那么这一缺口将会变得更深,也会带来更大的风险。

(四) 资源缺口

资源与创业者之间的关系就如颜料和画笔与艺术家之间的关系。没有了颜料和画笔,艺术家即使有了构思也无从实现。创业也是如此,没有所需的资源,创业者将一筹莫展,创业也就无从谈起。在大多数情况下,创业者不可能拥有所需的全部资源,这就形成了资源缺口。如果创业者没有能力弥补相应的资源缺口,要么创业无法起步,要么在创业中受制于人。

(五) 管理缺口

创业者并不一定是出色的企业家,不一定具备出色的管理才能。进行创业活动主要有两种:一是创业者利用某一新技术进行创业,他可能是技术方面的人才,但却不一定具备专业的管理才能,从而形成管理缺口;二是创业者往往在创业初期具有诸多"奇思妙想",可能是新的商业点子,但在战略规划上不具备出色的才能或不擅长管理具体的事务,从而形成管理缺口。

四、创业风险的类别

从不同的角度去研究创业风险,可以让创业者对创业风险有更为全面的认识,这也让广大创业者,尤其大学生创业者能很好地应对创业过程中的各类创业风险,从而提升创业者创业成功的概率。

(一) 按照创业风险来源划分

根据创业风险来源的主客观性可划分为主观创业风险和客观创业风险。

主观创业风险,是指在创业整个过程中,由于创业者自身知识结构、身体与心理素质等主观方面的因素导致创业者创业失败的可能性。

客观创业风险,是指在创业整个过程中,由于政府政策、天气变化等客观因素导致创业失败的可能性,如市场的变动、政策的变化、竞争对手的出现、创业资金缺乏等客观因素导致创业者创业失败的可能性风险。

(二) 按照创业风险的内容划分

根据创业风险的内容可分划分为技术风险、市场风险、政治风险、管理风险、生产风险、经济风险和政治风险等。

（1）技术风险，是指由于技术方面的因素及其更新变化的不确定性而导致创业失败的可能性风险。

（2）市场风险，是指由于市场情况的不确定性导致创业者或创业企业损失的可能性风险。

（3）政治风险，是指由于战争、国际关系变化或有关国家政权更迭、政策改变而导致创业者或企业蒙受损失的可能性风险。

（4）管理风险，是指因创业企业管理不善导致创业者或创业企业损失的可能性创业风险。

（5）生产风险，是指创业企业提供的产品或服务从小批试制到大批生产的导致创业者或创业企业损失的可能性创业风险。

（6）经济风险，是指由于宏观经济环境发生大幅度波动或调整而使创业者或创业投资者蒙受损失的创业风险。

（三）按照风险对所投入资金即创业投资的影响程度划分

根据风险对所投入资金即创业投资的影响程度可以划分为安全性风险、收益性风险和流动性风险。创业投资的投资方包括专业投资者与投入自身财产的创业者。

（1）安全性风险，是指从创业投资的安全性角度来看，不仅预期实际收益有损失的可能性，而且专业投资者与创业者自身投入的其他财产也可能遭受损失的可能性，即投资方财产的安全存在危险。

（2）收益性风险，是指创业投资的投资方的资本和其他财产不会蒙受损失，但预期实际收益有损失的可能性。

（3）流动性风险，是指投资方的资本、其他财产以及预期实际收益不会蒙受损失，但资金有可能不能按期转移或支付，造成资金运营的停滞，使投资方遭受损失的可能性。

（四）按照创业过程划分

根据创业过程可以划分为机会的识别与评估风险、准备与撰写创业计划风险、确定并获取创业资源风险和新创企业管理风险。创业活动须经历一定的过程，一般而言，可将创业过程分为四个阶段：识别与评估机会；准备与撰写创业计划；确定并获取创业资源；新创企业管理机会的识别与评估风险，指在机会的识别与评估过程中，由于各种主客观因素，如信息获取量不足，把握不准确或推理偏误等使创业一开始就面临方向错误的风险。另外，机会风险的存在，即由于创业而放弃了原有的职业所面临的机会成本风险，也是该阶段存在的风险之一。准备与撰写创业计划风险，指创业计划的准备与撰写过程带来的风险。创业计划往往是创业投资者决定是否投资的依据，因此创业计划是否合适将对具体的创业产生影响。创业计划制订过程中各种不确定性因素与制定者自身能力的限制，也会给创业活动带来风险。确定并获取资源风险，指由于存在资源缺口，无法获得所需的关键资源，或即使可获得，但获得的成本较高，从而给创业活动带来一定风险。新创企业管理风险，主要包括管理方式，企业文化的选取与创建，发展战略的制定、组织、技术、营销等各方面的管理中存在的风险。

(五) 按照创业与市场和技术的关系划分

根据创业与市场和技术的关系可以划分为改良型风险、杠杆型风险、跨越性风险、激进型风险。改良型风险是指利用现有的市场、现有的技术进行创业所存在的风险。这种创业风险最低,经济回报有限,然而,风险虽然很低,但是想要生存和发展,获得较改的经济回报也比较困难;杠杆型风险是指利用新的市场、现有的技术进行创业存在的风险。该种风险稍高,对一个企业来说,这种风险往往是地理上的,常见于开拓新市场;跨越性风险是指利用现有的市场、新的技术进行创业存在的风险。该种风险稍高,主要体现在创新技术的应用,常见于企业的二次创业;激进型风险是指利用新的市场、新的技术进行创业存在的风险,该种风险最大。

(六) 按照创业风险的性质划分

创业风险始终贯穿交织于创业整个过程,无处不在,根据创业风险的性质可以划分纯粹风险和投机风险。

纯粹风险,这是创业风险的一般状态,即只有导致创业者或创业企业损失的可能性,而没有获利可能性的风险,该创业风险可能造成创业者或创业企业两种结果,即有损失和无损失。

投机风险,投机风险也称为机会风险,该风险既存在造成创业者或创业企业损失的可能性,也存在创业者或创业企业获利的可能性。该风险可能造成创业者或创业企业三种结果,即有创业损失、无损失、获利。

(七) 按风险的状态划分

根据风险的状态可以划分为静态风险和动态风险。

静态风险主要是指在社会政治经济环境稳定的状态下,由于自然界的不可控变化或是人为的错误行为而导致的风险。它导致的结果主要是经济损失,没有意外的收益,属于无法回避的风险。例如,洪水等自然灾害、工伤等人为意外事故,这些都属于静态风险。它与社会的变动与否没有关系。

动态风险主要是指在社会政治经济环境发生变动的状态下,由于经济、政治、技术、组织发生变动而导致的风险。它导致的结果不可估计,一般情况下是可以回避的。例如,汇率风险、罢工、政策变动、机构调整等,这些都属于动态风险。它与社会的变动有着直接关系。

(八) 按照风险的影响范围划分

根据风险的影响范围可以划分为系统风险和非系统风险。

系统风险主要是指由于外部的社会、经济、政治等整体发生了创业者难以控制的变化事实而导致的风险。此类风险对企业的影响程度大小不一,例如,商品、资本市场的风险都属于系统风险。

非系统风险主要是指由于企业内部的创业者及企业本身的商业、财务活动变化而导致的风险。这类风险因企业自身的不确定性产生影响，可以进行预防与分散。例如，团队、技术、财务风险等都属于非系统风险。

（九）按照风险内容的表现形式划分

根据风险内容的表现形式可以划分为机会选择风险和环境风险。

机会选择风险主要是指创业者由于选择某个创业项目而放弃原有职业所导致的丧失晋升或发展机会的风险。例如，辞职开办民宿而影响自己的专业技能提升成职位晋升属于机会选择风险。

环境风险主要是指由于社会、政治、经济等外部环境发生变化或一些意外灾害发生而导致的产生损失的可能性。例如，战争的发生、国家政权的更迭、宏观经济政策的调整等，都属于环境风险。

第二节　创业风险的因素分析

创业就是航行在不确定的迷雾中，创业风险时刻围绕在创业者周围，尤其对于大学生创业群体，缺经验，缺能力，缺资金，风险更大。据不完全统计，我国大学生创业成功概率不足1%。不确定的创业环境、创业机会和企业的复杂多变、创业者及其团队的能力和实力不同等等，这些都是创业风险的根源。创业风险的识别首先要清楚创业风险可能从哪里来。创业者务必对这些风险有所认识和识别，对照自己的创业项目检验风险主要来源是什么，因素是哪些，可能会有怎样的表现，通过认真分析更好地应对风险、解决问题，化解困难。创业风险主要是由自然因素和社会因素导致的，是不以人的意志为转移的。虽然其存在是客观的，但对于创业风险的认识是主观的，人们可以通过创业风险的结果来认识。创业风险是把双刃剑，通过分析风险，可以有效消除、降低创业风险带来的危害；可以把握住风险带来的机遇，促进创业过程顺利进展。

一、创业风险因素来源

（一）选择盲目

囿于自身阅历和社会经验限制以及缺乏创业经验，创业者在创业时对于前期市场调研和论证往往缺乏、对于市场不够了解，更多的是凭着自己的兴趣和设想以及受到当时网络或社会上所谓成功人士的案例影响来决定方向，他们意识不到创业的艰辛和不易，反而对创业的预期效果盲目乐观，认为只要着手就可以步入人生巅峰。仅靠自己的兴趣来判断市场前景和价值，这会给自己一种想跟风挣大钱的心理暗示，而对于一些小钱看不上。有些甚至是因为一时心血来潮才做的创业决定，再加上大学生创业者资金实力较弱，选择启动资金不多、人手配备不高。这些不成熟的前期准备工作，自然决定了其结果一定是四处碰壁落魄而归。

（二）能力不足

不少创业者眼高手低，看了几本成功学的书籍或者查阅了一些资料后，就认为自己已经熟稔该行业的条理，实际上他们对于信息、技术以及消费者的需求了解的远远不够。缺乏相关的管理和销售经验，缺乏专业的指导和培训以及缺乏应对风险的心理素质和准备。当把创业计划转化为实际操作时，才认识到自己根本不具备解决相关问题的能力，这样的创业和纸上谈兵没有什么区别。相当一部分创业者不具备专业知识背景，不熟悉行业的游戏规则。经营理念淡薄、产品营销呆滞、信息闭塞落后，不能适应复杂多变的市场，无法准确分析市场走向，空有一腔抱负。

（三）资金断裂

创业者遇到的首要问题即是否拥有足够的资金去创办企业，资金断裂在任何创业者的创业初期都是最常见的风险之一。当企业具备一定规模、创办成型之后，就需要考虑是否有足够的资金去维系企业的正常运转。对于刚建立的企业来说，如果数月或者连续一定时间入不敷出或者因为其他因素造成的企业现金流中断的现状没有改变，这些都会给企业造成极大的负面影响。相当一部分的企业都是在建立初期阶段因为资金断裂而导致其业务拓展受到重大影响，更有甚者错失商机，终至关门大吉。所以欠缺广阔的融资渠道，再完美的创业计划也只能是一纸空谈。因此创业者如果不了解银行贷款、自筹资金、民间借贷等传统方式以及风险投资、创业基金等融资渠道的方式去解决资金的问题，对于其创业成功会有很大的影响。万事开头难，而资金是推动企业进展的重要催化剂，所以资金的来源不可不慎重。

（四）社会资源缺乏

创业不是凭空种树，需要创业者依靠自身的条件也即其掌握的资源去开展。企业的创建、市场的开拓、产品的推介等工作都需要调动社会资源，部分创业者在这方面不占优势，他们缺乏扩大自己人际圈子的途径。我们可以看到一些企业通过媒体、报刊、公众号等途径去打广告，就是为了扩大社会资源、积累人脉。自己企业的产品如果得不到推广，就会影响到企业业务的发展。推广也是为了提升企业知名度，这对于企业来说是一笔隐性的资源，品牌货的效应在消费者身上体现得特别明显。

（五）管理风险

事在人为，企业的管理一直是一门艺术。管理水平的高低也决定了企业的发展前景。一些创业者虽然个人技术拔尖，但不可能事事亲为。对于管理财务、市场营销、客户沟通、人事管理等方面无法面面俱到。技术是核心、管理也很重要。管理方面常见的问题如敏感度不够，经营者在创业初期对于市场敏感度不强，不能顺应市场发展；决策随意，没有经过讨论就作出影响企业的重大决定；信息不通，各部门联络不够缺乏沟通各自为政；理念不清，对于企业的发展方向不明确，导致各部门不知朝向何方；患得患失、意志薄弱，面对市场的机遇和挑战，一会这样一会那样，犹犹豫豫，终至错失良机；用人不当，对于所用者的能力评估不够，结果被任用者能力不足以担任相关职责；忽视创新，对于市场上的创新认识不足，故步自封、刚愎自用；急功近利、盲目跟风，对于市场上的反馈，不结合自身实际，涸泽而渔、只追求利益，最后搬起石头砸自己的脚；人才流失：企业如何应自己的文化和福利等留住人才一直是个老生常谈的问题，企业的发展核心在于人才，人才流失无异于是减少了自身的价值和竞争力。

(六) 竞争风险

市场只有那么大，而企业确实越来越多，这就不可避免地存在着竞争。在创业初期受到同行的排挤是常事，尤其对于越做越大的企业更是家常便饭。如果创业者选择的是一个竞争非常激烈的行业，那么受到同行的排挤可能更加强烈。同时一些大企业也会吞并小企业。因此，残酷的同行竞争也是创业生存需要考虑的重要问题之一，如何面对竞争是每个企业都要随时考虑的事，对于刚刚建立的企业更是如此。

(七) 团队分歧的风险

现代企业越来越重视团队的力量。创业企业在诞生或成长过程中最主要的力量来源一般都是创业团队，一个优秀的创业团队能使创业企业迅速地发展起来。但与此同时，风险也就蕴含在其中，团队的力量越大，产生的风险也就越大。一旦创业团队的核心成员在某些问题上产生分歧不能达到统一时，极有可能会对企业造成强烈的冲击。

事实上，做好团队的协作并非易事。特别是与股权、利益相关联时，很多初创时很好的伙伴都会闹得不欢而散。

(八) 核心竞争力缺乏的风险

对于具有长远发展目标的创业者来说，他们的目标是不断地发展壮大企业，因此，企业是否具有自己的核心竞争力就是最主要的风险。一个依赖别人的产品或市场来打天下的企业是永远不会成长为优秀企业的。核心竞争力在创业之初可能不是最重要的问题，但要谋求长远的发展，就是最不可忽视的问题。没有核心竞争力的企业终究会被淘汰出局。

(九) 人才资源流失风险

一些研发、生产或经营性企业需要面向市场，大量的高素质专业人才或业务队伍是这类企业成长的重要基础。防止专业人才及业务骨干流失应当是创业者时刻注意的问题，在那些依靠某种技术或专利创业的企业中，拥有或掌握这一关键技术的业务骨干的流失是创业失败的最主要风险源。

(十) 意识上的风险

意识上的风险是创业团队最内在的风险。这种风险来自无形，却有强大的毁灭力。风险性较大的意识有：投机的心态、侥幸心理、试试看的心态、过分依赖他人、回本的心理等。在企业发展过程，随时都将可能有灭顶之灾的风险。保持积极的心态，多学习，多汲取优秀经验，才会越走越远，越走越稳。

（十一）机会成本风险

创业者选择创业也就意味着其放弃了自己之前从事的职业，选择创业就丧失了其他的选择，这就是机会成本风险。如果认为创业时机成熟，就可以着手创业；如果认为时机不成熟，则需要等待。

（十二）创业技术风险

创业技术风险是指在企业产品创新过程中，因为技术的不确定因素而导致创业失败的可能性，包括技术上成功的不确定性、技术前景的不确定性、技术效果的不确定性、技术寿命的不确定性、配套技术的不确定性。

（十三）创业市场风险

创业市场风险是指市场主体从事经济活动所面临的盈利或亏损的可能性和不确定性，包括市场需求量的不确定性、市场接受时间的不确定性、市场竞争能力的不确定性、市场战略的不确定性。

（十四）法律风险

在法律实施的过程中，由于企业外部的法律环境发生变化，或者由于包括企业自身在内的各种主体未按照法律规定或合同约定行使权利、履行义务，而对企业造成负面法律后果的可能性。

（十五）信用风险

在商业契约关系中，由于对方可能违背契约或者信用，给一家企业带来的负面影响。

（十六）供应链风险

供应链网络上的任何一个企业出现问题，都会影响整个供应链的正常运作，甚至导致供应链的破裂和失败。

（十七）库存风险

在经营过程中可能出现的库存原材料、产成品等价格下跌的情况。

创业风险是创业过程中不可避免的现象，识别风险、直面风险是创业过程中的重要任务。创业风险识别是创业者依据企业活动，对创业企业面临的现实以及潜在风险运用各种方法加以判断、归类并鉴定风险性质的过程。创业者必须具备风险识别的能力，并不断提高这种能力。

在创业过程中，不论面对什么类型的风险，不同风险通常在发生的概率、影响力和可控性三个维度上水平不同，应用三个维度看待风险可以更加立体地对风险进行评估。

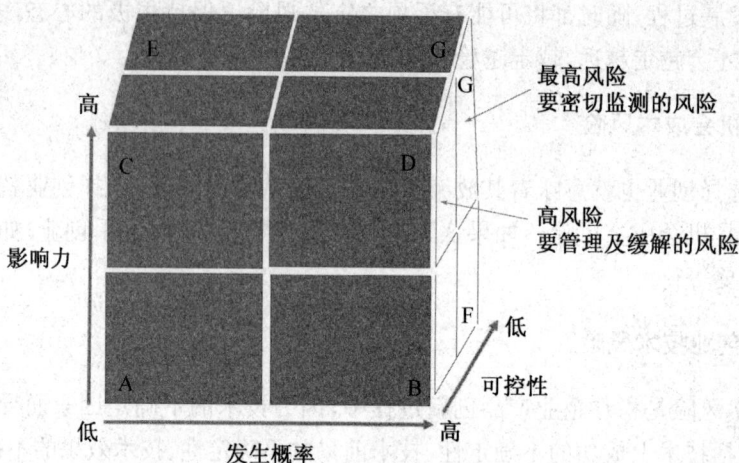

图 8-1　风险的分类

这里我们将风险发生概率定为 P、风险影响力定为 I，风险可控性定为 C，通过三个维度的评分可以计算出事件的风险指数（RI），计算公式为：

$$RI = \frac{P \times I}{C}$$

从公式中可以看出风险指数越高，说明该事件对创业项目构成的风险越大。由于风险的防控的核心目标是以最小的成本获得最大的安全保障，所以创业者需要发挥能动性对创业风险进行合理管控，做好应对措施。

二、识别企业风险的基本理念

作为创业者，应该正确树立识别企业风险的基本理念。主要应具备以下意识：

（一）有备无患的意识

创业风险的出现是正常的，带来一些损失也是正常的，不能怨天尤人，关键是要密切监视风险，减少损失，化解不利，甚至将其转化为盈利的机会。

（二）识别风险的能力

发现和识别风险，是为了防范和控制风险。如果创业者在企业未发生损失时就能识别风险的发生的可能性，那么这个风险是可能被管理的。因此，风险意识是进行风险管理的基点。

（三）未雨绸缪的观念

创业风险需要创业者通过创业活动的迹象、信息归类、认知风险产生的原因和条件来识别。不仅要识别所面临风险的性质及可能的后果，更重要的是（也是最困难的）识别创业过程中各种潜在的风险，为采取有效措施提供依据。

（四）持之以恒的精神

由于创业风险伴随在整个创业过程，同时风险具有可变性和相关性的特点，所以创业者必须要做好"持久战"的准备。风险的识别工作应该连续、系统地进行，并成为企业一项持续性、制度化的工作。

（五）实事求是的态度

虽然风险识别是一个主观过程，但是必须遵循客观规律。风险识别是一项复杂而细致的工作，要按特定的程序、步骤，选用适当的方法逐层次地分析各种现象，并为企业实事求是地做出评估。

第三节　创业风险的防范

创业风险的发生是必然的，但是在何时何地何种情况发生以及造成的损失情况是未知的。创业者只有在进行风险识别和评估的基础上，通过不同风险控制技术来降低风险，减少损失，减小损失幅度才能合理控制创业风险。机遇是留给有准备的人的，任何事物的产生、发展都是可以有规律可循的，勇于直面风险、冷静分析，创造一番属于自己的事业。创业是高风险的事情，创业者真正要做的事情是一直持续而系统地降低创业风险。对此创业者需要意识到在识别风险时再先进的方法和再透彻的分析也难于识别出所有的风险，企业经营过程中有很多不可控因素，因此，创业者要客观评估自己的创业风险承担能力，随时做好防范和应对风险的准备。

一、谨慎选择方向、避免跟风盲从

创业者需要了解市场的需求，大多是凭自己的兴趣和想象来决定投资方向。选择一个既有市场需求又符合自己特点的创业项目是重中之重。一般来说，创业者既要客观地分析自身的创业条件，更要冷静地分析创业环境，立足于技术项目，尽量选择技术含量高、自主知识产权明确的项目，并在技术创新的基础上做好产品市场化工作。切忌盲目跟风，一定要选择自己最熟悉、最擅长、最有经验、资源最丰富的行业来做。

二、提升心理素质

当创业者开始创业的时候，需要调整好心态，找到适合自己的切入点。想要规避风险，就必须从实际出发，提升大学生自身能力，具备各项创业所需的技能与素质。本着实事求是、科学严谨的态度，对市场进行实地考察和调研，而不是主观的揣测。要沉住气、避免浮躁心理，选择合适的时机、项目和规模开始自己的创业进程。逐渐积累经验，为自己做大做强打下坚实基础。创业的过程中还要积极克服急躁情绪，端正心态，采取稳扎稳

243

打、步步为营、积小胜为大胜的策略。创业者时刻切记,任何浮躁和急功近利的举动,都是有害无益的,甚至会造成前功尽弃的后果。

三、提升能力

创业者要对自己创业成功怀有信心,创业充满了挑战性,创业者需要脚踏实地、勤奋务实、锲而不舍,才能不断把不可能变为可能。如果在创业过程中,创业者出现了不自信的心理状况,那创业项目会受到阻碍,解决问题的能力也会受到影响;另外,创业者遇到困难需要冷静,不能随意急躁,造成创业机会的浪费。实际上,在创业过程中遇到难题是很正常的现象,创业者应摆正自己对于困难的态度,遇事沉稳冷静。在冷静下来之后,还要善于思考解决困难。还有一点,创业者要能吃苦,不怕吃苦。还要注意摆脱多疑的情绪,多疑是团队的毒药,它容易产生悲观心理,造成团队人心涣散、工作执行力和效率下降。

分析众多创业成功的案例,他们成功创业可以归因于以下几方面的能力:创新能力、策划能力、组织能力、领导能力、管理能力以及公关能力。也只有这几方面的能力同时具备,大学生在创业中才能技高一筹,降低失败的概率。

四、团队管理很重要

再出色的创业计划也会具有可复制性,但是整个团队是难以复制的,因此那些具有良好合作能力的团队相比那些异想天开的单干者往往会更受到投资者的青睐。团队合作对于创业是否成功至关重要,志同道合的搭档会是你事业成功的无价之宝。因此,组建创业团队时要考虑专业互补、能力互补、性格互补,使组建的团队有战斗力,要避免随意搭伙的现象。可从合伙创业、家庭创业或虚拟店铺开始,锻炼创业能力,也可以聘用职业经理人负责企业的日常运作。

五、化解资金风险

化解资金风险需要自身因素和外部因素都注重,所谓外部因素即政府、社会等,如果政府出台相关扶持性政策、创业补贴等,社会会提供一些创业培训和平台。这些对于创业者都是很宝贵的财富。对于创业者自身,也要熟悉其他融资渠道,如银行贷款、自筹资金、创业基金等方式去解决资金的问题,这些会增加其创业成功的概率。

六、化解竞争风险

竞争既是机遇,也是挑战。竞争对于一个企业的生存很重要,不断遇见潜在的竞争和应对现存的竞争,对于企业的发展具有重要意义。在面对竞争带来的困境时,形势也在催促着你去思考破局之策。比如萌生新的理念、开拓新的市场、创造新的价值或财富等,都是突破竞争的方式。保持创新,紧跟市场需求,就能够持续推进价值输出,将竞争风险化解。创业是一个由小到大、由不成熟到成熟、由弱到强的过程。在这个过程中,创业者要积极参与竞争,逆境中要坚韧,顺境中要冷静。作为一个创业者,不要惧怕同其他创业者竞争,必须做好与风险和困难作斗争的思想准备。

七、化解市场风险

对于市场要有敏锐的嗅觉,对于市场的变化规律进行研究和掌握,从而预测未来发展趋势,减少了经营活动的盲目性、降低了经营的风险、提高了企业的适应性。

八、了解相关法律

近年来,为支持大学生创业,国家各级政府出台了许多优惠政策,了解这些政策,才能走好创业的第一步。同时应该要学习相关的法律知识,如工商注册登记、经济合同和税务等法律知识。这些是创业过程必备的知识。只有懂法、守法,并依据法律保护自己的合法权益,才能确保创业行动稳健与长久。

九、其他注意事项

当然,真正实际操作进行创业时,无论是在创业前期的准备、创业中期的运行还是创业后期的完善也都有许多问题需要注意。在创业前期,要谨慎选择项目,避免盲目跟风,合理组建团队,避开熟人搭伙,注重实践磨炼,回避准备不足。在中期要强化内部管理,培养骨干队伍,积极参与竞争,杜绝急功近利,加强内涵建设,创立品牌形象。在创业后期,面对"守业"的艰巨任务,要懂得建立激励机制,凝聚创新人才,尝试权力授予,完善组织架构,逐步合理扩张,健全制约机制。如此,才能算得上成功创业。不同的风险应对策略针对不同的时期、不同发展阶段也会有所调整。根据风险的发生概率有高有低和风险影响力有大有小的差别,也可以参考风险应对策略矩阵中的转嫁风险、规避风险、降低风险和自留风险的方法。

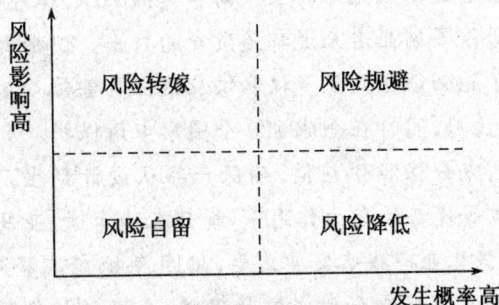

图 8-2　风险应对策略矩阵

本章小结

创业风险是指由于创业者、团队和投资者的能力和实力有限,面对不确定的创业环境而导致创业过程中偏离预期目标乃至失败的可能性。创业是在可承受损失的范围内,大胆尝试、细心求证,在市场验证中通过不断校正,进行风险控制,面向市场做出合理回应与有效行动的复合过程。创业的成功也在于能正确认识并处理创业风险。所以,创业者对创业风险需要持有理性的认识,并能够客观评价自身的风险承担能力,权衡创业机会的风险和收益关系。通过本章的学习懂得创业风险的基本概念和防范措施。

思 考 题

1. 当前风行的盲盒如何不"盲目"? 主要应该考虑哪些创业风险?
2. 共享单车倒下的惨淡结局失败案例中可以提炼哪些风险防范的意见?
3. 创业风险中的"灰犀牛"和"黑天鹅"分别指什么?

延伸阅读

杨云:从"创业者"到"领路人"

杨云,江苏徐州人,90后青年创业者,迅淘网络创始人。

1. 以梦为马,逐梦跨境电商。

一切的改变来源于一场旅途。返程时,一幅高铁广告文案"如果你错过了2003年的淘宝请不要错过现在的跨境电商速卖通",直击杨云心底,再次点燃了她的创业决心。

创业伊始,她和众多刚出校门的女性创业者一样,怀揣着激情和梦想投入到跨境电商创业大潮中,可创业的道路总是理想很丰满,现实很残酷。

创业过程中,她先后遭遇以次充好的供应商和美国GBC律师事务所对中国跨境电商知识产权收割事件,这对很多创业者来说都是致命的打击。但杨云她不但没有被击倒,反而认为,这些境遇启发了她必须在知识产权和供应链上具备核心竞争力的意识,所以杨云完成品牌和外观专利的注册,同时在全球120个国家申请保护。

杨云还投资生产线,充分保障供应链,确保产品从设计到生产再到销售的全链路打通。在供应链、知识产权等优势的合力作用下,杨云在速卖通、亚马逊、ebay、shopee、wish等平台上"开疆拓土"。根据业务战略发展需要,2019年她在俄罗斯、西班牙、美国等设立了海外仓,疫情期间因为有海外仓和供应链的保障,成功的抵御了跨境的寒冬。中国制造,品牌出海——她的创业梦蓝图正在逐步打开。以人为本,领航大学生创业,作为一个从大学走出来的创业者,杨云深刻体会学生创业的艰辛,曲折的创业过程使她对人才的认知逐渐深入,一个跨境企业要想发展壮大,核心要素是"人",要想带动更多人去做跨境创业,必须要建立跨境人才的孵化机制。

如何让大学生在创业之路上少走弯路也是她任教期间的重要课题。2019年公司和九州大学达成深度产教融合共识,发起成立跨境电子商务孵化基地,她也受聘为九州大学创业导师。第一学年,她把对平台和店铺的认知编写教材,传授跨境电商最前沿的知识;第二学年,她将课堂搬进企业,让学生实战体验跨境电商的运营、客服、物流、美工、直播等岗位;第三学年,她帮助学生注册企业、注册店铺、洽谈供应链,辅导创业。

2. 产教融合,激发校园创业热潮

在产教融合的过程中,杨云和团队先后获得中国跨境电商协会讲师、shopee、ezbuy、速卖通、wish 等平台官方讲师,九州大学及徐州技师学院的创业导师,巾帼双创之星等称号。

产教融合项目为 500 名在校大学生进行了跨境电商授课与创业辅导,并为每一位学生建立实训档案,校园里创业热情高涨,先后有 300 名大学生在校成功创业,创业数据引起速卖通、wish、shopee、ezbuy 等平台关注,纷纷在九州大学落地平台官方大学和运营中心,帮助在校大学生进行资源对接。在产教融合项目推动下,形成了同校学习同台竞争的创业局面。

(资料来源:徐州市人社局,徐州市大学生和创业标兵系列报道,2020 年)

第九章　医学生创新创业前景与展望

学习目标

通过本章学习,学生应该了解我国目前医药领域健康产业发展战略及现状,熟悉医药产业发展过程中创新创业需求及创新创业机遇,掌握医药产业发展过程中创新创业环境分析,理解"健康中国"国家战略下医学生创新创业的重要意义。

案例导入

陈航,第十届中国大学生年度人物候选人,温州医科大学眼视光七年制专业,他带着追求光明的梦想,涉足科研领域,组建属于他自己的科研团队。在导师的指导下,成功攻克了国内弱视治疗领域的重大难题——偏心注视性弱视的治疗。几番拼搏之后,他的项目也迎来了自己的"春天":2次获批国家级创新创业计划训练项目,4次获得浙江省"新苗"人才计划,6次获得校级课题立项,累计获得科研经费十余万元,并获得国家级发明专利、外观设计专利等。他创立的上海柯来视生物科技有限公司,吸引风投110万,同年进入全球社会企业创业大赛中国赛区14强,并先后获得由科技部、教育部等主办的全国"创青春"挑战杯创业计划竞赛金奖,由美国伯克利大学哈斯商学院等全球顶尖级商学院共同合作举办的GSVC全球社会企业创业大赛中国赛区唯一的一等奖。勤勤恳恳的科研过程,再到转折性的创业故事,他从未停止飞翔;从一个人到一个团队,他有自己的精神食粮。医学生,也有属于自己的天堂,因为那里有关于救死扶伤的梦想。

自党的十八大以来,国家及社会对创新创业人才培养日益关注。深化高等学校创新创业教育改革,是国家实施创新驱动发展战略、促进经济提质增效升级的迫切需要,是推进高等教育综合改革、促进高校毕业生更高质量创业就业的重要举措。近年来,随着"大众创业、万众创新"、创客、创业联盟、三创(创新创业创意)学院等兴起,在国家创新创业人才引领计划及高校深化推进大学生创业政策鼓舞下,高校创新创业教育不断加强,取得了积极进展。医学生学习任务较重、学业周期长、创业意向普遍较低,社会发展过程中医学生的就业市场也从"卖方市场"转向"买方市场"。因此,对医学生开展创新创业教育显得尤为必要。探讨如何挖掘大学生的自身潜力,有针对性地采取切实可行的措施,有效培养和提高大学生的创新创业核心竞争力,对于目前大学生创新创业教育具有现实意义。

第一节　大健康产业发展的机遇与挑战

党的十八届五中全会首次提出了推进"健康中国"建设。由此,"健康中国"上升为国家战略,医疗卫生行业以及大健康产业进入了蓬勃发展期。"没有全民健康就没有全面小康。"党和国家历来坚持强调把人民健康放在优先发展的战略地位,以普及健康生活、优化健康服务、完善健康保障、建设健康环境、发展健康产业为重点,加快推进健康中国建设。《健康中国2030规划纲要》中明确了以"共建共享、全面健康"建设健康中国的战略主题,对完善医疗卫生服务体系、创新医疗卫生服务模式等方面进行了详细部署,提出以健康为中心,推动产业间深度融合,到2030年将建立体系完整、结构优化的健康产业体系。

这是新中国成立以来首次在国家层面提出的健康领域中长期战略规划,同时也为包括医疗、健康、医药、大数据等多个产业领域带来近20万亿商机。随着卫生事业发展,中国的大健康产业将会迎来新的发展机遇。

健康产业已成为国家经济新增长点,市场发展潜力巨大,这为医学生创新创业提供了机遇。大健康产业是一种有巨大市场潜力的新兴产业,涉及医药产品、保健用品、营养食品、医疗器械、保健器具、休闲健身、健康管理、健康咨询、循环经济等多个与人类健康紧密相关的生产和服务领域。对医学生的培养应当创新出独具医药院校大学生特色的学习模式,建立并完善医学生创新创业教育体制,发挥医药领域得天独厚的发展优势,抓紧发展突破口和新的历史机遇,为我国医药事业发展提供高素质人才。

一、大健康产业发展概况

大健康产业是指与人类健康密切相关的新兴产业,它涉及的覆盖面广,产业链长,主要包括医疗产业、医药产业、传统保健品产业和健康管理服务产业等。作为一种新兴产业,在国际上被誉为继IT产业之后的"财富第五波"。

（1）市场需求之大。随着工业化、信息化的发展,人们生活水平的提高,以及城镇化、老年化的加速,疾病谱的变化,带来了巨大的健康需求,健康产业的市场空间非常巨大。

（2）产业规模之大。健康产业具有逆经济周期的特性或抗经济波动的效应。根据现有研究综述,预计到2025年,我国健康产业的总规模可望突破10万亿,2030年总规模将达16万亿～20万亿元。

（3）经济影响之大。发达国家数据实证研究表明,健康工作寿命每提高1%,国内生产总值会相应提高2.7%,明显高于劳动力增长、劳动生产率的提高对经济增长的贡献。

（4）发展战略之高。习近平总书记在全国卫生与健康大会上讲话时强调:"没有全民健康,就没有全面小康。""健康中国"战略进一步提升了大健康产业的地位。

（5）覆盖周期之全。大健康产业已融入人们的日常生活理念、生活方式、生活习惯之中,追求"生得优、活得长、病得晚、走得安"的健康理念在普通百姓中产生共鸣。

（6）研究范围之广。从单一救治模式向"防—治—养"一体化模式转变。同时,一方面不断探索生命最小单元,另一方面注重心理、环境、社会等对健康影响的因素研究。

随着健康中国的建设,与大健康相关的产业进入了蓬勃发展期,不仅会带动药品与医疗器械生产研发企业、医疗服务业、健康保险业、医疗旅游、养老产业及互联网医疗等健康服务企业和行业的兴起,也在涉及环保、食品安全等与健康生活息息相关的领域孕育了新的市场机会。同时,国家进一步明确了市场在非公医疗领域的作用,充分发挥市场活力,这将大大促进社会办医和民营医疗机构快速发展。引导和支持健康产业加快发展,包括促进与养老、旅游、互联网、健身休闲、食品的五大融合,大力推进面向基层、偏远和欠发达地区的远程医疗服务体系建设,推动公共体育设施向社会开放。国家加大对医疗健康前沿研究领域的支持,消除体制机制障碍,催生更多健康新产业、新业态、新模式。扩大健康领域对外开放,研究制定有利于健康产业发展的土地、税收优惠政策,中央和地方财政健全稳定可持续的卫生与健康投入机制,引导金融机构加大信贷、债券等融资支持,努力把健康产业培育成为国民经济的重要支柱产业。

二、大健康产业未来发展趋势

(1) 高科技化——未来可穿戴设备、远程医疗、双向音频远程、慢病监测、区块链医学等高科技将在医学领域大范围应用。

(2) 精准化、标准化和专业化——未来将通过精准的检测、治疗、康养来实现个性化、专业化的全生命周期健康的照顾管理系统。

(3) 智能化——人工智能、"物联网+"等新技术将为大健康产业带来变革。AI智能等信息化技术能够提升诊断治疗的智能化的水平。

(4) 融合化——未来的大健康产业将与文化、旅游深度融合。

(5) 国际化——国际合作与资源共享是未来医疗健康产业发展的趋势。通过"一带一路"大健康驿站建设,为中国与世界医疗健康产业合作搭建平台。

大健康产业未来的主要发展趋势将受到健康需求(与人口结构、疾病谱变迁等相关)、政策引导、技术进步、资本投入方向等诸多因素共同影响。起到决定性作用的是政策和需求,能否顺应趋势,抓住行业的机会和风口又更多依赖技术进步、商业模式变迁和资本的巨额投入。

三、大健康产业发展的机会和风口

技术进步和模式创新给大健康产业发展带来了机会和风口。

(一) 技术进步带来的机会和风口

1. 生物技术创新:新药研发的机会和风口

研制新药虽投入大,过程耗时,但相对于仿制药,创新药更具战略意义,这意味着完全的自主知识产权、新颖的化学结构和新的治疗用途。随着仿制药机会的减少,新药研发逐渐成为大健康产业的重要机会。

纵观历年新药研发数据,国内企业获批新药临床批件数目逐年增多,且生物药占比呈逐年提升趋势。随着人工智能、大数据等新技术和新理念在医药研发领域应用的深入,以及创新药获批临床进度的不断推进,创新药研发领域将迎来巨大机遇。

2. 检验技术创新:基因检测的机会和风口

精准医疗,诊断为先。检验诊断的技术经历了生化、免疫到分子诊断的阶段。目前基因检测技术已经成为分子诊断技术最重要的应用场景,也是人类了解自身、了解疾病的重要手段。历经三次技术变革,二代测序技术于 2014 年正式进入我国市场,随即占据主流。放眼未来,基因测序在生物医药领域可能产生裂变效应,也因此成为生物医药领域最具机遇的领域。

3. 硬件技术创新:影像和治疗设备的机遇和风口

影像诊断是医学诊断的重要方向,随着集成电路芯片性能的提高、计算机运算速度的加快,影像设备核心零部件的国产化率也不断提升,类似数字 X 线机的核心零部件球管、高压发生器和探测器都实现了国产化;高端大型设备方面,计算机断层扫描(CT)、核磁共振成像(MRI)的核心技术也逐渐被联影等国内企业所掌握,大型设备零部件研发水平的不断提升也带动影像设备行业迎来新的发展机会。

4. 传感器技术进步:可穿戴设备的机会和风口

可穿戴设备是未来大健康产业长期发展的必经之路,可穿戴设备可以便捷采集人体各项指标信息,并进行数据上传和分析,同时也是连接医疗健康服务的重要载体。传感器技术的进步催生了可穿戴设备的创新:除了手环,便携式、穿戴式的血压计,连续监测甚至无创检测的血糖仪,可以自动预警的心电仪都是极有吸引力的应用场景。此外,结合运动传感器、生物传感器、环境传感器、气压计等环境传感器,可穿戴设备将有望成为未来健康管理的重要入口。可穿戴设备的小微型化、柔性化、智能化与"无穿戴感"是未来的发展方向。长期来看,可穿戴设备也许会进化成植入人体的智能设备。当可穿戴设备的"无穿戴感"和便捷性达到一定程度,并结合服务推送,将有可能推动人类健康管理的巨大变革。

5. 数据和算法技术进步:医疗人工智能的机会和风口

算法、算力和数据,是人工智能快速发展的三个要素。算力是人工智能的基础设施之一,目前,每秒 10 亿次浮点运算的算力成本已降至 6 美分。算法是人工智能发展的基础,算法框架中诸如 Caffe TensorFlow、Torch 等大多数已经实现了开源,成为大多数工程师的选择,对行业的加速发展和人才的培养起到了非常大的作用。医疗健康人工智能系统必须通过大量的医疗图像与病理数据来"训练",才能不断提升输出结果的质量,而目前医疗数据存在公开性不高,难以获得及清洗的问题。三大要素中,算力和算法都已经相对齐备,人工智能+医疗亟待医疗大数据来引爆。另外,辅助新药研发的人工智能系统、医疗影像辅助读片系统、临床辅助诊疗系统等技术和产品不断涌现,为提升整个医疗健康产业效率和医疗服务质量贡献力量。

（二）模式创新带来的机会和风口

1. 从治病到防病：预防和健康管理的机会和风口

随着国民收入水平的增长，人们对于健康的关注程度也日益提升。一方面，十几年前鲜有问津的自费疫苗等产品，现如今越来越被大众关注，另一方面，体检服务虽然在中国市场发展不足15年，但目前已形成广泛的消费基础，成为企业采购员工福利、子女孝顺父母等消费场景的首选。高端人群对于各类健康管理服务的需求同样巨大，并逐年攀升。

2. 健康产业跨界融合："医疗＋地产"模式的机会和窗口

目前，宏观调控和经济降杠杆持续推行，传统地产企业开始寻求新的业务拓展方向。近几年来，"医疗＋地产"的"Medical Mall"（医疗大楼）模式开始起步。在海外，Medical Mall 已经很成熟，既盘活了商业地产项目，又满足了居民的医疗需求，例如菲律宾的 Centuria Medical Makati、美国的 Jackson Medical Mall 等。放眼国内，杭州全程医疗由浙江省卫健委直接批复，致力于打造中国首个 Medical Mall，创新医疗中心平台的商业模式。在 Medical Mall 里，这些入驻的诊所可以"拎包入住"，检验、病理、超声、医学影像等医技科室及药房、手术室等统统可以采取共享模式，无须重金投入。建设一家医院不再需要为打造重点科室和挖掘人才而发愁，只要把基础的检验、病理、超声、医学影像等医技科室及药房手术室建好，引进一批诊所等医疗机构，就可以组建一家完整的医院。对于医生创业者来说，只要有技术有品牌，就无须为建医院的大笔资金发愁，此外，"医疗＋地产"的逻辑同样适用于养老地产、健康小镇等模式。

3. 医生执业红利释放：多点执业与医生集团的机会

多点执业是中国特色的概念。所谓多点执业，是指符合条件的执业医师经卫生行政部门注册后，受聘在两个以上医疗机构执业的行为。多点执业使得医生集团模式在中国如雨后春笋般成长起来。医生集团是医生自愿组成的执业组织，医生集团既可以是独立的，也可以从属于医院，但加入医生集团的医生是合作执业的关系，而不是雇佣关系。医生集团模式解决了医生的后顾之忧，极大地释放了医生的服务热情与动力。

4. 消费升级：医疗旅游的机会和风口

收入提升激发了消费升级。医疗的"消费升级"现象也较为显著，海外医疗旅游是新型跨境服务产品，融合了医疗和旅游两大内容，为消费者提供一站式服务，如瑞士的抗衰老项目、韩国的美容项目、日本的深度体检项目。

海外医疗旅游目的地国家的优势，体现为医疗技术领先和价格含金量高等方面。欧美国家依托医疗技术、日韩等国依托高水平服务和高性价比产品、南亚国家依托具有竞争力的产品价格成为中国海外医疗旅游的主要目的地。海外医疗旅游服务商连接产业链的两端，分别沟通消费者和医疗旅游服务供应方，逐渐成为国内外医疗资源交流的主要平台。

5. 管理式医疗商业：商业健康险的机会和风口

"十三五"期间国内健康险呈现快速发展势头，全年保费收入预计超过8 000亿元，较

2016 年的 4042.5 亿元实现了翻番,年均复合增长率超过 30%,互联网健康险增长速度更是远超行业平均增速。其中防癌保险增长最为迅速,护理保险和重大疾病保险增速紧随其后。我国健康保险的增长速度很快,但由于起步晚、底子薄,与发达国家仍有一定差距,也因此存在较大的提升空间。随着互联网保险的不断发展,网销健康险将为健康险行业带来更大的发展机遇。

6. 互联网的红利:互联网医疗和电商的机会和风口

2017 年,医药电商和互联网医疗迎来"机会年"。政策层面,ABC 三证审核相继取消,医药电商门槛进一步降低;资本层面,热钱涌动,全年有十多家企业拿到融资,总额近 10 亿元,医药电商第一梯队的代表企业 111 集团(原壹药网)登陆美国资本市场并创造了 60 亿元人民币估值;业务层面,新技术得到应用,业务不断创新,出现线上线下协同、医疗服务与电商协同等新模式,医药电商正在由单一的网上药店和互联网医药批发向多元化的健康服务提供商转型。

互联网医疗也迎来了政策利好,在 2018 年 9 月,国家卫健委先后发布《互联网诊疗管理办法(试行)》《互联网医院管理办法(试行)》《远程医疗服务管理规范(试行)》,互联网医疗行业得到了进一步规范和引导,明确了部分常见病和慢性病线上开具处方,同时也加快了医保对于互联网医疗的支付,这些因素都为医药电商和互联网医疗带来了新的机会。

技术进步对于整个大健康产业来说至关重要:新药研发、基因测序、可穿戴医疗设备、可降解支架、人工关节、人工晶体、医疗人工智能、外骨骼康复机器人等无一不是技术进步的产物。

然而另一方面,仅仅有技术创新远远不够,由于医疗可穿戴设备始终没有找到合适的应用场景以及合理的商业模式,导致从风口跌落到谷底:Jawbone 申请破产、Fitbit 股价巨幅下跌、谷歌眼镜停产、Apple Watch 始终没能得到医生的认可……这样的例子还有很多。不论是 IBM 的 Watson 医疗机器人,还是 Rewalk 公司颠覆式的外骨骼器械创新,在其发展中遇到挫折的原因往往并不出在产品和技术的可行性上,而是没有探索出合理的商业模式。因为商业模式没能运转顺利,所以技术的创新往往只是带来一时的兴奋,却不能转化为商业价值。技术创新与商业模式结合,同时顺应需求和政策的发展,对于任何一个在大健康产业发展的企业来说都至关重要。所以,加强对大健康产业商业模式的研究势在必行。随着不断地实践和探索,技术创新与商业模式的结合将会更好地推动大健康产业的发展,迸发出无限活力。

大健康产业必须遵循新发展理念,坚持创新、协调、绿色、开放、共享的发展理念,这是促进大健康产业健康发展的根本要求。推进"健康中国"建设战略的确立,意味着健康产业将成为重要的国民经济支柱产业。作为一项富于前景的新兴基础产业,从产业政策和产品标准的制定,到实际的研发、投入、生产、销售和服务,都必须秉持新的发展理念。健康产业的创新,必须而且只能基于科学原理,以满足人民健康需要和符合市场需求为导向,在健康产业的理念探究、产品研发和营销模式上,必须坚决摒弃"伪创新"思维。健康产业的发展,需要加强政策的协调和融合,做好资源整合,突出地域特点和产品特性,不能走粗放、粗制、盲目发展的路子。高举绿色旗帜,是健康产业发展题中之意。健康产业的发展必须建立在环保、健康、可持续的基础上。健康产业的发展应秉承开放的态度,积极借鉴和吸纳世界健康先进理念,同时,要面向世界推介以医药为代表的中国健康促进方案,以世界和未来标准打造中国健康产品品牌和口碑。共享的要求则是让人民群众真正享受到健康产业带来的红利,让人民有能力、有条件也愿意分享健康产品和健康服务。

第二节　大健康产业重点发展领域

健康产业属于蓝海产业,面临的是万亿级潜在发展市场。健康产业发展基础尚不够强大,资源分布不够均衡,产业结构尚不完善。因此探索如何完善健康产业结构,充分发挥和利用产业优势,促进健康产业发展,寻找创业机遇,是目前迫切需要解决的问题。

一、医院

1. 国家鼓励医师开办个体诊所

2019 年 4 月,国家卫健委等五部门制定了《关于开展促进诊所发展试点的意见》。《意见》提出鼓励符合条件的医师,全职或兼职开办专科或全科诊所等创新性改革措施。2019 到 2020 年北京、上海、沈阳、南京、杭州、武汉、广州、深圳、成都、西安等 10 个城市开展促进诊所发展试点工作,根据试点经验完善诊所建设与管理政策,并在全国推广。此外,《意见》还鼓励在医疗机构执业满 5 年,取得中级及以上职称资格的医师,全职或兼职开办专科诊所。鼓励符合条件的全科医师,或加注全科医师执业范围的专科医师,全职或兼职开办全科诊所。此外,《关于优化社会办医医疗机构跨部门审批工作的通知》提出,300 平方米以下医疗机构设施不需要办理消防设计、竣工验收备案手续;对环境影响很小、不需要进行环境影响评价的医疗机构项目实行环境影响登记表备案管理。很显然,对于诊所而言,国家的推动步伐越走越快。

诊所是属地性很强的行业,开办诊所要过的第一道关就是要符合各省卫计委的区域医疗卫生资源配置规划。每个地方政府对区域内新开医疗机构的数量、选址、类型等可能都不一样,但仍然保有严格限制。所以,拿到牌照,获得政府准入只是第一步,民营诊所面临的更大困境在其后的经营,诊所需要对自己的定位、定价、服务以及运营的模式都要十分明确。毕竟,民营诊所少了医保这一重要支付渠道,面对公立医院犹如先天缺陷。民营医疗要想发展,须和公立医疗机构走差异化发展路线,在市场上起到补充作用,才能吸引到病患来诊疗。

2. 中医馆里可以培养出很厉害的中医

中医馆是中医医术传承的一个平台,是中医医术惠民的一个窗口,是中医药文化弘扬的一个载体,是基层分级诊疗实施情况的一个传感器,也是展示中医药国际化发展水平的一个缩影,国医大师孙光荣教授提出助力中医药走好"一带一路""十个一工程",其中一个工程就是建立"中医馆"。近年来,国家支持发展中医药和鼓励社会办医的相关政策、法规纷至沓来,如中医诊所审批备案制、医师多点执业、鼓励社会医疗连锁发展等。在此政策、法规以及市场需求等多方面因素的推动下,社会办中医馆也如雨后春笋般出现。纵观历史,中医创业不完全依靠一定规模的大医院,通过设立诊所或中医馆即可造福人类。一个名中医的成长主要依靠悟性、高人指点、临床经验;而一个名西医的成长主要依赖名导师、大平台、国际视野。所以,小诊所里可以培养出很厉害的中医。但中医馆的发展还存在着政策突破、运营监管、盈利模式、人才缺乏、饮片质量、体系效应等一些问题。

3. 医院作为健康产业亟待开发的一处"金矿"

作为健康产业亟待开发的一处"金矿",医院成为资本竞逐的高地,各路资本看中的是公立医院改制的政策红利,医院仍是资本主攻方向,尤其民营专科连锁或大专科小综合医院。但综合医院由于投资周期长,资产重,回报相对较低,一般不涉及。相对而言,专科医院多采取做具有特色专科的策略,能够实施"纵度垂直,闭环为王"的经营理念,盈利更容易,在多点的规模复制可操作性更强。所谓"垂直"指聚焦一个病种;"纵度"是在服务链条上的完善,除了轻问诊、挂号外,还提供院内陪诊、院后随诊、用药购药、后续慢病管理等一系列服务。

医院作为健康产业亟待开发的一处"金矿",如何科学理性地对之投资并购,受到市场广泛关注。综合性医院并购整合则需要雄厚的资金、成熟的管理能力等多方面支持,否则医院可能面临运营及盈利难度较大的风险。眼科、牙科、骨科等专科医院运营相对稳定且盈利能力较强,目前普遍受到资本青睐。值得关注的是,从目前资本"从医"的案例来看,投资高端医院似乎受到普遍青睐。就医院定位而言,有两类医院诊所适合走高端路线:一是妇产科、儿科等侧重服务品质的领域;二是口腔、医美等偏消费类的小而美的市场。

二、药品行业

1. 创新药

随着化学合成中筛选新药的难度越来越大、时间越来越长、投入越来越高,并且化学药物对人体具有副作用,易产生抗药性和药源性疾病,许多国家转向了天然药物的研究、开发和利用。新药是指新的靶点、新的机制。具有研发能力的国家有美国、德国、瑞士、英国、日本。国外如美国药企很少,约50家。一般都由生物医药等小企业研发出好的产品,再由药厂按标准生产出厂。国外积极扶持小型企业,大企业其他负担很重,如营销。中国目前药企4 000多家,随着标准的提高,合并重组后约有2 000多家。

中国药企现由营销驱动逐渐向研发、技术驱动转变。目前现状是多阶段并存的时代,如普药的仿制药未经过一致性评价;普药的仿制药经过一致性评价;国内还有致力于做 me to(仿制)、me beter(更好的仿制)、fast flow(快速跟进)的公司,做各种已经在国外上市靶点的公司;flow 更新,国外还没有上市的也在紧跟;国外也没有上市靶点,国内也在做。后面要经历较长时间的盘整期。

新药研究周期长、政策影响大、专业性强、投入大、风险大。我国药物研发的实力、源头与发达国家落后很多,分子生物学、动物模型、信号通路、许多机制机理研究积淀太少了,精密度、精准度都有差距。国内辅助研发的企业也不多,如筛选有效化合物、副作用评估等。

2. 中药产业

2020 年中药产业预期规模收入达 15 823 亿元,年均增长率为 15%。目前,"洋中药"已占国内中药市场很大份额,而在除中国外的全球中药市场,日本占的市场份额高达80%,中国仅占 5%。制约我国中药产业发展的因素主要是质量标准缺失、加工工艺受限,专利意识淡薄、科技研发滞后、产业链不完善、专业人才缺乏以及国际市场受阻……这些是中国中医药发展的顽疾。

三、养老行业

根据第七次人口普查结果,2020 年中国 60 岁及以上人口为 26 402 万人,占18.70%,其中,65 岁及以上人口为 19 064 万人,占 13.50%。全国老龄办数据显示,到 2020 年我国的失能老人达到 4 200 万,80 岁以上高龄老人达到 2 900 万,而空巢和独居老年人达到1.18 亿。这部分老年群体是社会重点关注对象,同时也是解决养老问题的关键所在。空巢和独居老人偏向于生活上的照料以及情感的陪伴,高龄老人在此基础上更偏向于医疗护理和临终关怀,而失能老人需要重点解决的是专业的医疗和护理问题。"十四五"期间,全国老年人口将突破 3 亿,迈入中度老龄化。我国是世界上"老得最快""老人最多"的国家,老年市场规模以每年 9%的增长率高速发展,预计 2025 年将达到 5 万亿元,2050 年将达到 48 万亿元,养老产业市场空间巨大。

2019 年 5 月国务院办公厅发布《关于推进养老服务发展的意见》,老龄产业界已经纷纷开始规划战局,响应未来养老产业发展趋势。当前来说,我国的养老产业可以分为传统养老和新型养老。传统养老是指我国的基本养老策略"9073",即 90%居家养老,7%社区养老,3%机构养老。新型养老目前来说没有统一的概念和固定模式,是一种在激发、鼓励和提倡探索及推行的新的养老模式,是跳出将老人当作"照顾的对象"的思维,从传统的"养老"变"享老",充分挖掘和满足老年人的心理需求和养生需求,建立养老产业的综合服务体系。

为老年人提供可用、可及、可接受和优质的健康服务,维护和促进老年人的健康是社会和谐与稳定的必然要求。提升老年人的健康预期寿命和生活质量,为其提供支持性的养老、预防、医疗、康复、照料环境,通过预防疾病、促进健康来极大地减轻政府和社会的财政负担。健康老龄化是中国应对人口老龄化的必由之路。服务老龄人口的未来机遇主要包括养老地产、养老服务、养老金融保险、养老日用品、养老娱乐以及养老教育六大领域。

但养老产业的发展也面临着细分市场不清晰、盈利模式不成熟、产业体系不完备、人才问题、投资的进入和退出机制不清楚等几大痛点。

四、健康管理业

世界卫生组织的研究报告指出:人类三分之一的疾病通过预防保健就可以避免,三分之一的疾病通过早期的发现可以得到有效控制,三分之一的疾病通过积极有效的医患沟通能够提高治疗和愈后的效果。而这一切,都可以通过科学有效的健康管理实现。

1978年,美国密执安大学成立了健康管理研究中心,旨在研究生活方式行为及其对人一生健康、生活质量、生命活力和医疗卫生使用情况的影响。中心主任 Dee. W. Edington 博士在经过20多年的研究后得出这样一个结论,即健康管理对于任何企业及个人都有这样一个秘密:90％和10％。具体地说就是90％的个人和企业通过健康管理后,医疗费用降到了原来的10％,10％的个人和企业未做健康管理,医疗费用比原来上升了90％。

我国健康管理市场潜在规划大约600亿元,而现阶段仅完成了30亿左右,超过500亿市场空缺有待填补,健康管理产业未来发展空间巨大。其中体检中心、体外诊断、微量元素检测、生殖健康、中医养生、月子中心和康复中心成为最具投资潜力的领域。随着人们对健康管理认识的不断深入,将崛起一块巨大的市场。但健康管理业也面临着真正目标患者规模缩水、患者依从性不佳、缺少健康管理付费动力、资源错配和人员重资产、信息孤岛等拦路虎。

五、护理服务业

在我国,随着居民生活方式的快速变化和老龄化进程的加速,慢性非传染性疾病成为主要的疾病负担,医养结合需要更多卫生资源的支撑。而在老年护理、慢病管理、康复护理、长期照护、临终关怀等方面,护士显然承担着主要的工作。

无论是城市社区的养老驿站,还是乡村的护理院,都存在专业护理人才大量缺乏的现状。对老年人的服务更多地还停留在餐饮、清洁、娱乐等方面,而对于健康指导、慢病管理、床旁护理、急救措施等方面的服务还远远不足。

护理工作的重要性已经被越来越多的人所认识。护理专业已经被教育部、卫健委等六部委列入国家紧缺人才专业,予以重点扶持,为护理专业毕业生提供了广阔的就业空间。2018年,由国家卫健委、发改委等十一部委联合发布的《关于促进护理服务业改革与发展的指导意见》中指出,引导和鼓励社会力量以多种形式投入护理服务业领域,扩大护理服务供给,有效提高服务质量和效率。

社会力量正加大资源投入,不断拓展护理服务领域,向社区和家庭延伸,从而有效提高康复护理、中医护理、老年护理、母婴护理、居家护理和安宁疗护等的服务能力,使得护士的工作既有专业技术的"内涵",又具备健康需求的"外延"。

六、移动医疗

在互联网技术、大数据技术等驱动下,移动医疗作为我国医疗卫生的重要补充,作为电子医疗领域的一个重要分支,移动医疗应用覆盖了基础护理、公共卫生研究、急救护理、慢性疾病管理、自助医疗服务等多个领域,一直被认为是最接地气的产业绿地。2014年被认为是移动医疗发展的元年,2015年进入快速发展。

1. 政策环境利好

从现阶段来看,政策环境总体利好移动医疗行业,主要的利好因素包括医疗卫生改革、软件行业发展、大数据行业的快速发展等,另外,国家对于医疗信息化行业发展也制订了规划目标。从政策前景来看,虽然目前我国移动医疗已经取得了较快的发展,但仍处于较初级阶段,未来仍任重而道远,预期国家还将就推动移动医疗建设出台更多的规划及政策,从而进一步推动移动医疗向着更高的阶段进行。

2. 市场规模较大

目前,移动医疗 App 主要可以提供医疗咨询、疾病查询、预约挂号、症状自查、就医信息、检验检查、药店信息、药品信息、健康咨询等功能。所有的 App 均涵盖了预约挂号等功能,其中 62.5% 的移动医疗 App 有医院和医生介绍,37.5% 有患者教育信息,25% 包含就诊和检查报告推送,12.5% 涵盖了缴费和取药的功能。若按应用的阶段可以将移动医疗 App 的应用分为就诊前、就诊中、就诊后 3 个阶段。目前主要的功能集中于就诊前,如咨询、预约挂号、医院及医生简介等,而在就诊中(如缴费)以及就诊后(报告结果、医嘱及电子病历的查询、疾病管理等)应用较少,一体化的服务尚未形成。

3. 慢病管理应用

目前,以心脑血管疾病、糖尿病、呼吸系统疾病和肿瘤为代表的慢性疾病造成的死亡数量,占据所有人口死亡数量的 85%~86%,这类患者需要长时间保持与医院的联系。医院虽然对患者饮食、运动、心理、生活环境的监测,与服用药物和医生诊疗一样重要,但前者已经滑出医院的边界,再加上医学本身缺乏有效控制慢性病的方法,医生又少有时间进行随访,导致这一领域非常容易受到忽视。而移动医疗恰恰可以解决这个问题。医生在掌握患者基本信息的基础上,通过手机应用,一个医生可以管理几百、上千名患者,这些人的饮食、运动、生理值等变动数据能随时记录并预警,医生和患者交流也更加便捷。

4. 开展远程医疗

目前国外远程医疗检测在影像学领域开展较为领先,一些社区医院或者小型医疗机构在获取患者的影像资料后,可将其传送至合作的大型医疗机构并及时获取专家根据患者影像资料进行会诊后得出的临床意见,以减少患者迁移就诊的痛苦,更加充分利用了本已欠缺不足的医疗资源。

但也面临着盈利模式问题、医生来源问题、风险责任问题以及难中医疗核心、医保卡支付受限、普及率依然较低等问题。

七、营养保健品

在健康产业这个大的体系里,医疗产业、医药产业对于消费者而言多是被动消费,偏重于疾病治疗;健康管理服务产业则是主动消费,偏重于预防和健康咨询;而保健品产业介于二者之间,兼具预防和治疗的功效,是对消费者健康有实质性提升作用的不可缺少的环节。近 20 年来,我国保健品消费增长在 15%~30% 之间,远远高于发达国家 13% 的增长率。在未来,随着我国经济持续发展和居民生活水平的提高,营养保健产品行业将成为我国健康产业发展的巨大增长点,随着我国老龄化社会的到来,营养保健市场将有很大的增长空间。

在2019年举行的NHNE国际健康营养博览会上,从全球精心选出的20款创新保健品来看,可以看出保健品呈现出的新特点:

(1)保健品形式的多样化、人性化、零食化,涉及的产品不再局限于传统的片剂,而是以饮料、果冻、软糖、喷雾、粉末等易于服用的零食化产品取而代之,并提供丰富美味的口感体验。

(2)无糖、无麸质、不添加过敏原,甜菊糖苷、异麦芽糖醇、赤藓糖醇等高倍低卡甜味剂成为主流,很多产品已开始避免使用人工合成添加剂。

(3)植物来源、超级食品来源的补充剂越来越多,强调来源的纯天然和有机属性。

保健品的市场大环境,主要表现在销售模式缺乏创新,消费者的信任危机,行业不规范,监管加强,终端成本增长等。内在的原因是保健品产品本身,主要表现为很多保健品科技含量不高靠概念,不是药却要当药卖,保健品企业本身的市场操作能力等。面对诸多的不利因素,保健品行业必须寻找新的出路,化不利为有利,降低外在因素对行业和企业带来的负面影响。这些年,保健品在营销方法上没有太多的创新,服务营销、亲情营销、恐吓营销、广告营销、概念营销、体验营销,等等。在营销方式大同小异的前提下,不同的保健品企业比拼的是企业的实力、团队运作能力、市场操作模式以及相同模式下谁操作执行的最精准、最到位,谁就将取得更有利的发展时机与位置。

八、人工智能和机器人医疗应用

生物医药行业一直以来都有着"高投入、高风险、长周期"的行业痛点,而且伴随着整个制药的研发、检测及生产等环节。近年来,人工智能与生物医药的结合兴起,利用AI技术的认知能力(强大的学习力、智能预测及可复制可追溯等特点),人工智能技术很好地解决了生物主要所面临的"两高一长"的痛点,在多方面促使生物制药由劳动力密集型向智能技术型转变。

1. 人工智能＋疾病诊断

人的大脑存储是十分有限的且会逐渐遗忘的,但通过AI技术对大量的临床影像数据进行学习,训练诊断模型,可以智能诊断,高准确性地辅助临床医生。目前糖尿病视网膜病变,黄斑变性和糖尿病性黄斑水肿等致盲眼病、皮肤癌、乳腺癌以及宫颈癌等利用AI技术的成功案例已见诸报道。

2. 人工智能＋新药研发

医药行业"两高一长"的痛点,在新药研发阶段的表现尤为明显。传统的医药研发需要大量的劳动力去重复做密集型的工作,并且耗费的时间往往要几年、十几年,导致新药研发成本巨大,且有更多不确定的因素影响新药上市的风险。人工智能技术以其高学习力、高准确率,为新药研发打开了一条绿色通道。

3. 人工智能＋基因数据分析

AI技术能够根据功能单元,更加综合地研究致病的基因突变,去除传统基因数据分析过程中,单一式检测单个点突变与所研究疾病的关系,极大地缩短时间,节省成本。

数据显示,人工智能医疗应用未来五年将迎来爆发式增长,应用领域将涉及医学影像、辅助诊疗、药物开发和健康管理等。此外,医疗机器人行业将在未来五年开发出 15 到 20 个专门性的医疗机器人医疗系统,满足一些复杂性手术,包括心血管介入、神经外科、血管外科、内镜下手术、肿瘤手术等。

但目前医疗 AI 大部分的 AI 项目,概念大于实质,估值飙升过快,还面临变现难的问题。如果要投资的话,技术要有领先性,商业变现也能看到相对清晰的路径,希望在早期介入,有效地控制估值。一是医院靠视觉判断的疾病未来可能会被 AI 取代,二是所有靠指标判断的疾病未来可能也被人工智能取代。唯一取代不了的可能是动手的,交叉学科的,如心理的、神经的会比较难。

九、3D 打印医疗技术

3D 打印(3D printing)也称为"增材制造"(Additive Manufacturing),它是新兴的一种快速成型技术。与传统的减材制造工艺不同,3D 打印是以数据设计文件为基础,将材料逐层沉积或黏合以构造成三维物体的技术。3D 打印与传统制造业的最大区别在于产品成型的过程上。在传统的制造业,整个制造流程一般需要经过开模具、铸造或锻造、切割、部件组装等过程成型。3D 打印则免去了复杂的过程,无须模具,一次成型。因此,3D 打印可以克服一些传统制造上无法达成的设计,制作出更复杂的结构。

目前,3D 打印在医疗生物行业的应用主要包括三个方面:

1. 体外医疗器械制造

无须生物相容的材料。体外医疗器械包括医疗模型、医疗器械——如假肢、助听器、齿科手术模板等。根据美国组织 Amputee Coalition 的统计,目前美国正有约 200 万人使用 3D 打印假肢。

2. 个性化永久植入物

对人体部位的复制是高度定制化的产品,通过 3D 打印,这些部件可以与身体完全契合,与身体融为一体。以骨骼为例,当人体的某块骨骼需要置换,可扫描对称的骨骼,再打印出相应的骨骼,最后通过手术植入人体内。

3. 细胞 3D 打印

细胞打印属较为前沿的研究领域,是一种基于微滴沉积的技术——一层热敏胶材料一层细胞逐层打印,热敏胶材料温度经过调控后会降解,形成含有细胞的三维结构体。细胞打印能够为再生医学、组织工程、干细胞和癌症等生命科学和基础医学研究领域提供新的研究工具;为构建和修复组织器官,提供新的临床医学技术,推动外科修复整形、再生医学和移植医学的发展;应用于药物筛选技术和药物控释技术,在药物开发领域具有广泛前景。

在这一领域领军的 Organovo 公司,已经成功研发打印出心肌组织、肺脏、动静脉血管等。虽然目前这一技术的应用尚处于试验阶段,但未来有望逐步应用于器官移植手术中。

十、医疗器械

大设备的市场竞争中，国际巨头 GPS(GE、飞利浦、西门子)有显著优势。国内厂商要想成功，必须有强大的资金实力和政府支持。最近乐普医疗和微创的成功上市显示了中国医疗器械的创业和投资的新方向。预计更多的关注和资源将集聚在心脏及微创手术领域，更多的专注于细分领域的医疗器械企业将涌现出来。国内更加注重在医疗器械"小快灵"上做文章，就是小设备、快速检验出结果、灵敏度高、检测效果好。聚焦于医学高值耗材、可降解医学材料、便携式检测设备等，这些是投资主战场。

同时值得注意的是，医疗器械总体的市场规模远远小于制药，且单个产品周期较短，需要企业具备足够的产品线和持续创新的能力。"器械＋"更多在做"器械＋服务"和"器械＋耗材"，通过这样的方式，解决产品生命周期管理的问题，从而实现单位客户的价值最大化。由于这样的策略，生态圈的价值就很重要，需要把诊断技术、医疗服务资源结合起来，迅速实现渠道扩展。另外，美国医疗器械创新的主体为医院和医生，技术创新从市场导向研发，而中国目前的医疗器械研发机制完全不同，是从技术人员再到医院的临床应用，未来如何将创新机制更加贴近市场，更快捕捉市场需求，也是医疗器械企业需要考虑的命题之一。

第三节　医学生创新创业实践

一、医学生创新创业现状

创新创业教育对于大学生的未来发展至关重要。创新创业综合素质要兼顾创新精神、创业能力和专业素养。而医学生创业具有较强的专业特点，一方面，医学生的创新创业直接关系到国内社会医疗福利和医药事业的发展，尤其是关系到社会广大人民群众的身体健康，这就需要相关的创新创业人员具有良好的医德素质，具备较高的社会责任意识和道德意识，切实为人们带来健康便利。另一方面，医学生行业内创新创业起点较高，要求创新创业者具有较高的专业素质，掌握基本的创新创业技能，有一定的经济实力。最后，医学生在掌握基本的理论知识的前提下，还需要拥有较强的实践能力，这样才能增大创新创业成功的可能性。

而医学生普遍存在学业繁重、培养周期长、创新创业意向较低的特点，使得医学生创新创业教育承受着高于其他综合类高校的压力。多数医药相关专业学生及其家长都秉持着传统的就业观念，认为医、药、护理等专业是"铁饭碗"，希望毕业后能到医疗卫生事业单位或相关研究机构工作，追求工作和收入的稳定。小部分人只是在就业无法顺利实现时，被动地考虑选择创业。针对这些情况，近年来，医药院校加强了对医学生的创新创业教育，通过完善通识性教育课程内容，发挥实践教育作用，引导学生就业观念转变，拓展知识宽度,锻炼动手操作能力,提升创新创业能力,将创新创业教育作为人才培养、健康事业发展的重要组成。

二、创新创业活动简介

创新创业教育关注的是全体大学生在大学期间整个学涯阶段的成长,培育的是学生的创新意识,训练其创新思维,提升其创新创业能力。根据大学学习的特点,医学生在校期间根据自身专业特点和兴趣爱好,在学习科学文化知识的同时积极参与各种创新创业实践活动,将知识学以致用,有利于加深对专业的认识和对自身综合能力的提高。下面介绍几项高校中重要的创新创业教育项目与活动。

(一) 大学生创新创业训练项目

大学生创新创业训练计划,简称"大创计划",其前身是大学生创新性实验计划。实施国家级大学生创新创业训练计划,旨在促进高等学校转变教育思想观念,改革人才培养模式,强化创新创业能力训练,增强高校学生的创新能力和在创新基础上的创业能力,从而培养适应创新型国家建设需要的高水平创新人才。

国家级大学生创新创业训练计划内容包括创新训练项目、创业训练项目和创业实践项目三类。旨在促进高等学校转变教育思想观念,改革人才培养模式,强化创新创业能力训练,增强高校学生的创新能力和在创新基础上的创业能力,培养适应创新型国家建设需要的高水平创新人才。

其中,创新训练项目是本科生个人或团队,在导师指导下,自主完成创新性研究项目设计、研究条件准备和项目实施、研究报告撰写、成果(学术)交流等工作;创业训练项目是本科生团队,在导师指导下,团队中每个学生在项目实施过程中扮演一个或多个具体的角色,通过编制商业计划书、开展可行性研究、模拟企业运行、参加企业实践、撰写创业报告等工作;创业实践项目是学生团队,在学校导师和企业导师共同指导下,采用前期创新训练项目(或创新性实验)的成果,提出一项具有市场前景的创新性产品或者服务,以此为基础开展创业实践活动。

(二) 中国"互联网+"大学生创新创业大赛

中国"互联网+"大学生创新创业大赛(官方网址 https://cy.ncss.org.cn/)首次举办于 2015 年,旨在深化高等教育综合改革,激发大学生的创造力,培养造就"大众创业、万众创新"的生力军;推动赛事成果转化,促进"互联网+"新业态形成,服务经济提质增效升级;以创新引领创业、创业带动就业,推动高校毕业生更高质量创业就业。大赛采用校级初赛、省级复赛、全国总决赛三级赛制,一年举办一次。

参赛项目要求能够将移动互联网、云计算、大数据、人工智能、物联网、下一代通信技术等新一代信息技术与经济社会各领域紧密结合,培育新产品、新服务、新业态、新模式;发挥互联网在促进产业升级以及信息化和工业化深度融合中的作用,促进制造业、农业、能源、环保等产业转型升级;发挥互联网在社会服务中的作用,创新网络化服务模式,促进互联网与教育、医疗、交通、金融、消费生活等深度融合。大赛包括高教主赛道、"青年红色筑梦之旅"赛道、职教赛道、国际赛道和萌芽板块,各项目要真实、健康、合法,只能选择一个赛道参赛。

(三)"挑战杯"全国大学生系列科技学术竞赛

1998 年 5 月,清华大学首届创业计划大赛正式拉开了我国高校大学生创业计划大赛的序幕。此次大赛的成功举办引起了教育部、共青团中央等有关部门的高度重视。1999年 1 月,国务院在批转教育部《面向 21 世纪教育振兴行动计划》的通知中,首次提出要"加强对教师和学生的创业教育",鼓励他们自主创办高新技术企业。

为了引导和激励高校学生实事求是、刻苦钻研、勇于创新、多出成果、提高素质,培养学生创业精神和实践能力,并在此基础上促进高校创业活动的蓬勃开展,发现和培养一批在创业方面有作为、有潜力的优秀人才。1999 年 3 月,由共青团中央、教育部、中国科学技术协会(中国科协)、中华全国学生联合会(全国学联)联合主办,每两年举办一次的大学生"挑战杯"创业计划竞赛正式启动。"挑战杯"竞赛在我国共有两个并列项目,一个是"挑战杯"中国大学生创业计划竞赛(简称"小挑"),另一个则是"挑战杯"全国大学生课外学术科技作品竞赛(简称"大挑")。两者的比赛侧重点不同,大挑注重学术科技发明创作带来的实际意义与特点,设置特等奖、一等奖、二等奖、三等奖;而小挑更注重市场与技术服务的完美结合,商业性更强,奖项设置为金奖、银奖、铜奖。这两个项目的全国竞赛交叉轮流开展,每个项目每两年举办一届。该项比赛是全国目前最具有导向性、示范性和权威性的全国大学生竞赛活动,被誉为当代大学生科技创新的"奥林匹克"盛会。

"挑战杯"全国大学生课外学术科技作品竞赛(简称"大挑")是由共青团中央、中国科协、教育部、全国学联和地方政府共同主办,国内著名大学、新闻媒体联合发起的一项具有导向性、示范性和群众性的全国竞赛活动。竞赛始终坚持"崇尚科学、追求真知、勤奋学习、锐意创新、迎接挑战"的宗旨,在促进青年创新人才成长、深化高校素质教育、推动经济社会发展等方面发挥了积极作用,在广大高校乃至社会上产生了广泛而良好的影响。参加"挑战杯"竞赛的作品一般分为三大类:自然科学类学术论文、社会科学类社会调查报告和学术论文、科技发明制作。其中自然科学类学术论文作者限本专科生;哲学社会科学类社会调查报告和学术论文限定在哲学、经济、社会、法律、教育、管理 6 个学科内;科技发明制作类分为 A、B 两类:A 类指科技含量较高、制作投入较大的作品;B 类指投入较少,且为生产技术或社会生活带来便利的小发明、小制作等。

"挑战杯"中国大学生创业计划竞赛(简称"小挑"),又称商业计划竞赛。它借用风险投资的运作模式,要求参赛者组成专业互补的竞赛小组,围绕一个具有市场前景的技术产品或服务概念,以获得风险投资和企业盈利与发展为目的,完成一份包括企业概述、业务与业务展望、风险因素、投资回报与退出策略、组织管理、财务预测等方面内容的创业计划书,最终通过书面评审和答辩的方式评出获奖者。它旨在引导大学生适应深化教育改革、推进素质教育的要求,了解创业知识,培养创业意识,提高创业能力。竞赛采取学校、省(自治区、直辖市)和全国三级赛制,分预赛、复赛、决赛三个赛段进行。

（四）KAB 与 SYB

KAB，英文全称 Know About Business，意为"了解企业"。KAB 创业教育（中国）项目是国际劳工组织为培养青年大学生的创业意识和创业能力而专门开发的教育项目，是共青团中央、全国青联通过国际合作推进中国创业教育发展的一项尝试，意在吸收借鉴国际经验的基础上，探索出一条具有中国特色的创业教育之路。该项目通过讲授有关企业和创业的基本知识和技能，帮助青年学生对创业树立全面认识，普及创业意识和创业知识，培养有创新精神和创业能力的青年人才。该项目一般以选修课形式在大学开展，学生通过选修该课程可以获得相应的学分。经过清华大学、北京航空航天大学、中国青年政治学院等几十所高校的试点教学，证明该项目较好地满足了高校的教学需求和学生的发展需要，受到师生的欢迎和好评。

SYB，英文全称 Start Your Business，意为"创办你的企业"。它是"创办和改善你的企业"（SIYB）系列培训教程的一个重要组成部分，SIYB 体系包括 GYB 创业意识初始阶段、SYB 创办你的企业、IYB 改善你的企业、EYB 发展你的企业。SIYB 是由联合国国际劳工组织开发，为有愿望开办自己中小企业的人量身定制的培训项目。创业培训不仅使学员的就业观念发生转变，更激发了他们的创业意识，掌握创业技能，增强微小企业抗风险能力，使学员在短时间内成为微型企业的老板。该项目主要教授如何创办自己的企业，如何计划资金预算等内容，培训课程主要针对两种人：一是想开办小企业的人；二是已经创办小企业，但经营时间不长，缺乏经营企业系统知识的人。

（五）社会实践活动

学校通过组织暑期、寒假以及平时的社会实践活动，把大学生社会实践与创新创业教育紧密结合，力争在实践中不断激发青年学生的创新创业热情，强化创业内驱力。社会实践作为大学生思想政治教育的重要途径得到各大高校的广泛重视。随着经济社会的快速发展，社会实践逐渐成为创新人才培养的重要渠道。

1. 暑期社会实践

每年 6 月由各高校发文参与暑期社会实践立项的通知，是大一、大二必修课程，完成一次得 1 学分。社会实践拓展了第一课堂的知识及能力，是第一课堂的延伸和补充。许多能力、知识、素质是在社会实践中得以锻炼提高的，社会实践是诸多能力、素质提高和拓展的主要阵地。社会实践是素质培养必不可少的程序、载体、手段。大学生的教育，是通过学校、家庭、社会和自我教育渠道进行的，大学生的社会实践，自始至终贯穿于这四种教育之中。知识只有在社会实践中才能应用和积累，技能只有在社会实践中才能得到锻炼，智力只有在社会实践中才能发展，能力只有在社会实践中才能得到培养。在提倡创新教育的今天，大学生的社会实践活动，尤其显得重要。

2. 勤工助学

随着高校勤工助学的不断发展，越来越多的大学生开始从事经营型、管理型勤工助学工作，甚至有部分同学从事科研型勤工助学工作，创办勤工助学企业，提前走上自主创业的道路。参与勤工助学实践活动是培养创新精神和提升创业动力的一条重要途径。大学生通过参与"智力型""管理型""经营型""服务型"等类型的勤工助学活动,运用自己的聪明才智和知识能力,不断推陈出新,创造性地解决工作中的各种问题,敢于和愿意承担风险,尝试做一些具有创新性质的事情,感受创业的艰难和快乐,在这过程中,创新创业意识就会在不知不觉中得到培养,创新动力在不断实践中得到增强。

3. 创业实践经营

很多高校现在在校园内都开设了大学生创业实践园,可供学生参加创业实体店经营体验活动,学生可以通过创业项目遴选进入园区进行创业实践。

第四节　医学生创业典型案例

近年来,有不少具有医药特色的创业项目被付诸实践,大健康时代使得医学生创新创业迎来新的机遇。下面介绍一些实践项目供参考。

一、医疗机构

国家优先支持社会力量举办非营利性医疗机构,推进和实现非营利性民营医院与公立医院同等待遇。鼓励医师利用业余时间到基层医疗卫生机构执业或开设工作室,个体诊所设置不受规划布局限制,允许符合相关规定的执业医师多点执业等。

案例

让患者快乐就医,让医生快乐行医
——乐乐医在线诊疗平台

乐乐医在线诊疗平台是由几十位四川大学华西医学博士自主研发的集健康咨询、诊后随访、慢病管理和双向转诊等功能为一体的患者院外管理平台。该项目充分整合了四川移动大数据资源和四川大学华西医学中心的医疗专家资源,在首届中国"互联网+"大学生创新创业大赛斩获金奖。

乐乐医首创的多级随访模式,不仅让患者能享受到华西医学中心的服务,还将术后、诊后患者引导回当地医院,在华西医生的远程指导下,由当地的县区医院、社区甚至乡村卫生所的医生为患者后续的康复治疗提供服务。这是在国家分级诊疗指导思想下的积极尝试。

医生将治疗方案和后续康复计划通过"乐乐医"App发送到患者手机上,患者依计划执行,并可远程上传复诊报告。通过此方式,一方面减少了医生随访的工作量,加强了患者的健康管理意识,同时还跟踪了患者的康复情况,提高了康复效果。由

此形成的大数据系统也可以为医生的临床科研提供支撑,提高医院临床科研水平。

乐乐医通过线上导诊和"专家团队",分流患者不挤占稀缺资源,减少排队,提高医院医疗资源的整体利用效率。远程复诊,让患者远程咨询、就近复诊,降低看病的附加成本。而诊后和术后随访机制,是将"康复手册"装到患者手机,通过治疗监控,敦促患者准时用药,确保治疗方案的实施,同时对重要体征指标进行监测,一旦出现病变和复发的征兆,就能第一时间得到处理。

二、养生保健服务机构

随着经济社会的发展,人们的健康观念已悄然转变,对养生保健的需求也急剧增长。国家采取一系列政策促进养生保健服务的规范化、专业化、规模化发展,形成一批具有品牌效应的养生保健服务机构。鼓励社会力量举办养生保健服务机构,鼓励养生保健服务与现代高新技术产品相结合,促进养生保健与互联网、养老、旅游、体育、餐饮、酒店、会展、气象等其他产业融合并协同发展,形成自主创新能力强的新型产业。推进养生保健体验式服务融入特色商业街、文化圈等主题项目建设,不断拓展养生保健服务领域,丰富养生保健服务形式。养生保健服务机构可以提供健康状态辨识与评估、咨询指导、健康干预、健康管理等服务,如药膳馆、美容洗浴中心、月子护理中心、幼儿护理中心、老年人护理中心等。由于从事养生保健服务的工作人员应具备国家有关部门颁发的相应资质证书,所以有意在这些方面创业的大学生,在学校学习期间就应有意识地参加相关培训和学习,以取得从业所必需的资质证书。

📖 案 例

投身健康创业
——90后大学生创业记

梁玉文,中医学硕士研究生,他具备一些创业者所共有的素质:亲和,冷静,睿智,讲话层次分明、一针见血。在校期间,他似乎具有敏锐的市场觉察力,在家教市场较为空缺的前提下,他自主创立了天津市大学生家教中心。

随着对中医知识的不断理解、掌握,梁玉文开始积极寻找中医领域的创新创业点,终于,他在自己的家教中心中开设了新的项目:上门健康指导。该项目具体包括介绍专业的医生或医学生上门指导用药、养生知识讲解、针灸推拿拔罐、测血压血糖等多种治病防病项目,让人们足不出户,就能享受到专业的医疗咨询、健康指导。该项目不仅让患者省时省力,同时也为在校医学生提供了一片天然而广阔的实习场所,可谓一举两得,实现了很好的经济效益和社会效益。

发展到今天,家教中心已包含有资质的教员 2 000 余人,师资力量来自天津、北京各大知名高校的本科生和研究生。在梁玉文的领导下,家教市场不断扩大,已在天津、北京几乎所有的本科院校设置了校园代理,坚持为京津两地有需求的客户提供专业的学习、健康指导服务。

三、中药产品生产加工

(一) 中药材种植

国家推进扶持中药材规范化种植,中医药院校相关专业大学生致力于中药规范化种植行业的研究、开发,面临巨大的商业机遇。但是创业者必须要掌握药用植物栽培与药用植物资源学的知识,同时要选准开发的药物,严格按照 GAP 生产要求,坚定自己的信念,才能在中药种植行业有所建树。

案 例

"女硕士放弃大型国企 回村助乡亲种中药材致富"
——赵红艳的创业故事

赵红艳,2009 年于广西中医学院硕士毕业,毕业时已被大型医药企业录取。但出身中药种植之乡的赵红艳尤其热爱中医药栽培事业,认为这是一项前景广阔的事业,期待能带领老百姓共同致富,愿意将自己所学的知识报效家乡。于是,她留在了县里进行中药种植推广、加工、培训,出任禾宝中药材有限公司副总经理兼平阴县禾宝中药材科技示范培训中心主任。赵红艳及其团队致力于地产中药材的推广生产,向农民传授中药材栽培技术,研究良种选育,实践中摸索循环生态农业发展模式,先后被授予"济南市十大优秀农业科技专家""十大现代农业巾帼创业标兵""济南市三八红旗手""山东省乡村创富好青年"等称号。

(二) 中药材加工、流通服务

中药饮片行业是联系中药种植行业与中药临床应用的纽带,是中药的临床应用和中药制剂生产的保证。随着中药饮片市场的需求不断增长,中药饮片行业方兴未艾。中药饮片的需求和行业的快速发展为具有中医药专业知识的大学生就业和创业提供了很大的空间。

案　例

南中医在读研究生校内开店专卖中草医"秘方"，一年挣十几万

南京中医药大学创业园里面有一间小店：珮兰坊，老板是李旭冉。店不大但其中的中草药产品却琳琅满目，包括药茶、中药化妆品、足浴包、药枕等，产品包装得古色古香。每种产品都有个好听的名字，比如"特色花茶"系列有"楚腰卫鬟""海棠春睡""晴莹温煦"。李旭冉解释说，不同的花茶功效不同，名字背后有深意。"晴莹温煦"这款花茶，茶性温和，"楚腰卫鬟"对消脂有帮助。受中医药家风影响，热爱中医药的李旭冉2010年考入南京中医药大学。上大学后习惯喝药茶的她发现附近商店里的中草药卖得贵且质量不好，她想亲自寻些上好的药材。一次暑假实践她来到安徽亳州的药材市场，这也为她打开了创业的大门。起初李旭冉采购了一些枸杞子和罗汉果。当时学校有个创业一条街的活动，从中午开始摆摊，一下午就全部卖完了。从小打小闹的练摊开始，慢慢地她也尝试去研发一些复方的功能性产品，从老师、教授、博导那里求来各种秘方或者取经于经典的中药书籍。2014年她考上了南中医的研究生，在老师的指导下她选择了部分药方开发养生产品，并注重产品文化内涵挖掘，传播中医药文化，开发出"茶香膳浴枕"等系列产品。李旭冉的小店名气越来越大，生意也从线下拓展到了网络。李旭冉粗略地算了算，近一年来的纯收入有十几万。赚来的钱大部分投入了珮兰坊的运作中，剩下的选择资助学弟学妹。目前"珮兰坊"有16位兼职同学，部分收入还会用来赞助学生活动，比如感恩励志社、营养社等，这个学期已经赞助了五六个学生活动。对于"珮兰坊"的未来，李旭冉有清晰的规划。"珮兰坊"要走出象牙塔，开出中医药文化生活馆旗舰店、形象店、社区店、校园店。2017年，预计新增10家校园店，3家社区店。2019年，在江苏苏锡常地区开设形象店。同时，李旭冉的创业团队积极投身创新创业教育发展事业，公司创业项目荣获2016年"创青春"速度中国杯江苏省大学生创业大赛决赛金奖、全国赛铜奖、第二届中国"互联网＋"大学生创新创业大赛江苏省选拔赛暨江苏省第五届大学生创新创业大赛银奖等殊荣，并被多家媒体广泛报道，掀起巨大创新创业先锋引领效应。

（三）中药制造行业

中药制造企业是沟通中药和临床的重要桥梁。目前我国的百强制药企业中中药企业约39家，销售占比45%左右，发展势头强劲。但是中药行业总体上还是存在企业规模小、生产工艺不够先进、产品国际竞争力低的特点。中医药相关专业学生利用专业技术优势，在生产设备、生产工艺等方面进行技术创新，从而高效率、高质量地生产出中成药产品。让传统的中药适应世界医药生产的发展趋势，把中药引向未来，面向世界，造福人类，也是振兴发展中医药事业的历史使命。中药功能性食品开发也是可以尝试创业的领域。

案 例

新型人才为中医药事业"输血"
——走近北京中医药大学众创空间

在北京中医药大学校园里有一家别出心裁的甜品店,以中药为原料做甜品,吸引不少同学前来尝鲜。这家甜品店叫"Yao 美味甜草坊",是北京中医药大学几位在校生的创业项目。中药在人们的印象中是苦涩的,甜草坊创始人于竞新和伙伴们想改变中药在人们心中的形象,"我们想让大家知道中药也可以很好吃"。让人们喜欢吃中药,说起来简单做起来难。于竞新想到将中医药引入甜品研发,筛选一些简单、安全的中药组方加入其中,制作新式甜点,让中药变得美味,让美食可以养生。甜草坊通过尝试与改良,结合分子料理技术,让中药与甜品产生了"化学反应",变得色香味俱全。同时,按照药品质量标准严格把控,让甜点成为一种更容易被现代大众所接受的中药"新剂型"。这或许也是对中药创新的一次大胆尝试。不仅要美味,还要健康、养生,中药甜点恰恰符合当今饮食文化的潮流趋势。因此,甜草坊项目屡获校级、市级及国家级创新创业项目奖项。

星哲堂生物科技有限公司与北京嘉译文化传播有限公司也在其中。星哲堂生物科技有限公司是基于创始人杨星哲的课题研究成果,在学校的指导帮助下发展成立的。几名在校生,结合中医药专业知识和中医科研、临床经验,通过查阅古籍,在中医古方基础上加减化裁、古方新用,将传统中医药引入美妆领域。北京嘉译文化传播有限公司则抓住了中医药国际化背景下跨语言传播方面的人才缺口,为客户提供笔译、口译等服务。

甜草坊将中药与饮食相结合、星哲堂将中药与美妆相结合、嘉译将中医药与语言相结合——众创空间的许多项目都在探索中医药与其他领域交叉、碰撞,拓展新领域、形成新业态的可能性。在这一过程中,北京中医药大学的学生们也走出课本和本专业,在实践中锤炼创新能力。"学生们在创新中成长、在创业中成才。"北京中医药大学招生与就业处处长田润平认为,大学生创新创业工作的核心不仅在于扶持好的创业项目,还在于通过创新创业,培养更多中医药创新型人才,"创新型人才是中医药发展的新鲜血液,中医药只有不断创新,才能焕发出新的活力"。

四、医疗器械研发

随着科学技术和医疗技术的发展,人们对传统的医疗器械提出了安全、卫生、舒适、便捷等更高的要求。大学生作为国家最有希望的年轻人,常常能突破单一陈旧的思维模式,给医疗设备等产品带来很好的创意。

张良禄与他的肿瘤早期检测产品

张良禄,武汉大学细胞生物学在读博士,武汉艾米森生命科技有限公司董事长兼CEO。研究生毕业后,张良禄进入湖北省妇幼保健医院病理科工作,每天要处理大量肿瘤患者的组织样本,繁重的工作让他感受到了忙碌与疲惫,张良禄毅然辞去病理科医生的工作,创立武汉艾米森生命科技有限公司,开始专心地研究实现肿瘤早期检测的技术路径。肿瘤早期检测如同大海捞针,技术难度挑战极大。张良禄组建技术团队,与北京协和医院、上海瑞金医院、武汉协和医院、武汉中南医院等知名医院合作,建立肿瘤早期检测技术的技术平台。经过多年的攻坚克难,武汉艾米森在全国范围内,率先完成了结直肠癌的早期筛查产品艾长康和宫颈癌的分流检测产品艾宫舒的研发。

五、保健产品研发

利用中医药的独特理论和中药的特色疗效,研究开发中医药保健产品也具有广阔的市场,如中药食品、饮料、服饰、器皿、用具等。把预防、保健、治疗作用寓于生活用品之中,在解酒护肝、提高免疫、养胃护胃、抗氧化、保护视力、改善睡眠、调节三高(高血压、高血脂、高血糖)、预防感冒等方面发挥养生保健作用。

"师生巧手制香包,同心抗疫暖人心"
——中药香囊的研制

中药香囊源自中医里的"衣冠疗法",制作精美的香囊不仅是保健品,同时也是工艺品。佩戴在身上,或悬挂于室内、车内,别有一番古朴清新的气息。2020年疫情暴发初期,徐州医科大学由临床药学、药学和药物制剂专业十余名优秀学生组成的溢香公益团队在张春平副教授指导下,提高组方效率,保证权威性和科学性,翻遍《药典》、中医药古方书籍和相关文献资料,筛选出两个配方,最后参考了中国工程院院士、国医大师、北京中医药大学王琦教授的《预防病毒方》,对配方进一步优化而最终形成了含有藿香、苍术、菖蒲、艾叶、白芷等八味中药材的防疫香包,具有芳香化浊、辟秽解毒的功效,能有效预防冠状病毒传播,助益增强人体免疫力,可达到预防保健的作用,特别适合儿童、老人及易感冒者佩戴。香包制成后火速寄送到湖北抗疫一线,深受医护人员好评,被中国江苏网广泛报道。

六、医药产品贸易

随着医药产品流通销售的不断发展,我国的中药材以及相关产品的出口量也逐年增加。医药产品贸易,尤其是药材销售也是医药院校大学生创业的一个主要选择。

📖 案　例

从贫困生到创业先行者
——"江苏省十佳青年"白发平

南京中医药大学毕业生白发平,是一名来自西部的贫困学子。他面对经济困境不气馁,不妥协,利用自己的专业优势和家乡道地药材丰富的资源优势,想方设法自己解决困难。经多方努力,他创建了自己的公司——雪峰医药公司,进行道地中药材的开发和经营,同时代理销售亳州药材公司的中药饮片;成立了江苏中药材网,并在易趣和淘宝网上建立了自己的药材销售店铺。白发平同学也被评为 2007 年江苏省十佳青年、《风流一代》杂志封面人物。

七、中华医药文化传播

文化实力是国家软实力的重要组成部分。中华医药文化是中华优秀传统文化的代表,也是国家软实力的重要体现。作为有志于传播中华医药文化的医学生,可以通过建设医药博物馆、医药文化科普馆、医药培训教育机构、开设医药大讲堂、制作医药科普宣传作品、开发医药文化产品等形式,开展内容丰富、形式多样的医药文化宣传教育活动,向海内外传授科学准确、权威可靠、通俗易懂、简便易学的医药常识和养生保健方法,通过普及医药文化知识,进一步传播医药健康理念。

📖 案　例

中医药文化传承的先锋
——不一样的创业

南京中医药大学杰出校友林子强博士,担任澳大利亚全国中医药针灸学会联合会会长、世界中医药学会联合会副主席。他决心在澳大利亚推动中医立法以保护中华医学的规范化发展。在多方支持下,1993 年成功在 RMIT 大学正式开办中医本科硕士课程,使林子强博士能以此大学课程的"利器"成功游说州及联邦政府立法保护中医,创下世界之先河,并获委任 RMIT 皇家理工大学中医针灸硕士课程学术委员会委员。

经过十多年艰苦努力,不断游说澳卫生计委、联邦及州议会,促进政府对中医的正面认识,沟通中澳两国有关部门在正规大学设立中医系,以此为由说服政府立法保护中医的法律地位。2000年5月,世界第一部中医(含针灸)法在澳大利亚维多利亚州正式诞生。它的诞生引起了世界轰动,因为它具有划时代的意义,标志着中医第一次正式跨入了西方主流社会。中医师的头衔受到宪法保护,取得合法医生的资格,与西医师有着相同的法律地位。随后,林子强博士继续努力推动澳洲全国中医立法,终于在2012年取得重大突破。联邦政府决定于全国立法,将中医列入全国14大医疗体系内规范管理,并接纳维州中医法为蓝本,凡已在维州注册的中医皆顺利转入国家注册体系内。国家中医药管理局也相应成立。

八、互联网+医药产业

案 例

"远程医疗"走进基层癌症患者

创始人柴卉于2010年获医学硕士学位,毕业后从事医疗机构行政、人力资源、医疗项目管理等职,积累了丰富的管理和企业运营经验,她看准了"互联网+医疗"方向,2013年她辞职创业,集合了医疗策划、市场调研、医学翻译等专业和技术人员创办了服务基层癌症患者的远程医疗服务平台。该团队准确分析如今癌症的高发病率现状及优质癌症医疗资源配置不平衡的情况,依托"互联网+医疗"服务平台为创业插上腾飞的翅膀。该团队搭建了一个远程医疗开放平台,这个平台可以实现手机、IPAD、电脑等通讯媒介的无缝对接,可以让专家和患者跨越时空的限制,方便、快捷地接入这个会诊平台。

医疗服务的核心竞争力是优质医疗资源,优质医疗资源主要分为硬件资源和软件资源。中国社会经过几十年的发展,区县一级的经济大有改观,加上国家正在逐步加大基层医疗服务的投入,基层医院的硬件设备已经可以基本满足患者的就医需求,所以,区县一级的医疗资源主要短缺在软件资源,即人才和专家资源。为了更好地为基层的患者服务,该团队除了整合国内专家资源外,还得到美国纽约大学朗格尼医学中心的青睐,它授权朗格尼健康中心为国内唯一官方合作单位,这在美国国家级医学中心与国内企业合作中还是先例。通过国内外优质医疗资源的整合,基层患者的就医困难因远程医疗迎刃而解。

远程医疗是一个可以无限进行扩充的平台。该团队想到了在基层医院建立远程医疗分诊点,病人可以在当地医院挂省内或者国外专家的远程门诊,方便、快捷地解决医疗问题,各类检查和治疗在当地医院就可以进行,最大限度地方便专家和患者的交流。目前,该团队已经建立分诊点十余家,覆盖江苏省内区县一级医院,学科领域专注于重疾——癌症,解决基层癌症患者的就医困难。两年来有几百名癌症患者在该平台获益。2015年实现年产值200万元。

远程医疗分诊点的建设和扩充为这个新创企业带来了生机与活力,还得到了柴卉的母校——南京中医药大学的大力支持。在母校的鼓励下,柴卉和她的团队申报了南京市青年大学生优秀创业项目。同时,团队还得到了地方政府精准创业扶持。该团队2014年荣获南京市青年大学生创业特等奖,2015年荣获江苏省优秀创业项目,获得南京市政府50万元的创业专项扶持资金。目前,团队带动大学生就业5名,带动其他人员就业10名。在过去的几年里,柴卉和她的团队启动了"拥抱希望·大爱南京"公益活动,积极回馈社会,受到媒体的广泛关注,江苏电视台、南京电视台、《现代快报》《扬子晚报》《南京晨报》《金陵晚报》都相继作了报道。

本章小结

1. 健康产业发展态势良好,创业机遇众多。医学生应该熟悉医药产业发展现状及商业机会,学会分析医药产业发展过程中的创业环境,理解"健康中国"国家战略下医学生创业的重要意义。

2. 医学生可以结合自身专业资源,在健康创业中寻找创业机遇,从健康服务业、医疗健康产业、医药生产产业、健康管理、休闲养生等不同领域开展创业思考,传播和传承医药文化。

3. 医学生创业专业性较强,营利性和风险性并存,学生需要充分了解国家政策导向,及时抓住机会,同时需要加强创新创业教育基础,提升创业思维系统性,加强实践学习。

思考题

1. 结合所学专业,思考如何植入大健康产业的某个真实场景,培养自己的创新创业能力?

2. 如何看待从本专业开展创业的前景?

3. 你是否参加过创新创业实践活动? 说说你的感受。

附　录

创新创业政策法规

1. "大众创业 万众创新"税费优惠政策指引汇编
2. "大众创业 万众创新"税费优惠政策指引文件目录
3. 国务院办公厅关于发展众创空间推进大众创新创业的指导意见
4. 国务院关于大力推进大众创业万众创新若干政策措施的意见
5. 国务院关于推动创新创业高质量发展打造"双创"升级版的意见
6. 国务院办公厅关于进一步支持大学生创新创业的指导意见
7. 江苏省促进高校毕业生就业创业政策梳理汇总
8. 江苏省政府关于进一步做好新形势下就业创业工作的实施意见
9. 关于印发《紫金山英才宁聚计划青年大学生就业创业项目实施细则》的通知
10. "健康中国2030"规划纲要
11. 中医药发展战略规划纲要(2016—2030年)

☞ 扫码可见创新创业政策法规

主要参考文献

[1] 姜天骄.重构大健康·创新时代商业模式的未来[M].北京:机械工业出版社,2018.

[2] 刘云龙.中医药发展与创业指导[M].汕头:汕头大学出版社,2018.

[3] 杜永红,梁林蒙.大学生创新创业教育[M].北京:清华大学出版社,2019.

[4] 周苏,褚赟.创新创业思维:思维、方法与能力[M].北京:清华大学出版社,2017.

[5] 陈晓曦,陈李彬,田敏.创新创业教育入门与时间[M].北京:清华大学出版社,2017.

[6] 吴晓义.创业基础:理论、案例与实训[M].北京:中国人民大学出版社,2013.

[7] 李家华.创业基础(第 2 版)[M].北京:清华大学出版社,2015.

[8] 刘志超.创业基础[M].广州:华南理工大学出版社,2016.

[9] 徐明.创新与创业管理学:理论与实践[M].大连:东北财经大学出版社,2016.

[10] 徐俊祥,徐焕然.创未来:大学生创业基础知能训练教程[M].北京:现代教育出版社,2017.

[11] 陈文华,陈占葵.大学生创业思维与能力训练教程[M].北京:现代教育出版社,2017.

[12] 雷重熹,池云霞,靳润奇,刘雅丽.创新创业案例与分析[M].北京:高等教育出版社,2019.

[13] 施永川.大学生创业基础(第 2 版)[M].北京:高等教育出版社,2020.

[14] 通识教育规划教材编写组.大学生创新创业教程(慕课版第 2 版)[M].北京:人民邮电出版社.

[15] 常见商业模式类型 https://blog.csdn.net/ch_improve/article/details/94288342 [DB/OL].

[16] 但斌,郑开维,吴胜男等."互联网+"生鲜农产品供应链 C2B 商业模式的实现路径——基于拼好货的案例研究[J].经济与管理研究,2018(2):65-78.

[17] 肖红玮."新零售"时代零售企业商业模式创新——基于网红茶饮品牌的多案例研究[J].现代营销(下旬刊),2020(10):79-81.

[18] 邵鹏,胡平.电子商务平台商业模式创新与演变的案例研究[J].科研管理,2016(7):81-88.

[19] 罗小鹏,刘莉.互联网企业发展过程中商业模式的演变——基于腾讯的案例研究[J].经济管理,2012(2):183-192.

[20] 李支东,金辉,罗小芳.商业模式创新与技术创新二元关系——一个面向工业企业的多案例研究[J].技术经济与管理研究,2020(12):5-11.

[21] 闫江涛.大学生创业与就业指导教程[M].上海:上海交通大学出版社,2017.

[22] 廖益,赵三银.大学生创新创业入门教程[M].北京:北京理工大学出版社,2019.

[23] 姚波,吉家辉.大学生创新创业基础[M].北京:人民邮电出版社,2020.

[24] 刘延,高万里.大学生创新创业基础[M].武汉:华中科技大学出版社,2020.

[25] 石智生,张海燕.大学生创新创业教程[M].北京:人民邮电出版社,2019.

[26] 孙微霞.大学生创新创业教程[M].北京:高等教育出版社,2019.

[27] 钟宇,胡俊岩.大学生创新创业基础[M].北京:北京理工大学出版社,2020.

[28] 邓文达,罗旭,刘寒春.大学生创新创业[M].北京:人民邮电出版社,2019.

[29] 马小龙.大学生创业基础[M].北京:高等教育出版社,2017.

[30] 吕爽.大学生创新创业实务指导[M].北京:中国铁道出版社,2020.

[31] 罗臻,刘永忠.医药市场营销学[M].北京:清华大学出版社,2018.

[32] 金迹人.赢在模式——创新型企业互联网营销的 38 种模式[M].北京:化学工业出版社,2017.

[33] 范林根.企业竞争战略研究[M].上海:同济大学出版社,2014.

[34] 张玉利,薛红志,陈寒松.创业管理(第 4 版)[M].北京:机械工业出版社,2013.

[35] 陈新达,桂舟.大学生创新创业[M].北京:清华大学出版社,2018.

[36] 吴敏,李劲峰.大学生创新创业基础教程[M].合肥:中国科学技术大学出版社,2018.

[37] 侯文华.大学生创新创业教育教程[M].北京:科学出版社,2012.

[38] 张伯礼.中医思维与实践养成[J].中国中医基础医学杂志,2017,23(5):593-594.

[39] 高嘉玺,白云娜.高等医学院校大学生就业与创业[M].南京:南京大学出版社,2010.

[40] 王庆洲.大学生创业与就业指导[M].天津:天津科学技术出版社,2019.

[41] 汪小平.医学生创新创业基础教程[M].北京:科学出版社,2018.

[42] 全艳.医学生职业发展与就业指导课程[M].北京:人民卫生出版社,2019.

[43] 陈海国,许国彬,徐樟良,张昉.创业组织行为学[M].北京:清华大学出版社,2017.